Camino al español

This inte the adult beginner to a comprehensive knowledge of Spanish. The course gives balanced attention to the four key language skills: the development of listening comprehension and speaking skills is supported by quality audio materials recorded by native speakers, while answer keys support written work and grammar-acquisition exercises, and facilitate independent study. Authentic written materials develop important receptive skills and encourage the transition to independent reading.

- Based on a style of Spanish easily understood by most speakers, thoughtful explanations make clear the main differences between Peninsular and Latin American forms and usage
- Features an abundance of pair and group work activities ideal for classroom use
- Authentic materials and website references foster cultural awareness
- Clear, attractive layout with lively illustrations to reinforce learning
- Extensive reference features including a grammar guide, verb tables and vocabulary lists
- Teachers' guidelines promote practical application in the classroom

CONSUELO DE ANDRÉS MARTÍNEZ is Senior Lecturer in Spanish at the University of Plymouth. She is co-author of *A buen puerto: tipos de cambio.*

EUGENIA ARIZA BRUCE is a Language Tutor in the Department of Hispanic Studies, University of Sheffield, where her major interest has been developing material for listening comprehension.

CHRISTINE COOK is European Administrator in the School of Health and Related Research at the University of Sheffield. She also tutors in German and Spanish.

ISABEL DÍEZ-BONET teaches Spanish at the University of Sheffield. Her main areas of interest are language teaching methodology and pragmatics.

ANTHONY TRIPPETT is Senior Lecturer in the Department of Hispanic Studies at the University of Sheffield. He has been engaged in teaching and organizing courses of Spanish for beginners for more than twenty-five years.

Anthony Trippett initiated this project and has been its administrative co-ordinator.

Camino al español

A Comprehensive Course in Spanish

Consuelo de Andrés Martínez

Eugenia Ariza Bruce

Christine Cook

Isabel Díez-Bonet

Anthony Trippett

CAMBRIDGE
UNIVERSITY PRESS

PUBLISHED BY THE PRESS SYNDICATE OF THE UNIVERSITY OF CAMBRIDGE
The Pitt Building, Trumpington Street, Cambridge, United Kingdom

CAMBRIDGE UNIVERSITY PRESS
The Edinburgh Building, Cambridge, CB2 2RU, UK
40 West 20th Street, New York, NY 10011–4211, USA
477 Williamstown Road, Port Melbourne, VIC 3207, Australia
Ruiz de Alarcón 13, 28014 Madrid, Spain
Dock House, The Waterfront, Cape Town 8001, South Africa

http://www.cambridge.org

First published 2004

Printed in the United Kingdom at the University Press, Cambridge

Typefaces Times New Roman 10/13 pt. and Frutiger   *System* LaTeX 2$_\varepsilon$ [TB]

A catalogue record for this book is available from the British Library

Library of Congress Cataloguing in Publication data
Andrés Martínez, Consuelo de.
Camino al español: a comprehensive course in Spanish / Consuelo de Andrés Martínez . . . [*et al.*].
   p.   cm.
Includes bibliographical references and index.
ISBN 0 521 82403 6 – ISBN 0 521 53075 X (paperback)
1. Spanish language – Textbooks for foreign speakers – English.   I. Title.
PC4129.E5A63   2003
468.2′421 – dc21   2003051522

ISBN 0 521 82403 6 hardback
ISBN 0 521 53075 X paperback
ISBN 0 521 53074 1 cassette set
ISBN 0 521 54065 8 audio CD set
Illustrations © Pat Murray

The publisher has used its best endeavours to ensure that the URLs for external websites referred to in
this book are correct and active at the time of going to press. However, the publisher has no
responsibility for the websites and can make no guarantee that a site will remain live or that the
content is or will remain appropriate.

CONTENTS

ACKNOWLEDGMENTS

The authors would like to thank:

David Seymour at the University of Nottingham for his work on the audio component. All those who provided the voices: Marta Pinzón, Patricia Martinez Zapico, Isabel Simon, Jose Iglesias Urquizar, Carlos San Miguel Somoano, Franklin Jaramillo-Isaza, Beatriz Vera López, Francisco Aviles, Guillermo Campitelli, Mariana Zamoszczyk, Paula Einoder-Boxer. R. E. Batchelor for his help and hospitality in facilitating the recordings.

Pat Murray for providing the artwork for the volume.

Jonathan Trippett who did the drawing on page 319 and preliminary sketches for the drawings on pages 14 and 47.

Past and present friends, colleagues and students at the Universities of Sheffield and Plymouth, who have shared with them their views on the course, both formally and informally.

The following publications and organisations who have granted permission for material to be reproduced:

El País, *Muy Interesante*, *La Provincias (Valencia)*, *El Mundo*, *El Heraldo de Aragón*, *El Comercio – Lima*, *Cátedra*.

INTRODUCTION

Tell me and I'll forget.
Show me and I might remember.
Involve me and I'll understand.

(Chinese proverb)

Thank you for choosing *Camino al español*. This book is a comprehensive course, aimed at students with no previous knowledge of Spanish, that will take them to approximately the level required for university entrance. It is also suitable for 'fast track' learning such as for university students or their equivalents who need to establish the linguistic basis for advanced study of the language. The book is planned with the classroom in mind and its design reflects the need to make the learning process as active and stimulating as possible. It could also be a useful teach yourself course for highly motivated students who are unable to join a class.

As a team of university teachers who have been working together for some time, we draw on practices associated with communicative approaches to language learning. Students are encouraged to use the language and participate actively in class from the outset. At the same time, due attention is given to academic rigour to enable students to read and write with high levels of competency and accuracy. In short, balanced attention is paid to all four language skills (speaking, listening, reading and writing) because we see them as supportive of each other.

Our team comprises two native English speakers, two native Peninsular Spanish speakers and a native speaker of Latin American Spanish (from Colombia), and we hope that the authentic materials we offer give some acknowledgement of the diversity of the Spanish language of which some four-fifths of the speakers live outside Spain. We give specific guidance on the main differences in pronunciation and usage between Peninsular and Latin American Spanish.

The structure of the course

The course is divided into twenty units and a standard presentation has been used throughout the book. Each unit is centred on one or more topics or functions, indicated in the unit's title and the specified learning aims. The learning tools provided have been devised to serve and support those topics and functions; thus there is a grammar section at the end of each unit, containing relevant grammar explanations with cross-references within and between units. Other features intended to make the book student-friendly include a student guide to grammar terms, vocabulary lists and the use of icons at the beginning of each exercise. The instructions are in both English and Spanish for the first five units – thereafter in Spanish only, to promote the study of the language in context.

Each unit is divided into four sections:

Presentación y prácticas
Comprensión auditiva
Consolidación
Gramática

The book may be used in a number of ways, and some teachers may prefer to begin each unit by working through the *Presentación y prácticas*, which introduces new structures and vocabulary in context, whilst others may prefer to start with the *Gramática*, which contains relevant grammar explanations for the functions presented in that unit. This flexibility allows the teachers to adapt to the particular requirements of their group of students. A sample exploitation of Unit 4 in Part II shows how this can be achieved.

Presentación y prácticas

This section focuses on the functions outlined in the learning aims for that unit. It also serves to introduce new structures and vocabulary. The language elements have been carefully selected to be representative of the language used by native speakers in everyday situations. The careful grading and sequencing of the activities mean that students can use the target language from the outset. The use of inductive techniques involves the learner in the discovery of the way in which the language works from the very beginning. Many exercises are supported by listening material, and the emphasis is on communication.

Comprensión auditiva

This section provides more sustained listening exercises that build on the new structures and vocabulary already learned. It should be used when students have sufficient confidence to tackle it, ideally in a language laboratory, where there are more opportunities for students to work individually and at their own pace. However, the audio materials provided can be used in the classroom, and the tape scripts provided at the end of each unit can also be used to practise pronunciation and intonation. The listening texts have been selected to represent the wider Spanish-speaking world in order to expose the students to a variety of accents and additional vocabulary.

Consolidación

This section contains mainly written revision exercises to help the students to reinforce structures and vocabulary encountered in the *Presentación y prácticas* section and to provide an opportunity to reflect on the progress made. The keys to many of the exercises are to be found at the end of the book. There are also reading passages and activities to develop writing skills.

Gramática

Grammatical explanations of all new grammar points in each unit are provided in English.

Cultural awareness

The course aims to develop in the students a broad awareness of the cultural contexts in which Spanish is spoken and written, both in Spain and in the Spanish-speaking countries of Latin America. Hence the numerous references to websites and the use of authentic reading and listening materials. It is hoped that in this way students will begin to appreciate the differences and similarities between their own culture and those found in the different countries of the Spanish-speaking world. In addition, students are urged to consult as much original Spanish material as possible from the outset – in newspapers, magazines, etc. Similarly we recommend that students take advantage, wherever possible, of Spanish language films, videos, DVDs, television and radio programmes to supplement their listening skills. News bulletins are a good starting point, particularly when supported by authentic newspaper material.

The role of the teacher

The course has been designed for classroom use, promoting interaction between teacher and learner, with the teacher acting as facilitator and guide. The **Sample unit** makes suggestions for the exploitation of the teaching materials, although the book has been structured to give tutors the flexibility to adapt the different sections to their own teaching styles and to the needs of their students. The units have been arranged sequentially, with each new unit introducing a new topic and building on the structures, tenses and vocabulary already learned. Any re-ordering of the units needs to bear this in mind.

The acquisition of a language is a cumulative process and it is the role of the teacher to ensure that new material is only introduced when students are confident with what they have already learned. It is, therefore, important that teachers carefully monitor the progress of the learners and give frequent feedback on their performance. Although *Camino al español* is ideal for fast-pace courses of about 100–120 hours, the individual teacher can adapt the time spent on different units and sections to suit the particular requirements of the course and the students.

Because of the limitations and constrictions of the language classroom, an important role for the teacher is to provide a learning environment that encourages students to take an active part and be independent. *Camino al español* has been devised with this in mind and as well as the guidance for the tutor provided in the **Sample unit**, the **Learner guide** offers students advice on how to develop language-learning skills.

PART I

Camino al español

LEARNER GUIDE

Welcome to *Camino al español*. You have chosen to learn a language spoken by an estimated 400 million people who live in Spain, Latin America and countries as far apart and diverse as the Philippines, Morocco and the United States of America. The diversity of the native speakers of Spanish means that there is not one 'Spanish' but many varieties. The unifying factors of the language, however, make it possible for Spanish speakers from all over the world to understand each other without difficulty. Spanish is the vehicle that connects them all. In *Camino al español* we present a variety of Spanish that is widely understood, while drawing attention to the principal differences between the main forms of Spain and Latin America (broadly termed as Castilian and non-Castilian Spanish).

Spanish belongs to the Latin family of languages, meaning it derives from Latin and shares similarities with related languages like French, Italian and Portuguese. Other languages that had an important influence on the development of Spanish were Greek and Arabic (a third of its vocabulary comes from Arabic).

The socio-political importance of the Spanish language in today's world is marked by factors such as the fast-growing Spanish-speaking population in the USA (some 30 million); Spain's democratic restoration as a model for countries surfacing from despotic regimes; and economic partnerships such as ALCA and Mercosur, which are vast free-trading areas in Central and South America, similar to the common market in the EU.

Camino al español aims to provide beginners with a sound knowledge of the Spanish language and to lead them to more advanced levels of study if so wished. It has been devised to enable students to communicate effectively with native speakers and interact confidently in real-life situations.

The book as a tool

If you have not done so already, please glance through the general introduction which will help

Unit's section	Purpose of section	Type of activities
Presentación y Practicas	Introduction of vocabulary and structures.	Pair work, listening and reading comprehension.
Comprensión auditiva	Exposure to more challenging listening material with a variety of accents.	Listening comprehension. Transcripts available.
Consolidación	Revision and consolidation.	Writing, translating and grammar exercises. Self-study exercises.
Gramática	Clear explanations of language structures.	Reflection and study.
Cultural notes	Awareness of Spanish culture all over the world.	Reading material. Reference to websites.

familiarize you with the format of each of the twenty units which make up the book. The table above gives you a brief summary of the different sections.

Other special features which you may find helpful are the student guide to grammar terms which gives clear definitions of, for example, what a 'noun' or a 'preposition' is, vocabulary lists that will assist you in your listening tasks, verb tables in the grammar section, transcripts of recordings, and a key to exercises.

achieve a balanced competence in Spanish. The skills and knowledge underlying a good command of any language take time to acquire (an infant will need between two and three years to speak his or her native language), so be aware that progress will be gradual.

The more actively involved we become in learning the more we get out of it. In the following sections you will find a series of suggestions to help you become an active and more proficient learner.

How to become an active learner

In this guide you will find practical tips and strategies to help maximize your learning experience. As learners, we all absorb knowledge in different ways and at different paces, so pick and choose whichever tips you find useful to suit your own needs or preferences. Whilst it is relatively easy to take full advantage of your strengths when learning a new language (for example, you may find it easier to remember things you have heard rather than things you have seen written down), it is important to build and reinforce the skills and practices which you find more challenging. *Camino al español* gives you the opportunity to practise all four language-learning skills, besides offering suggestions for additional materials to help you

Setting objectives

The following list of suggestions will help you become an active learner.

Enliven your motivation

- Think of the benefits that learning Spanish would bring you in the long term.
- Write them down. Be specific (i.e., I would be able to find my way around in a Spanish-speaking country; I could answer the phone calls from Spanish clients, etc.).
- Refer to the list for encouragement. You can add to it or alter it as appropriate.
- Keep handy an image of something or someone Spanish that you find inspiring.

Managing your time

- Locate a time in the week you can dedicate to revising your progress.
- Plan your routine, make it pleasant (i.e., play music, get a hot drink or snack, etc.).
- Record your progress in a log or diary, and reflect every four or five weeks on how much you have learned.

Build on your confidence

- Find someone to practise/revise with. Another student would be ideal.
- Establish a language exchange with a native speaker who wants to learn your language, or perhaps a pen-friend over the Internet. Ask your tutor for help.
- Listen to Spanish music (you can try to learn the lyrics and sing along!).
- Make use of the resources available to you through your place of study and your library.
- Get subtitled films and programmes; after a few viewings cover the subtitles to see how much you understand.
- Read Spanish newspaper headlines–you will be able to recognize some of the international news. Web access to Spanish newspapers has been restricted and you may have to pay to subscribe, but your local or college library may be able to help.
- There are plenty of additional reading materials on websites. Visit the ones we suggest in the cultural notes of most units.
- You may be able to access a Spanish-speaking radio station (sometimes through the Web). Again ask your tutor/librarian to see if they can help you to locate a suitable one.
- Read aloud. Anything would do: packaging, operating instructions, lists of ingredients, etc.
- Record yourself speaking or reading Spanish. You can record vocabulary lists, recite verb tables, etc. This is very good to revise on the move.
- Practise whenever you have an opportunity. Do not shy away because you are asked to repeat something.
- Be aware that you need to take risks; we all learn by trial and error.

Gaining linguistic awareness

Understanding grammar and language patterns will become easier as your awareness of the language grows. The tips below illustrate some of the ways in which you can look for language patterns in Spanish.

- Thinking about the patterns in your own language will provide you with enough insight to adapt part of that knowledge to the language you are learning. Being familiar with grammatical terms in your own language is very useful when you learn a second language. If grammar is not your strong point you may benefit from the clear and simple guide to grammar terms that we provide. Keep referring to it as much as you need.
- Apart from certain aspects that all languages share, there are also marked differences that set one language apart from another. You may find that Spanish does not use the subject pronouns as much as English ('I', 'he', etc.), or that most words have gender which very few English words do.

Spelling and word recognition for cognate words

Your familiarity with your own and other languages, particularly languages which come from Latin, means that some Spanish words can be immediately recognizable. This is true of many words which derive from the same source, also called 'cognate words'.

1. English vowels and consonants

- Sometimes English vowels correspond to vowels in Spanish: admire/*admirar*; enormous/*enorme*; television/*televisión*.
- Often the English 'e' and 'o' correspond to the Spanish 'ie' and 'ue'. You may be able to construct the corresponding English word from the Spanish: cim*ie*nto/cement; m*ue*la/molar.
- Occasionally, English 'e' and 'o' correspond to Spanish 'i' or 'u': December/*diciembre*; October/*oct*u*bre*.
- English initial group consonants 'sc-', 'sp-' or 'st-' add an initial 'e-' in Spanish: scandal/*escándalo*; Spain/*España*; stomach/*estómago*.
- Spanish has fewer double consonants than English. The group 'ph-' in English is 'f-' in Spanish: philosophy/*filosofía*.
- English often uses a 'y' where Spanish will use an 'i' – symptom/*síntoma*.
- Unlike in English, the presence of double consonants in Spanish is reflected in the pronunciation – '-cc-', '-rr-', '-ll-': *accidente, correr, calle*.
- The group '-ct-' in English often corresponds to '-cc-' in Spanish: action/*acción* (but actor/*actor*).
- The consonants 'k', 'x' and 'w' are rare in Spanish. The consonant 'x' in English sometimes corresponds to 'j' in Spanish: exercise/*ejercicio*.
- The consonant 'h' has no sound in Spanish, unlike in English: homage/*homenaje*.
- Word stress may differ: Canada/*Canadá*, Florida/*Florida*.

2. How words are constructed

In Spanish as in English, prefixes (additions to the beginning of a word) or suffixes (additions to the end of a word) may affect the meaning in different ways –

- to form a negative, such as 'in-' or 'im-': tolerant/**in**tolerant – *tolerante/**in**tolerante* possible/**im**possible – *posible/**im**posible* patient/**im**patient – *paciente/**im**paciente*
- to describe someone who performs a particular action, such as '-er', or '-or' to work/work**er** – *trabajar/trabaja**dor***
- to form an adjective from a noun, such as '-ous', '-oso': nerves/nerv**ous** *nervios/nervi**oso***
- to turn an adjective into an adverb, such as '-ly', '-mente': quick/quick**ly** – *rápido/rápida**mente***

Noticing how words are constructed can help to predict or anticipate patterns. For instance, knowing that the English word 'maintain' translates as *mantener* in Spanish, it could be anticipated that 'contain' would translate as *contener*, 'retain', as *retener*, etc.

3. False friends

In addition to correspondences and patterns, you should be aware of differences and exceptions. Sometimes English and Spanish words which you might expect to mean the same, since they seem very similar, can in fact mean something completely different. These words are called 'false' friends because they do not mean what they appear to mean.

For example, *carpeta* which you might expect to mean 'carpet' in fact means 'folder' or 'binder'; *estar embarazada* means 'to be pregnant', not 'to be embarrassed'; *estar constipado/a* means 'to have a cold'.

4. Structures in Spanish

Knowledge about your own language is a great help when learning a foreign language. Although grammar categories usually do not vary, sentence structure may differ.

- Unlike in English, the Spanish use of subject pronouns (I, he, we, etc.) is quite restricted, since the verb ending will point to the subject of the action (*viv-o* = I live; *viv-e* = He lives; *viv-imos* = We live; etc.). To understand a sentence in Spanish, you must start with the verb. By working out the person of the verb, the subject emerges.

- In a Spanish sentence the word order is much more flexible than in English.
- Spanish does not use auxiliary verbs in questions: 'Do you study Spanish?' 'Does she speak English?' would translate as '*¿Estudias español?*' '*¿Habla inglés?*'

How to build up your language skills

Communication can take place without absolute accuracy, but it is undoubtedly true that accuracy makes communication easier and more fruitful. Memory plays an important role in the accurate retrieval of grammar rules, vocabulary, etc. Because different people learn in different ways and at different paces, their preferred strategies to memorize may vary. It is important to identify what works best for you. Here are a few strategies:

- Write things down.
- Write an article (*el, la, un, una*) next to a noun to help you remember its gender. (See the sample below.)
- Note the context in which a word is used by copying down an example.
- Say it out loud.
- Listen to something said as well as seeing it written.
- Study words in groups, e.g. words to do with the family, adverbs of place, nouns and verbs that go together – *trabajo/trabajar/trabajador*, etc.
- Devise your own mind-maps, linking ideas, words or structures to each other.
- Create your own word-association methods: for example, to trigger the memory of the correspondent Spanish expression for 'on foot', you may want to link it to an English food 'pie',

hence remembering that 'on foot' is *a pie* in Spanish, albeit with different pronunciation!
- Remember that making mistakes is proof of progress. Forgetting something does not matter, it is simply part of the process. People are usually at their best when relaxed.

Building up vocabulary

Memorizing vocabulary or expressions is very important but difficult. Here are some tips to maximize your effort:

- Use post-its or similar labels to identify different objects around you. Replace them regularly, but do not throw away the ones you have learned, it is easy to forget and you may want to refresh your memory from time to time.
- Learn an adjective with its opposite: *alto/bajo*.
- Remember that people can only learn a few words at a time.
- Prepare lists of verbs, vocabulary, or structures to read while you are waiting for the bus, the lift, etc. You can alternate covering the Spanish or the English column to see how much you do remember.

Vocab. list   week 2

la familia	family
el hermano	brother
la hermana	sister
el abuelo	grandfather
la abuela	grandmother
las gafas	glasses
la barba	beard
los ojos	eyes
etc. . . .	etc. . . .

Some of these tips may not be of immediate use to you, but keep referring to this guide for ideas and strategies as you progress through the book. We hope *Camino al español* will help you to enjoy your learning and encourage you to further your studies in Spanish. Thanks for sharing your experience with us.

Key to symbols used in the course

Listening

Speaking

Reading

Vocabulary

Writing

Grammar

Cultural

Solutions

UNIDAD 1

¿Cómo te llamas?

Learning aims

How to greet people in Spanish
Giving and asking for personal information
Spelling names in Spanish

Presentación y prácticas

1. Saludos y despedidas Saying 'hello' and 'goodbye'

a. Escucha y mira los dibujos. *Listen and look at the pictures.*

b. ¿Cómo se dice ¡Hola! en inglés? *How do you say ¡Hola! in English?*
Une las palabras españolas con sus equivalentes. *Match the Spanish words with their English equivalents.*

¡Hola!	Good-bye
¿Qué tal?	How are you?
Buenos días	Hello!
Buenas tardes	Good evening
Buenas noches	Good night
Hasta mañana	See you
Hasta luego	Good morning
Adiós	Until tomorrow
	Good afternoon

c. Escucha otra vez y escribe las frases que corresponden a los dibujos del Ejercicio 1a. *Listen again and write the appropriate words for each of the pictures in Exercise 1a.*

d. Saludos y despedidas: practica con tu compañero/a. ¿Qué dirías a estas horas? *Saying 'hello' and 'goodbye': practise with a partner. What would you say at the following times?*

09.15   13.00   20.45   22.00   15.30   11.15

2. ¿Qué tal? ¿Cómo estás? How are you?

Saluda a varios compañeros. *Greet several people in the class.*

muy bien, gracias	☺☺☺☺	great, really well, thanks
bastante bien	☺☺☺	fairly well, not too bad
bien	☺☺	well, OK
regular	☺☺	not bad, so-so
no muy bien	☹	not very well
bastante mal	☹☹	fairly bad
mal	☹☹	bad
muy mal	☹☹☹	very bad
fatal	☹☹☹☹	terrible

3. ¿Cómo te llamas? What is your name?

a. Escucha estas conversaciones y después léelas. *Listen to these conversations and then read them aloud.*

i.
- ¡Hola! ¿Cómo te llamas?
- Me llamo Marta.

ii.
- ¡Hola! Me llamo Carlos, ¿y tú?
- Yo me llamo Pilar. ¡Hola!

15

iii.

- ¿Cómo te llamas?
- Carlos.
- ¿Y cómo te apellidas?
- Martínez.

iv.

- ¡Hola!, ¿Te llamas María?
- No, no me llamo María; me llamo Marta.
- ¿Cómo te apellidas?
- Me apellido García.

b. Ahora entrevista a varios compañeros y anota sus respuestas. Usa las preguntas que aparecen en los diálogos. *Now interview several students in your class and write down their replies. Use the questions provided above.*

4. ¿De dónde eres? Where are you from?

a. Escucha y lee estos diálogos con un compañero. *Listen to these snatches of dialogue and then read them out loud with a partner.*

i.

- ¿De dónde eres?
- Soy de Toledo.
- ¿Eres español?
- Sí, soy español.

ii.

- ¿Eres española?
- No, soy uruguaya, de Montevideo.
- ¿Hablas idiomas extranjeros?
- Sí, hablo inglés y francés.
- ¿Qué tal hablas inglés?
- Muy bien.

iii.

- ¿De qué nacionalidad eres?
- Soy colombiana.
- ¿De dónde eres?
- Soy de Bogotá.
- ¿Qué idiomas hablas?
- Español, claro, italiano y un poco de alemán.

| También: | ¿Cuál es tu nacionalidad? | Soy inglés/a. |
| | ¿Qué nacionalidad tienes? | Soy peruano/a. |

b. ¿Cómo se dice en español? *How do you say in Spanish?*

- Where are you from?   *De donde estas?*
- Are you Spanish?   *Eres Espanol?*
- What nationality are you?   *De que nacionalidad eres*
- Do you speak foreign languages?   *hablas languages extranjeros? idiomas*
- What languages do you speak?   *que idiomas hablas?*
- How well do you speak English?   *Que tal hablas ingles?*
- I speak a little German.   *Hablo un poco de Alemán*

5. Soy inglesa y hablo inglés.   I am English and I speak English.

a. Estás compilando una lista de nacionalidades. Busca la forma masculina y femenina en la lista de la Actividad 7 'Club Hispano' y completa la siguiente tabla. *You are compiling a list of nationalities. Look for the masculine and feminine forms of the nationalities listed in Activity 7 'Club Hispano' and complete the chart below.*

nacionalidad: *frances*
idioma: *Frances*

nacionalidad: *ingles*
idioma: *ingles*

nacionalidad: *español*
idioma: *español*

nacionalidad: *Italiano*
idioma:

nacionalidad:
idioma:

nacionalidad:
idioma:

17

País	Nacionalidad		Idioma
Inglaterra	inglés	inglesa	inglés
Francia	. . .	. . .	. . .
España	. . .	. . .	. . .
Italia	. . .	. . .	. . .
Alemania	. . .	. . .	. . .
Perú	. . .	. . .	castellano

Género / *Gender*	
Masculino	Femenino
-o	-a
-a	-a
-e	-e/-a
-consonante	+a

b. Ahora completa esta lista. *Now complete this list.*

País	Nacionalidad	
Argentina	argentino	argentina
Escocia	escocés	. . .
México	mexicano	. . .
Chile	chileno	. . .
Cuba	cubano	. . .
País de Gales	galés	. . .
Brasil	brasileño	. . .
Rusia	ruso	. . .

c. Ahora entrevista a dos compañeros para averiguar su lugar de origen, su nacionalidad, los idiomas que hablan. Después preséntalos como en el ejemplo. *Now interview two students and find out their place of origin and nationality, what languages they speak. Then introduce them to each other following the example.*

> **Ejemplo**
>
> | *You*: Arturo, te presento a Pablo. | *You*: Arturo te presento a Rosa. |
> |---|---|
> | Arturo: Mucho gusto. | Arturo: Mucho gusto. |
> | Pablo: Encantado. | Rosa: Encantada. |

6. ¿A qué te dedicas?   What do you do for a living?

a. Tres personas contestan a esta pregunta. Lee con un/a compañero/a. *Three people answer this question. Read aloud with another student.*

¿A qué te dedicas?

i.   Soy abogado pero trabajo en un banco.
ii. Soy estudiante de filología.
iii. Estudio para dentista.

b. Un hombre es:

abogado	funcionario
arquitecto	hombre de negocios
contable	ingeniero
dentista	maestro
dependiente	médico
economista	periodista
empleado de banca	policía
enfermero	profesor
estudiante universitario	químico
fontanero	traductor

c. ¿Cómo se llama una mujer de la misma profesión? Consulta el cuadro de la Actividad 5 y haz una lista como en el ejemplo.   *What is the job title of a woman in the same job? Consult the table in Activity 5 and make a list following the example below.*

> **Ejemplo**
>
> Un hombre es abogado.   Una mujer es abogada.

7. Club Hispano

Estos son los invitados a una fiesta del Club Hispano. Elige una identidad y únete a la fiesta. Saluda y pregunta según los modelos. *These are the guests at a party of the Club Hispano. Decide who you want to be and join the party. Introduce yourself and ask questions as in the examples.*

	Nombre	**Nacionalidad**	**Profesión**
a.	Robert Portillo	inglés	profesor
b.	Jaime Santos	mexicano	fotógrafo
c.	Gabriel Santiago	cubano	escritor
d.	Julia Solana	española	periodista
e.	Sacha Rius	rusa	profesora
f.	Claire Leclerc	francesa	profesora
g.	Sarah Tudor	inglesa	secretaria
h.	Mario Fuentes	chileno	estudiante
i.	Rosa Schmidt	alemana	bióloga

Nombre	**Nacionalidad**	**Profesión**
j. Rainer Hesse	alemán	contable
k. Riccardo Pavarotti	italiano	cantante
l. Guadalupe Soler	mexicana	actriz
m. Juan Santís	español	periodista
n. Dolores Ramos	chilena	fotógrafa
o. Gabriel Márquez	colombiano	estudiante

Modelo A	Modelo B
– ¡Hola! Buenas tardes. Me llamo *X*. • ¡Hola! ¿Qué tal? Yo[†] soy *Z*. – ¿Eres cubano/a? • Sí, soy *cubano/a*, ¿y tú? – **¡Yo también!*** • **¡Qué casualidad!**** ¿Y a qué te dedicas? – Soy *secretario/a*, ¿y tú? • Yo soy *estudiante*. – Bueno, encantado/a. Adiós. • Adiós. Hasta pronto.	• ¡Hola! Buenas tardes. Me llamo *X*. – ¡Hola! ¿Qué tal? Yo soy *Z*. • ¿Eres cubano/a? – No, soy *alemán/a*, ¿y tú? • Yo soy *inglés/a*. ¿Y a qué te dedicas? – Yo soy *estudiante*, ¿y tú? • Soy *secretario/a*. – Bueno, mucho gusto. Adiós. • Adiós. Hasta luego.

* *Me too!, So am I / So do I!*
** *What a coincidence!*
† *For an explanation of subject pronouns, see Unit 2.*

8. ¿Cómo se llama? What is his/her name?

a. Vas a salir con alguien del Club Hispano. Tu madre quiere saber quién es. Contesta sus preguntas. *You are going to go out with someone from the Club Hispano. Your mother wants to know some details. Answer her questions.*

- ¿Cómo se llama?
- ¿Cómo se apellida?
- ¿De dónde es?
- ¿A qué se dedica?

b. Ahora cuenta a un/a compañero/a de clase todo lo que sabes de otro/a compañero/a (nombre, apellido, procedencia, idiomas, estudios). *Now tell a fellow student all you know about another student (name, surname, place of origin, languages, study subjects).*

9. Los famosos   Famous people

a. Los participantes del Festival Internacional de Jaca llegan a recepción. Lee el diálogo.   *The participants of Jaca International Festival check in at reception. Read what they say.*

- Buenos días ¿Cómo se llama usted*?
- Me llamo Julia.
- ¿Cómo se apellida?
- Me apellido Iglesia Martí.
- ¿De dónde es?
- Soy cubana.
- ¿Habla usted inglés?
- No, sólo hablo español.
- ¿Y usted qué hace? ¿A qué se dedica?
- Soy cantante.
- Muchas gracias y bienvenida a España.

* See Unit 2 for an explanation of subject pronouns.

b. Trabajas de recepcionista en un hotel internacional de Madrid. Entrevista a tu compañero/a que es un personaje famoso. Usa el diálogo como modelo.   *You work as a receptionist in an international hotel in Madrid. Interview another student who will play the part of a famous person. Use the dialogue as your model.*

Comprensión auditiva

1. Luis habla de sus hermanos y sus trabajos. Luis talks about his brothers and sisters and their jobs.

la hermana menor	*the youngest sister*	el/la menor	*the youngest*
el hermano mayor	*the eldest brother*	el/la mayor	*the eldest*
familia numerosa	*large family*	fontanero	*plumber*
empresa propia	*own business*	ayuntamiento	*town council*

Escucha y completa las frases siguientes. *Listen and complete the sentences below.*

a. Joaquín es el . . . y es . . .
b. La segunda hermana es . . .
c. Pedro es . . . y trabaja como . . .
d. Irene es . . . pero trabaja como . . .
e. Felipe es . . . y trabaja como . . .
f. Nieves es . . .
g. Cristina no tiene . . . y trabaja en lo que puede.
h. Luis es . . .

2. Pronunciación Pronunciation

a. Escucha y repite las siguientes palabras. *Listen and repeat the following words.*
Italia; Inglaterra; Chile; Colombia; Rusia; España; Francia; Nigeria; Egipto; Escocia; Cuba; Alemania; Sierra Leona; Polonia; Gales; Argentina; Senegal; Roma; Londres; Madrid.

b. Escucha y repite las siguientes palabras; fíjate en el acento escrito. *Listen and repeat the following words; notice the written accent.*
América; (el)* Canadá; (el)* Perú; Hungría; Moscú; (el)* Japón; México**; Panamá.

* The article is commonly omitted from the names of these countries.
** Also Méjico *in Peninsular Spanish.*

3. Club de hispanohablantes Club for Spanish speakers

Conversación

María se encuentra con Ricardo en una reunión y le presenta a Rosario. *María meets Ricardo at a party and she introduces him to Rosario.*

mira	*look*	eres	*you are*
también	*also*	presentar	*to introduce*
esposa	*wife*	te presento a . . .	*let me introduce you to . . .*
amiga/o	*friend*	conocer	*to know*
cómo	*how*	claro	*of course*
grupo	*group*	La conoces	*You know her*
por	*through*	¡Qué chico es el mundo!	*It's a small world!*

Escucha la conversación y escribe la respuesta a las siguientes preguntas. *Listen to the conversation and write down the answers to the questions below.*

a. ¿Cómo está Rosario?

b. ¿De dónde es Ricardo?

c. ¿De dónde es Rosario?

d. ¿Cómo se llama la esposa de Ricardo?

e. ¿Cómo conoce Rosario a Elena?

Consolidación

1. Los 15 apellidos más corrientes de España The 15 most popular surnames / last names in Spain

De una lista publicada por la revista española *Muy Interesante* (Mayo '96)

Los cuarenta principales

1 García	1.378.080	3,48%
2 Fernández	851.400	2,15%
3 González....	839.520	2,12%
4 Rodríguez .	803.880	2,03%
5 López	795.960	2,01%
6 Martínez . .	780.120	1,97%
7 Sánchez . . .	724.680	1,83%
8 Pérez	708.840	1,79%
9 Martín	459.360	1,16%
10 Gómez	439.560	1,11%
11 Ruiz	320.760	0,81%
12 Hernández .	304.920	0,77%
13 Jiménez . . .	293.040	0,74%
14 Díaz	293.040	0,74%
15 Álvarez	273.240	0,69%

Hay Garcías para todos los gustos: actrices, periodistas, deportistas, científicos, políticos, poetas, presentadores, jueces o filósofos. Son más de un millón los que llevan este apellido en nuestro país.

a. ¿Entiendes el texto? ¿Qué dice? *Can you understand the text? What does it say?*

b. ¿Cuántas personas se llaman García? *How many people are called García?*

Note: Spanish uses a point/period to indicate thousands or millions (1.996) and a comma for decimals (13,3 or 13'3).

2. Un 'policía inglés' en Zaragoza   An 'English policeman' in Zaragoza

Un policía inglés en Zaragoza (*El País*, 25 de junio de 1996)

a.   Lee y contesta las preguntas.   *Read and answer the questions.*
Mark Crake es un policía inglés. El agente, hijo de una española, habla castellano muy bien, aunque con acento de Londres. En la foto saluda a un policía local de Zaragoza.

   i.   ¿Cómo se llama el policía?   ii.   ¿Cómo se apellida?
   iii.   ¿De dónde es?   iv.   ¿Habla castellano?

b.   Escribe las preguntas para esta entrevista. Utiliza 'tú' o 'Vd.' según convenga.   *Write up the questions for this interview. Choose the appropriate form of address (formal or informal 'you').*

   i.   Buenas tardes ¿. . .?   Mark
   ii.   ¿. . .?   Crake.
   iii.   ¿. . .?   Soy de Inglaterra.
   iv.   ¿. . .?   Sí, hablo castellano.
   v.   ¿. . .?   Soy policía.
   vi.   Adiós y . . .   Adiós.

3.   El Rey celebra su santo.   The King celebrates his saint's day.

> *Spaniards, as well as celebrating their birthday, like to make a special occasion of the day dedicated to the saint or virgin after whom they are named. It is called* el santo *and it is as important as* el cumpleaños *or a birthday. To celebrate this occasion it is common to invite family and close friends for a meal.*
> *Visit the Spanish Royal Family's website to know more about them:* www.casareal.es.

El País, 25 de junio de 1996

La Reina, acompañada de Don Juan Carlos y Don Felipe, recibe el saludo del presidente de Gobierno.

4. **Sopa de letras** Word search

En esta sopa de letras hay estas 5 palabras y otras 5 frases. ¿Puedes encontrarlas? *In this word search are these five words and five other words or phrases. Can you find them?*

fatal	hola	regular	gracias	bien

```
B A C O M A L L E M
H U N S O I D A R C
F D E G M F S T D O
C E Q N B M S A T M
Q A P L O A N F H O
I U K N I S O C A E
E N E C V E D U J S
B I A T I W S I N T
B R D G A H O L A A
G R E G U L A R B S
```

5. Cada oveja con su pareja   Matching pairs

Une las frases de las dos columnas y obtendrás un diálogo en español.   *Match the phrases in the two columns and you will get a dialogue in Spanish.*

a. ¿Eres de Madrid?	i. Mucho gusto.
b. ¿Eres inglés?	ii. Hola ¿qué tal?
c. Mira, te presento a Juan.	iii. De Valladolid.
d. ¿De dónde eres?	iv. No, soy de Salamanca.
e. Hola, soy Marta.	v. ¡Hasta luego!
f. ¡Hasta luego, Juan!	vi. Sí, de Londres.

6. Los saludos y las despedidas   Saying 'hello' and 'goodbye'

a.   Saluda a: *Say hello to:*

i.   un amigo   *sometime before 12 p.m.*   ¡Hola! Buenos días.

ii.   un profesor   *sometime after 12 p.m.*

b.   Despídete de: *Say goodbye to*:

i.   un amigo *(you are seeing him later in the bar)*

ii.   la secretaria del departamento *(you are seeing her tomorrow)*

7. Entrevistas   Interviews

Completa estas entrevistas. Utiliza 'tú' o 'Vd.' según convenga.   *Fill in the gaps. Choose the appropriate form of address (formal or informal 'you').*

a.   Dos estudiantes universitarios   *Two university students*

Preguntas	*Respuestas*
¿. . . ?	Nuria
¿. . . ?	González Pastor
¿. . . ?	Estudio filosofía.
¿. . . ?	De Oviedo
¿. . . ?	Sí, soy española.

b.   En la recepción de un hotel   *At the reception desk in a hotel*

Buenos días ¿. . .?	Me llamo Arancha.
¿. . .?	Me apellido Sancho Vicario.
¿. . .?	Soy española.
¿. . .?	Soy periodista.
¿. . .?	Sí, sí que hablo inglés.

Muchas gracias y bienvenida al Hotel Europeo.

c.   En la aduana del aeropuerto de Madrid (completa con tus propios datos personales).   *At the Customs in Madrid airport (fill in the gaps with your own personal details).*

Buenos días ¿. . .?   Me llamo . . .
¿. . .?   Me apellido . . .
¿. . .?   Soy . . .
¿. . .?   Soy . . .
¿. . .?   No, ...

Muchas gracias.

8.   ¿Verdadero o falso?   True or false?

Lee este texto.   *Read this text.*

María López es de Madrid. Tiene treinta y ocho años, está casada y tiene dos hijos. Viven en Cataluña. Su marido se llama José y tiene cuarenta y dos años. Es director de una compañía de seguros. El hijo mayor, de nueve años, se llama Juan Carlos. La menor, Nuria, sólo tiene tres años.

¿Verdadero o falso? *True or false?*

a.   María López es española.
b.   Es soltera.
c.   Su marido trabaja en una compañía de seguros.
d.   El marido de María se llama Juan Carlos.
e.   Tienen un hijo y una hija.
f.   El hijo mayor es Juan Carlos.
g.   Viven en el País Vasco.

9.   Mucho gusto   Delighted to meet you

a.   Eres el anfitrión de una fiesta. Presenta a los invitados que no se conocen.   *You are giving a party. Introduce the guests who do not know each other.*

> **Ejemplo**
>
> El señor Martínez / la señorita Banzo
> Sr. Martínez, le presento a la señorita Banzo.

i.   La señora García / el señor Bernabeu
ii.   El señor Álvarez / la señorita Rosa Delgado
iii. La señorita Rosa Delgado / la señora García
iv.   El señor Bernabeu / tu amiga Carmela
v.   Tu amiga Carmela / tu tía Lucía
vi.   Carlos / Beatriz

b.   ¿Cómo crees que se saludarán? (Encantado/encantada, etc.)   *How do you think they will greet each other?*

Gramática

1. Saying 'hello' and 'goodbye'   Los saludos y las despedidas

Día, *tarde*, *noche* and *adiós* almost match 'day', 'afternoon' / 'evening', 'night' and 'goodbye' – but not completely. Lunch (*el almuerzo / la comida*) is much later in Spain than in the English-speaking world and the active day is longer, so:

- *buenos días* extends beyond noon, and *buenas tardes* is infrequent before 2 p.m.
- *buenas tardes* covers both afternoon and evening
- *buenas noches* may mark: the beginning of a night out – *Hola, buenas noches* (Good evening) – as well as its close – *Adiós, buenas noches. Hasta mañana* (Good night). Depending on what else is said, it tends to be used after 9 p.m.

- *adiós* means goodbye, as in the above example, but it is also very frequently used as a complete greeting, perhaps accompanied by a wave of the hand, as when you pass someone in the street but do not stop to talk. *Chao* is often used in some Latin American countries.
- *buenas* on its own is a greeting which can be heard at any time of day. Usage is colloquial, and perhaps best avoided at this stage.

2. Introducing people   Las presentaciones

A common way to introduce people is to say *te presento a . . .* (can I / let me introduce you to . . .). A less formal way is *este es . . .* (this is . . . , for a man), *esta es . . .* (this is . . . , for a woman). To answer, you can say *mucho gusto* or *encantado* (if you are a man), *encantada* (if you are a woman). An informal reply is *hola* or *¿qué tal?* or both.

3. Verbs: the present tense   Verbos: el tiempo presente

SER   (to be)

SOY	I am
ERES	you are (familiar singular form)
ES	he/she is / you are (formal singular form)*
SOMOS	we are
SOIS	you are (familiar plural form)
SON	they are / you are (formal plural form)

Ser is an irregular verb.

LLAMARSE   (to be called)

ME	*LLAMO*	I am called / My name is . . .
TE	*LLAMAS*	you are called (familiar singular form)
SE	*LLAMA*	he/she is called / you are called (formal singular form)

NOS	LLAMAMOS	we are called
OS	LLAMÁIS	you are called (familiar plural form)
SE	LLAMAN	they are called (you are called, formal plural form)

Llamarse, a reflexive verb**, is an example of the *-AR* verbs. Two other verbs like it are **apellidarse** and **dedicarse**.

Other regular verbs in *-AR* (non-reflexive***) you will meet in this unit are: *hablar, contestar, completar, escuchar, mirar, practicar, preguntar, saludar.*

* See Unit 2 for an explanation of subject pronouns.
** In a reflexive verb the subject and object pronouns coincide: **He** cuts **himself**. See Unit 7 for more on reflexive verbs.
*** See Unit 2 for an example of a regular non-reflexive verb.

4. Demonstrative adjectives and pronouns Los adjetivos y los pronombres demostrativos

Spanish has three demonstrative adjectives: *este* (this), *ese* (that) and *aquel* (that over there). Each one has four forms: masculine singular, feminine singular, masculine plural and feminine plural. They normally precede the noun they qualify and must agree with it.

THIS (near the speaker)	THAT (near the listener)	THAT (over there, far from both)
este *profesor (m s)*	**ese** *profesor (m s)*	**aquel** *profesor (m s)*
esta *enfermera (f s)*	**esa** *enfermera (f s)*	**aquella** *enfermera (f s)*
estos *estudiantes (m pl)*	**esos** *estudiantes (m pl)*	**aquellos** *estudiantes (m pl)*
estas *chicas (f pl)*	**esas** *chicas (f pl)*	**aquellas** *chicas (f pl)*

The three demonstrative pronouns used to have a written accent over the stressed syllable.*
    They must agree with the nouns they refer to. They correspond to **this one** / **these** and **that one** / **those**.

éste, ésta, éstos, éstas
ése, ésa, ésos, ésas
aquél, aquélla, aquéllos, aquéllas

There are neuter forms of the three pronouns – *esto, eso, aquello* – which bear no accent, and which do not change for gender or number. They refer to what has been said or to an object that has not been named.

| *Todo **esto** es muy interesante.* | This is all very interesting. |
| *¿Qué es **eso**?* | What's that? |

* The accent is no longer compulsory according to recent regulations from the Real Academia de la Lengua Española (RAE). For information about the RAE visit their site at www.rae.es.

5. **How to ask a question**   Cómo hacer una pregunta

The sentence, *María habla francés*, may be turned into a simple question by the use of question marks and intonation (the voice rising at the end of the sentence):

¿María habla francés?

Alternatively, the word order can be changed with the subject coming after the verb:

¿Habla francés María?

or

¿Habla María francés?

In all cases question marks are needed and there is a change in intonation.

6. **How to express negation**   La negación

You make a sentence negative in Spanish by placing the word ***no*** immediately before the verb.

Thus: *Soy abogado*.   ***No** soy abogado.*

7. **Pronunciation**   La pronunciación

Vowels   *Las vocales*

a		as in c<u>a</u>t	e.g. *c**a**sa*
e		as in H<u>e</u>len	e.g. *mod**e**lo*
i	like ee	as in f<u>ee</u>t	e.g. *pract**i**ca*
o		as in t<u>o</u>p (BrE.*)	e.g. *pil**o**to*
		as in b<u>oa</u>t (AmE.**)	e.g. *pil**o**to*
u	like oo	as in m<u>oo</u>n	e.g. *cl**u**b*
y	like ee	(when a vowel)	e.g. *m**uy***

* BrE = British English
** AmE = American English

- Vowels can come in twos or threes. They are not separate sounds but nevertheless need to be pronounced clearly, according to the indications above: e.g. ***bueno**, **Laura**, **Jaime.***
- English students are advised to pay particular attention to 'i', 'u' and 'y'.

Consonants   *Las consonantes*

The pronunciation of Spanish consonants 'f', 'k', 'l', 'p' and 't' is similar to English.

/b/ /β/ b/v	they have the same sound in Spanish, but rather closer to 'b' than 'v' after a pause, as in English	e.g. ***Barcelona**, **Valencia***
	between vowels, a lighter sound	e.g. *una **b**arra de pan*

/k/	c + a / o / u	as in cat	e.g. *Canadá, cómo, Cuba*
/θ/	c* + e / i	like 'th' in mouth	e.g. *cero*
	z*	has the 'th' sound in front of any vowel	e.g. *zona*
/d/ /ð/	d	after a pause, similar to English	e.g. *Dinamarca*
		between vowels and at the end of a word, a lighter sound; sometimes sounds like English 'th' (this), sometimes inaudible	e.g. *casado, Madrid*
/g/	g + a /o /u	after a pause, as in gun	e.g. *¡Gol!*
/ɣ/		between vowels, a lighter sound	e.g. *abogado*
/x/	g + e / i	like 'ch' in Bach, loch (Scottish) or in chutzpah (Yiddish)	e.g. *elige*
	j	has the above 'ch' sound in front of any vowel	e.g. *Japón*
/g/	gu + i/e	like 'g' in goal (silent 'u')	e.g. *guía, guerra*
/ɣ w/	gü + i/e	like 'gw' in Gwenda	e.g. *nicaragüense, vergüenza*
	gu + a/o	also like 'gw' (no ¨ over the 'u')	e.g. *agua*
	h	is not pronounced in Spanish	e.g. *hijo*
/ʎ/	ll**	between 'll' in bullion and 'y' in yes	e.g. *llamarse*
/ɲ/	ñ	the nearest in English is 'ni' in onion, but the tongue should be placed flat against the roof of the mouth	e.g. *año*
/k/	qu + e/i	like 'k' in kitchen (silent 'u')	e.g. *que*
/kw/	cu + a/o	like 'qu' in quality	e.g. *cuatro/cuota*
/r/ /r̄/	r	always more distinctive than in English; an 'r' at the beginning of a word and a 'rr', within a word, should be rolled	e.g. *rosa, Inglaterra*

* In the south of Spain and in Latin America in these circumstances the 'c' and 'z' are pronounced like an 's', /s/.

** In many parts of Spain and in Latin America 'll' is pronounced /j/.

Word stress and the written accent   *El acento tónico y el acento gráfico*

In all Spanish words of more than one syllable, one syllable is more stressed (emphasized) than any other. The correct placing of the stress is as important for communication as the pronunciation of individual sounds. There are three basic rules:

a. A word ending in 'n', 's' or a vowel – most words in Spanish – is stressed on the next-to-last syllable:

> e.g. *saludan*
>
>   *casas*
>
>   *nombre*

b. A word ending in any other letter is stressed on the last syllable:

> e.g. *fatal*
>
>   *actriz*

c. Exceptions to the above (when Spanish wishes to stress another syllable) are indicated by an accent written above the vowel to be stressed:

> e.g. *fotógrafo*   (which would otherwise be *fotografo*)
>
>   *América*   (which would otherwise be *America*)

N.B. Stress does not affect the **quality** of a vowel. In Spanish, vowels are pronounced the same wherever they appear in the word; in English they are often different.

> Compare: elephant   (where the 'e' sounds are different)
>
> with   *elefante*   (where they are the same)

(For information on word stress for words with two or more vowels together, and for other uses of the written accent, see Unit 9.)

8. The Spanish alphabet   El alfabeto español

The Spanish alphabet consists of the following letters:

a	*a*	l	*ele*	v	*uve (be chica)*
b	*be*	ll*	*elle*	w	*uve doble*
c	*ce*	m	*eme*	x	*equis*
ch*	*che*	n	*ene*	y	*i griega*
d	*de*	ñ	*eñe*	z	*zeta*
e	*e*	o	*o*		
f	*efe*	p	*p*		
g	*ge*	q	*cu*		
h	*hache*	r/rr	*ere/erre*		
i	*i*	s	*ese*		
j	*jota*	t	*te*		
k	*ka*	u	*u*		

* Since 1994 these sounds are not considered letters in their own right. You now find words beginning with 'ch' listed under 'c' and those beginning with 'll' under 'l'.

9. Vocabulary for the Spanish class Vocabulario para la clase de español

¿Cómo se dice/escribe . . . en español?	How do you say/write . . . in Spanish?
¿Puedes repetir, por favor?	Can you repeat please?
Otra vez / más despacio, por favor.	Again / more slowly, please.
Vamos a leer/escribir/escuchar/hablar/ empezar/terminar . . .	We are going to read/write/listen/speak/begin/ finish . . .
¿Entendido? ¿Está claro?	Do you understand? Is it clear?
Primero . . . y después . . .	First . . . and then . . .
En / por parejas . . .	In pairs . . .
Todos juntos . . .	All together . . .
¿(Hay) alguna pregunta?	(Are there) any questions?

UNIDAD 2

¿Tienes hermanos?

Learning aims

Talking about family members
Describing someone's appearance and character
Saying how old you are

Presentación y prácticas

1. La familia The family

a. Este es el árbol genealógico de la familia Pérez. Lee y escucha las frases para deducir su significado con la ayuda del árbol genealógico. *This is the Pérez family tree. Read and listen to work out the sentences' meaning with the help of the family tree.*

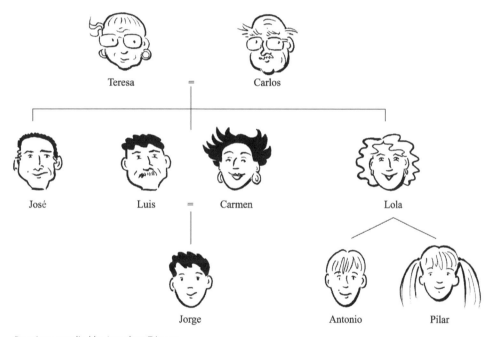

Drawings supplied by Jonathan Trippett.

i. El **marido** de Teresa se llama Carlos.
ii. La **mujer** de Luis se llama Carmen.
iii. Pilar es la **hija** de Lola.
iv. El **hijo** de Luis y Carmen se llama Jorge.
v. Antonio y Pilar son **hermanos**.
vi. José y Luis son **hermanos**.
vii. Luis es el **hermano** de Lola.
viii. Lola es la **hermana** de Luis y José.
ix. Jorge tiene un **tío** que se llama José.
x. La **tía** de Jorge es Lola.
xi. Jorge y Antonio son **primos**.
xii. Teresa y Carlos tienen tres **nietos** (Jorge, Antonio y Pilar).
xiii. Carlos es el **abuelo** de Jorge, Antonio y Pilar.

b. ¿Cómo se dice en español? *How do you say in Spanish?*

- brother
- brothers
- brother and sister
- Teresa's husband
- He has an uncle called José.
- grandfather

2. ¿Tienes hermanos? Do you have brothers and sisters?

a. Alfonso y Susana hablan de sus familias. Escucha y haz una lista de los nombres de parentesco que menciona Alfonso. *Alfonso and Susana talk about their families. Listen and write down the nouns of kinship mentioned by Alfonso.*

Alfonso: Hola, ¿cómo te llamas?
Susana: Me llamo Susana, ¿y tú?
Alfonso: Alfonso. ¿Eres de aquí?
Susana: Sí, vivo aquí con mi familia.
Alfonso: ¿Tienes hermanos?
Susana: Sí, tengo dos hermanos y tres hermanas.
Alfonso: ¿Cómo se llaman?
Susana: La mayor se llama Paloma y tiene 28 años; luego . . . los gemelos Diego y Arturo que tienen 26 años; después Alicia, que tiene 23 años; luego yo, que tengo 19 años, y por último la más pequeña, Gema, que tiene 15 años.
Alfonso: ¡Qué familia más numerosa!
Susana: ¿Y tú, tienes hermanos?
Alfonso: No, yo soy hijo único. ¡Es muy aburrido!
Susana: Pero tienes primos, ¿no?
Alfonso: Sí, la hermanastra de mi padre, mi tía Alicia, tiene dos hijos, pero son muy pequeños. Tienen 5 y 3 años.
Susana: ¿Y tienes abuelos?
Alfonso: Sí, mi abuelo Pablo y mi abuela Silvia son muy divertidos, pero los padres de mi madre son muy serios.

gemelos/as *twins*	hijo/a único/a *only child*	primos *cousins*	hermanastra *stepsister*

b. ¿Cómo se dice en español? *How do you say in Spanish?*

- Do you have any brothers or sisters?
- twin sister/brother
- I am an only child.
- then
- male cousin / female cousin
- parents
- He is 28.
- here
- but
- They are 5 and 3 years old.
- a large family
- father and mother

36

c. ¿Y tú? *And what about you?*

En parejas pregunta a tu compañero/a sobre su familia: número de hermanos, edad, profesión, lugar de nacimiento, domicilio, etc. *Form pairs and ask your partner about his/her family: number of brothers and/or sisters, age, profession/occupation, place of origin, home, etc.*

> **Ejemplo**
>
> ¿Tienes hermanos?   ¿Cuántos/as hermanos/as tienes?
> ¿Cómo se llama(n)?   ¿Cuántos años tiene tu hermana? etc.

See Grammar section for the numbers in Spanish.

d. Escribe lo que sabes sobre la familia de tu compañero/a. Después cuéntaselo a otro/a compañero/a. *Write what you know about your interviewee's family. Then tell another student what you have found out.*

novio/a	*boy/girlfriend*	compañero/a	*partner/mate*
chico/a	*boy/girl/teenager*	padrastro/madrastra	*stepfather/mother*
niño/a	*small boy/girl*	hermanastro/a	*stepbrother/sister*

3. ¿Quiénes son tus parientes? Who are your relatives?

a. Elige la respuesta correcta a las siguientes preguntas. *Choose the correct answer to the following questions.*

i. ¿Quién es el padre de tu madre?
a. Es mi suegro. b. Es mi abuela. c. Es mi abuelo.

ii. ¿Quién es la hermana de tu padre?
a. Es mi tía. b. Es mi madre. c. Es mi abuelo.

iii. ¿Quién es el hijo del hermano de tu madre?
a. Es mi primo. b. Es mi hermana. c. Es mi marido.

iv. ¿Quién es el padre de tu hermana?
a. Es mi abuelo. b. Es mi tía. c. Es mi padre.

v. ¿Quién es la mujer de tu hermano?
a. Es mi madrastra. b. Es mi tío. c. Es mi cuñada.

vi. ¿Quién es la mujer de tu abuelo?
a. Es mi padrastro. b. Es mi abuela. c. Es mi padre.

b. Ahora escribe la respuesta a las preguntas según el modelo. *Write the answer to the questions as in the example.*

> **Ejemplo**
>
> i.   El padre de mi madre es mi abuelo.

📖 ✍ **4. ¿Cómo es Pepe?**   What's Pepe like?

🗣 **a.**   Cómo describir a una persona según . . . *How to describe a person according to . . .*

La estatura   *Height*

Es: alto/a, bajo/a
de estatura media
ni alto/a ni bajo/a
Mide: ¿Cuánto mide Lola? Mide un metro noventa.
(3 feet = 0.914 m)

> ¡Ojo!
> muy, no muy
> bastante
> más bien, un poco

> Pepe es muy alto, mide dos metros diez.   Ana es de estatura media, ni alta ni baja.

El peso   *Weight*

Es: delgado/a   gordo/a   rellenito/a   de peso medio
Pesa: ¿Cuánto pesa Juan? Pesa 55 kg. *(1 kg = 2.2 lbs)*

> Juan no es ni gordo ni delgado.   Ana es más bien delgada. Pesa 55 kg.

El pelo   *Hair*

Es de pelo: negro   corto/largo
Tiene (el) pelo: castaño   claro/oscuro
rubio   liso/rizado
canoso

> ¡Ojo!
> Es pelirrojo/pelirroja
> Es rubio/a
> Es moreno/a

> Mi novia es de pelo castaño claro. Tiene pelo largo y rizado.
> Juan tiene el pelo rubio, liso y muy corto.

Los ojos   *Eyes*

Es de ojos: negros   marrones   claros/oscuros
Tiene (los) ojos: verdes   azules

> Carolina tiene los ojos azules y muy grandes. Jaime es de ojos negros.

b.   ¿Cómo soy?   *What am I like?*
Escribe en un papel una descripción de tu físico. El profesor recoge las descripciones y lee algunas. Los estudiantes escuchan y adivinan quién es.   *Write on a piece of paper a*

description of your physical appearance. The teacher collects the descriptions and reads some of them out. The students listen and guess who it is.

Otros detalles   *Other details*

Lleva: gafas / lentillas   pendientes   reloj   anillos
Tiene: la piel muy blanca/morena   pecas   barba   bigote

> Jorge lleva gafas y tiene barba. Tiene la piel morena.
> Marta lleva reloj, pendientes y lentillas. Tiene la piel muy blanca y también tiene pecas.

El físico   *Looks*

Es: guapo/a   feo/a
Tiene: buen tipo   mal tipo

> Carmen no es muy guapa pero tiene muy buen tipo.   Ricardo es feo y tiene mal tipo.

¿Cómo es Carlos?   ¿Cómo es Esther?

El carácter *Character*

Es:

simpático/a	antipático/a
alegre	serio/a
tímido/a	extrovertido/a
vago/a	trabajador/a
inteligente	estúpido/a
optimista	pesimista
sensato/a	poco sensato/a
sensible	poco sensible
nervioso/a	tranquilo/a

es sensato/a
no es sensato/a
es poco sensato/a
no es muy sensato/a
no es nada sensato/a

> Nuria es muy simpática y alegre y también muy trabajadora.
> Jorge es tímido, sensible y un poco nervioso.

c. Descubre tu alma gemela. *Find your soul-mate.*

Tu alma gemela es una persona con quien tienes varias cosas en común (el carácter, el número de hermanos, el color de los ojos, el apellido, el nombre del padre o de la madre, su profesión, etc.). Entrevista a tus compañeros y averigua quién es tu alma gemela. *Your soul-mate is a person you have several things in common with (character, number of brothers/sisters, eye-colour, surname / last name, father's or mother's name, job, etc.). Interview your fellow students and find out who is your soul-mate.*

5. **¿Quién es María?**   Who is María?

Para completar la información sobre estas personas pregunta y contesta según el modelo. *Follow the model to ask and answer questions in order to fill in the missing information below.*

¿Quién es . . . *Who is . . .*
  a) **María?**
  b) **tu prima?** *your cousin?*
  c) **ese chico que lleva gafas?** *that boy with glasses?*

a) **María es mi vecina, es muy cotilla.**
  Maria is my neighbour, she is very nosy.
b) **Aquella chica, la del pelo corto, se llama Pamela.**
  That girl, the one with short hair, is called Pamela.
c) **Es mi primo Felipe, es muy extrovertido.**
  It's my cousin Felipe, he is very extrovert.

Estudiante A: Estos son tus amigos y familiares.   *These are your friends and relations*

Manuel amigo simpático	María vecina cotilla	Pamela prima cariñosa*

Guillermo hermano vago	Ruth amiga tímida	Carmen compañera inteligente

Estos son los amigos y familiares del estudiante B.   *These are the friends and relations of student B.*

Felipe ? ?	? hermana ?	? ? ?

? amigo ?	Rosa ? ?	? ? ?

* To translate as 'affectionate'

41

Estudiante B: Estos son tus amigos y familiares.   *These are your friends and relations*

Felipe primo extrovertido	Alicia hermana antipática	Roberto compañero trabajador

Luis amigo tímido	Rosa novia de Luis alegre	Jorge vecino serio

Estos son los amigos y familiares del Estudiante A.   *These are the friends and relations of Student A.*

? amigo ?	María ? ?	? ? ?

Guillermo ? ?	? ? ?	? compañera ?

6. **Tarjetas de presentación** Calling cards

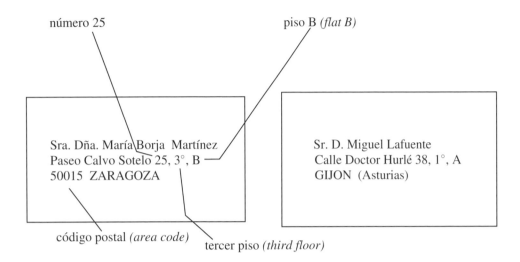

número 25

piso B *(flat B)*

Sra. Dña. María Borja Martínez
Paseo Calvo Sotelo 25, 3°, B
50015 ZARAGOZA

Sr. D. Miguel Lafuente
Calle Doctor Hurlé 38, 1°, A
GIJON (Asturias)

código postal *(area code)*

tercer piso *(third floor)*

El señor Don Miguel Lafuente vive en (la calle) Doctor Hurlé, (número) 38, (piso) primero, (puerta) A, (en la ciudad de) Gijón, (autonomía de) Asturias.

piso *flat/floor*	la puerta primera	1° (piso) primero
dcha. derecha	C/ calle	Avda. Avenida
izq. izquierda	D. /Dña don, doña	Sr./Sra./Srta. señor/señora/señorita

¡Ojo!

don/doña + *name (never surname only)*
señor/señora + *name and surname*

¿Puedes descifrar estas direcciones? *Can you decipher these addresses?*

Srta. Marta Rubio Fernández
Avda Infanta Isabel 20, 8°, dcha
28330 MADRID

Juan Oliver Mora
C/ San Bruno 18, 1°, izq.
SALAMANCA

Sr. D. Mariano Sánchez Borau
Calle Velázquez, 27, 4°, B
28002 MADRID
España

Carlos Blanco López
Avda de los Mozárabes 45
14011 CORDOBA

7. ¿Cuál es tu número de teléfono?   What is your telephone number?

Pregunta por los números de teléfono que no tienes y completa tu lista.   *Ask for the telephone numbers you do not have and complete your list.*

> **Ejemplo**
>
> ¿Cuál es el número de María?
> - Es el dos, ochenta y siete, veintiséis, quince.

	Estudiante A	**Estudiante B**
María	2 87 26 15	
Santiago		2 11 43 62
Información RENFE	2 74 47 00	
La oficina de Turismo		2 96 37 59
Urgencias	2 22 22 22	
La Policía		091
tu compañero/a		

8. ¿Dónde viven ustedes?   Where do you live?

a.   En grupos. Tienen* que averiguar la siguiente información para la oficina internacional de la universidad. Por turnos pregunten y tomen nota.   *Work in groups to find out the following information on behalf of the International Student Office. Ask one question each and make a note of the answers.*

i.   cuántos viven en la ciudad   i.   cuántos años tienen
ii.   cuántos hablan francés o ruso   ii.   cuántos viven en un colegio mayor
iii.   cuántos tienen hermanos o hermanas   iii.   cuántos son ingleses

* *In Latin America and the Canary Islands the* ustedes *form is used instead of the* vosotros *form; see Grammar section.*

b.   Escribe un informe corto sobre lo que has averiguado.   *Write a short report on what you have found out.*

> **Ejemplo**
>
> Todos viven en la ciudad. Tres viven en un colegio mayor y uno vive en una casa. Tres hablan francés pero nadie habla ruso.

Todos *everybody*   nadie *nobody*   colegio mayor *university hall of residence*

9. Fichas de datos personales Record cards

Eres un funcionario español y tienes que entrevistar a un matrimonio, así que tienes que utilizar la forma cortés en plural (ustedes). Elige una de las fichas (A o B) y completa la información que falta. Tu compañero responderá por el matrimonio. *You are a Spanish official and are interviewing a couple. Choose one set of personal details (A or B) and fill in the missing information. Your partner will answer for the couple. You will have to use the polite form in the plural* (ustedes).

Ejemplo

¿Cómo se llaman Vds.?	Yo me llamo Pablo y mi mujer se llama Pilar.
¿Y cómo se apellidan?	Yo me apellido Martínez Alvarez y mi mujer Gala Muñoz.
¿De dónde son?	Somos de Salamanca.
¿Dónde viven?	Vivimos en Valencia.
¿Cuál es su dirección?	Paseo del Prado 47, 2°, derecha

A

1	2
Nombre y Apellidos: • Luis López Martínez. • Marta García Sanpedro. **Lugar de origen:** Toledo, España. **Lugar de residencia:** Barcelona. **Domicilio:** Las Ramblas 37, 2°, izq. **Teléfono:** 4286736. **Familia:** Un hijo de 16 años, una hija de 14. **Idiomas:** castellano, catalán e inglés. **Profesión:** Ingeniero. Profesora de Instituto.	**Nombre y Apellidos:** • • **Lugar de origen:** **Lugar de residencia:** **Domicilio:** **Teléfono:** **Familia:** **Idiomas:** **Profesión:**

B

2	1
Nombre y Apellidos: • Jorge Herrero Navas. • Begoña Goitia Echevarría. **Lugar de origen:** Bilbao, País Vasco, España. **Lugar de residencia:** Vitoria. **Domicilio:** Paseo San Ignacio 21, 3°, B. **Teléfono:** 3687062. **Familia:** Dos hijos de 22 y 20 años, una hija de 14. **Idiomas:** Vasco, castellano, inglés y francés. **Profesión:** Director de empresa. Funcionaria.	**Nombre y Apellidos:** • • **Lugar de origen:** **Lugar de residencia:** **Domicilio:** **Teléfono:** **Familia:** **Idiomas:** **Profesión:**

Comprensión auditiva

1. Mensaje telefónico Telephone message

Escucha el mensaje de María para Ana Paula.   *Listen to María's message to Ana Paula.*

llamar	*to telephone*	tener	*to have*	para ti	*for you*	con ella	*with her*
vacaciones	*holidays*	dejar	*to leave*	regalo	*gift*		

¿Falso o verdadero?   *True or false?*

a.   El teléfono de Ana Paula es el 2490975.
b.   Carmen es amiga de Ana Paula.
c.   María trabaja con Carmen en Málaga.
d.   Carmen está en Madrid de vacaciones.
e.   María tiene un regalo para Ana Paula.
f.   El teléfono de María es el 2588197.

2. Mi familia My family

a. Escucha a Rosa, Cecilia y Amanda hablar de sus familias y mira la foto. *Listen to Rosa, Cecilia and Amanda talking about their families and look at the photograph.*

b. Contesta las preguntas.

  i.   ¿De qué familia es esta fotografía? *Whose family is this photograph of?*
  ii. ¿Verdadero o falso? *True or false?*
  - El padre de Rosa tiene el cabello negro y rizado y es de color moreno.
  - El padre de Amanda es alto y gordo.
  - El padre de Cecilia es alto, delgado y rubio.
  - El padre de Rosa es muy bravo.
  - Las madres de Cecilia y de Amanda son bajitas.
  - Rosa, Cecilia y Amanda tienen una hermana.
  - Rosa, Cecilia y Amanda tienen un hermano.
  - El hermano de Cecilia hace bromas y es alegre.

  iii. En qué se diferencia esta familia de las otras dos? *In what way is this family different from the other two?*
  Número de personas, el padre, la hermana (altura, color de pelo, color de piel, carácter) y si tienen una mascota (animal doméstico). *Number of people, the father, the sister (height, colour of hair, skin, personality) and if they have a pet.*

chinito/a (en México)	*curly*	bajito/a	*short*	lacio	*straight*
contento/a, alegre	*happy*	bonito/a	*nice, pretty*	dulce	*sweet*
divertirme	*to enjoy myself*	gordito/a	*a bit fat*	pues	*well*
blanquito/a*	*fair (skin)*	parecido/a	*similar/alike*	cabello	*hair*
comprensivo/a	*understanding*	mismo/a	*same*	charlar	*to chat*
estudiar	*to study*	pajarito	*bird*	cantar	*to sing*
bachillerato	*secondary / high school (exam.)*	al contrario	*on the contrary*	bravo/a	*bad-tempered*
hace muchas bromas	*he jokes/teases*				
* güero/a en México.					

47

Consolidación

1. España Spain

a. Lee el texto sobre España. *Read the text on Spain.*

La península ibérica y las islas Baleares y Canarias forman el estado español. El estado español tiene 17 regiones que se llaman Comunidades Autónomas. España tiene aproximadamente 38 millones de habitantes y su capital es Madrid, situada en el centro del país. El idioma oficial es el español o castellano pero también son oficiales el vasco en el País Vasco, el gallego en Galicia, el catalán en Cataluña, el valenciano en Valencia y el mallorquín en Mallorca. Existe la libertad de cultos pero la religión predominante es la católica. España tiene una gran variedad de climas (suave y húmedo en el norte, seco y caluroso en el sur). España es país miembro de la Unión Europea y desde el 2002 la moneda es el euro, no la peseta. España es una monarquía parlamentaria. El monarca es el rey Juan Carlos I de Borbón y Borbón. El rey y la reina, doña Sofía, tienen 3 hijos: las infantas Elena y Cristina y el príncipe Felipe, heredero al trono. La Secretaría de Estado de Comunicación dispone de un portal que permite acceder a todos los sitios del Gobierno español y de las distintas comunidades autónomas, visítalo www.la-moncloa.es.

> clima *climate* suave *mild* seco *dry* caluroso *hot*

b. Inventa preguntas para estas respuestas. *Invent questions for these answers.*

> **Ejemplo**
>
> ¿Cuántas Comunidades Autónomas tiene España?   17

i.   ¿Cuántos . . .?   38 millones.   ii.   ¿Cuál es . . .?   Madrid.
iii. ¿Cuál es . . .?   El castellano.   iv.   ¿. . .?   La católica.
v.   ¿. . .?   Sofía.   vi.   ¿. . .?   El euro.

> **¡Ojo!**
>
> What is / which is . . .? = ¿Cuál es . . .?

c. Basándote en este texto, escribe algo sobre tu país. *Write a description of your country based on this text.*

2. Los vecinos de la Calle Mayor The people who live in the Calle Mayor

a. Identifica los datos de cinco personas que viven en la Calle Mayor – el nombre, el apellido, la edad, la profesión, la nacionalidad y la dirección. *Note down the details of five people living in the Calle Mayor – their Christian/first name, surname/last name, age, job, nationality and address.*

Rosa Camacho vive con sus hermanos en la C/ Mayor 14, 2°, izquierda.
El señor Molina vive en la C/ Mayor número 14, 1°, derecha.

Manolo García es de Barcelona.	Rosa tiene 20 años.
Emilia vive en la Calle Mayor, número 12, 1°, A.	El señor Molina tiene 52 años.
La hermana pequeña de Lola se llama Rosa.	El apellido de Emilia es Blanco.
Alfredo Camacho es cartero.	Manolo es enfermero.
La madrileña se llama Emilia.	El enfermero tiene 40 años.
Rosa es estudiante.	Lola Camacho es dependienta.
Manolo vive en la Calle Mayor, número 12, 1°, B.	El cartero tiene 28 años.
Rosa y Alfredo son catalanes.	El señor Molina es arquitecto.
Lola tiene 23 años.	Emilia Blanco es periodista.
La chica madrileña tiene 29 años.	Rosa, Lola y Alfredo son hermanos.
Carlos Molina es de Galicia.	

A Spanish street

b. Ahora escribe una breve descripción de cada vecino. *Now describe each person briefly.*

> **Ejemplo**
>
> Emilia se apellida Blanco, es de Madrid, vive en la C/ Mayor 12, es periodista y tiene 29 años.

3. Informes y descripciones Reports and descriptions

a. Escribe un informe corto sobre la familia López García (Presentación y prácticas 9) y otro sobre tu familia. *Write a short report on the López García family (see* Presentación y prácticas 9*) and another one about your family. Careful with the verb endings.*

b. Describe a dos personas de físico y carácter diferente. *Describe two people of different character and appearance.*

4. Echando cuentas Working it out

Escribe en español las sumas siguientes. *Write out in Spanish the following sums.*

> **Ejemplo**
>
> $2 + 2 = 4$ dos y dos son cuatro

$3 + 4 = 7$	$14 + 4 = 18$	$8 + 7 = 15$
$10 + 6 = 16$	$17 + 3 = 20$	$18 + 1 = 19$
$11 + 2 = 13$	$12 + 8 = 20$	$9 + 5 = 14$

5. ¿Cómo se dice en español? How do you say in Spanish?

a. My brother   My brothers   My sister   My sisters
b. His uncle   His uncles   Her uncle   Her uncles
c. Its name
d. Our dog (*el perro*)   Our dogs   Our aunt   Our aunts
e. Your name (*tú & Vd.*)   Your surnames (*vosotros & Vds.*)
f. Their address   Their addresses
g. John is my brother   Jane is her sister
h. Our grandparents are called María and José.
i. What's your friend's name? What are your parents called?
j. Your first name, please, Mr Sánchez?

> **Recuerda**
>
> *What's your boyfriend called / What's your boyfriend's name* = ¿Cómo se llama tu novio?

6. Más de uno More than one

Transforma al plural. *Change to the plural.*

> **¡Ojo!**
>
> vowel + -s
> consonant + -es

el nombre	los nombres	un español	dos españoles
el apellido	. . .	un alemán	. . .
mi tía	mis tías	un profesor francés	. . .
tu primo	. . .	un albañil inglés	. . .
su amigo	. . .	un estudiante italiano	. . .
nuestro perro	. . .	una estudiante italiana	. . .

📖 ✍ **7. Club Hispano**

Algunos invitados del Club Hispano ('Presentación y prácticas' Ejercicio 7, Unidad 1) comparten la nacionalidad o la profesión. Averigua quiénes son y escribe una frase sobre cada uno. *Some of the guests in the Club Hispano (Unit 1, 'Presentación y prácticas', Exercise 7) have the same job or come from the same place. Find out who they are and write a sentence about each of them.*

> **Ejemplo**
>
> Robert Portillo y Sancha Rius son profesores.

Note that you must use the masculine plural form when you refer to more than one person of different sexes.

Gramática

1. Subject pronouns   Los pronombres sujeto

Forms

Singular	I	*yo*
	you (familiar)	*tú*
	he/she	*él/ella*
	you (formal)	*usted* often written as *Vd./Ud.*
Plural	we (m./f.)	*nosotros/nosotras*
	you (familiar) (m./f.)	*vosotros/vosotras*
	they (m./f.)	*ellos/ellas*
	you (formal)	*ustedes* written as *Vds./Uds.*

Usage

- Spanish uses subject pronouns much more sparingly than English or French do – primarily for emphasis or to avoid ambiguity. Students should make a point of not overusing them.
- Spanish has four ways of saying **you** with their corresponding verb forms. *Tú/vosotros* are used with one / more than one person you know well, among young people or with children. *Usted/ustedes* are used with one / more than one (older) person with whom you have a more formal relationship.
- *Usted/ustedes* require the third person verb forms. Of all the subject pronouns these are the most used.
- In some countries of Latin America, the *vosotros* pronoun and corresponding verb form is usually replaced by *ustedes* and its corresponding verb form (third person plural).

2. Spanish verbs   Los verbos en español

There are three conjugations of verbs in Spanish. All verbs, regular or irregular, belong to one of them according to whether the infinitive ends in -*AR*, -*ER* or -*IR*. The -*AR* group is the largest. You form the present tense of the verb by removing the -*AR*, -*ER* or -*IR* of the infinitive and by adding certain endings as shown below:

The present tense: regular verbs   *El tiempo presente: Los verbos regulares*

ESCUCHAR (to listen)	*COMER* (to eat)	*VIVIR* (to live)
ESCUCHO (yo)	*COMO*	*VIVO*
ESCUCHAS (tú)	*COMES*	*VIVES*
ESCUCHA (él/ella/Vd.)	*COME*	*VIVE*
ESCUCHAMOS (nosotros/as)	*COMEMOS*	*VIVIMOS*
ESCUCHÁIS (vosotros/as)	*COMÉIS*	*VIVÍS*
ESCUCHAN (ellos/ellas/Vds.)	*COMEN*	*VIVEN*

- All conjugations bear an accent in the *vosotros* form.
- Notice the similarities and differences between the -*ER* and -*IR* endings.

3. Tener   To have

TENGO	I have	*TENEMOS*	We have
TIENES	You have (familiar)	*TENÉIS*	You have (familiar)
TIENE	S/he has, you have (formal)	*TIENEN*	They/you (formal) have

Tener is a very common irregular verb. Notice the *G* of the first person singular and the way the *E* of the root of the infinitive changes to *IE* in some persons of the verb.

Tener . . . años   To be . . . years old

To tell one's age you use the verb *tener*.

¿Cuántos años tienes? Tengo 20 años.
Tengo un hermano que tiene 15 años.

4. Possessive adjectives   Los adjetivos posesivos

ONE OWNER		TWO OR MORE OWNERS	
mi/mis	my	*nuestro/nuestra/nuestros/nuestras*	our
tu/tus	your (familiar)	*vuestro/vuestra/vuestros/vuestras*	your (familiar)
su/sus	his, her or its	*su/sus*	their
su/sus	your (formal form)	*su/sus*	your (formal plural)

Possessive adjectives agree in gender and number with the noun they refer to.

Mi padre es ingeniero.	**My** father is an engineer.
Mis hermanas viven en casa.	**My** sisters live at home.
Nuestra casa es grande.	**Our** house is big.
Nuestras madres son rubias.	**Our** mothers are blond.

5. Better, worse, older, younger   Mejor, peor, mayor, menor

Some adjectives have irregular comparative forms: *mejor* = better, *peor* = worse, *mayor* = older, *menor* = younger.

*Mi madre es **mayor que** mi padre.* My mother is older than my father.

(*Más pequeño* is also used to say 'younger'.)
For other comparatives and superlatives see Unit 9.

6. Asking a question   Cómo hacer una pregunta

Words used for asking a question in Spanish bear a written accent on the syllable that is stressed. (When the same words are used and a question is not asked, the words do not have an accent.)
   Some of these words are pronouns and can be singular or plural:

*¿**Quién** es aquella chica?*	**Who** is that girl?
*¿**Quiénes** son los hermanos de Luis?*	**Who** are Luis's brothers and sisters?
*¿**Cuál** es la capital de España?*	**What** is the capital of Spain?
*¿**Cuáles** son sus nombres?*	**What** are their names?
*¿**Cuál** es mejor?*	**Which** is better?*

Some of them are adjectives and need to agree with the noun they describe:

*¿**Cuánto** dinero tienes?*	**How much** money do you have?
*¿**Cuántos** años tienes?*	**How** old are you?
*¿**Cuánta** gente se llama García?*	**How many** people are called García?
*¿**Cuántas** hermanas tienes?*	**How many** sisters do you have?

Others do not change:

*¿**Dónde** vives?*	**Where** do you live?
*¿**Qué** nacionalidad tienes?*	**What** is your nationality?

* Note that *¿Cómo?* can mean 'I beg your pardon' and is more polite than *¿Qué?* ('What?').

* For a full account of *¿qué/ cuál/ cómo?* see Unit 9.

7. Cardinal numbers   Los números cardinales

0	cero				
1	uno	11	once	21	veintiuno/a
2	dos	12	doce	22	veintidós
3	tres	13	trece	23	veintitrés
4	cuatro	14	catorce	24	veinticuatro
5	cinco	15	quince	25	veinticinco
6	seis	16	dieciséis	26	veintiséis
7	siete	17	diecisiete	27	veintisiete
8	ocho	18	dieciocho	28	veintiocho
9	nueve	19	diecinueve	29	veintinueve
10	DIEZ	20	VEINTE	30	TREINTA
				31	treinta y uno/a, etc.

40	CUARENTA	60	SESENTA	80	OCHENTA
50	CINCUENTA	70	SETENTA	90	NOVENTA
				100	CIEN

- watch the order of vowels in *seis*, *siete*, *diez* and *nueve*.
- all the numbers between 16 and 29 ending in -*s* bear a written accent.

8. Ordinal numbers   Los números ordinales

primer(o)	first	*quinto*	fifth	*octavo*	eighth
segundo	second	*sexto*	sixth	*noveno*	ninth
tercer(o)	third	*séptimo/sétimo*	seventh	*décimo*	tenth
cuarto	fourth				

- As adjectives, they can be singular or plural, masculine or feminine, depending on the noun they qualify (see Unit 3): *la **segunda** vez* the second time
- They usually go in front of the noun, but with titles they tend to go afterwards: *el **cuarto** piso* the fourth floor, *Fernando **séptimo*** Ferdinand VII
- ***Primero*** and ***tercero*** (like *bueno* and *uno*) lose their final *o* before a following masculine, singular noun: *el **primer** hijo*
- There are ordinal numbers beyond 'tenth', but they are usually replaced by cardinal numbers: *el siglo **dieciséis*** the sixteenth century

9. Agreements

For an explanation of agreements of nouns and adjectives (masculine, feminine, singular and plural) see Unit 3.

10. Articles

For an explanation of definite (*el*, *la*, *los*, *las*) and indefinite articles (*un, una*) see Unit 3.

UNIDAD 3

¿Cómo es tu casa?

Learning aims

Describing places
Saying what is available
Using numbers

Presentación y prácticas

1. **¿Vives en una casa o en un piso?**   Do you live in a house or a flat/apartment?

a. Tipos de vivienda   *Types of dwellings*

un apartamento/piso   un chalet   una casa adosada

b. ¿Viven en una casa o en un piso? Escucha y contesta.   *Do they live in a house or in a flat/apartment? Listen and answer.*

i.   una casa / un piso   ii. un chalet / un apartamento
iii. una casa adosada / un piso iv. una casa / un chalet

2. **Las habitaciones**   The rooms

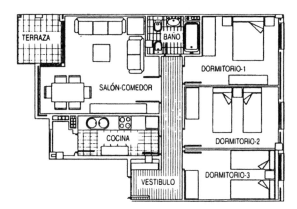

Busca la palabra correspondiente a:
bedroom (el . . .), *hall* (el . . .),
sitting (living) room / dining room
(el . . .), *terrace/patio* (la . . .),
bathroom (el . . .), *kitchen*
(la . . .)

> **¡Ojo!**
>
> Piso: *Flat/apartment* **and** *(1st, etc.) floor.*

a. Escucha a Nuria y completa las frases.   *Listen to Nuria and fill in the blanks.*

> Pues yo vivo en el décimo piso de un edificio con vistas a la playa. Mi piso tiene una (. . .), un salón–comedor, la habitación o el (. . .) de mi hermana, mi (. . .) y la de mi madre. También hay dos (. . .) y un dormitorio pequeño para cuando vienen invitados. Luego hay una (. . .) cerrada junto a la cocina y un cuarto trastero para la lavadora, la secadora, armarios roperos y eso. Y tiene un (. . .) bastante (. . .).

b. Ahora Andrés nos describe su casa en Montevideo. Escucha y completa las frases.   *Now Andrés tells us what his home in Montevideo is like. Listen and fill in the blanks.*

> Vivo en una (. . .) bastante grande cerca del mar en Montevideo. Hay un (. . .) más bien grande y tiene un living muy espacioso y una sala de estar con una mesa para comer todos los días. Luego tiene cinco (. . .), cuatro en el segundo piso y otro en el tercero. Y dos baños. También hay una (. . .) con un área con la (. . .) y para guardar las cosas de la limpieza y un garaje.

c. ¿Qué diferencias hay?   *What are the differences?*

- Nuria vive en un (. . .) y Andrés en una (. . .).
- En el piso de Nuria hay cuatro (. . .) y en la casa de Andrés hay cinco.
- La casa de Andrés no tiene (. . .) cerrada.
- La casa de Andrés tiene un (. . .) pero el piso de Nuria no tiene (. . .).
- La casa de Andrés tiene (. . .) pisos.

3. **Encuesta** Survey

Entrevista a varios compañeros sobre el tipo de vivienda en que viven y cuántas habitaciones tiene, etc. ¿Viven en una casa o en un piso?   *Interview several students and find out the type of house they live in, how many rooms there are, etc. Do they live in a house or flat?*

habitación *bedroom*	comedor *dining room*	vestíbulo *hall*
cuarto de baño *bathroom*	cocina *kitchen*	aseo *toilet*
ascensor *lift/elevator*	pasillo *passageway*	bodega *cellar*
garaje *garage*	salón / cuarto de estar *living room/lounge*	

4. La habitación de Sonia Sonia's room

a. Muebles de una habitación *Bedroom furniture*

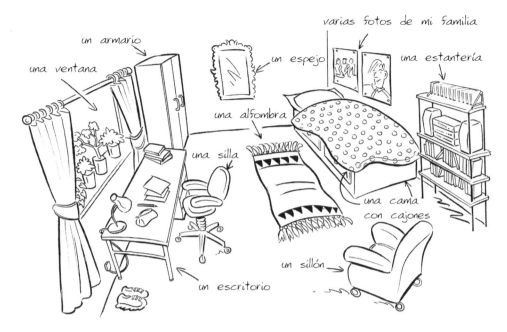

b. Lee la descripción de **la habitación de Sonia.** *Read the description of Sonia's room.*

Comparto piso con dos estudiantes. Mi habitación es pequeña, ruidosa pero con mucha luz.
Tiene una ventana bastante grande con muchas plantas. Mi cama es un poco incómoda pero
tengo una silla y un sillón que es muy cómodo. Tengo un escritorio viejo pero muy práctico,
tiene tres cajones grandes. También tengo una estantería. Allí están mis libros y mi estéreo.
En la pared tengo un espejo, varias fotos de mi familia y dos posters de Bjork. Hay un armario
y también dos cajones en la base de la cama. No tengo televisión, pero hay una en la sala.

cajones *drawers*	espejo *mirror*	frío/a *cold*	están *are*	tranquilo/a *quiet*
cómodo/a *comfortable*	soleado/a *sunny*	oscuro/a *dark*	viejo/a *old*	ruidoso/a *noisy*

c. Contesta las preguntas. *Answer the questions.*

i. ¿Cómo es la habitación de Sonia?

ii. ¿Cómo es la ventana?

iii. ¿Cómo es la cama?

iv. ¿Cuántas sillas hay?

v. ¿Qué hay en la pared?

vi. ¿Hay un escritorio?

vii. ¿Cuántos cajones tiene el escritorio?

viii. ¿Cómo es el armario?

ix. ¿Qué hay en la estantería?

x. ¿Hay un sillón?

xi. ¿Tiene Sonia televisión en su habitación?

d. Ahora describe tu habitación a un/a compañero/a. *Now describe your room to another student.*

✎ **5. ¿Qué tienen en común?** What do they have in common?

Éstas son las habitaciones de Manuel y Laura. Compáralas. *These are Manuel's and Laura's rooms. Compare them.*

(a) Manuel   (b) Laura

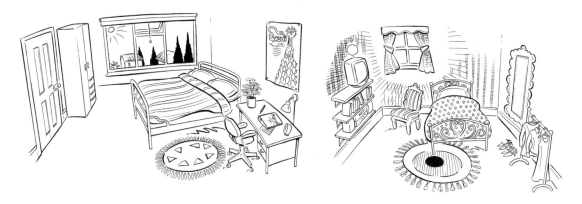

Ejemplo

La habitación de Manuel no tiene televisión, pero la (habitación) de Laura sí.
La habitación de Manuel es clara, pero la (habitación) de Laura no.

🗣🎧 **6. ¡Qué moderna es tu casa!** What a modern house you have!
📖

Miriam invita a Olga a su casa por primera vez. *Miriam invites Olga to her house for the first time.*

a. Escucha y lee. *Listen and read.*

Miriam: Esta es mi casa.
Olga: ¡Qué antigua!
Miriam: Sí, es del siglo XVI. Entra por favor. Esta es la sala.
Olga: ¡Qué chimenea tan buena!
Miriam: Sí, es muy agradable. Mira, esta es la cocina.
Olga: ¡Qué amplia! y también es el comedor ¿no?
Miriam: Sí, es muy práctico. En el segundo piso tenemos las habitaciones.
Olga: Tienes una casa muy acogedora.
Miriam: Gracias.

✌

---

entra *come in*   la chimenea *fireplace*   acogedor/a *cosy/welcoming*

---

b. Relaciona las dos columnas. *Match the phrases in the two columns.*

i.	Es del siglo XVI.	A.	¡Qué amplio!
ii.	Tiene 7 habitaciones.	B.	¡Qué antiguo!
iii.	Es bonita y agradable.	C.	¡Qué grande!
iv.	Hay mucho espacio.	D.	¡Qué acogedora!

c. *Estudiante A y B*: Describe tu casa a tu compañero/a. Habla de cuál es tu habitación favorita y por qué. *Describe your house to another student. Say which is your favourite room and why.*

Estudiante B y A: Usa expresiones como '¡qué acogedor/a!' cuando tu compañero/a te describa su casa y su habitación favorita. *Use expressions like 'How cosy!' when the other student describes her/his house and her/his favourite room.*

7. ¿Qué hay en esta ciudad? What is there in this town?

a. Lee esta lista y escucha a la empleada de Turismo. Marca los nombres de los lugares mencionados. *Read the list and listen to the clerk in the tourist office. Underline the places mentioned.*

la catedral	la universidad	la galería de pintura moderna
el hotel	el banco	el parque
(la oficina de) Correos	el cine	la discoteca
la piscina	el polideportivo	la plaza
la gasolinera	el hospital	el museo
el teatro	el bar (los bares)	el ayuntamiento
la iglesia	la (comisaría de) Policía	(la oficina de) Turismo
la plaza de toros	el puente	el rascacielos

b. ¿Cómo se dice en español? *How do you say in Spanish?*

city council offices = el ayuntamiento   *art gallery* = la galería de arte

bank =	*Police station* =	*cathedral* =
museum =	*cinema* =	*street* =
church =	*Tourist Office* =	*hotel* =
hospital =	*discotheque* =	*theatre* =
square =	*park* =	*petrol/gas station* =
skyscraper =	*pub* =	*bridge* =
sports centre =		

c. ¿Qué más hay en tu ciudad?   *What else is there in your city?*

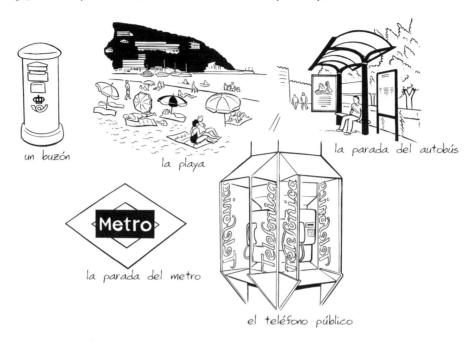

un buzón

la playa

la parada del autobús

la parada del metro

el teléfono público

 8. Tu ciudad ideal   Your ideal town

Imagina tu ciudad ideal y escribe diez cosas que hay en ella. Tu compañero intentará adivinar lo que has escrito. Sigue el modelo.   *Think of your ideal town and write down ten things there are in it. Your partner will try to guess what you have written. Follow the example.*

> **Ejemplo**
>
> ¿Hay un teatro?
> Sí, hay un teatro. / No, no hay un teatro.
> ¿Hay una discoteca? etc.

9. Málaga

> Málaga es una de las 8 provincias que componen la Autonomía de Andalucía. En Andalucía hay muchas ciudades históricas con magníficos monumentos de estilo árabe. Es también famosa por sus vinos, sobre todo el jerez. Los andaluces son simpáticos y extrovertidos. El español que se habla en esta región es parecido al español de Latinoamérica.

Escucha a Elena que describe su ciudad y su barrio. Mientras escuchas, completa las frases con las palabras de la caja.   *Listen to Elena describing her town and district. As you listen, pick out the missing words from those listed in the box below.*

Málaga es una ciudad muy bonita. Tiene (. . .) edificios antiguos y modernos, (. . .) catedral muy famosa, (. . .) iglesias de varios estilos. Luego hay tres parques, (. . .) museos, (. . .) discotecas y (. . .) de bares. No es (. . .) turística pero tiene mucha vida. Yo vivo en un barrio que es (. . .) tranquilo pero (. . .) alegre y acogedor.

varios	muchas	montones	muchos	una	bastante
algunos	bastantes	demasiado	muy		

10. Es tranquila y agradable. It's peaceful and pleasant.

a. Aquí hay unos adjetivos para describir una ciudad o un barrio. Completa la lista con la forma apropiada. *Here are some adjectives to describe a town or a district. Complete the list with the appropriate form (masculine or feminine).*

moderno	antiguo	grande	tranquilo	bullicioso	pequeño
bonito	acogedor	vibrante	artístico	famoso	turístico
aburrido	divertido	industrial	agradable	cosmopolita	interesante

Un barrio es   alegr**e**   Una ciudad es   grand**e**

                 modern**o**   modern**a**

                 etc.   etc.

b. Te toca a ti. *It's your turn.*

Describe tu ciudad y tu barrio a un compañero. *Describe your town and neighbourhood to another student.*

Recuerda: Hay . . .   Tiene . . .   Es . . .

Comprensión auditiva

1. Colombia

Escucha la información sobre Colombia y ordena los cuadros de acuerdo a esta información. *Listen to the the information on Colombia and number the pictures appropriately.*

el norte *north*	formar parte *to form part*	mitad (f) *half*
la selva *jungle*	las montañas *mountains*	las estaciones *seasons*
el sur *south*	como *as/like*	el invierno *winter*
la lluvia *rain*	el verano *summer*	todo *all*
la temperatura *temperature*	casi igual *almost the same*	el tiempo *weather*
la cordillera *mountain range*		

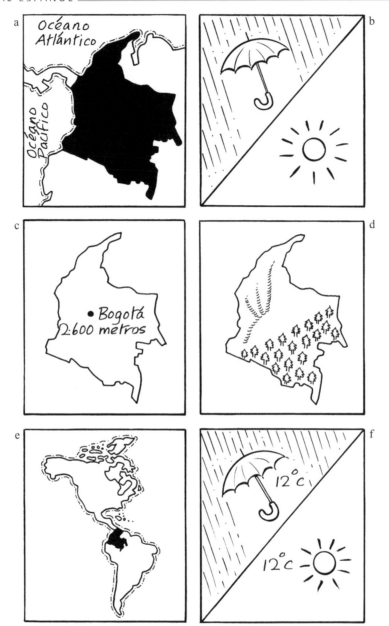

🔊 ✍ **2.** **Vivienda en Latinoamérica** Housing in Latin America

    a.   **¿Cómo es tu casa en Morelos, México?** *What's your house in Morelos, Mexico, like?*
       Escucha a Rosa hablar de su casa en Morelos, México, y después compara tu casa con la de
       Rosa. *Listen to Rosa talking about her house in Morelos, Mexico, and then compare your
       house with Rosa's house.*

al aire libre *in the open*
como una sala *like a living room*
cubierto/a *with a roof*
recibir a las visitas *to entertain friends*
lavadero *wash tub*
agua *water*
ropa *clothes*
fresco *fresh, cool*

con techo *with a roof*
alrededor *around*
atrás *behind*
el jardín *garden*
piedra *stone*
lavar *to wash*
estufa *stove, cooker*

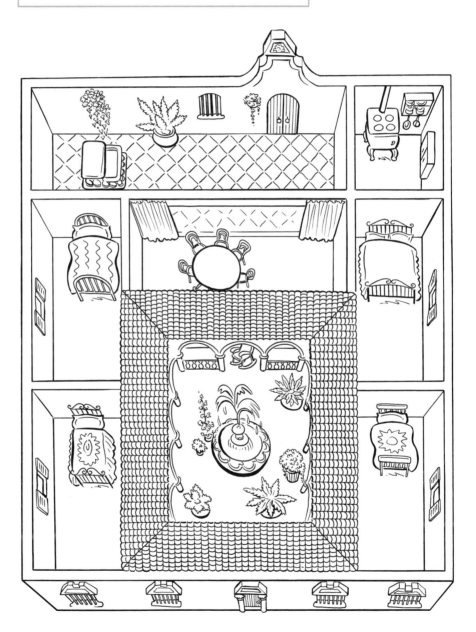

b. **¿Cómo es tu apartamento en Bogotá, Colombia?** *What's your flat in Bogota, Colombia, like?*

Escucha a Amanda hablar de su apartamento en Bogotá e identifica los espacios en el diagrama. Las habitaciones aparecen sombreadas. *Listen to Amanda talking about her flat in Bogotá and identify the rooms in the diagram. The rooms that have been shaded in are bedrooms. They start in the lobby (a) and finish in the bathroom (l).*

vestíbulo *hallway*	cuarto, la habitación *room*
dormitorio *bedroom*	acá, aquí *here*
empleada del servicio *helper, maid*	enseguida (de) *after, next to*
biblioteca *study*	con *with*
para las visitas *for guests*	patio *yard, patio*

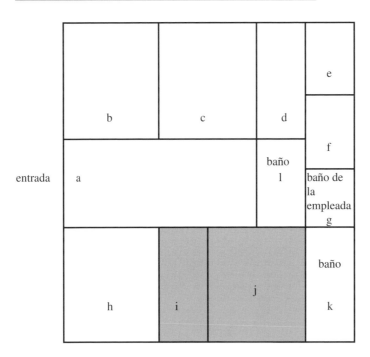

Consolidación

1. En el salón de mi casa In my sitting/living room

Describe lo que hay en el salón de tu casa. Utiliza un adjetivo apropiado con cada objeto. *Describe what is to be found in your sitting room. Use a suitable adjective for each item.*

✎ 📖 **2. Busco un piso . . .** I am looking for a flat . . .

En el periódico hay siempre anuncios de pisos para alquilar. Lee estos anuncios y escribe el número del anuncio correspondiente al lado de cada descripción. *There are always advertisements in the newspapers for flats to rent. Read these advertisements and write the number of the corresponding advertisement next to each description.*

1 **PARTICULAR** alquila piso amueblado, cerca parque Lauredal, 1.°, soleado, pintado, blindada, 2 terrazas, temporada-seguir. Precio a tratar.

2 **GIJON,** alquilo piso amueblado, estudiantes, octubre-junio. Menéndez Pelayo.

3 **PARTICULAR** alquila apartamento, zona parque.

4 **ESTUDIANTES** cerca Campus, bien amueblados, limpieza incluida.

5 **PARTICULAR** alquila, Hidroeléctrica, piso nuevo, tres, salón, dos baños, electrodomésticos, armarios, plaza garaje, trastero.

6 **PARTICULAR** amueblado, altura, muy confortable, temporada invierno, vistas playa.

7 **ALQUILO** piso amueblado, centro playa, tres, salón-comedor, baño, aseo.

8 **ALQUILO** piso Rufo Rendueles, calefacción, setiembre-junio o seguir.

9 **COMPLETAMENTE** equipado, temporada o seguir, tres, salón, Begoña.

10 **ALQUILO** apartamento lado Moros, ascensor, blindada, todo nuevo, exterior.

11 **ALQUILO** piso amueblado, céntrico, servicios centrales, tres y salón.

12 **ALQUILASE** piso amueblado, con servicios centrales, a estudiantes o personas trasladadas. Zona Uría.

13 **GIJON,** piso amplio, alquilo a estudiantes o profesores.

14 **PISO** con mueble, calefacción, estudiantes.

15 **ALQUILO** apartamento amueblado, estudiantes, profesores. Dos, salón, servicios centrales.

16 **ALQUILASE** piso amueblado, polígono Pumarín, 3 habitaciones, salón, cocina, baño y aseo. 40.000 con comunidad.

17 **ALQUILO** piso, zona Pryca, 3, salón-comedor, amueblado completo.

18 **TEMPORADAS,** totalmente amueblados, mejoras zonas. Profesores/estudiantes. Meses-quincenas.

19 **SE COMPARTE** piso, zona multicines, servicios centrales.

20 **ALQUILO** estudiantes, octubre a junio, zona playa, exterior.

21 **PISO** playa, completo, calefacción central, televisión color. Setiembre, seguir.

22 **ALQUILO** piso dos habitaciones, amueblado, multicines.

23 **PARTICULAR** 2 apartamentos, centro, playa, amueblados.

24 **ALQUILO** apartamento amueblado, invierno, buen sitio. Profesores.

25 **PISO** amueblado, zona playa, preferentemente personal docente, estudiantes.

26 **ALQUILO** piso, 3, salón, cocina, baño, despensa, soleado.

27 **ALQUILO** piso avenida Portugal, estrenar, 2 habitaciones, garaje, trastero.

28 **MILAGROSA,** 35.000, 5.°, vacío, sin ascensor, soleado, fiador.

29 **ALQUILO** piso amueblado, frente playa. Setiembre a junio, servicentrales.

30 **ALQUILO** apartamento nuevo, amueblado. Setiembre, seguir. Zona Alsa.

31 **ALQUILO** piso amueblado, 6 camas. Pablo Iglesias.

32 **EXCELENTE** piso exterior, zonas verdes, equipado, ascensor, calefacción, 1 dormitorio.

33 **SE ALQUILA** piso totalmente equipado, 2 dormitorios, altura, ascensor.

a. con calefacción   b. con dos baños   c. para estudiantes

d. cerca de la playa   e. con ascensor   f. cerca del cine

g. con televisión a color   h. con terraza   i. amueblado

> **Ejemplo**
>
> ¿Un piso con calefacción? El anuncio 8 y el 12

Palacio Real, Madrid, Spain

3. Madrid

Lee este texto sobre Madrid y decide si las frases son verdaderas (V) o falsas (F). *Read this passage about Madrid and decide if the statements which follow are true (V) or false (F).*

Madrid es una ciudad fascinante, cosmopolita, llena de vida. Situada en el centro de la península Ibérica, en una meseta rodeada de montañas, Madrid es la capital más alta de Europa. La Comunidad de Madrid tiene una población de unos 5 millones de habitantes. Es la capital del país desde 1561, y posee muchos edificios oficiales destinados a las instituciones de gobierno y servicios, como las Cortes y el Palacio de Comunicaciones (Correos). Entre los edificios más famosos se encuentran el Museo del Prado y el Palacio Real. El Museo Reina Sofía exhibe arte moderno y el Thyssen-Bornemisza tiene colecciones de pinturas de fama mundial. El aeropuerto de Barajas y las estaciones de Atocha y Chamartín reciben cada año millones de turistas que visitan la ciudad y sus alrededores. El centro de la ciudad tiene una parte muy antigua con la famosa Puerta del Sol y la Plaza Mayor. El parque del Retiro es un lugar excelente para pasear, y el nuevo parque de las Naciones (también llamado Juan Carlos I) proporciona unas vistas estupendas de la ciudad.

Para más información visita su sitio web: www.comadrid.es.

a. The population of Madrid is about 5 million.
b. Madrid is in the north of Spain.
c. It is situated in a valley.
d. Only recently has it been made capital of Spain.
e. There is an old part in the city centre.
f. It has no airports.

4. Mi ciudad favorita   My favourite city

Basándote en el texto sobre Madrid, describe una ciudad.   *Using the description of Madrid as a guide, describe a town.*

5. ¿Cómo se dice en español?   How do you say it in Spanish?

a. This boy is called Martin.
b. These girls are called Ana and María.
c. Those are my sisters.
d. Those are my friends John and Ann.
e. These books are David's.
f. That girl has green eyes.
g. This CD is great.

6. Lo contrario de blanco es negro.   The opposite of white is black.

Da los adjetivos contrarios. Cuidado con las concordancias.   *Give the opposite adjectives. Pay attention to the endings.*

a. alto   [bajo]
b. malas
c. blancos
d. muchas
e. pequeño
f. bonita
g. aburridas
h. modernos
i. pocos
j. gordo

7. ¿Cómo se dice en inglés?   How do you say it in English?

a. mi hermano mayor
b. una cocina pequeña
c. el museo arqueológico
d. la famosa catedral

    e.   un piso amueblado

    f.   una enfermera muy trabajadora

    g.   un hotel acogedor

    h.   una colección interesante de pinturas

    i.   los barrios industriales

    j.   Esta habitación tiene camas incómodas.

    k.   En el centro hay muchos bares turísticos.

    l.   unas habitaciones poco acogedoras

    m. La ciudad tiene unos jardines muy bonitos.

    n.   las chimeneas grandes

    o.   los médicos portugueses

    p.   las ciudades viejas

8. Transformaciones   Changes

Transforma al plural las frases *a–h* y al singular las frases *i–p*.   *Change sentences a–h into the plural and sentences i–p into the singular.*

> **Ejemplo**
>
> a. mi hermano mayor   mis hermanos mayores
> i. los barrios industriales   el barrio industrial

9. Los niños y niñas de la calle o gamines   Street children

Unos 100 millones de menores viven y trabajan en las calles de las ciudades del mundo en desarrollo. En América Latina hay cerca de 40 millones. El 75% de estos niños y niñas tienen algunos vínculos familiares, pero pasan mucho tiempo en la calle mendigando, vendiendo, o trabajando en lo que pueden, por ejemplo lustrando zapatos o lavando autos. El 25% restante vive en las calles, frecuentemente en grupos que forman con otros pequeños. Duermen en edificios abandonados, debajo de puentes, en andenes, portales, parques públicos, alcantarillas, etc. Recurren a pequeños hurtos y a la prostitución para sobrevivir. Muchos de ellos son víctimas de abusos y violencia, a veces por parte de la propia policía.

En Guatemala, el 70% de la población, aproximadamente, vive en extrema pobreza y no pueden satisfacer sus necesidades básicas de comida y casa. En Honduras, la proporción asciende al 80%. En Ciudad de México, la más poblada del mundo, 3 de cada 10 niños luchan por sobrevivir en las calles. Hay organizaciones que cuidan de estos niños y niñas, les dan educación, comida y cama, con la esperanza de un futuro mejor.

Si quieres más información contacta con Unicef (www.unicef.org) o Casa Alianza (www.casa-alianza.org/es).

What do these figures refer to in the text?

100 millions
40 millions
75%
25%
70%
80%
3 out of 10

Gramática

1. **Nouns, adjectives and articles: gender and number** Los nombres, los adjetivos y los artículos: género y número

Nouns

Gender: masculine and feminine forms
Most nouns in Spanish are either masculine or feminine. (Nouns ending in *-o* are usually masculine; nouns ending in *-a* are usually feminine. In the case of other words the gender must be learnt for each word, though there are some patterns that can help: e.g. words ending in *-ción*, *-dad*, are usually feminine.)
Many nouns denoting professions or roles have distinctive masculine and feminine forms:

- *el abuelo* (m)   *la abuela* (f)   grandfather/grandmother
- *el profesor* (m)   *la profesora* (f)   the teacher

Number: plurals
All nouns can be singular or plural.

- Those ending in a vowel in the singular form add on *-s* to form the plural:

  el cuarto   *los cuartos*   room/s
  la cocina   *las cocinas*   kitchen/s

- Those ending in a consonant in the singular form add *-es* to form the plural:

  el comedor   *los comedores*   dining room/s
  la profesión   *las profesiones*   profession/s

Adjectives

Adjectives must agree with the nouns they qualify. They usually follow the noun.

Masculine and feminine forms
- Adjectives ending in *-o* in the masculine singular have a feminine singular form ending in *-a*:

  un chico simpático   *una chica simpática*   a pleasant boy/girl

71

- Adjectives ending in *-e* or a consonant in the masculine singular have the same form in the feminine singular:

un amigo inteligente	*una amiga inteligente*	an intelligent friend
mi hermano mayor	*mi hermana mayor*	my elder brother/sister

- Adjectives indicating nationality or regional origin, that end in a consonant, along with a majority of adjectives ending in *-or*, have a distinctive feminine form ending in *-a*:

un profesor trabajador	a hard-working teacher (man)
una profesora trabajadora	a hard-working teacher (woman)
un cuadro español	a Spanish picture
una novia española	a Spanish girlfriend

Plurals

Like nouns, adjectives form their plurals by adding *-s* to the singular form if it ends in a vowel, and *-es* if it ends in a consonant:

el chico simpático	*los chicos simpáticos*
la terraza cerrada	*las terrazas cerradas*
mi hermana menor	*mis hermanas menores*

The article

Articles agree with the noun they qualify, and are therefore masculine or feminine, singular or plural. Spanish has both a Definite and an Indefinite Article.

		singular	plural
Definite	masc.	*el piso*	*los pisos*
	fem.	*la ciudad*	*las ciudades*
Indefinite	masc.	*un año*	*unos años*
	fem.	*una profesión*	*unas profesiones*

- The indefinite article is frequently omitted in the plural:

Tenemos libros.   We have (some) books.

- Unlike English, Spanish omits the indefinite article when indicating someone's job or nationality (after *ser*):

Soy‿ abogado. I am **a** lawyer.
Soy catalán. I am **a** Catalan.

- Unlike English, Spanish uses the definite article when nouns have a general sense:

La *gramática no es difícil.*   Grammar isn't difficult.

- The masculine singular definite article (*el*) combines with the prepositions *de* (of/from) and *a* (to) to form a single word as follows:

*Soy **del** Perú.*	I am from Peru.
*Contesta **al** profesor.*	He replies to the teacher.

2. There is/are   *Hay*

Hay, taken from the verb *haber* – see Unit 13 – is used to express existence or availability: 'there is' or 'there are'. It is usually used with the indefinite article:

Hay una catedral muy famosa. There is a famous cathedral.
¿Hay un parque zoológico en tu ciudad? Is there a zoo in your city?

3. Cardinal numbers   Los números cardinales

100	*cien*		
101	*ciento uno/a*	*700*	*setecientos/as*
102	*ciento dos . . .*	*800*	*ochocientos/as*
120	*ciento veinte*	*900*	*novecientos/as*
200	*doscientos/as*	*1.000*	*mil*
300	*trescientos/as*	*1.001*	*mil uno/a*
400	*cuatrocientos/as*	*2.000*	*dos mil*
500	*quinientos/as*	*100.000*	*cien mil*
600	*seiscientos/as*	*1.000.000*	*un millón (de)*

- *cien* (not *ciento*) is used before a noun, *mil* or *millones*. 'One hundred' is just *cien* and 'one thousand' *mil*. 'One hundred and one' is *ciento uno*.
- the cardinal numbers are invariable, except for *uno/una* and *cientos/cientas* which must agree in gender with the noun they qualify:

  *veinti**una** personas*   *doscient**as** treinta y **una** habitaciones*

- when giving the year Spanish counts in thousands, not in hundreds:

  1999 ***mil novecientos** noventa y nueve*   **nineteen hundred** and . . .

- Spanish uses a point (**.**) where English uses a comma (,) when writing out figures:

  1.000 mil   1,000 a thousand

- Conversely, Spanish uses a comma (,) instead of the English decimal point (.):

  *5,6 cinco **coma** seis*   5.6 five point six

4. **Modifiers** Modificadores

- The following adverbs can be used to modify adjectives:

muy very	*muy tranquila*
bastante quite/rather	*bastante grande*
demasiado too	*demasiado pequeña*
un poco a bit	*un poco aburrida*

- The following adjectives can be used with plural nouns:

pocos/as few	*pocos cines / pocas tiendas*
muchos/as many / a lot of	*muchos restaurantes / muchas farmacias*
varios/as several	*varios hoteles / varias panaderías*
algunos/as some	*algunos coches / algunas casas*
demasiados/as too many	*demasiados bares / demasiadas discotecas*
bastantes quite a lot of	*bastantes edificios / bastantes iglesias*

UNIDAD 4

¿Dónde está la oficina de Correos?

Learning aims

Asking the way and giving directions
Locating people and places
Expressing obligation and necessity

Presentación y prácticas

1. Por favor ¿dónde está la catedral? Where's the cathedral, please?

a. En la oficina de Información y Turismo varias personas piden información. Lee y escucha. Después trata de adivinar su significado con la ayuda del mapa. Los turistas preguntan por: la catedral, una farmacia, el hotel Principado y el Museo de Bellas Artes. *In the Tourist Office several people are asking for information. Read and listen. Then try to work out what it means by using the map. The tourists are enquiring about the cathedral, a chemist/drugstore, the Hotel Principado and the Museo de Bellas Artes.*

> **¡Ojo!**
> a+el = **AL** de+el = **DEL**

---

i.
• Por favor ¿la catedral?
- Todo recto.

ii.
• Oiga, perdone, ¿hay una farmacia por aquí cerca?
- Sí, hay una ahí mismo. Cruza la plaza por aquí y en la esquina está la farmacia.
• Muy bien, muchas gracias

iii.
• Perdona ¿sabes dónde está el hotel Principado?
- No lo sé, no soy de aquí. No conozco la ciudad.

iv.
• Por favor ¿para ir al Museo de Bellas Artes?
- Sigues todo recto hacia la catedral y tomas la segunda calle a la derecha y luego la segunda a la izquierda. El Museo está al final de esa calle a la izquierda, en la esquina con la calle Santa Ana.
• ¿Está muy lejos?
- No, no. A diez minutos andando.
• Bien, muchas gracias.

P: Aparcamiento   H: Hotel   ✚: Farmacia   T: Taxis   R: Restaurante   C: Cultura

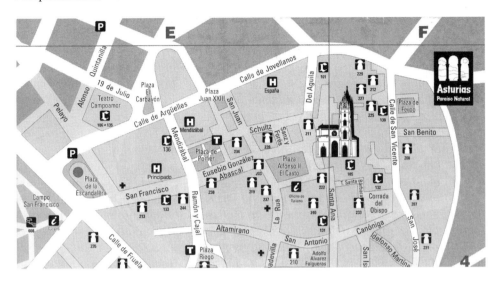

b.   ¿Cómo se dice en español?   *How do you say it in Spanish?*

i.   Is there a chemist/drugstore near here?

ii.   Do you know where the Hotel Principado is?

iii.   How does one / do you get to . . .?

iv.   Yes, there is one just there.

v.   Straight on

vi.   It is at the end of the street, on the left.

vii.   I don't know.

viii. Continue straight on towards the Cathedral.

ix.   You take the second street on the right/left.

x.   On the corner

xi.   Is it very far? Ten minutes away/walk.

xii.   You're welcome.

> *How far is it?*: ¿A qué distancia está?
> *Two kilometres away / 10 minutes' walk*: A 2 kilómetros. / A 10 minutos andando.
> *1km = 0.6 mile*

2. ¿Izquierda o derecha?   Left or right?

Escucha y selecciona el dibujo apropiado a las instrucciones.   *Listen and match the instructions to the pictures.*

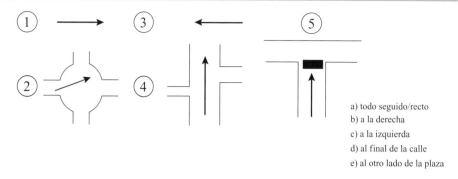

a) todo seguido/recto
b) a la derecha
c) a la izquierda
d) al final de la calle
e) al otro lado de la plaza

3. ¿Sabes cómo se dice . . .? Do you know how to say . . .?

Un amigo tuyo que no sabe español muy bien quiere ir a España. ¿Puedes ayudarle con la siguiente información? *A friend of yours who does not know Spanish very well wants to go to Spain. Can you help him with the following information?*

a. To stop somebody or get somebody's attention you say: **¡Oiga, por favor!**
b. To ask if there is a specific place or building you say:
c. To ask where a place is you can simply ask:
d. Or add 'do you know where . . .?':
e. Another way of asking how to get to a place is:
f. To ask if a place is near/far you say:
g. And to ask how far it is:

4. Una visita a Oviedo A visit to Oviedo

Con un compañero/a escribe cuatro diálogos en los que se pregunta y se explica cómo llegar a los sitios mencionados a continuación. Utiliza el mapa de la Actividad 1 y los diálogos y expresiones de las Actividades 1–3 como modelo. Después compara tu versión con la de otra pareja. *With your partner write four dialogues to ask and explain how to get to the places mentioned below. Use the map in Activity 1 and the dialogues and expressions in Activities 1–3 as your model. Then compare your version with that of another pair.*

1. El hotel Principado **2.** Una farmacia **3.** La Plaza de Feijoo **4.** Un restaurante

Recuerda: **¿Hay un/una** . . . por aquí cerca? ¿Dónde **está el/la** . . .?

El Principado de Asturias, cuyo título se remonta al siglo XIV, es una comunidad autónoma española uniprovincial con capital en Oviedo, y situada en el norte de la Península Ibérica, delimitando al oeste con Galicia, al este con Cantabria, y al sur con Castilla y León. Abierta al mar Cantábrico y con un clima templado y húmedo, Asturias permite al visitante disfrutar de mar y montaña. Para más información visita su sitio web: www.princast.es.

5. ¿Quién está dónde? Who's where?

Lee las frases y adivina el significado. *Read the sentences and guess the meanings.*

a. A está **al lado de** B.   b. C está **detrás de** B.

c. B está **delante de** C.   d. D está **enfrente de** E.

e. A está **a la izquierda de** B.   f. B está **a la derecha de** A.

g. F está **encima de** A.   h. G está **debajo de** A.

6. Rompecabezas: La calle Goya Puzzle: Goya Street

En grupos: primero escribir los nombres de los sitios que aparecen en la caja en diez papeles. Después un estudiante lee las frases y los demás colocan los papeles según sus instrucciones. Hay sitios a los dos lados de la calle. *In groups, write the names of places mentioned below on 10 pieces of paper. Then one student reads out the sentences so that the other students can arrange the pieces of paper accordingly. There are places on both sides of the street.*

Estos son los sitios:

piscina	RENFE	farmacia	cine	oficina de turismo
catedral	parque	hotel	teatro	supermercado

a. Hay una piscina junto al parque.

b. La RENFE está entre el cine y la farmacia.

c. La farmacia está enfrente del teatro.

d. El cine está en la esquina, enfrente de la catedral.

e. La piscina está junto a la farmacia.

f. Hay un supermercado enfrente del parque.

g. Hay un hotel enfrente de la piscina.

h. La oficina de turismo está al lado de la catedral.

i. El teatro está entre el hotel y la oficina de turismo.

j. El parque está a la izquierda en la esquina.

> RENFE son las siglas de Red Nacional de los Ferrocarriles Españoles. El tren es un medio de transporte económico y eficiente para viajar por España. Si quieres saber más, consulta su página web: www.renfe.es.

7. No tiene pérdida.   You can't miss it.

Estás en la calle Caracol. Por turnos pregunta a tu compañero/a cómo llegar o si existen los establecimientos que necesitas. Sigue las instrucciones de tu compañero para encontrar los sitios en el mapa. Utiliza las preposiciones de lugar de la Actividad 5.   *You are in Caracol Street. In turn, ask your partner how to get to certain places or if they are to be found in this area. Follow your partner's instructions to find the places on the map. Use the prepositions of place from Activity 5.*

ESTUDIANTE A: Quieres ir primero al Hotel Horizonte a dejar el equipaje, luego al Banco BBV a sacar dinero y por último a la cafetería Manila a tomar un café con Rosa. También quieres saber si hay en el barrio un supermercado y una piscina pública.   *You want to go first to the* Hotel Horizonte *to leave your luggage, then to* BBV *Bank to take some money out and finally to* Manila Café *to have a coffee with Rosa. You also want to know if there is a supermarket and a public swimming pool in the area.*

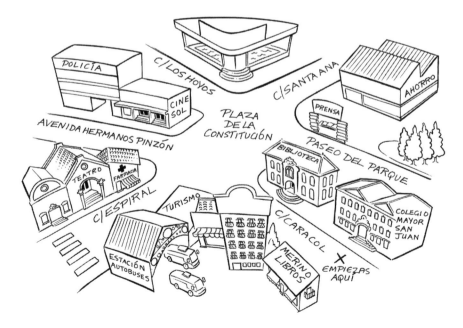

ESTUDIANTE B: Quieres ir primero a la estación de autobuses a recoger a Héctor, luego al Colegio Mayor San Juan a dejar el equipaje y por último al cine Sol a ver una película con Héctor. También quieres saber si hay un quiosco de periódicos y una Comisaría de Policía. *You want to go first to the bus station to meet Héctor, then to the San Juan Hall of Residence to leave your luggage and finally to the Sol cinema to see a film with Héctor. You want to know, too, if there is a news-stand and a police station.*

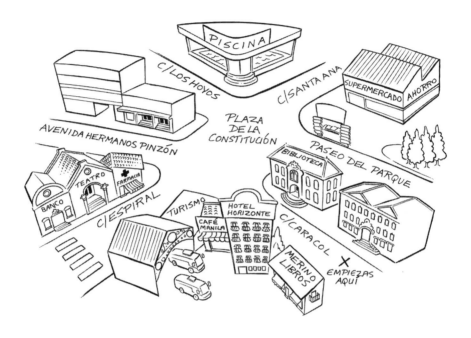

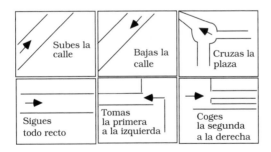

Subes la calle	Bajas la calle	Cruzas la plaza
Sigues todo recto	Tomas la primera a la izquierda	Coges la segunda a la derecha

Hay que	+infinitive
Tienes que	+infinitive

8. ¿Conocer o saber? Is it *conocer* or *saber?*

Completa las frases con las formas apropiadas de *saber* o *conocer*. *Fill in the gaps with the correct form of* saber *or* conocer.

a. No . . . [yo] este barrio. ¿. . . [Vd.] si hay una farmacia por aquí?

b. Pues, sí señor. Precisamente allí voy . . . [yo] al farmacéutico personalmente. Es mi marido.

a. ¿Marta . . . [tú] Sevilla?

b. No, no . . . [yo] las ciudades del sur de España. No . . . [yo] si vamos a tener la oportunidad de visitar Andalucía. Espero que sí . . . [yo] que hay muchísimas cosas de interés turístico.

a. Alberto, ¿. . . [tú] al hermano de Luis?

b. No, no . . . [yo] a nadie de su familia. ¿Es simpático?

a. No . . . [yo]. Yo tampoco . . . a nadie de su familia.

a. ¿. . . [tú] cómo se dice 'todo recto' en inglés?

b. No, no lo . . . [yo]. Tengo que repasar el vocabulario.

Comprensión auditiva

1. Virginia Conde en la universidad Virginia Conde at the university

Virginia Conde, estudiante colombiana, está en una universidad inglesa haciendo un curso de inglés. La primera semana va a la oficina de relaciones internacionales para buscar información. *Virginia Conde, a student from Colombia, is learning English in an English university. In her first week she goes to the international students' office to get some information.*

a. La Facultad de Filosofía y Letras *The Faculty of Arts*

Mira el mapa, estás en el punto 1 en el mapa. Escucha y contesta las preguntas. *Look at the map, you are at number 1. Listen and answer the questions.*

i. ¿Qué hay en la calle Primera a tu izquierda?

ii. ¿Qué hay cerca de la glorieta?

iii. ¿Dónde está la Facultad de Filosofía y Letras?

iv. Describe el edificio de la Facultad de Filosofía y Letras.

v. ¿Qué departamentos hay en la Facultad de Filosofía y Letras?

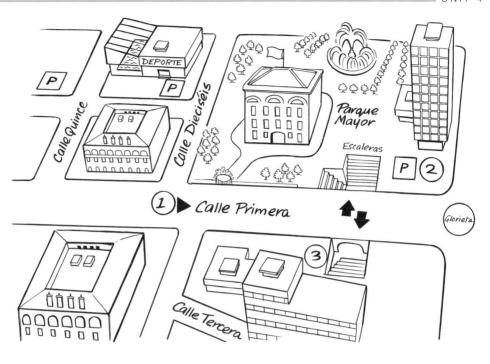

antes de *before*	glorieta *roundabout / traffic circle*
aparcamiento* *car park / parking lot*	¿cómo llego a . . .? *how do I get to . . .?*
entrar *to go in*	ladrillo *brick*
tomas *you take*	edificio *building*
al fondo *at the end*	pasas / por *pass/ by*
*En México estacionamiento	

b. La Asociación de estudiantes *The Students' Union*

Estás en el punto **2** en el mapa, escucha y contesta las preguntas. *Look at the map, you are at number 2. Listen and answer the questions.*

i. ¿Para ir a la Asociación de Estudiantes, debes ir por encima o por debajo del paso elevado?

ii. ¿Dónde está la Asociación de Estudiantes?

iii. ¿Qué hay en la Asociación de Estudiantes?

salir *to go out*	paso subterráneo *underground passage*
librería *bookshop/bookstore*	agencia de viajes *travel agency*
oficina de seguros *insurance office*	

c. El Polideportivo *The Sports Centre*

Estás en el punto **3** en el mapa, escucha y contesta las preguntas. *Look at the map, you are at number 3. Listen and answer the questions.*

i.   ¿En qué calle está el Polideportivo?
ii. ¿Qué hay en el Polideportivo?
iii. ¿Cuál es el teléfono?
iv. ¿Cómo llegas al Polideportivo desde el punto 3 del mapa?

casi *almost*	manzana *block of houses*	subir *to go up*
entrada *entrance*	escaleras *steps*	la natación *swimming*
cancha *court*	gimnasio *gym, sports hall*	dirección opuesta *opposite direction*
dar *to give*		

Consolidación

1. Sigues todo recto y . . . Keep going straight and . . .

¿Adónde llegas si sigues las instrucciones de las frases? Empieza siempre en el sitio señalado con una 'X'. *Where do you end up if you follow the instructions? Start always from the spot marked 'X'.*

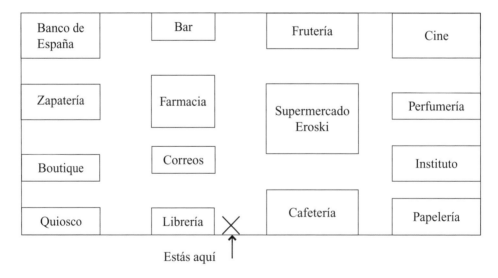

a. Sigues todo recto, luego tomas la primera calle a la derecha. Está a mano derecha enfrente del supermercado Eroski.
b. Hay que torcer a la izquierda aquí y está al final de la calle a la derecha.
c. Sigues todo recto y luego tienes que tomar la segunda a la derecha. Está a mano izquierda al final de la calle.

d. Tomas la segunda calle a la izquierda y la primera a la derecha. Está enfrente de la zapatería.

e. Tienes que ir derecho, luego coges la primera a la derecha, la primera a la izquierda y la primera a la izquierda otra vez. Está a mano derecha.

2. ¿Verdadero o falso?   True or false?

Consulta el plano de Oviedo en la sección 'Presentación y prácticas', Actividad 1, y decide cuáles de estas frases son verdaderas (V) y cuáles son falsas (F). Si son falsas, corrige la información.   *Look at the map in Activity 1, 'Presentación y prácticas', and decide which of these phrases are true (V) and which are false (F). When false, write the correct information.*

a. El hotel Mendizábal está en la Calle San Francisco.
b. En el centro de Oviedo hay un hospital grande.
c. Sólo hay una Oficina de Turismo en el centro de Oviedo.
d. La calle San Francisco está muy cerca de la calle Ramón y Cajal.
e. Enfrente del Hotel España hay una farmacia.
f. La plaza Alfonso II está lejos de la catedral.
g. Detrás del Teatro Campoamor hay una parada de taxis.
h. El Museo de Bellas Artes está entre la calle San Antonio y la calle Santa Ana.

3. ¡Oiga, por favor!   Excuse me, please.

Estás en Zaragoza con un intercambio de estudiantes universitarios y estás buscando la universidad para inscribirte en un curso. Pero estás un poco perdido/a. Escribe tu parte en español.   *You are in Zaragoza on an exchange programme and you are looking for the University in order to enrol for a course. But you are a bit lost. Write your part in Spanish.*

Tú   *Stop a passer-by.*
Peatón Sí, dígame.
Tú   *Ask if the University is near-by.*
Peatón Lo siento, no soy de aquí, pero aquí tengo un mapa (*he produces a map and you both look at it*).
Tú   *(Thinking aloud you say:) We are here, the University is there. So you have to go straight on, the 3rd on the left, and then 2nd on the right. Umm, it is a bit far . . .*
Peatón (*noticing your accent*) Usted no es español ¿verdad?
Tú   *Give your nationality and ask if he is Spanish (his accent is unfamiliar).*
Peatón Sí, soy del sur. Y usted, de qué parte de . . . (Inglaterra, Estados Unidos, etc.) es?
Tú   *Answer and say where your home-town is.*
Peatón Ah, sí! Está cerca de . . . (Londres, Nueva York, etc.) ¿no?
Tú   *Answer appropriately and say how far it is.*
Peatón ¿Es grande?
Tú   *Give 3 details (no. of inhabitants, industrial/tourist, buildings, etc.).*

Peatón Y su familia ¿está con usted?

Tú   *Say where they are and talk a bit about your family (how many, their age, what they do, something about your parents, etc.).*

Peatón Perdone, mi nombre es Carlos, Carlos Martínez, encantado de conocerle.

Tú   *Give your name and surname and the appropriate greeting.*

Peatón ¿A qué se dedica usted? ¿Está en viaje de negocios?

Tú   *Say you are a student and where and what you study.*

Peatón ¡Qué interesante! Mire aquí hay un bar ¿vamos a tomar una cerveza?

Tú   *Say: Great! Spanish beer is super.*

4. Completa con *ser* o *estar*. Fill in the gaps with *ser* or *estar*.

Carmen . . . de México D.F. pero vive en la costa. . . . gerente en un hotel que . . . cerca de Acapulco. El hotel . . . junto a la playa y . . . muy grande y moderno. Casi todos los turistas que hay en el hotel . . . extranjeros. Carmen . . . una chica atractiva, con mucha vitalidad. No . . . alta pero . . . bastante delgada. Luis . . . el novio de Carmen. . . . de Acapulco pero este mes . . . en Tijuana porque . . . intérprete y muchas veces tiene que viajar a otras ciudades.

5. La habitación de Sonia Sonia's room

Lee la descripción de la habitación de Sonia y comprueba el dibujo de la habitación que está en el Ejercicio 4 de 'Presentación y prácticas' en la Unidad 3. ¿Qué diferencias hay? *Read the description of the room which is in Exercise 4 of the 'Presentación y prácticas' section in Unit 3. Can you spot the differences?*

'Comparto piso con dos estudiantes. Mi habitación es pequeña pero muy bonita. Tiene una ventana bastante grande con muchas plantas. La cama está al lado de la ventana, y a la derecha tengo mi mesa de estudio, bajo la ventana. En la pared de la izquierda tengo fotos de mi familia y dos posters de Bjork. La mesa es grande y tiene tres cajones. Al pie de la cama está el armario. También hay unas estanterías en la pared de la izquierda. Encima de la estantería tengo mis libros y en el tercer estante tengo el equipo de música. Enfrente de la estantería hay una butaca. No tengo televisión, pero hay una en el salón.'

6. ¿*Ser* o no *ser*? To be or not to be?

Completa las frases con *ser* o *estar*. *Fill in the gaps with the correct form of* ser *or* estar.

a.   Su apartamento . . . bastante pequeño y . . . en el segundo piso.

b.   Mis padres . . . de Guadalajara pero ahora . . . en México D.F.

c.   ¿Dónde . . . mi libro?

d.   Málaga . . . lejos de Madrid. . . . muy bonita y alegre.

e.   Carlos y Leonor . . . peruanos.

f.   Tú no . . . francés ¿verdad? No, . . . inglés.

g.   ¿. . . lejos? No, . . . a 10 minutos.

h.   ¿Ustedes . . . de aquí? Sí, sí . . . de aquí.

i.   María . . . alta y delgada y . . . de ojos verdes.

j.   Mi casa . . . bastante grande y . . . en las afueras de la ciudad.

Gramática

1.   **Present tense of some irregular verbs: *estar, ir, venir, coger, torcer, seguir, saber, conocer*** El tiempo presente de algunos verbos irregulares

ESTAR (to be)

ESTOY	*ESTAMOS*
ESTÁS	*ESTÁIS*
ESTÁ	*ESTÁN*

Some uses of *ser* and *estar*: Both *estar* and *ser* mean 'to be' but their uses are very different (for the forms of *ser*, see Unit 1).

* *Ser* is used to give personal information like **origin**, **nationality**, **occupation**, **political affiliation** and **religion**. It is also used to describe **general characteristics** of people, places and objects. **Marital status** can be expressed with either *ser* or *estar*.

Origin	*Soy de Madrid.*	Political affiliation	*Es socialista.*
Nationality	*María es española.*	Religion	*Son católicos.*
Occupation	*Soy profesor.*	Marital status	*Soy/estoy casada.*
Description	*Juan es alto / Sheffield es bastante grande.*		

* *Estar* is used when talking about **health**, and **location** of people, places and objects. With locations it is often followed by a preposition of place and normally requires the definite article (in contrast with *hay* which is normally followed by the indefinite article *un* or *una*):

Health	*¿Cómo estás?*	Location	*Está en la farmacia.*

* For a full explanation of *ser* and *estar* see Unit 12.

IR (to go)	*VENIR* (to come)
VOY (I go, etc.)	*VENGO* (I come, etc.)
VAS	*VIENES*
VA	*VIENE*
VAMOS	*VENIMOS*
VAIS	*VENÍS*
VAN	*VIENEN*

* *Ir* (like *ser*) has no accents. In form *venir* shares some characteristics with *tener*: the -g of the first person singular and the change of the root vowel -e of the infinitive to -ie in some of the persons of the verb. Verbs with root vowel changes are called **stem-changing** or **radical-changing** verbs. For a full explanation see Unit 7.

- *Ir* and *Venir* can usually be translated as 'to go' and 'to come', respectively. But sometimes usage is not quite the same as in English and *ir* is used in contexts where English would use 'to come'. Students may find it helpful to use *ir* when there is the idea of movement 'there' (*allí*) or 'to you', and *venir* when there is movement 'here' (*aquí*) or 'towards me'. Note the following telephone conversation:

  *A: ¿**Vienes** (aquí) hoy?*   Are you coming (here) today?
  *B: Sí, **voy** (allí) esta tarde.*   Yes, I'm coming (there) this afternoon.

- *Ir* and *venir* are often used with the prepositions *a* (often 'to') and *en* ('in/by'):

  *Voy **a** Madrid*   *¿Vienes **en** tren/coche?*

COGER (to take)	**TORCER** (to turn)	**SEGUIR** (to continue, to go on)
COJO	*TUERZO*	*SIGO*
COGES	*TUERCES*	*SIGUES*
COGE	*TUERCE*	*SIGUE*
COGEMOS	*TORCEMOS*	*SEGUIMOS*
COGÉIS	*TORCÉIS*	*SEGUÍS*
COGEN	*TUERCEN*	*SIGUEN*

- *Coger*, *torcer* and *seguir* have a spelling change in the first person: *g* changes to -*j*, -*c* to -*z* and -*gu* to -*g* before the -*o* ending of the first person singular. These changes are necessary to preserve the sound of the consonant found in the infinitive.
- *Torcer* and *seguir* are also radical-changing verbs: in *torcer* the -*o* of the infinitive changes to -*ue* and in *seguir* the -*e* changes to -*i*.
- In parts of Latin America (particularly Argentina) *coger* is avoided and *tomar* or *agarrar* substituted.

SABER (to know)	**CONOCER** (to know)
SÉ	*CONOZCO*
SABES	*CONOCES*
SABE	*CONOCE*
SABEMOS	*CONOCEMOS*
SABÉIS	*CONOCÉIS*
SABEN	*CONOCEN*

- These verbs are irregular in the first person only.
- *Saber* refers to knowledge (to know facts or how to do something). It is often followed by *cómo* ('how'), *dónde* ('where'), *qué* ('what') or *si* ('if'). *Conocer* means to be acquainted (to know people or places).
  - *¿Sabe dónde está la Calle Goya?*
  - *No, lo siento, no lo sé. No conozco esta ciudad.*

2. How to express obligation or necessity   Cómo expresar obligación o necesidad

Spanish can use *hay* and *tener* to express obligation or necessity by placing *que* and an infinitive after them:

Hay que seguir *todo recto para llegar al hospital.*
Miguel **tiene que vivir** *cerca de su madre.*

- *Hay que* is impersonal and equates to the English 'you have to . . .' / 'one has to . . .' / 'it is necessary to' as in the above example.
- *Tener que* allows you to indicate the subject of the verb precisely.

3. Prepositions of place   Las preposiciones de lugar

a	to (rarely means **at** in the sense of position)		
en	in, on and **at** (often the best way of translating **at**)		
de	of, from (the usual way of indicating ownership: *el gato de Pedro* Peter's cat)		
bajo	under	*debajo de*	under
encima de	on top of	*junto a*	next to
al lado de	beside, at the side of	*entre*	between
enfrente de	opposite	*en el centro de*	in the centre of
cerca de	close to	*lejos de*	far from
delante de	in front of	*detrás (de)*	behind
al pie de	at the foot of	*a la cabeza de*	at the head of
a mano derecha /a la derecha		to the right / on the right (hand)	
a mano derecha (de) /a la derecha (de)		to the right (of) / on the right (of)	
a mano izquierda (de) /a la izquierda (de)		to the left (of) / on the left (of)	

UNIDAD 5

¿Qué desea?

Learning aims

Expressing likes and dislikes
Going shopping
Talking about weights and measures

Presentación y prácticas

1. La compra   Going shopping

a.   La señora Ducal hace la compra en una tienda cerca de su casa. Escucha la conversación que mantiene con la dependienta.   *Mrs Ducal is doing her shopping at a local shop. Listen to her conversation with the shopkeeper.*

Dependienta:	Buenos días ¿qué desea?
La Sra. Ducal:	Buenos días. Un kilo de tomates maduros.
Dependienta:	¿Algo más?
La Sra. Ducal:	¿Tiene melocotones?
Dependienta:	Sí, ¿cuántos quiere?
La Sra. Ducal:	Pues . . . kilo y medio.
Dependienta:	Aquí tiene. ¿Algo más?
La Sra. Ducal:	¿Cuánto cuesta este jamón serrano*?
Dependienta:	10 euros con 82 céntimos el kilo.
La Sra. Ducal:	Entonces 250 gramos.
Dependienta:	¿Algo más?
La Sra. Ducal:	Sí, ¿me da un litro de aceite de oliva, por favor?
Dependienta:	¿Le parece bien éste?
La Sra. Ducal:	Sí, muy bien. También quiero mantequilla.
Dependienta:	¿Cuánta quiere?
La Sra. Ducal:	150 gramos. Ah, y ¿me da una barra de pan?
Dependienta:	¿Grande o pequeña?
La Sra. Ducal:	Grande. O mejor dos pequeñas. ¿Cuánto es todo?
Dependienta:	Vamos a ver . . . Son . . . 14 con 12 céntimos.
La Sra. Ducal:	Aquí tiene.
Dependienta:	Muchas gracias, adiós.

* cured ham

b.   ¿Cómo se dice en español?   *How do you say it in Spanish?*

i.   Anything else?
ii.   Do you have . . .?
iii. How many would you like?
iv.   How much would you like?
v.   How much is it?
vi.   Can I have . . .?
vii. Let's see . . .
viii. It's . . .
ix.   How much is everything?
x.   Is this one all right / how about this one?
xi.   Here you have / here you are.

   c. ¿Qué compra la señora Ducal? ¿Cuánto compra? Haz una lista.   *What does Mrs Ducal buy? How much does she buy? Make a list.*

> **Ejemplo**
>
> un kilo de tomates, etc.

2. De compras   Shopping

   a. Consulta el plano de la Unidad 4, 'Consolidación', Actividad 1 y decide adónde hay que ir para comprar las siguientes cosas.   *Refer to the map in Unit 4, 'Consolidación', Activity 1 and decide where you would have to go to buy the following items.*

i.	sellos	vi.	un periódico
ii.	un par de zapatos	vii.	una botella de perfume
iii.	un kilo de manzanas	viii.	una taza de café
iv.	un diccionario inglés-español	ix.	un nuevo vestido
v.	entradas para ver una película	x.	cheques de viaje

   b. *Then write full sentences like the one below:*

> **Ejemplo**
>
> ¿Dónde hay que ir para comprar sellos?
> Para comprar sellos hay que ir a la oficina de Correos.

3. En el estanco*   At the tobacconist's

David entra en el estanco para comprar unas postales. Lee los diálogos y contesta las preguntas.   *David goes into the tobacconist's to buy some postcards. Read the dialogue and answer the questions.*

David: Hola Paco, buenos días.
Paco: Hola, buenos días. ¿Cómo estás?
David: Muy bien. Mira, quiero estas postales por favor.
Paco: Vale, ¿cuántas son?
David: Siete en total.
Paco: Pues, siete a 30 céntimos cada una, son 2 euros con 10 céntimos. ¿Quieres sellos también?
David: Sí, 5 para Inglaterra y 2 para Alemania.
Paco: Valen 42 céntimos cada uno. Entonces son 2 euros con 94 céntimos los sellos, 2 euros con 10 céntimos las postales . . . 5 euros con 4 céntimos en total. ¿Algo más?
David: No, eso es todo. Aquí tienes 6 euros.
Paco: Toma el cambio. Te doy 50, 70, 90, 95, 96 céntimos de cambio.
David: Gracias y hasta luego.
Paco: Hasta luego, adiós.

Más tarde David vuelve al estanco para comprar una revista y un periódico. Habla con el señor Rodríguez, el padre de Paco. *Later David returns to the tobacconist's to buy a magazine and a newspaper. He speaks to Mr Rodriguez, Paco's father.*

David: Hola, buenas tardes.

Sr. R.: Hola. ¿En qué puedo servirle?

David: *Diez Minutos* y *El Mundo* por favor.

Sr. R.: Vale. La revista cuesta 2 euros con 5 céntimos y el periódico 1 euro con 5, así que son 3 euros 10 en total. ¿Alguna otra cosa?

David: No gracias, eso es todo. No tengo céntimos, lo siento. Le doy 4 euros.

Sr. R.: No importa. Aquí tiene el cambio. Gracias y hasta luego.

David: Hasta luego, adiós.

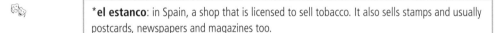

> ***el estanco**: in Spain, a shop that is licensed to sell tobacco. It also sells stamps and usually postcards, newspapers and magazines too.

a. ¿Verdadero o falso? *True or false?*

   i.   David compra seis postales.

   ii. Valen 3 euros.

   iii. David da 4 euros a Paco.

   iv. Más tarde compra una revista y dos periódicos.

   v. En total paga 5 euros.

b. ¿Cómo se dice en español? *How do you say it in Spanish?*

   i.   How many are there?   ii. 30 céntimos each

   iii. Anything else?   iv. Change

   v. So that's three euros in total.   vi. That's everything.

4. Quiero estas postales por favor. I want these postcards, please.

Ahora decides ir a comprar unas postales para tus amigos. Inventa una conversación con un/a compañero/a para comprar las siguientes cosas. *Now you decide to go to buy some postcards for your friends. Make up a conversation with a partner to buy the following things.*

Situación 1

- 6 postcards and 3 stamps for England, 1 for the United States and 2 for Mexico
- an English newspaper and a Spanish magazine

Situación 2

- 5 postcards and 4 stamps for England and 1 for the United States
- 2 Spanish magazines

5. Comestibles Groceries

¿Puedes nombrar estos productos? Después escucha y comprueba los nombres. *Can you name these products? Afterwards listen and check.*

el aceite de oliva	el agua mineral	el arroz	el azúcar
el café	el chorizo	el jamón	el pescado
el pollo	el queso	el vinagre	el vino
el yogur	la carne	la leche	la mantequilla
la mermelada	las galletas	las patatas fritas	las sardinas	los huevos

✍ 🦻 **6. Frutas y verduras** Fruit and vegetables

Escucha y escribe los nombres de las frutas y verduras que te faltan. *Listen for the names of the vegetables and fruit you do not have and write them down.*

las zanahorias

los ajos

los pimientos rojos/verdes

las mandarinas

los albaricoques

el melón

las judias verdes   los frijoles

los puerros   las naranjas

los champiñones

las peras   el mango   los chiles

95

In Latin America many of these products may have different names:
patatas = papas, tomates = jitomates, melocotones = duraznos, etc.

Conversión: US/sistema métrico
Pesos

imperial	métrico
1 ounce [oz]	28.35 gram
1 pound [lb] (16 oz)	0.45 kilo
1 stone (14 lb)	6.35 kilo

métrico	imperial
1 gram	0.04 oz
1 kilo	2.21 lb

Líquidos

USA	métrico
1 fluid ounce (fl oz)	29.57 ml
1 pint (16 fl oz)	0.47 litro
1 gallon	3.79 litros

métrico	USA
1 litro	33.8 fl oz
1 litro	2.11 pints
1 litro	0.26 gallon

7. Envases, pesos y medidas   Packaging, weights and measures

Envases	*Pesos*	*Líquidos*	*Docenas*
una **botella** de vino	**un kilo** de manzanas	**un litro** de vino tinto	una **docena** de huevos
una **lata** de sardinas	**medio kilo** de uvas	**medio litro** de zumo de naranja	**media docena** de panecillos
una **lata** de cerveza	**kilo y medio** de patatas	**litro y medio** de aceite de oliva	
un **bote** de mermelada	**dos kilos** de plátanos	**dos litros** de agua mineral	
un **paquete** de cereales	**250 gramos** de queso		
una **caja** de leche	**un cuarto (de kilo)** de jamón		
una **bolsa** de patatas fritas			

8. La compra loca Crazy purchases

Algunas de estas cosas están totalmente equivocadas. ¿Cuáles son? ¿Puedes dar una versión correcta? *Some of these items are completely wrong. Which are they? Can you give a correct version?*

medio litro de vino tinto	cinco postales
un cuarto de kilo de leche	medio litro de galletas
2 cajas de patatas	100 gramos de chorizo
un litro de sellos para Inglaterra	medio kilo de fresas
5 kilos de plátanos	medio kilo de periódicos
un litro de jamón serrano	4 kilos de chocolate con leche
250 gramos de zumo de manzana	50 gramos de queso manchego

9. ¡No me gusta nada el pescado! I don't like fish at all!

¿**Te** gust**a el** pescado?

¿**Te** gust**a cocinar**?

¿**Te** gust**an los** mariscos?

a. Escribe cinco frases expresando cosas que te gustan y cinco frases expresando cosas que no te gustan. Puedes elegir de la lista. *Write five sentences expressing likes and 5 expressing dislikes. You may choose from the list below.*

el vino tinto	cenar fuera	los guisantes
el pescado	hacer la compra	los mariscos
la leche	cocinar	las sardinas
el té	ir de compras	las galletas

Ejemplo

A mí no me gustan nada las sardinas.

b. Ahora averigua a quién le gusta qué en tu clase. Anota las respuestas. *Now find out who likes what in your class. Make a note of their answers.*

Ejemplo

A George no le gusta el té.

10. Lo siento, no me queda. I'm sorry, I've none left.

Por parejas. Estudiante A: cliente. Estudiante B: dependiente. *In pairs. Student A: the customer. Student B: the shop-assistant.*
CLIENTE: Compra las cosas que hay en esta lista. Si no tienen lo que quieres, elige otra cosa de las que te ofrecen. Al final pregunta cuánto es todo. Si es más de 12 euros dile al dependiente que te parece muy caro. Si es menos, muy barato. *CUSTOMER: Buy the things on this list. If they do not have what you want, choose something else from what you are offered. At the end ask how much everything is. If it is more than 12 euros tell the assistant you think it is very expensive. If it is less, say it is very cheap.*

Fruta: 1 kg (elige el tipo de fruta que quieras / choose the kind of fruit you want)

Carne: 400 gr de salchichas

Pan: 1 barra pequeña

Verduras: 1/2 kg de cebollas

Pescado: 1 lata pequeña de sardinas

Leche: un litro

Para Picar: 3 paquetes de patatas fritas

Mermelada: un bote de mermelada de fresa

Bebidas: 2 litros de zumo de naranja

¡Ojo!

prefiero . . . *I prefer . . .*
me gusta / no me gusta . . . *I like / I don't like . . .*
¿no tiene . . .? ¿le queda / le quedan . . . *Don't you have . . .?*
entonces . . . / bueno, entonces . . . *Then . . . / Well, then . . .*

DEPENDIENTE: Tu tienda no está muy bien surtida hoy. Si el cliente te pregunta por algo que no tienes ofrécele otra cosa. Intenta vender algo. Cuando el cliente te pregunte el coste de la compra elige una de estas cantidades: 9,6 euros o 12,02 euros. *SHOP-ASSISTANT: Your shop is not very well stocked today. If the customer asks you for something you do not have, offer something else. Try to sell him or her something. When the customer asks you the cost of the shopping, choose one of these figures: 9.6 euros or 12.02 euros.*

Fruta: naranjas, peras

Carne: jamón de York

Pan: barras pequeñas solamente

Verduras: Sólo patatas, zanahorias

Pescado: sardinas, grandes

Leche: cajas

Cosas para picar: cacahuetes - patatas fritas

mermelada: de albaricoque

Bebidas: zumo de piña agua mineral con gas

Esto es lo que te queda. *This is what you have left.*

> **¡Ojo!**
>
> No me queda / quedan, pero tengo . . . *There's none left, but I have . . .*
>
> ¿Le gusta(n) . . .? *Do you like . . .?*
>
> ¿Quiere . . .? *Do you want . . .?*
>
> Está de oferta. *It's on offer.*
>
> Es barato. *It's cheap.*

11. Mis preferencias My preferences

Pregunta a tu compañero/a por sus preferencias.

> ¿Cuál es tu comida preferida? Mi comida preferida son los macarrones.
>
> ¿Qué comida te gusta más? Me gustan más los macarrones.

Comida: paella, tortilla, burritos, hamburguesa, quesadillas, pizza, pescado . . .

Bebida: vino, mate, leche, cerveza, ron, zumo, coñac . . .

Ciudad: París, México, Los Ángeles, Madrid, Damasco, Praga . . .

Libro: *Cien años de soledad, Don Quijote* . . .

Actor: Madonna, Tom Cruise . . .

Deporte: Natación, fútbol . . .

Animal: Caballo, león, ardilla . . .

Añade otros temas que te interesen.

Comprensión auditiva

1. Un sudamericano en Barcelona A Latin American in Barcelona

Un sudamericano habla de sus gastos personales. Sobreviviendo o viviendo en Barcelona. *A Latin American talks about his personal expenses. Surviving or living in Barcelona.*

sobrevivir *to survive*	necesitar *to need*	la diversión *amusement*	gastar *to spend*
aunque *although*	diseñador/a *designer*	extranjero/a *foreigner*	renta/alquiler *rent*
la gente *people*	desayunar *to have breakfast*	mantenimiento *maintenance*	auto/carro *car*

a. Escucha y contesta a estas preguntas. *Listen and answer the questions below.*

    i. ¿En qué gasta unos

        A) 300 euros?

        B) 420 euros con 70 céntimos?

        C) 180 euros con 30 céntimos?

        D) 120 euros con 2 céntimos?

        E) 36 euros con 6 céntimos?

        F) 72 euros con 12 céntimos?

        G) 12 euros?

    ii. ¿Cuánto gasta en total? Escribe el número en letras.

    iii. ¿Cuál es el salario mínimo en España?

b. Pídele a un compañero/a la información de la pregunta i y escribe sus respuestas. *Ask your neighbour to give the information needed to answer Question i, and write down his/her replies.*

Ejemplo

¿Cuánto gastas en comida por semana?

Gasto 48 euros por semana.

Juan/María gasta 48 euros por semana en comida.

Si quieres cambiar los euros a tu propia moneda, consulta www.xe.com/ucc/es. *If you want to convert the euros into your own currency, consult www.xe.com/ucc/es.*

2. Lo que mejor produce España   The best things Spain produces

conservero/a *canning*	alimenticio/a *food*
derivados lácteos *dairy products*	huerta *garden/orchard*
pesado/a *heavy*	barco *ship*
el coche *car*	la editorial *publishing house*
almendra *almond*	poderoso/a *strong*
pesquero/a *fishing*	la fuente *source*

Contesta las preguntas. *Answer the questions.*

a) ¿Cuál es la principal industria de España?

b) ¿Por qué se llama la huerta de Europa?

c) ¿Qué otras industrias tiene fuera de la industria alimenticia?

d) ¿A dónde exporta libros y revistas?

Consolidación

1. Más comestibles   More groceries

a. Ordena estos productos en el grupo de alimentos apropiado y escribe el artículo determinado correspondiente (*el*, *la*, *los*, *las*). Consulta el diccionario si lo necesitas. *Place the products according to their food group and write the appropriate definite article* (el, la, los, las)*. Refer to the dictionary if necessary.*

garbanzos	jamón	limones	melocotones	chorizo	lentejas
tomates	uvas	salchichas	gambas	judías verdes	coliflor
naranjas	atún	zanahorias	pollo	melón	guisantes
mandarinas	fresas	bacalao	lechuga	frijoles	pepino
cordero	cerdo	mejillones	merluza	cerezas	salchichón

CARNES   PESCADOS   FRUTAS   VERDURAS   LEGUMBRES
el jamón   las gambas

b. ¿Qué otros comestibles y bebidas conoces?   *What other groceries and drinks do you know?*

2. ¿Cuánto?   How much / how many?

Completa las frases con *cuánto, cuánta, cuántos o cuántas*. Consulta la Unidad 1. *Complete the sentences with* cuánto, cuánta, cuántos *or* cuántas*. Refer to Unit 1.*

a. ¿. . . queso quiere?

b. Sí, sí hay mantequilla. ¿. . . le doy?

c. ¿. . . huevos?

d. ¿. . . leche le doy?

e. ¿. . . cerveza desea?

f. ¿. . . patatas fritas quiere?

g. ¿Vino tinto? Sí ¿. . . quiere?

h. ¿. . . jamón quiere?

i. ¿. . . latas de cerveza?

j. ¿Tomates? ¿. . . kilos?

3. No me gustan nada.   I don't like them at all.

Con estas palabras puedes indicar cuánto te gusta algo.   *Using the following words you can say how much you like something.*

+++ mucho   Me/nos gusta mucho leer novelas policíacas.

++ bastante   Te/os gusta bastante jugar al fútbol.

+   Le/les gustan los ordenadores.

-        No me/nos gusta leer.

-- no mucho   No te/os gustan mucho las películas de horror.

--- nada   No le/les gusta nada jugar al tenis.

a. Forma frases en singular y en plural. *Make sentences using the singular or the plural.*

		Luis	Anabel
i.	las espinacas	+++	---
ii.	jugar al fútbol	+++	+++
iii.	los gatos	--	---
iv.	la comida china	+	-
v.	estudiar español	-	+++
vi.	el tenis	++	--
vii.	escuchar la música rock	---	---
viii.	los animales	-	-

> **Ejemplo**
>
> A Luis le gustan mucho las espinacas, pero a Anabel no le gustan nada.
> A Luis le gusta mucho jugar al fútbol y a Anabel también.

b. Completa con *gusta* o *gustan*. *Fill in the blanks with* gusta *or* gustan.

> **Ejemplo**
>
> • ¿Te *gusta* la cerveza?   No.--- El vino.+++
> – No, detesto la cerveza, pero me gusta mucho el vino.
> • ¿Te *gustan* las galletas?   Sí.++
> – Sí, me gustan bastante.

i.   ¿ [. . .] los gatos?   No. Los perros.
ii.   ¿ [. . .] la ensalada?   Sí . . . +++
iii.   ¿ [. . .] la comida mexicana?   Sí . . . ++
iv.   ¿ [. . .] la ópera?   No. La música pop.
v.   ¿ [. . .] los pasteles?   No. Las galletas.
vi.   ¿ [. . .] jugar al fútbol?   No. El tenis.
vii.   ¿ [. . .] nadar?   No. Esquiar.

c. Repite el ejercicio en el plural con *vosotros*, *ustedes* y *nosotros*. *Repeat the exercise in the plural with* vosotros, ustedes *and* nosotros.

> **Ejemplo**
>
> • ¿Os gusta la cerveza?   No. El vino.+++
> – No, detestamos la cerveza, pero nos gusta mucho el vino.

✍ 🔌 **4. Listas de compras** Shopping lists

a. Traduce al español las siguientes listas de compras. *Translate the following shopping lists into Spanish.*

1 bottle of milk	2 large bottles of still mineral water
½ kg of Spanish oranges	150 g of manchego cheese
1 pkt of chocolate biscuits/cookies	¼ kg of chorizo
3 × 150 g tins of tuna	1 small sliced loaf
4 strawberry yogurts	1 litre bottle of Spanish olive oil
400 g of pork sausages	1 kg of ripe tomatoes

b. ¿Cómo se dice? *How do you say?*

i. Anything else? ii. I'm sorry. There isn't any left. iii. There aren't any left.

iv. Nothing else. v. How much is everything? vi. Can I have . . .?

✍ 🗣 **5. Te toca a ti.** It's your turn.

Vas a invitar a cuatro amigos a comer. Haz una lista de lo que quieres comprar y practica con un/a compañero/a. Utiliza el diálogo de la Actividad 1 ('Presentación y prácticas') como modelo. *You are going to invite four friends for lunch. Make a list of what you want to buy and practise with a fellow student. Use the dialogue in Activity 1 ('Presentación y prácticas') as a model.*

> **¡Ojo!**
> Me gusta. I like it.
> Me gustan. I like them.

✍ 📄 **6. ¿Pequeño o pequeña?** Is it masculine or feminine?

a. Completa las frases con un adjetivo de la caja. Si es necesario cambia la terminación de los adjetivos. Comprueba con el profesor. *Complete the phrases with an adjective from the box. If necessary, change the endings of the adjectives. Check with your teacher.*

i. Una bolsa. . . .	vi. Un paquete . . . de gambas . . .	pequeño
ii. Un paquete . . .	vii. Dos paquetes . . . de gambas . . .	grande
iii. Dos cajas . . .	viii. Una botella . . . de vino . . .	mediano
iv. Una barra . . .	ix. Una lata . . . de atún.	congelado
v. Un paquete de gambas . . .	x. Un bote . . . de Nescafé.	natural
		blanco

b. ¿Cómo se dice en español?   *How do you say it in Spanish?*

A small can of beer   A small can of cold beer
A large carton of milk   Two large cartons of milk

7. Los españoles y la comida   Spaniards and food

Lee el texto y contesta las preguntas que se encuentran a continuación.   *Read the passage and answer the questions that follow it.*

En España las horas de las comidas son distintas a las de Inglaterra. El desayuno es normalmente entre las siete y las ocho de la mañana. Generalmente un café con leche y pan tostado, o un tazón de cereales para los más jóvenes.

La gente suele tomar algo ligero a media mañana. Quizá una ración pequeña de tortilla de patatas, un bocadillo o un dulce. Los niños suelen llevarse el almuerzo al colegio.

Los españoles comen entre las dos y las tres de la tarde. La gente come mucho pescado y carne con ensalada o patatas fritas. El postre normalmente suele ser fruta: una naranja, un poco de melón, unas uvas . . . A muchas personas les gusta echarse una siesta, especialmente en verano.

La cena es más ligera y se toma entre las nueve y las once de la noche. A los españoles, les gusta salir a cenar en un restaurante, especialmente los domingos.

Los españoles prestan mucha atención a lo que comen, y cómo y cuándo lo comen. Les gusta comer tranquilos, en compañía de amigos y familiares.

| tortilla *omelette* | almuerzo *mid-morning snack* | postre *dessert* |
| verano *summer* | cena *supper, dinner* | cenar *to have supper* |

a. At what time do Spanish people normally have their breakfast?
b. What do they have for breakfast?
c. What do they eat for their snack at mid-morning?
d. At what time do they normally have their main meal?
e. What does their main meal consist of?
f. When do they like to eat out?
g. In what conditions do Spanish people prefer to eat their meals?

Gramática

1. The present tense: irregular verbs   El tiempo presente: verbos irregulares – *dar, costar, querer, preferir*

DAR (to give)
DOY	*DAMOS*
DAS	*DAIS*
DA	*DAN*

*La dependienta me **da** el cambio.*
The shop-assistant gives me the change.

COSTAR (to cost)

CUESTO	*COSTAMOS*
CUESTAS	*COSTÁIS*
CUESTA	*CUESTAN*

(A radical-changing verb like *torcer*, see Unit 4)

All persons of the verb exist; but the most commonly used forms, as you would expect, are the third person singular and plural:

*No **cuesta** mucho.*	It doesn't cost a lot.
*¿Cuánto **cuestan** las patatas?*	How much do the potatoes cost?

QUERER (to want, to want to, to love)	**PREFERIR** (to prefer)
QUIERO	*PREFIERO*
QUIERES	*PREFIERES*
QUIERE	*PREFIERE*
QUEREMOS	*PREFERIMOS*
QUERÉIS	*PREFERÍS*
QUIEREN	*PREFIEREN*

- In these radical-changing verbs the *E* of the stem changes to *IE*. For more radical-changing verbs, see Unit 7.
- *Querer* can refer to a thing and mean 'to want':

  Quiero dos kilos de patatas.   I want two kilos of potatoes.

  Or be followed directly by an infinitive when it means 'to want to':

  ***Queremos** trabajar en los Estados Unidos.*   We want to work in the United States.

- *Querer* can also refer to a person, and mean 'to love':

  ***Quiero** a Pedro.*   I love Peter.

Preferir can make an implicit comparison:

***Prefiero** el té.*	I prefer tea.
***Prefiero** comprar en el mercado.*	I prefer to shop at the market.

Or an explicit one, using *a*:

***Preferimos** el té **al** café.*   We prefer tea to coffee.

***Preferimos** comprar una vez al mes en el mercado **a** ir todos los días a las tiendas locales.*
We prefer shopping in the supermarket once a month to going every day to the local shops.

2. Personal pronouns: the indirect object Los pronombres personales: el complemento indirecto

An indirect object is a noun or a pronoun which receives the action expressed by the verb. We may identify indirect objects by asking 'to whom?' or 'to what?'

*La dependienta da el cambio **a Luis**.*   The shop-assistant gives the change **to Luis**.
*La dependienta **le** da el cambio.*   The shop-assistant gives **him** the change.

To whom does the shop-assistant give the change? **To Luis, to him**.

In the English sentences above, the indirect object ('to Luis') has been replaced by the appropriate pronoun ('to him'). A similar change occurs in the Spanish sentences (*a Luis = le*).

The preposition 'to' usually precedes the indirect object in English (noun or pronoun) but not always. In the sentence 'The shop-assistant gives Luis the change', **Luis** (him) is the indirect object which can be seen if the sentence is recast as: 'The shop-assistant gives the change **to him**'.

The indirect object pronoun in Spanish goes in front of the finite verb, as in the above example. See Unit 13 for more information on object pronouns.

Forms of the indirect object pronoun

- There are indirect object pronouns for all persons and things:

me	to me	*nos*	to us
te	to you (*tú* form)	*os*	to you (*vosotros/as* form)*
le	to him, to her, to it	*les*	to them
le	to you (*Vd.* form)	*les*	to you (*Vds.*)

*Note that in Latin America *les* may be used instead of *os*. See Units 2 and 10 for more information.

3. Expressing likes and dislikes: *gustar/parecer*

- A number of common Spanish verbs need the indirect object pronoun, notably *gustar* and *parecer* which are used to translate 'to like' and 'to seem':
- All persons of these verbs exist, but the most important – and the only ones we are concerned with at this stage – are the third person singular and the third person plural.

GUSTAR   PARECER
GUSTA   PARECE
GUSTAN   PARECEN

- *Gustar*, which literally means 'to be pleasing', is the verb that is used to say 'to like'.

- If you're starting from English you may need to reorganize your thoughts/words before you use this verb to express yourself in Spanish:

  'I LIKE FRUIT' should be thought of as 'FRUIT IS PLEASING TO ME'
  La fruta me gusta becomes usually: *Me gusta la fruta.*

  If the thing that is pleasing is plural, then the verb is in the plural:

  Me gustan las fresas.   I like strawberries.
  (Literally: Strawberries **are** pleasing **to me**.)
  Different pronouns can be substituted as necessary. Here is the full range:
  Me gusta / me gustan . . .   I like fruit. / **I** like strawberries.
  Te gusta / te gustan. . . .   **You** like fruit. / **You** like strawberries . . .
  Le gusta / le gustan. . . .   **He, she** likes . . . / or **you** (polite form) like . . .
  Nos gusta / nos gustan. . . .   **We** like . . .
  Os gusta / os gustan. . . .   **You** (fam. plural) like . . .
  Les gusta / les gustan. . . .   **They** or **you** (polite plural) like . . .

- To say what you like **doing**, use the third person singular *gusta* followed by the appropriate infinitive:

  Me gusta ir de compras.   I like going shopping.
                                (Literally: Going shopping is pleasing to me.)
  Nos gusta ir de compras.   **We** like going shopping.

- Negative form: to say that you don't like something you need to add 'no' before the indirect object pronoun.

  No me gusta el queso.   I do not like cheese.

- *Parecer*, which literally means 'to seem', is commonly used to translate 'I/you/she, etc., think/s':

  Me parece muy barato.
  I think that is very cheap. (Literally: **it seems very cheap to me** . . .)
  Nos parecen muy antipáticos.
  We think that they are very unpleasant. (Literally: **they seem to us** very . . .)

4. **Personal pronouns after a preposition**   Los pronombres personales después de una preposición

In sentences of the kind:

A María no le gusta el pescado. / A Juan le encantan los melocotones.

the proper nouns (María/Juan) can be replaced by prepositional pronouns:

*A **ella** no le gusta el pescado. / A **él** le encantan los melocotones.*

Forms

The prepositional pronoun is the same as the subject pronoun (see Unit 2) for all persons except the first and second persons singular, as the following lists make clear:

Subject	Prepositional
yo	*mí*
tú	*ti* (no accent)
él/ella/usted	*él/ella/usted*
nosotros/as	*nosotros/as*
vosotros/as	*vosotros/as*
ellos/ellas/ustedes	*ellos/ellas/ustedes*

The prepositional pronoun can be used after any preposition – *a*, *de*, *en*, *por*, *para*, etc. After preposition *con*, the first and second persons singular have a special form:

con + mí = conmigo
con + ti = contigo

Use of the prepositional pronoun with verbs like *gustar*

The prepositional pronouns are used for emphasis and clarification; they should not be used as substitutes for the indirect object pronouns:

A mí me gusta el baloncesto, pero a ti no te gusta en absoluto.
I like basketball, but you don't like it at all.

UNIDAD 6

De viaje

Learning aims

Telling the time, days of the week, months and dates
Enquiring about transport and buying tickets
Booking a hotel room and enquiring about holidays
Talking about the weather

Presentación y prácticas

🎧 ✍ 🗣 1. ¿Qué hora es?

a. Escucha las horas y fíjate en los relojes. ¿Entiendes cómo se dice la hora en español?

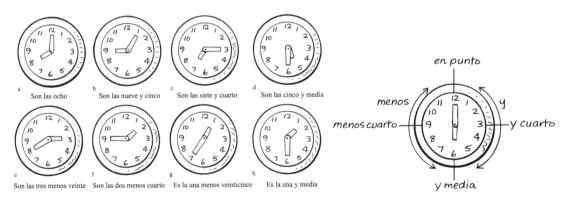

a. Son las ocho
b. Son las nueve y cinco
c. Son las siete y cuarto
d. Son las cinco y media
e. Son las tres menos veinte
f. Son las dos menos cuarto
g. Es la una menos veinticinco
h. Es la una y media

en punto
menos
menos cuarto
y
y cuarto
y media

> **¡Ojo!**
> En Latinoamérica también se dice: son un cuarto para las siete /
> son diez para las ocho.

b. Escucha las horas otra vez, sin mirar los dibujos, y anota las horas.

c. Practica con un/a compañero/a. Pregúntale la hora e identifica su respuesta (A–J):

> **Ejemplo**
>
> ¿Qué hora es?
> Es la una y cinco.   Solución: E

A	B	C	D	E	F	G	H	I	J
1:15	3:35	5:30	7:00	1:05	9:05	1:20	6:45	12:50	4:15

> **a.m./p.m.**
>
> | las 11 **de la mañana** | *11 a.m. / in the morning* |
> |---|---|
> | las 5 **de la tarde** | *5 p.m. / in the afternoon* |
> | las 7 **de la tarde** | *7 p.m. / in the evening* |
> | las 11 **de la noche** | *11 at night* |
> | **mediodía/medianoche** | *midday/midnight* |
> | **en punto** | *exactly, sharp* |

2. ¿A qué hora comes?

Averigua las costumbres de tu compañero/a. Pregúntale a qué hora hace lo siguiente:

> **Ejemplo**
>
> ¿A qué hora cenas?
> A las nueve de la noche.

a. ¿A qué hora comes?
b. ¿A qué hora cenas?
c. Salir de casa (¿A qué hora sales de casa?)
d. Llegar a la universidad
e. Regresar a casa
f. Hacer los deberes

> | ¿A qué hora . . .? | *At what time . . .?* |
> |---|---|
> | **A la una** | *At 1.00* |
> | **A las tres y cinco** | *At 3.05* |
> | **A las siete menos veinte** | *At 6.40* |
> | **A las once en punto** | *At 11.00 sharp* |

> comer   *to have lunch*   cenar *to have dinner / evening meal*
> salir (de) *to leave*   regresar   *to return*

 3. Los días de la semana

a. Escucha los días de la semana en español y rellena los espacios en blanco. Después compruebe con el calendario.

l_n_s   ma_te_   m__rco_es   _uev_s   v_er_e_   _áb_do   dom_ng_

b. Mira esta hoja de calendario y completa las frases.

> Los días laborables son de lunes a viernes.
> El fin de semana es el sábado y el domingo.

El día tres es <u>lunes</u>.
El día dieciocho es ___ .
El veintitrés es ___ .
Los días seis, trece
  y veinte son ___ .
El treinta y uno es ___ .
El ocho es ___ .
El veintiséis es ___ .

c. Habla con un/a compañero/a y averigua la siguiente información.

> **Ejemplo**
>
> ¿Qué días tienes clase de español?
> Los lunes, miércoles y viernes.

i. ¿Qué días vienes a la universidad?

ii. ¿Qué día tienes más clases?

iii. Comer en casa

iv. Cenar en la universidad

v. Gustar más. ¿Por qué?

vi. Gustar menos y por qué.

> **on** Monday = **el** lunes
> **on** Mondays = **los** lunes
> **on** Saturday = **el** sábado
> **on** Saturdays = **los** sábados

4. La fecha y los cumpleaños

a.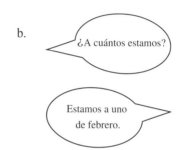

¿Qué fecha es hoy?

b. ¿A cuántos estamos?

Hoy es el uno de febrero de 2002.

Estamos a uno de febrero.

i. Lee los meses del año. Contesta tú: ¿Qué fecha es hoy? / ¿A cuántos estamos?

ii. Por turnos, cada estudiante dice al resto de la clase cuándo es su cumpleaños. Toma nota del mes para ver qué mes tiene más cumpleaños.

> **Ejemplo**
>
> ¿Cuándo es tu cumpleaños?
> Mi cumpleaños es el 7 de julio.

5. Fechas importantes

Por parejas. Pregunta a tu compañero/a la información que te falta sobre estas fechas importantes del calendario hispano.

Ejemplo

¿Cuándo es el día de Navidad? (¿Qué fecha es el día de Navidad?)
El día de Navidad es el 25 de diciembre.

Estudiante A

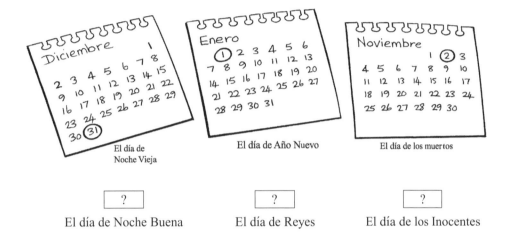

El día de Noche Vieja El día de Año Nuevo El día de los muertos

| ? | ? | ? |

El día de Noche Buena El día de Reyes El día de los Inocentes

Estudiante B

El día de Noche Buena El día de Reyes El día de los Inocentes

| ? | ? | ? |

El día de Noche Vieja El día de Año Nuevo El día de los muertos

¿Qué fechas importantes hay en tu país?

El día de los muertos es muy importante en Latinoamérica, especialmente en México. En España también se conmemora a los antepasados pero es menos festivo y se llama el día de los Difuntos. En España los niños reciben sus regalos de Navidad el día de Reyes, que es el 6 de enero. Otra fecha importante es el 28 de diciembre, el día de los Inocentes. En este día la gente gasta bromas (*play tricks*) a sus familiares o amigos. Algunos periódicos y estaciones de radio o televisión también intentan engañar (*trick*) al público con historias muy divertidas.

6. Los medios de transporte

a. ¿Qué palabra crees que corresponde a cada dibujo? Comprueba con el profesor.

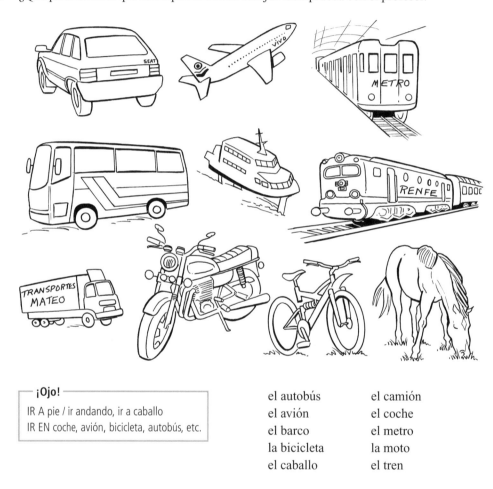

¡Ojo!

IR A pie / ir andando, ir a caballo
IR EN coche, avión, bicicleta, autobús, etc.

el autobús	el camión
el avión	el coche
el barco	el metro
la bicicleta	la moto
el caballo	el tren

b. En tu opinión ¿qué ventajas o desventajas tienen los distintos medios de transporte? Haz una lista y después habla con un/a compañero/a. ¿Estáis de acuerdo?

> **Ejemplo**
>
> El avión es bastante caro pero muy rápido.
> La bicicleta es lenta pero muy sana.

> sano/a *healthy*   caro/a *expensive*   barato/a *cheap*   ecológico/a *ecological*
> rápido/a *fast*   lento/a *slow*   cómodo/a *comfortable*
> incómodo/a *uncomfortable*

7. ¿Qué trenes hay para Madrid?

a. Antonio va a la RENFE en Oviedo para sacar un billete para Madrid. Escucha el diálogo.

Antonio: Buenos días. ¿Qué trenes hay para Madrid?
Empleada: ¿Por la mañana o por la tarde?
Antonio: Por la mañana.
Empleada: Pues hay un Talgo que sale de Oviedo a las 8.53.
Antonio: ¿Cuánto tarda en llegar a Madrid?
Empleada: Unas seis horas. Llega a Madrid a las 15.15.
Antonio: ¿Y por la tarde?
Empleada: Pues por la tarde hay otro Talgo que sale a las 14.37 y llega a las 21:00 horas.
Antonio: ¿Son diarios?
Empleada: Sí, los dos son diarios.
Antonio: Entonces un billete para el Talgo de las 8.53.
Empleada: ¿Para qué día?
Antonio: Para el día sábado 15.
Empleada: ¿De ida o de ida y vuelta?
Antonio: De ida y vuelta.
Empleada: ¿De primera o de segunda clase?
Antonio: De segunda.
Empleada: ¿Fumador o no fumador?
Antonio: No fumador. ¿Cuánto cuesta el billete, por favor?
Empleada: Cuesta treinta y cinco euros.
Antonio: Aquí tiene.
Empleada: Gracias.

✌

| RENFE: Red Nacional de Ferrocarriles Españoles (*Spanish National Railways*)   Talgo: *a fast intercity train* |

b.   ¿Qué billete saca Antonio?

Antonio saca un billete para . . . (Da todos los detalles: destino, fecha, tipo de billete, etc.).

✌

Otra manera de expresar la hora	05.00	las cinco (horas)
Para ciertos usos técnicos, como horarios de	07.30	las siete treinta
trenes, aviones, etc., es corriente utilizar el	10.15	las diez quince
reloj de las 24 horas. Se leen así:	14.45	las catorce cuarenta y cinco
	18.54	las dieciocho cincuenta y cuatro

8.   Estación de Atocha

Por turnos y utilizando el horario de trenes, pregunta y responde para obtener los 5 datos del ejemplo. El estudiante A está en la estación de Atocha de Madrid y quiere sacar un billete para ir a Sevilla. El estudiante B está en la estación de Santa Justa de Sevilla y quiere sacar un billete para ir a Madrid.

> **Ejemplo**
>
> Estás en la estación de Atocha de Madrid, son las 11:10.
>
> | Estudiante A | Estudiante B |
> |---|---|
> | a. ¿A qué hora sale el próximo tren para Sevilla? | Sale a las 12. |
> | b. ¿A qué hora llega a Sevilla? | Llega a las 14.25. |
> | c. ¿Cuánto dura el viaje de Madrid a Sevilla? | Dura dos horas 25 minutos. |
> | d. ¿Hay servicio de cafetería? | Sí, hay servicio de cafetería. |

a)   Estudiante A: Estás en la estación de Santa Justa en Sevilla, son las 15:45.

b)   Estudiante B: Estás en la estación de Atocha de Madrid, son las 14:15.

c)   Estudiante A: Estás en la estación de Santa Justa en Sevilla, son las 20:15.

d)   Estudiante B: Atocha de Madrid, son las 21:30.

e)   Estudiante A: Estás en la estación de Santa Justa en Sevilla, son las 16:30.

f)   Estudiante B: Estás en la estación de Atocha de Madrid a las 15:45.

MADRID Puerta de Atocha • CIUDAD REAL • PUERTOLLANO • CORDOBA • SEVILLA Santa Justa

	VALLE	LLANO	PUNTA	LLANO	LLANO	LLANO	PUNTA	LLANO	LLANO	LLANO	LLANO	LLANO	PUNTA	LLANO	LLANO	LLANO
NUMERO DE TREN	9614	9604	9616	9618	9622	9624	9628	9630	9632	9634	9636	9638	9640	9642	9644	
OBSERVACIONES	(5)	(3)	(3)			(3)	(5)	(2)			(2)			(2)	(1)(4)	
DIAS DE CIRCULACION	LMXJVSD	LMXJV***	LMXJVS*	LMXJVSD	LMXJVSD	LMXJV***	LMXJVSD	LMXJV***	LMXJVSD	LMXJVHD	LMXJVHD	LMXJV+D	LMXJV+D	LMXJV+D	*****VS*	
MADRID Puerta de Atocha	07:00	07:30	08:00	09:00	11:00	12:00	14:00	15:00	16:00	17:00	18:00	19:00	20:00	21:00	22:00	
CIUDAD REAL	07:51	08:19	·	09:49	·	·	·	·	16:49	·	·	·	20:49	·	·	
PUERTOLLANO	08:08	08:33	·	10:03	·	·	·	·	17:03	·	·	·	21:03	·	·	
CORDOBA	08:57	09:17	·	10:47	12:41	13:41	15:41	16:41	17:47	18:41	19:41	20:41	21:47	22:41	23:41	
SEVILLA Santa Justa	09:40	10:00	10:15	11:30	13:25	14:25	16:25	17:25	18:30	19:25	20:25	21:25	22:30	23:25	00:25	
RESTAURACION																

SEVILLA Santa Justa • CORDOBA • PUERTOLLANO • CIUDAD REAL • MADRID Puerta de Atocha

	VALLE	LLANO	PUNTA	LLANO	LLANO	LLANO	PUNTA	LLANO	LLANO	LLANO	LLANO	LLANO	PUNTA	LLANO	LLANO	LLANO
NUMERO DE TREN	9603	9615	9617	9619	9621	9623	9625	9629	9631	9633	9635	9637	9639	9641	9643	9645
OBSERVACIONES	(3)	(5)	(3)		(2)		(3)	(5)	(1)(3)		(2)		(2)		(3)	(4)
DIAS DE CIRCULACION	LMXJV***	LMXJVSD	LMXJVS*	LMXJVSD	LMXJV***	LMXJVSD	LMXJV***	LMXJVSD	*****VSD	LMXJVSD	LMXJVHD	LMXJVSD	LMXJVHD	LMXJVSD	LMXJV+D	*****SD
SEVILLA Santa Justa	06:30	07:00	08:00	09:00	10:00	11:00	12:00	14:00	15:00	16:00	17:00	18:00	19:00	20:00	21:00	22:00
CORDOBA	07:13	07:43	·	09:43	10:43	11:43	12:43	14:43	15:43	16:43	17:43	18:43	19:43	20:43	21:43	22:43
PUERTOLLANO	·	08:26	·	10:26	·	·	·	·	·	17:26	·	·	·	21:26	·	·
CIUDAD REAL	·	08:40	·	10:40	·	·	·	·	·	17:40	·	·	·	21:40	·	·
MADRID Puerta de Atocha	08:55	09:30	10:15	11:30	12:25	13:25	14:25	16:25	17:25	18:30	19:25	20:25	21:30	22:30	23:25	00:25
RESTAURACION																

Horarios de trenes de Renfe Madrid–Sevilla

9. Reserva de hotel por teléfono

a. El Sr. López reserva una habitación por teléfono. Escucha y lee el diálogo.

Recepcionista: El Hotel Bellavista, ¿dígame?

Sr. López: ¿Tiene una habitación doble para el 25 de octubre?

Recepcionista: ¿Para cuántas noches?

Sr. López: Para tres noches.

Recepcionista: ¿Para cuántas personas?

Sr. López: Para dos adultos. Queremos una habitación tranquila con baño completo. ¿Tienen una con balcón y con vista al mar?

Recepcionista: Todas las habitaciones tienen balcón, pero no me queda ninguna con vista al mar. Lo siento.

Sr. López: Bueno, no importa. Hay televisión y servicio de video ¿verdad?

Recepcionista: Sí señor. Además todas las habitaciones tienen teléfono, nevera y caja de seguridad.

Sr. López: Está bien. Otra cosa. ¿Tiene habitación en el primer piso o en el segundo? A mi mujer no le gusta usar el ascensor.

Recepcionista: Sí señor. Tenemos una habitación doble en el segundo piso para las fechas que quiere. Cuesta 37 euros la noche con el desayuno incluido.

Sr. López: Muy bien. Me quedo con ésa.

Recepcionista: ¿Me quiere dar el número de su tarjeta de crédito?

Sr. López: Es el . . .

b. Une las palabras españolas con sus equivalentes ingleses.

nevera	*shower*
balcón	*sea view*
sin mucho ruido	*safe, deposit box*
ducha	*quiet*
caja de seguridad	*refrigerator*
doble	*single*
vista al mar	*balcony*
individual	*double*

c. Quieres reservar unas habitaciones antes de ir de vacaciones con tus amigos. Practica con un/a compañero/a.

Situación 1

1 double room & 2 single rooms; 3 nights; with bath or shower; with TV; full board; first floor; sea view.

Situación 2

1 double room & 1 single room; 5 nights; with shower; with balcony; half board; second floor.

> ¿Dígame? *Hello (used in Spain when answering the phone)*
> pensión completa *full board*   media pensión *half board*

10. ¿Qué tiempo hace?

Mira los dibujos y las frases. ¿Qué crees que significan? Después escucha la grabación para comprobar la pronunciación.

a. Hace sol. b. Hace calor. c. Hace frío. d. Hace viento.

e. Llueve.
Está lloviendo.

f. Nieva.
Está nevando.

g. Hay niebla.

h. Hay tormenta.

i. Está nublado.
Hay nubes.

el sol
el calor
el frío
el viento
la lluvia
la nieve
la tormenta
la nube
la niebla
nevar
llover

¡Ojo!

Hace buen tiempo.   Hace mal tiempo.
Hace bueno.   Hace malo.

También puedes decir:

| llueve nieva | mucho poco bastante | hace | poco mucho bastante | viento frío calor | hay | un poco de bastante mucha | niebla |

| | | está | un poco bastante muy | nublado |

11. ¿Qué tiempo hace en Santander?

Adjudica un símbolo del tiempo a cada ciudad o zona del mapa. Después pregunta y contesta a varios/as compañeros/as qué tiempo hace en los distintos sitios hasta encontrar un mapa igual o parecido al tuyo.

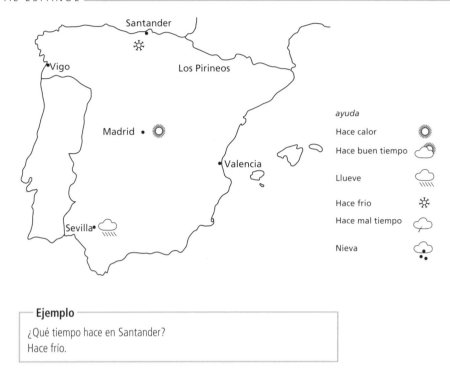

> **Ejemplo**
>
> ¿Qué tiempo hace en Santander?
> Hace frío.

Comprension auditiva

🦻 ✍ **1. Los climas en el mundo**

Elena nos da una introducción corta de las estaciones en las zonas templadas de los hemisferios y el clima en la zona tropical. Escucha, mira el diagrama y después completa las frases.

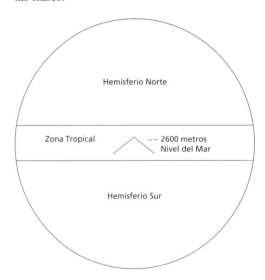

- **La relación de los meses del año con las estaciones**

  En la zona templada del hemisferio norte . . .

  En la zona templada del hemisferio sur . . .

  En la zona tropical . . .

- **La relación del clima y la altura**

  En la zona tropical el clima . . .

  A una altura de 2.600 metros el clima es . . .

  A la altura del nivel del mar el clima . . .

  En la zona tropical hay temporadas . . .

mundo *world*	invierno *winter*	verano *summer*
otoño *autumn*	primavera *spring*	se encuentra *it is situated*
lugar *place*	gran parte *the majority of*	depende de *it depends on*
altura *height*	mientras que *whereas*	nivel del mar *sea level*
la estación/temporada *season*	sequía *dry season*	

2. Los mejores sitios para las vacaciones

Escucha la información sobre los mejores sitios para ir de vacaciones en enero, julio y agosto y contesta las preguntas.

ayudar *to help*	caída *fall*	sentir *to feel*
disfrutar *to enjoy*	rico/a *wealthy*	oso *bear*
ballena *whale*	deprimido/a *depressed*	salvaje *wild*
pasto *pasture*	calentar *to heat*	esquiar *to ski*

enero

a. ¿Por qué el Caribe es uno de los mejores sitios en enero?

b. ¿Cómo es el clima en Chile en este mes?

c. ¿Qué hay para hacer en las ciudades grandes?

d. ¿Por qué las montañas en Francia, Italia y Suiza son sitios atractivos?

e. ¿Por qué es bueno beber vino caliente?

f. ¿Cómo es el clima en el sur de la India?

julio y agosto

g. ¿Cómo es el clima en el Ártico?

h. ¿Por qué los esquiadores europeos van a Nueva Zelanda y Australia?

i. ¿Por qué es interesante el Serengueti en esta época del año?

j. ¿Cómo es el clima del Serengueti?

k. ¿Por qué París y Roma son de los mejores sitios en agosto?

Pregunta a tu compañero/a: de los sitios mencionados ¿cuál es tu sitio de vacaciones favorito? ¿Por qué?

Consolidación

1. La hora

a. Escribe la hora en español.

> **Ejemplo**
>
> ¿Qué hora es?   12.10 p.m.   Son las doce y diez.

i. 13.20   ii. 14.00   iii. 10.40   iv.   7.15
v. 18.30   vi. 22.05   vii. 09.45   viii. 20.50

b. Escribe diálogos como en el ejemplo:

> **Ejemplo**
>
> Abren los bancos / 8.30.   Por favor, ¿a qué hora abren los bancos?
>   Los bancos abren a las ocho y media.

i.   Llega el vuelo de Montevideo / 09.45.   ii.   Cierran las tiendas / 20.15.
iii. Sale el autobús para la piscina / 11.05.   iv.   Abre la casa-museo Frida Khalo / 09.00.
v.   Cierra la biblioteca / 18.35.   vi.   Abren los bancos / 15.55.
vii. Llega el ferry de Santander / 14.25.

2. Haciendo reservas

Un amigo que no sabe español quiere que escribas a dos hoteles para reservar habitaciones. Utiliza la carta de Rodolfo Valente como modelo. Estos son los detalles de tu amigo:

Hotel Horizontes	Hotel Miramar
Single room, preferably with shower 4 nights 12 to 16 July Continental Breakfast Room with telephone and television	Double room, preferably en-suite or with shower one week 1 to 8 September Full Board Room with sea view, and near the lift/elevator

Sevilla, 14 de junio

Muy señor mío:

Quisiera reservar una habitación doble con baño en el hotel Neptuno. Voy a estar en Málaga cinco noches del 3 al 8 de agosto. No necesito pensión completa. Voy a comer fuera. Si es posible, prefiero una habitación con terraza. Le ruego me mande también la lista de precios.

Le saluda atentamente,
Rodolfo Valente

3. Excursiones

Lee el itinerario de la excursión a Galicia y contesta las preguntas.

Galicia

Día 1: Salida de nuestra terminal a la hora indicada, en dirección a Galicia. Llegada. Noche en el hotel, cena y alojamiento.

Día 2: Desayuno y mañana libre para poder disfrutar de la playa. Almuerzo y salida para visitar la zona, recorriendo la isla de Arosa, Cambados, La Toja, El Grove etc. Regreso al hotel. Cena y alojamiento.

Día 3: Día libre en régimen de pensión completa, en el que se va a aprovechar para disfrutar de la playa y/o recorrer la zona. Excursión a las islas Cíes con recorrido en barco.

Día 4: Desayuno y salida hacia Padrón, bella población donde nació Rosalía de Castro. Continuación hasta Santiago de Compostela, donde vamos a tener tiempo libre para visitar la famosa Catedral y pasear por su bello centro histórico, lleno de calles de inconfundible sabor medieval. Regreso al hotel. Cena y alojamiento.

Día 5: Día libre en régimen de pensión completa. Tras el desayuno se va a realizar una excursión a Valença do Minho (norte de Portugal), famoso por sus compras. Asimismo vamos a visitar Bayona y el famoso Mirador de Santa Tecla.

Día 6: Desayuno y salida hacia Combarro, Polo y Pontevedra, donde vamos a disponer de tiempo libre para visitar su casco antiguo. Almuerzo en picnic y continuación hasta Vigo, desde donde vamos a regresar al hotel. Por la noche y como despedida va a ofrecerse una *queimada* típica.

Día 7: Desayuno y salida a las 08.30 en dirección a su ciudad de origen. Almuerzo en picnic. Llegada a su ciudad de origen y fin de nuestros servicios.

a.   ¿Dónde nació la famosa escritora Rosalía de Castro?

b.   ¿Qué día puedes pasar la mañana tomando el sol?

c.   Te gusta ir de compras. ¿Qué excursión escoges?

d.   Te gustan las casas antiguas. ¿Adónde vas?

e.   ¿Qué se puede ver en Santiago de Compostela?

f.   ¿Qué medio de transporte se usa para ir a las islas Cíes?

g.   ¿Qué van a hacer por la noche antes de regresar?

> Galicia está situada en el noroeste de España, encima de Portugal. Es una zona de destino muy popular para el turismo por su paisaje verde (llueve mucho) y sus mariscos (*shellfish*). La catedral de Santiago de Compostela es el destino de los peregrinos (*pilgrims*) que siguen el famoso Camino de Santiago, uno de los tres sitios de peregrinación más importantes en los países cristianos de la Edad Media (*Middle Ages*). Hoy en día sigue siendo muy popular, pero ahora la gente va también en bici e incluso a caballo y muchos van para disfrutar del paisaje.
>
> Rosalía de Castro (1837–85). Importante poetisa romántica. Escribe en español y en lengua gallega.

4. ¿Cuánto cuesta . . . ?

Lee este texto sobre el transporte en Madrid y contesta las preguntas (escribe los números con letras).

> Si no tienes coche, puedes pasearte por Madrid en metro o en autobús. Un billete sencillo en metro cuesta 0,95 euros pero puedes comprarte un bono de 10 viajes por sólo 5 euros.
>
> El billete de autobús cuesta 95 céntimos, como el de metro. Es más barato comprar el bonobús de 10 viajes por 5 euros. Pero, lo más barato es el Abono Transporte . . . si estás un mes en Madrid, claro. Puedes ir en metro, en autobús, sin límite de viajes, por 32 euros. Y si tienes menos de 18 años, el Abono joven sólo cuesta 22,05 euros.

a. ¿Cuánto cuesta un viaje en metro?

b. ¿Cuánto cuesta un bono?

c. ¿Cuántos viajes hay en un bono?

d. ¿Cuánto cuesta un viaje en autobús?

e. ¿Cuánto cuesta un bonobús?

f. ¿Cuánto cuesta un Abono Transporte?

g. ¿Cuánto cuesta un Abono joven?

h. ¿Cuántos viajes hay en un Abono?

i. ¿Puedes comprar el Abono Joven si tienes diecinueve años?

5. Tiempo libre en Oviedo

Lee la información sobre Oviedo y contesta las preguntas siguientes.

Archivo Histórico de Asturias.
Visitas: Lunes a viernes: de 9 a 13 y de 16 a 19 horas. Sábados: de 10 a 13 h.
Cámara Santa (interior de la Catedral).
Exposición permanente de las joyas de la antigua monarquía asturiana.
Visitas: Lunes a sábados: de 10 a 13 y de 16 a 18 horas.

Museo Arqueológico.
Exposición permanente de restos prehistóricos, romanos, prerrománico, románico y gótico. Colecciones de numismática, epigrafía y heraldica y etnografía asturiana.
Visitas: Martes a sábados: de 10 a 13.30 y de 16 a 18 horas.
Museo de Bellas Artes.
Exposición permanente de pintura asturiana, español, y europea de distintos siglos.

Visitas: Martes a sábados: de 11 a 13.30 y 16 19 horas.
Domingos: de 12 a 14 horas
Museo Diocesiano (en claustro alto de la catedral).
Exposición permanente de ornamentos sagrados, escultura y orfebrería religiosa. Aula con equipo audiovisual.
Visitas: Lunes a sábados de 10 a 13 y de 16 a 19 horas.

a. ¿Cuándo puedes visitar el Museo de Bellas Artes de Asturias?

b. ¿Qué puedes ver allí?

c. ¿A qué hora abren el Museo Arqueológico?

d. ¿Qué puedes ver en el Museo Diocesano?

e. ¿Dónde está exactamente?

f. Te interesan las joyas muy antiguas. ¿Adónde vas para verlas en Oviedo?

g. ¿Puedes visitar la Cámara Santa de la catedral los domingos?

h. Es lunes y ya son las 14.00 ¿Se puede visitar el Archivo Histórico de Asturias?

6. Hablando del tiempo

Refresca tu memoria con este mini-test sobre el tiempo. Completa las frases siguientes con uno de los verbos que se dan a continuación:

hace viento, nieva, hay niebla, hace frío, hace malo, hace calor, hace sol, llueve

> **Ejemplo**
>
> a. Cuando **nieva** en invierno me gusta ir a esquiar.

a. Cuando . . . en invierno me gusta ir a esquiar.

b. Si . . . me pongo ropa abrigada.

c. Cuando . . . es importante conducir con mucho cuidado.

d. Cuando . . . me gusta salir a pasear o tomar el sol en el jardín.

e. Si . . . me quedo en casa leyendo o viendo la tele.

f. Siempre que . . . me tomo una cerveza muy fría para refrescarme.

g. Si . . . cuando salgo de casa cojo un paraguas para no mojarme.

h. Cuando . . . se mueven las hojas de los árboles.

me pongo (ponerse) *I put on*	ropa abrigada *warm clothes*	conducir *to drive*
cuidado *care*	tomar el sol *to sunbathe*	quedarse *to stay*
viendo *watching*	leyendo *reading*	refrescarse *to cool down*
paraguas *umbrella*	mojarse *to get wet*	hojas *leaves*
árbol *tree*		

7. ¿Cómo prefieres viajar?

Participas en un foro de internet para estudiantes de español. Esta semana hay una encuesta sobre el transporte. Completa las frases siguientes para indicar tus preferencias:

> **Ejemplo**
>
> Prefiero ir en autobús porque es barato y es bastante cómodo.

a. Me gusta . . . porque . . .

b. Generalmente voy . . . porque . . .

c. Suelo venir a clase . . . porque . . .

d. No me gusta . . . porque . . .

e. Prefiero . . . porque . . .

f. Para viajes largos . . . porque . . .

8. Billete de tren

Estudia el billete de tren de RENFE (Red Nacional de Ferrocarriles Españoles) de Javier Corominas y decide si la información sobre su viaje es correcta. Vuelve a escribir la información con los datos correctos.

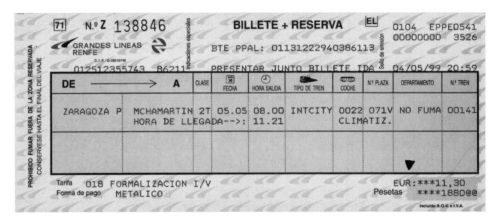

Javier Corominas va a ir a Madrid (estación Chamartín) en un tren Intercity que llega a Madrid a las 12.21 y sale de Zaragoza a las 06.05.

Tiene un billete para el día cinco de agosto, en un departamento de segunda clase, para no fumadores y su asiento es el 071V.

El viaje dura 3 horas y media y el billete cuesta 11,30 euros.

9. En una agencia de viajes

a. Lee el diálogo y contesta las preguntas con frases completas.

Agente: ¡Hola, Buenos días! ¿En qué puedo servirle?

Cliente: ¿Tienen información sobre viajes organizados?

Agente: Sí, ¿Para qué época del año? ¿Quiere viajar en primavera, verano . . .?

Cliente: Verano. A finales de verano o principios de otoño.

Agente: Bien, en verano tenemos viajes culturales a la mayoría de los países mediterráneos, Italia, Francia, Grecia, Malta . . .

Cliente: Perdone, ¿van a Finlandia?

Agente: No, en verano no, pero en invierno organizamos un recorrido por los países escandinavos con visita al Polo Norte. ¿Hago una reserva?

Cliente: No, muchas gracias, prefiero ir a la Patagonia.

Agente: ¡Pero eso está en Argentina!

Preguntas:

i.   ¿Qué estaciones del año se mencionan en el diálogo?

ii.   ¿En qué época del año desea viajar el cliente?

iii.   ¿Qué países europeos se mencionan?

iv.   ¿Es posible visitar Finlandia en verano?

v.   ¿Desea hacer una reserva para ir al Polo Norte?

b.   Imagina que estás planeando unas vacaciones y vas a una agencia de viajes. Escribe un diálogo con un/a compañero/a y después lo representas delante de la clase. Aquí tienes ideas para ayudarte.

VIAJE 1 rutas ecológicas

Cliente	Agente
Tipo de viaje: rutas ecológicas	Propuesta: España: El Camino de Santiago, en la
Época del año: otoño	zona de Galicia. Andando o en bicicleta. Precios
Preferencia: El camino del Inca, Perú.	económicos. Primavera y otoño

VIAJE 2 recreativo

Cliente	Agente
Tipo de viaje: recreativo	Propuesta: Ecuador: recorrido turístico con visita a
Época del año: invierno	las islas Galápagos. Hotel de lujo. Invierno y otoño.
Preferencia: Ibiza, Las Islas Baleares.	

Las cuatro estaciones son: la primavera *spring*, el verano *summer*, el otoño *autumn/fall*, el invierno *winter*.

GRAMÁTICA

1. Time and dates   La hora y la fecha

Telling the time / asking when something happens *Decir la hora / preguntar cuándo ocurre algo*

	¿Qué hora es?	What time is it?	
***Es** la una.*	It is one o'clock.	***Es** la una y media.*	It is half past one / 1.30.
***Son** las dos.*	It is two o'clock.	***Son** las dos y cuarto.*	It is quarter past two / 2.15.

- *SER* is the main verb used for telling the time (*la hora*) in Spanish. To ask the time or to say 'it is one o'clock' use the third person singular (*es*); for two o'clock onwards, the third person plural (*son*).
- Notice the use of the feminine definite article (to agree with *las horas / la hora*).
- The half-hours and quarter-hours are expressed by the use of *media* (always in this feminine form) and *cuarto* (invariable), respectively, both used without an article.
- Minutes <u>past</u> the hour are expressed by *y*, minutes <u>to</u> the hour by *menos*:

*Son las tres **y media**.*	It is half <u>past</u> three / 3.30.
*Son las ocho **y cuarto**.*	It is quarter <u>past</u> eight / 8.15.
*Son las ocho **menos cuarto**.*	It is quarter <u>to</u> eight / 7.45.

- Asking/saying when something happens:

*¿**A qué hora** sale el autocar?*	When does the coach / bus leave?
	(<u>Literally</u>: **At** what time . . . .)

  or *¿Cuándo sale . . .?*

  *El autocar sale **a la una**.*   The coach / bus leaves **at** one o'clock.

- 'From' and 'to' are usually translated by *desde* and *hasta*:

  ***Desde** las siete **hasta** las nueve menos cuarto*

  They may also be translated by *de* and *a*, in which case the article is omitted:

  *La taquilla se abre **de** ocho **a** diez.*

- 'In the morning/afternoon/evening' is translated by *de* when you specify the time and *por* when you don't:

  *A las 9 **de** la mañana / A las 5 **de** la tarde.*
  *Normalmente vamos **por** la tarde / **por** la noche.*

- With the 24-hour clock system:

  At 15.56 / *A las quince cincuenta y seis.*

Days of the week   *Los días de la semana*

lunes, martes, miércoles, jueves, viernes, sábado, domingo

- They are written with a small initial letter and are all masculine.
- Spanish uses the definite article to say 'on' with the day of the week. The Spanish noun (and article) can be singular or plural, according to the meaning:

  El sábado vamos de excursión.   On Saturday we are going on a trip.
  Los domingos salimos al campo.   On Sunday<u>s</u> we go into the country.

- In the case of the first five days of the week the forms of the singular, which already end in 's', are identical to those of the plural:

  el lunes   on Monday   *los lunes*   on Mondays
  el martes   on Tuesday   *los martes*   on Tuesdays, etc.

. . . And months of the year . . . *y los meses del año*

enero, febrero, marzo, abril, mayo, junio, julio, agosto, se(p)tiembre, octubre, noviembre, diciembre

- Usually written with small initial letter and without the article; they are all masculine.

The date   *La fecha*

¿A cuántos estamos hoy?   ¿Qué fecha es hoy?   What is the date today?
Estamos a dos de junio. Hoy es el dos de junio.   Today is the second of June.

- The full form of the date in Spanish requires the repetition of the pronoun *de*:

  el dos de junio de 2003   2nd June 2003

- In letters it is usual to omit the article after writing the place from where the letter is being sent:

  Guadalajara, 2 de junio de 2003

Seasons of the year   *Las estaciones del año*

They are also written with a small initial letter: *la primavera*, *el verano*, *el otoño*, *el invierno*.   *Me gusta mucho la primavera.   En invierno hace frío.*

2. *Hacer* To do, to make

The very common verb *hacer* is irregular in the first person but otherwise follows the normal *-er* pattern:

HAGO	*HACEMOS*
HACES	*HACÉIS*
HACE	*HACEN*

*Elena **hace** una reserva de hotel en la agencia de viajes.*
Elena books a hotel room at the travel agent's.

- This is the verb you usually use (third person singular form: *hace*) in descriptions of the weather:

¿Qué tiempo hace?	What's the weather like?		
***hace** frío*	it is cold	***hace** calor*	it is hot
***hace** viento*	it is windy	***hace** sol*	it is sunny
***hace** buen tiempo*	it is fine	***hace** mal tiempo*	the weather is bad

- You can also say *el tiempo es bueno* for *hace bueno* but you can **never** say *el tiempo hace bueno*.
- Spanish requires an adjective which agrees with the corresponding noun. In English this may be translated by an adverb (see *tener*, Unit 10, for a similar case):

  *Hace **mucho** frío.*   It is **very** cold.

3. Arriving and leaving (departing)   Las llegadas y las salidas

The regular verb *llegar* means 'to arrive'. It is very commonly followed by the preposition *a*.

***Llegamos a** Madrid, a las ocho de la mañana.*   We arrive **in** Madrid at 8 a.m.

Salir means 'to leave'. It is followed by the preposition *de*, when you want to say where you are going <u>from</u>, and *para*, when you want to say where you are heading <u>for</u>:

*El tren **sale de** la estación muy pronto.*	The train will be leaving the station very soon.
***Salimos para** el sur de Francia.*	We are setting off for the south of France.

- *Salir* is irregular in the first person singular but otherwise follows the normal pattern for *-ir* verbs: *salgo*, *sales*, etc.

4. Verbs followed by an infinitive   Verbos seguidos de infinitivo

Many verbs in Spanish can be followed directly by the infinitive. You have met, for example, *querer*, *preferir* and *gustar*:

***Quiero** ir en seguida.*   ***Prefiero** salir ahora.*   *Me **gusta** nadar.*

Others require you to place a preposition (usually *a* or *de*) before the infinitive. When you look up a new verb, check to find whether it needs a preposition and which one you should use.

- The verb *ir* (to go) can be used to say something is going to happen – you can use it as a future tense. It needs the preposition *a* after the verb and in front of a following infinitive:

Voy a visitar a mi primo	I am going to visit my cousin.
El invierno que viene vamos a esquiar en el Pirineo.	Next winter we are going to go skiing in the Pyrenees.

- Spanish uses *a* before a following infinitive in the case of a number of verbs which express the idea of something beginning:

Ya empezamos a hacer planes para nuestras vacaciones.	We are beginning to make plans for our holidays.

- and *de* when there is the idea of something ending:

Deja de mirar la televisión y ven a ayudarme.	Stop watching the television and come and help me.

- The verb *tardar* followed by the preposition *en* and an infinitive expresses how long it takes to do something:

El tren tarda cinco horas en llegar a la frontera.	The train takes five hours to get to the border.

When *tardar* is not followed by an infinitive, no preposition, or a different preposition, may be required.

Se tardan tres horas de mi pueblo a Madrid.	It takes three hours from my village to Madrid.

5. Formal letters   Las cartas formales

The date   *La fecha*

The date is usually written like this: *29 de marzo de 2002*

Openings   *El saludo*

You would address the person you are writing to like this:

Muy señor/a mío/a: Dear Sir/Madam,

(when you are writing to one person as a single person on your own behalf)

Muy señor/a nuestro/a: Dear Sir/Madam,

(when you are writing to one person on behalf of several people)

Muy señores nuestros: Dear Sirs,

(when you are writing to several people on behalf of several people)

Estimada señorita Pérez: Dear Miss Perez,

- Notice the small initial letter for *señorita/señor*, and the colon (:) rather than a comma after the name.

Endings   *La despedida*

You may find the following endings to formal letters:

Le saluda atentamente,	Yours faithfully,
Juan González	Juan Gonzalez

(the letter is addressed to one person)

Les saluda atentamente,	Yours faithfully,
Juan González	Juan Gonzalez

(the letter is addressed to several people)

Les saludan atentamente,	Yours faithfully,
Juan y María González	Juan and María Gonzalez

(The letter is written by or on behalf of several people to several people)

Un cordial saludo de	Yours sincerely,
Juan González	Juan Gonzalez

- Notice that when a verb is used (like *saludar*, *despedirse*), it is usually in the third person (singular or plural). In Spain it is customary to write the name and address of the sender on the back of the envelope.

UNIDAD 7

Y tú, ¿qué haces?

Learning aims

Describing your daily routine
Saying how often you do things
Writing informal letters

Presentación y prácticas

🔊 📖 📄 **1. ¿Y tú qué haces normalmente?**

a. Escucha a Nuria González que describe su rutina diaria.

Isabel: ¿Qué haces en un día normal?

Nuria: Generalmente me despierto hacia las 7 y me levanto a las 7 y media. Lo primero que hago es preparar un café y a continuación me lo tomo. Después me ducho, me arreglo y desayuno. Suelo salir de casa a eso de las 9 menos cuarto y llego al trabajo, en la universidad, a las 9 más o menos.

Isabel: ¿Vuelves a casa para comer?

Nuria: No, no tengo tiempo para volver a casa porque tengo mucho trabajo y normalmente como en la universidad.

Isabel: ¿Tienes clases por la tarde?

Nuria: Solamente los lunes y los . . . sí, sí tengo, sí tengo. Lunes, martes y jueves por la tarde sí.

Isabel: ¿Y por las mañanas tienes clases?

Nuria: Todos los días, sí. Todos los días de lunes a viernes.

Isabel: ¿A qué hora terminas de trabajar?

Nuria: Depende del día. Los lunes a las 5 de la tarde, los martes tengo clases hasta las 9 de la noche, los jueves no termino hasta las 7 y los viernes . . . bueno, los viernes sólo tengo clases por la mañana.

Isabel: ¿Duermes la siesta algún día?

Nuria: No puedo porque no tengo tiempo. Pero cuando estoy de vacaciones, sí. Sobre todo en verano.

Isabel: Muy bien, muchas gracias.

Nuria: De nada. Adiós.

¿Verdadero o falso? Corrige la información incorrecta.

i. Nuria toma un café después de ducharse.

ii. Desayuna a las nueve menos cuarto más o menos.

iii. Vuelve a casa para comer porque no tiene trabajo al mediodía.

iv. Solamente tiene clase por la tarde los lunes y martes.

v. Termina de trabajar todos los días a la misma hora.

vi. Por la mañana tiene clase todos los días.

vii. El lunes es el día que más trabaja.

viii. Siempre duerme la siesta.

b. Busca las siguientes expresiones:

- I get ready
- in the afternoon
- the first thing I do
- I usually leave home
- I do not have the time
- at about 9

- every day
- from Monday to Friday
- It depends on the day
- I do not finish until 9 in the evening
- Do you have a siesta?

c. Haz una lista de todos los verbos que aparecen en el diálogo.

2. ¡Pura curiosidad!

a. Responde por escrito a estas preguntas. Después pregunta a un/a compañero/a y anota sus respuestas.

i. ¿Cuándo te levantas?

ii. ¿Qué desayunas?

iii. ¿A qué hora sales de casa por la mañana?

iv. ¿Cuándo empiezas las clases por la mañana?

v. ¿Dónde comes?

vi. ¿Qué haces después de comer?

vii. ¿Qué haces cuando acaban las clases?

viii. ¿Cómo vuelves a casa?

ix. ¿A qué hora cenas?

x. ¿Con quién cenas?

xi. ¿Qué sueles hacer por la noche?

xii. ¿Cuándo te acuestas?

b. Ahora cuenta al resto de la clase lo que hace tu compañero/a. Cuidado con las terminaciones de los verbos y los pronombres.

> **Ejemplo**
>
> Jaime **se levanta** a las 8 de la mañana y **desayuna** zumo de naranja y cereal.

3. ¿A qué te dedicas?

En grupo. Cada uno elige una profesión y por turnos tus compañeros te hacen preguntas para averiguar la profesión elegida. No puedes mentir pero puedes dar respuestas ambiguas.

> **Ejemplo**
>
> ¿Trabajas los lunes / los fines de semana / por la mañana? etc.
>
> ¿Sales de trabajar a las 8?
>
> ¿Empiezas a trabajar a las 9? etc.

Enfermero/a de noche	Dependiente/a
L, X, V de 22.00 a 7.30. Sábados de 20.00 a 5.30.	Mañanas de 9.00 a 14.00. Tardes de 17.00 a 20.00.
Profesor/a	Actor/Actriz
Casi siempre de 9.00 a 17.00. Algunas veces hasta muy tarde.	Por la tarde y de 19.00 a 2.00. Muchos fines de semana.
Limpiador/a	Farmacéutico/a
L, X y V de 19.00 a 2.00. Sábados de 20.00 a 24.00.	De 9.00 a 14.00 y de 17.00 a 20.00. A veces turno de noche de 22.00 a 7.30.

L = lunes   M = martes   X = miércoles   J = jueves   V = viernes

4. ¿Tienes memoria de elefante?

a. Para descubrir si tienes una memoria de elefante lee este test y contesta sinceramente estas preguntas.

i. ¿Con qué frecuencia olvidas los cumpleaños de tus amigos y familiares?
  A) nunca   B) pocas veces   C) a veces   D) siempre

ii. ¿Olvidas las llaves de casa?
  A) nunca   B) pocas veces   C) a veces   D) siempre

iii. Si prometes llamar a casa de tus padres ¿llamas?
  A) siempre   B) a menudo   C) algunas veces   D) nunca

iv. ¿Con qué frecuencia olvidas pagar las facturas?
  A) nunca   B) pocas veces   C) de vez en cuando D) siempre

v. ¿Cuántas veces olvidas comprar la leche para el desayuno?
  A) nunca   B) pocas veces   C) a veces   D) siempre

vi. ¿Cuántas veces tienes que ver a una persona antes de aprender su nombre?
  A) una vez   B) dos veces   C) menos de 5 veces D) más de 5 veces

¿con qué frecuencia? *how often?*	una vez *once* dos veces *twice*
si prometes llamar *if you promise to call*	pocas veces *few times*
de vez en cuando *from time to time*	a menudo *often*
siempre *always*	a veces / algunas veces *sometimes*

Solución: a = 5, b = 3, c = 1, d = 0
Más de 25 puntos: No tienes una memoria de elefante, tienes una memoria mastodóntica.
Más de 15 puntos: Tienes una memoria bastante regular. Mejor que apuntes los cumpleaños en tu agenda.
Más de 5 puntos: No tienes muy buena memoria. Necesitas un/a secretario/a.
Menos de 5 puntos: Lo olvidas todo, pero no te preocupes, también olvidarás esto.

b. Ahora escribe las respuestas:

> **Ejemplo**
>
> i. ¿Con qué frecuencia olvid<u>as</u> los cumpleaños de <u>tus</u> amigos y familiares?
> Nunca olvid<u>o</u> los cumpleaños de <u>mis</u> amigos.

> **¡Ojo¡**
>
> **Nunca** olvido las llaves de casa / **No** olvido las llaves de casa **nunca**.

c. Entrevista a un/a compañero/a y averigua si tiene mejor memoria que tú. Apunta sus respuestas y después escribe un informe para el profesor.

> **Ejemplo**
>
> Jaime a veces olvida los cumpleaños de sus amigos, nunca olvida las llaves de casa y si
> promete llamar a sus padres, siempre llama, etc.

> ¿Qué tal . . .? *How about . . .?*
> Estoy libre. *I am free.*

5. ¿Qué haces el lunes por la mañana?

En grupos.

La semana que viene quieres salir con dos amigos pero todos están muy ocupados. Estudia tu agenda e intenta encontrar una mañana o una tarde libre para salir los tres.

> **Ejemplo**
>
> Estudiante 1: ¿Qué tal el lunes por la mañana?
> Estudiante 2: Lo siento, no puedo. El lunes por la mañana tengo clase de judo a las 10 ¿y tú?
> Estudiante 3: El lunes por la mañana voy al médico a las 10.

Estudiante 1

	mañana	*tarde*
lunes 10	11 clase de inglés	
martes 11		4.30 baloncesto
miércoles 12	9–1 clases	
jueves 13		piscina con Miguel
viernes 14	11 tutoría	

Estudiante 2

	mañana	*tarde*
lunes 10	10–1 clases	4.30 dentista
martes 11		
miércoles 12		
jueves 13	entrenamiento de fútbol	
viernes 14	ir a casa de Isabel	

Estudiante 3

	mañana	*tarde*
lunes 10	10 médico	
martes 11	9–1 clases	
miércoles 12		3.15 ir a casa de Paco
jueves 13		
viernes 14	entrenamiento de fútbol	

Comprensión auditiva

✍ 👂 **1. ¿Vas todos los días al gimnasio?**

Escucha la conversación entre Esperanza y Pablo y completa el cuadro. Después comprueba tus respuestas con un/a compañero/a.

Señala con una cruz quién . . .	Esperanza	Pablo
• se levanta y desayuna	X	
• va a clases por la tarde		
• va al gimnasio por la mañana		
• se levanta y luego se lava y desayuna		
• estudia un poco por la mañana		
• se levanta bastante tarde el sábado		
• cuida de su sobrino los sábados por la mañana		
• toma un café con sus amigos después de comer		
• estudia un poco los sábados después de comer		
• a veces va al cine		
• sale el sábado por la noche		
• come con su familia en casa de su abuela		
• va a veces a una sauna		
• va al gimnasio dos o tres veces por semana		

✌

| sobrino *nephew* | una piscina climatizada *a heated swimming-pool* |

2. Un día en la vida de Manuel

a. Escucha y ordena las frases según aparecen en la grabación.

- se levanta a las 7 ó 7.30 de la mañana
- hace la mayor parte de la administración
- pasa por el centro deportivo
- almuerza algo ligero en el campus
- dicta la mayoría de sus clases
- se acuesta a las 10 ó 10.30 de la noche
- prepara la cena y cena a solas en casa
- ve las noticias en la tele
- lee un poco y escucha música

piscinas (largos) *lengths in the pool*	despachar *to do administration work*
hacer ejercicios *to do exercises*	acompañado/a *accompanied*
lujo *luxury*	colegas *colleagues*
acabar de *to have just done something*	padecer insomnio *to suffer from insomnia*
a solas *alone*	algo ligero *something light*
poner a tono *to brighten/liven up (someone)*	obligaciones *engagements*
dictar clase to *teach*	noticias *news*
entre *between*	las más veces / la mayoría de las veces *most of the time*
yo mismo *myself*	

b. Escucha y contesta las preguntas con frases completas.

   i. ¿Qué hace Manuel en el centro deportivo?

   ii. ¿Cuándo tiene la mayoría de sus clases?

   iii. ¿Quién prepara su cena?

   iv. ¿Cuándo se acuesta temprano?

   v. ¿Por qué no padece insomnio?

3. Las rutinas de diferentes profesiones

a. Cuatro personas de diferentes profesiones hablan de su rutina diaria. Escucha y contesta las preguntas.

Elena (profesora de niños)	**Carmen** (enfermera)
i. ¿A qué hora se levanta?	i. ¿Por qué se levanta por la tarde?
ii. ¿Cómo va a su trabajo?	ii. ¿Qué hace después de hacer la limpieza?
iii. ¿A qué hora termina de trabajar?	iii. ¿A qué hora come?
iv. ¿A qué hora almuerza?	iv. ¿A qué hora sale de casa?
v. ¿A qué hora cena?	v. ¿Cuándo llega al hospital?
vi. ¿Qué hace después de cenar?	vi. ¿Qué hace cuando vuelve a casa?

Sebastián (estudia y trabaja)	**Marta** (diseñadora)
i. ¿A qué hora se levanta?	i. ¿Qué hace a las siete de la mañana?
ii. ¿A qué hora sale de casa?	ii. ¿Y a las 8.15?
iii. Trabaja de . . . a . . .	iii. ¿Cuánto tiempo tiene para comer?
iv. ¿Qué hace cuando vuelve a casa?	iv. ¿Qué hace después de cenar?
v. ¿A qué hora come?	v. ¿Qué hace cuando se va a la cama?
vi. Las clases en la Facultad son de . . . a . . .	
vii. ¿Qué hace antes de dormir?	

colegio *school*	labores de la casa *housework*	rato *a while*
coche (Sp.) / carro (LAm.) *car*	platicar *to chat*	revisar *to check*
diseñar *to design*	pintar *to paint*	dibujar *to draw*

b. Te toca a ti. Describe un día en tu vida actual y grábalo. Después intercambia tu grabación con la de otro/a compañero/a y comprueba qué diferencias hay.

142

Consolidación

1. Un día típico

a. Darío es una persona muy ocupada. Cambia los verbos para completar las frases y saber qué hace en un día normal.

> **Ejemplo**
>
> Generalmente   (*I wake up*)   a eso de las siete.
> Generalmente   **me despierto** a eso de las siete.

Entre semana suelo levantarme bastante temprano para ir a la universidad. Generalmente (*i. I wake up*) a eso de las siete, (*ii. I listen to*) la radio unos minutos y después (*iii. I get up*). Cuando estoy muy cansado, (*iv. I get up*) primero y me despierto después; a veces no me despierto hasta después de la primera clase. Por lo general (*v. I take a shower*). Casi nunca (*vi. I have a bath*) porque (*vii. I don't like it*). A continuación me afeito y me visto. Después bajo a desayunar. Si tengo tiempo (*viii. I have breakfast*) tranquilo, mientras (*ix. I read*) el periódico. Luego me lavo los dientes y (*x. I do my hair*). Por último (*xi. I put on*) el abrigo y los zapatos y paso varios minutos buscando las llaves porque (*xii. I never remember*) dónde están.

Muchas veces tengo que salir corriendo para coger el autobús pero si (*xiii. I am not in a hurry*) voy andando. Generalmente (*xiv. I have lunch*) entre las 12 y la 1. (*xv. I return*) a casa por la tarde y (*xvi. I study*) un rato. Después de cenar (*xvii. I watch*) la televisión o (*xviii. I go for a drink*) con los amigos. Algunos días (*xix. I go to bed*) bastante tarde, cuando hay alguna película interesante, pero normalmente (*xx. I go to bed*) alrededor de las 11. Si (*xxi. I don't feel*) muy cansado (*xxii. I like*) leer un poco antes de dormirme.

encontrarse/sentirse cansado *to feel tired*	ponerse *to put on* (clothes)	abrigo *coat*
entre semana *on weekdays*	tener prisa *to be in a hurry*	dormirse *to go to sleep*
peinarse *to do one's hair*	salir a tomar una copa *to go*	vestirse *to get dressed*
por lo general *in general*	for a drink	
	afeitarse *to shave*	

b. Cuenta la vida de Darío. Tienes que poner los verbos en tercera persona.

> **Ejemplo**
>
> Entre semana **suele levantarse** bastante temprano para ir a la universidad. Generalmente **se levanta** a eso de las siete, escucha la radio unos minutos y después . . .

2. La vida en imágenes

a. Haz una lista de los verbos reflexivos que aparecen en la Actividad 1 de la Consolidación ('Un día típico') y después decide cuál es el verbo apropiado para cada dibujo.

ducharse

b. Escribe frases sobre estas personas utilizando los verbos anteriores.

mi padre   su profesor   tú el médico   yo   el Sr. Vega
nuestros vecinos   Carmen y Pedro   mi hermano y yo   tu hermano y tú

Ejemplo

Mis hermanos **se levantan** todos los días a las 7.30.

3. Repaso de verbos

Pon a prueba tu memoria con este pequeño test: pon los verbos entre paréntesis en la forma apropiada.

> **Ejemplo**
>
> 1. A veces **salgo** por la noche con los amigos.

a. A veces (SALIR, yo) por la noche con los amigos.
b. Generalmente (SOLER, nosotros) llevar un paraguas cuando hace mal tiempo.
c. Sus padres siempre (ACOSTARSE) después de medianoche.
d. Los fines de semana, si hace calor, siempre (DORMIR, yo) la siesta.
e. ¿Durante las vacaciones a qué hora (DESPERTARSE, tú) normalmente?
f. ¿Te apetece ir a ver una película esta noche? No sé. Esto (DEPENDER) de lo que haya en el cine.
g. Los domingos, después de comer (REUNIRSE, yo) con los amigos y (SALIR, nosotros) a dar una vuelta.
h. ¿Qué deporte (PREFERIR, tú) practicar para estar en forma? (IR, yo) a una piscina climatizada para nadar, y además (JUGAR, yo) al baloncesto con los amigos de vez en cuando.
i. (HACER, yo) judo con los amigos los viernes por la tarde.
j. Los domingos por la mañana, si estoy cansado cuando (DESPERTARSE, yo), (DORMIRSE, yo) otra vez. (SOLER, yo) levantarme tarde, también.

4. Querida Alicia

a. Lee la carta de Laura en la que cuenta cómo es su vida en la universidad y contesta las preguntas.

> Salamanca, 24 de noviembre de 2003
>
> Querida Alicia:
>
> Muchas gracias por tu carta. Todo lo que me cuentas es muy interesante. Yo hoy voy a contarte un poco de mi vida. Me despierto a eso de las ocho menos cuarto y me levanto a las ocho todos los días excepto el jueves y los fines de semana. Primero me ducho y después me visto. Normalmente llevo ropa abrigada porque en invierno aquí hace frío. Después, si tengo tiempo, desayuno. Tomo una taza grande de café y una tostada con mermelada. Generalmente salgo corriendo de casa a las nueve menos diez. Vivo a diez minutos de la facultad y voy a la universidad andando porque no está muy lejos.
>
> Mis clases empiezan a las nueve. El lunes no vuelvo a casa hasta las cuatro, pero el martes y el miércoles termino a las doce y como en casa. Por lo general como un bocadillo de jamón o queso y un yogur o fruta. El jueves es mi día preferido. Tengo solamente una clase a las tres de la tarde y puedo quedarme un ratito más en la cama.

> El viernes tengo una clase a las diez y otra a las dos así que me
> quedo en la biblioteca para estudiar.
>   Cuando vuelvo a casa por la tarde me reúno con mis compañeros
> de piso y vemos la televisión o charlamos y luego preparo la cena.
> Suelo cenar pasta o arroz y casi nunca tomo carne. Después salimos
> o trabajo un rato. Siempre escucho música cuando hago los deberes.
> Vamos frecuentemente al cine o al bar aunque casi nunca bebo y no
> fumo nunca. Volvemos bastante tarde a casa y hablamos en la cocina
> un poco. Después nos acostamos. Generalmente voy a la cama a las
> doce más o menos. Me gusta mucho la universidad y aunque trabajo
> mucho también me divierto.
>   Escríbeme y cuéntame cómo es tu vida en la universidad.
>   Un abrazo
>   Laura

voy a contarte *I am going to tell you*	charlamos (charlar) *we chat*	cuéntame *tell me*
llevo ropa abrigada *I wear warm clothes*	cena *evening meal*	taza *cup*
salgo corriendo de casa *I run out of the house*	un bocadillo *baguette / bread roll*	hasta *until*
quedarse *to stay*	un ratito más *a bit longer*	

¿Verdadero o falso? Corrige las frases equivocadas.

i.   Laura se despierta a las ocho menos cuarto en punto.

ii.   Se levanta todos los días a las ocho.

iii. Desayuna después de ducharse si tiene tiempo.

iv.   Va a la universidad andando aunque vive lejos.

v.   Suele comer un bocadillo de jamón o queso, un yogur o fruta.

vi.   Cuando vuelve a casa se reúne con sus compañeros de piso.

vii. Va al cine de vez en cuando.

viii. Laura y sus amigos vuelven bastante tarde a casa.

ix.   Antes de acostarse hablan en la cocina un poco.

b. Contesta la carta de Laura. Cuéntale cómo es tu vida en la universidad. Utiliza frases y
expresiones de esta unidad. Puedes utilizar la carta de Laura como modelo.

5. Completa las frases.

Completa las frases con uno de estos verbos en la persona adecuada.

acordarse de   cuidar de   depender de   empezar a
olvidarse de   reunirse con   terminar de

Ejemplo: 1. Juan . . . sus amigos todos los sábados por la tarde.
Juan **se reúne con** sus amigos todos los sábados por la tarde.
¡Ojo! De + el = del

a. Juan . . . sus amigos todos los sábados por la tarde.

b. Carlos . . . trabajar todos los días a las nueve de la mañana.

c. Tengo buena memoria. Siempre . . . de felicitar a mis amigos.

d. Cuando . . . trabajar me voy a casa.

e. A menudo . . . con mis amigos para ir al cine.

f. Los fines de semana mi hermano y yo . . . el perro de mis vecinos.

g. Marta tiene mala memoria y a menudo . . . pagar los recibos a tiempo.

h. A veces voy en autobús y a veces andando, . . . el tiempo.

6. El informe 'Juventud en España 2000'

El periódico de tu universidad quiere publicar una serie de artículos sobre la juventud mundial a principios del siglo XXI. Encuentras este artículo en Internet y decides hacer un resumen en inglés para publicarlo en el próximo número. Utiliza el diccionario para mirar las palabras o expresiones nuevas.

> **Cada cuatro años el Instituto de la Juventud publica un informe sobre las circunstancias familiares, educativas y laborales de los 9 millones de jóvenes españoles entre 15 y 29 años de edad. El informe 2000 tiene importantes datos sobre la edad de emancipación, el tiempo libre, las preocupaciones de los jóvenes así como sus planes para el futuro.**

Según datos del informe, hoy en día los jóvenes se emancipan más tarde, debido a dificultades económicas. La mitad de los jóvenes entre 26 y 29 años todavía viven con sus familias y sólo uno de cada diez varones y una de cada cinco mujeres viven con su compañero/a. Muchos consideran su infancia como la etapa más feliz de su vida y la mayoría desea casarse y tener hijos pero les preocupa no encontrar trabajo.

Un 36% de los jóvenes se dedican solamente a trabajar, un 33% sólo estudia y un 15% trabaja y estudia. El 16% restante no estudia ni trabaja. Menos de una tercera parte es completamente independiente y puede pagar sus gastos pero la mayoría depende del dinero que les dan sus padres. A pesar de esto el 44% nunca ayuda en las tareas domésticas.

Su pasatiempo favorito es la televisión, sobre todo las películas y las teleseries, aunque hoy en día pasan menos horas delante del televisor que hace 4 años. Por otro lado leen poco, tanto libros como revistas y periódicos y el 33% dice leer el horóscopo. En cuanto a la religión, 24% de los jóvenes dicen que no creen y 44% dicen que son creyentes pero que no practican. Sólo un 28% confiesa practicar la religión católica.

7. ¿Cuándo nos vemos?

Tu amigo John quiere jugar al tenis con Beatriz pero no sabe español. ¡Ayúdale!

John: *Would you like to play tennis this afternoon?*

Beatriz: Lo siento, no puedo esta tarde.

John: *What a shame. What are you doing tomorrow afternoon? I have classes until 2 o'clock, but I can play perhaps at 3.*

Beatriz: ¡Qué pena! Puedo a las 2 pero a las 3 tengo una clase que termina a las 5. Pero estoy libre el jueves por la mañana.

John: *That's a good idea. My first class is at 12, so we can start at 10 if you like. Then we can have a cup of coffee afterwards.*

Beatriz: Vale. ¿Dónde nos encontramos?

John: *Near the entrance to the sports centre about quarter to ten. I can catch the bus, then we can walk to the University together after playing.*
See you then!

Beatriz: ¡Hasta luego!

I fancy me apetece *what a shame!* ¡qué lástima! *what a nuisance!* ¡qué pena! ¡qué lata!	

8. ¿Qué dicen?

Estás en una cafetería con un amigo español que no sabe mucho inglés. En la mesa de al lado hay un matrimonio inglés y tu amigo tiene curiosidad por saber qué dicen de los españoles. ¡Ayúdale!

Marido: I don't like Spain and I don't understand Spaniards They don't eat breakfast and they go to bed in the afternoon.

Mujer: Of course they eat breakfast, but they prefer to have something light. My Spanish friend just drinks coffee and her husband has a glass of milk and toast in the morning. Her children eat more; I think they have cereals and fruit as well as a drink. Spaniards usually go to bed in the afternoon in the summer. When I am in Spain I like to sleep in the afternoon. After lunch I am sleepy and I want to go to bed.

Gramática

1. Radical-changing verbs (present tense) Verbos con cambio en la vocal radical

Radical-changing verbs are verbs in which the vowel in the root/stem of the infinitive changes in the different persons of the verb when it is stressed. The changes occur in all persons of the verb except the first and second persons plural: in other words, in all forms in which this vowel in the stem/root is stressed. There are three patterns for this in the present tense: A, B and C.

Pattern A

O > UE

RECORDAR	*SOLER*	*DORMIR*
RECUERDO	*SUELO*	*DUERMO*
RECUERDAS	*SUELES*	*DUERMES*
RECUERDA	*SUELE*	*DUERME*
RECORDAMOS	*SOLEMOS*	*DORMIMOS*
RECORDÁIS	*SOLÉIS*	*DORMÍS*
RECUERDAN	*SUELEN*	*DUERMEN*

-AR verbs		*-ER verbs*	
acordarse	to remember	*devolver*	to return / give back something
acostarse	to go to bed	*doler*	to hurt
almorzar	to have lunch	*llover*	to rain
contar	to tell, count	*poder*	to be able
costar	to cost	*soler*	to usually do something
encontrar	to meet	*volver*	to return
mostrar	to show		
recordar	to remember / to remind		
sonar	to sound	*-IR verbs*	
soñar	to dream	*dormir*	to sleep
volar	to fly	*dormirse*	to fall asleep
		morir	to die

Pattern B

E > IE

EMPEZAR	*ENTENDER*	*PREFERIR*
EMPIEZO	*ENTIENDO*	*PREFIERO*
EMPIEZAS	*ENTIENDES*	*PREFIERES*
EMPIEZA	*ENTIENDE*	*PREFIERE*
EMPEZAMOS	*ENTENDEMOS*	*PREFERIMOS*
EMPEZÁIS	*ENTENDÉIS*	*PREFERÍS*
EMPIEZAN	*ENTIENDEN*	*PREFIEREN*

-AR verbs		*-ER verbs*		*-IR verbs*	
cerrar	to close	*defender*	to defend	*divertirse*	to have fun
comenzar	to begin	*encender*	to light	*mentir*	to lie
despertar(se)	to wake up	*entender*	to understand	*preferir*	to prefer
empezar	to begin	*obtener**	to obtain	*sentir(se)*	to regret
merendar	to have a snack	*perder*	to lose	*venir**	to come
nevar	to snow	*querer*	to love		
pensar	to think	*tener**	to have		

* Irregular first person singular: ***obtengo, tengo, vengo***.

Pattern C

E > I

	-IR verbs only	
PEDIR	*corregir**	to correct
PIDO	*decir**	to say
PIDES	*despedir(se)*	to say goodbye
PIDE	*pedir*	to ask for (something)
PEDIMOS	*reírse*	to laugh
PEDÍS	*repetir*	to repeat
PIDEN	*seguir**	to follow
	servir	to serve
	sonreír	to smile
	vestirse	to get dressed

* Irregular first person singular: ***corrijo, digo, sigo***.

An irregular radical-changing verb

Jugar (to play) behaves like radical-changing verbs of the Pattern A kind, though the root vowel is *u* rather than *o*: *juego, juegas, juega, jugamos, jugáis, juegan*.

2. Reflexive verbs Los verbos reflexivos

You may wish to remind yourself of the pattern of reflexive verbs, first mentioned in Unit 1. Some reflexive verbs, like *despertarse*, are also radical-changing verbs:

me despierto	*nos despertamos*
te despiertas	*os despertáis*
se despierta	*se despiertan*

- For some verbs there are both reflexive and non-reflexive forms:

acostar – to put to bed	*acostarse* – to go to bed
levantar – to lift up	*levantarse* – to get up

  Acuesta a los niños antes de acostarse ella.
  She puts the children to bed before going to bed herself.

- Other examples using the reflexive:

Nos lavamos.	We are having a wash.
Nos lavamos las manos.	We wash our hands. (Indicating possession)
Se calientan.	They are warming themselves.
Se calientan los pies.	They are warming their toes.

- Some verbs have a different meaning when they are reflexive:

ir/irse	to go/to go away
dormir/dormirse	to sleep / to fall asleep
llevar / llevarse	to carry, take / to carry away, take away
casar/casarse	to marry / get married

- One of the uses of the reflexive is to express reciprocity – what you do to someone else and they do to you.

Se odian el uno al otro.	They hate each other.

  Compare the above construction with the following:

Se odia a sí mismo.	He hates himself.

  Se odian on its own is ambiguous. To clarify the meaning either add *el uno al otro* (each other), or *a sí mismos* (themselves).
  For more on pronouns after prepositions see Unit 5.

- If the reflexive verb is used as an infinitive after another verb, the reflexive pronoun must agree with the person of the main verb.
  Suelo levantarme temprano.   I usually get up early.

3. **Verbs followed by a preposition** Verbos seguidos por una preposición

In Unit 6 we noted some verbs that require a preposition before a following infinitive. Here are some more, along with some others that require a preposition before a following noun:

ACABAR DE* (to have just done something):	*Acabo de llegar.* I have just arrived.
ACORDARSE DE (to remember):	*No siempre me acuerdo de lavarme los dientes.* I don't always remember to brush my teeth.
CUIDAR DE (to look after):	*Cuido de mi sobrino.* I look after my nephew.
DEPENDER DE (to depend on):	*Depende del tiempo.* It depends on the weather.
REUNIRSE CON ** (to meet):	*Me reúno con los amigos.* I meet my friends.
OLVIDARSE DE (to forget):	*A veces me olvido de llamar a casa.* Sometimes I forget to ring home.
EMPEZAR A (to start doing something):	*Empiezo a trabajar a las 9.* I start work/working at 9.
TERMINAR DE (to finish doing something):	*Terminan de trabajar a las 5.* They finish work/working at 5.

* See Unit 13
** *REUNIRSE* requires an accent on the 'u' of the first, second and third persons singular, and the third person plural: *me reúno, te reúnes*, etc.

4. **Expressions of frequency** Expresiones de frecuencia

Some common expressions of frequency are:

generalmente generally	*normalmente* normally
una vez a la semana once a week	*dos veces al mes* twice a month
pocas veces few times	*muchas veces* many times
a menudo often	*a veces / algunas veces* sometimes
siempre always	*casi siempre* almost always
nunca never	*casi nunca* hardly ever
todos los días/lunes, etc. every day/Monday	*todas las semanas* every week
de vez en cuando from time to time / every now and then	

- *Nunca* can go before a verb or after a verb, in which case the verb must be in the negative:
  Nunca *me levanto antes de las 9.*
  No *me levanto* **nunca** *antes de las 9.*

5. **Informal/personal letters** Las cartas informales o personales

Headings *El encabezamiento*

In personal letters it is customary not to include the name and address of the sender in the heading. Only the place and date appear on the right hand side:
Córdoba, 29 de marzo de 2002.

The sender's name and address are usually written on the back of the envelope instead. It is called *el remite*.

Openings   *El saludo*

You might address people you know well like this:

Querido Pablo: / Querido amigo: /Querida María:/   Dear Paul, etc.
Queridos abuelos: / Mis queridos primos:

Endings   *La despedida*

Recuerdos a tu madre	Regards to your mother
Besos / Muchos besos a . . .	Love to . . .
Un abrazo / Un fuerte abrazo / Un abrazo muy fuerte a . . .	Love to . . .
Un abrazo de Esteban	Love (from) Stephen
	All the best, Stephen

For other details please refer to 'Formal letters' in the 'Gramática' section of Unit 6.

UNIDAD 8

Cuando era pequeño

Learning aims

Talking about what you used to do
Describing people and places in the past
Comparing past and present
Saying what people were doing at a particular time

Presentación y prácticas

1. Antes y ahora

Escucha y lee esta entrevista en la que una señora recuerda su vida cuando era joven.
Después contesta las preguntas.

¿Cómo era la vida antes, cuando era joven? ¿Era diferente?

Pues la vida antes era más tranquila y había más tiempo para hacer las cosas. No había televisión; ni drogas, por supuesto. No había tanto tráfico y yo recuerdo cuando no había semáforos y se podía cruzar la calle por cualquier sitio.

¿Qué hacían los jóvenes en sus ratos libres?

Cuando hacía buen tiempo solíamos pasear con los amigos o nos sentábamos en un bar al aire libre. También íbamos a bailar o al cine, que era muy popular.

¿Y las relaciones entre los padres y los hijos eran distintas?

Yo diría sin ninguna duda que sí eran distintas. Para mí que, en mis tiempos, había más disciplina. Los hijos obedecían más a los padres y no discutían tanto con ellos.

¿Qué le parece el comportamiento de los jóvenes en general?

En general se tenía más respeto a las personas mayores y los jóvenes tenían mejores modales.

Y en cuanto a la libertad de entrar y salir, por ejemplo, ¿qué me dice?

Antes era completamente distinto. Yo, por ejemplo, tenía que volver a casa a las 10.30 lo más tarde, que es cuando salen ahora los jóvenes.

Entonces ¿le parece que la vida era mejor antes?

Pues no sé qué decir. Por un lado antes no existía el problema de las drogas y había menos crimen. Pero por otro lado, hoy en día la gente tiene más dinero, más comodidades y por lo general se vive mejor.

---

cualquier sitio *anywhere*   distinto/a *different*
obedecían *used to obey*   diría *I would say*
las personas mayores *older people*
tener buenos modales *to have good manners*

Preguntas

a. ¿Qué diferencias hay en cuanto a las calles, el ritmo de vida, la televisión?

b. ¿Qué dice la señora sobre lo que hacían los jóvenes en sus ratos libres?

c. ¿Y sobre la hora de volver a casa?

d. Según ella ¿qué ventajas y desventajas tiene la vida de hoy?

2. Era, había, tenía

Identifica las formas del imperfecto utilizadas en la Actividad 1 y haz una lista. Da también los infinitivos y su significado. Después consulta la gramática para ver cómo se forma este tiempo y cuándo se utiliza.

> **Ejemplo**
>
> era (ser) *it was*
> había (haber) *there was/were*

3. Preguntas sobre tu niñez

Habla con un/a compañero/a sobre su niñez. Aquí tienes unas preguntas y vocabulario para ayudarte. Después contesta sus preguntas. ¿Tenías algo en común con él/ella?

> **Ejemplo**
>
> ¿Cómo eras a la edad de 8 años?
> Cuando tenía 8 años era delgado/a y tenía el pelo rubio. Era un poco travieso/a.

a. ¿Cómo eras a la edad de *x* años?

b. ¿Dónde vivías?

c. ¿Qué solías hacer los domingos?

d. ¿A qué te gustaba jugar?

e. ¿Qué tal te llevabas con tus padres?

f. ¿Qué hacías el día de tu cumpleaños?

g. ¿En qué gastabas el dinero?

h. ¿Tenías animales en casa? ¿Cómo eran?

i. ¿A qué hora solías acostarte?

j. ¿Cómo era tu casa? ¿Dónde estaba?

k. ¿Qué asignaturas te gustaban más?

l. ¿Ayudabas a tus padres en casa?

travieso/a	*naughty*	llevarse con	*to get on with*
obediente	*obedient*	jugar al escondite	*to play hide and seek*
caradura	*cheeky/impudent*	jugar con muñecas	*to play wih dolls*
callado/a	*quiet*	jugar con video-juegos	*to play video games*
responsable	*responsible*	jugar a la pelota	*to play ball*
irresponsable	*irresponsible*	tebeos	*comics*
hablador/a	*talkative*	dibujos animados	*cartoons*

✍ 📖 4. ¡Qué cambiada está la ciudad!

Juana Domingo visita su ciudad natal tras 30 años de ausencia. Lee sus comentarios y contesta las preguntas.

"Hace unos 30 años que no regresaba, y me parece una ciudad totalmente distinta. El Ayuntamiento todavía está en la Plaza Mayor, pero detrás había antes unas casas viejas y ahora hay unos pisos modernos. ¡Qué feos son! Al lado de las casas había un café muy pequeño donde solía ir mi abuelo a la misma hora todas las mañanas. Allí se reunía con sus amigos y después iban al parque y se sentaban a la sombra de los árboles; charlaban y miraban a la gente que pasaba."

"Incluso los autobuses son diferentes. Antes eran azules y blancos y ahora son rojos. Se solían parar enfrente del Ayuntamiento pero ya no hay paradas en la Plaza Mayor. Cerca del parque había un cine. Mis amigos y yo íbamos allí una vez por semana porque ponían unas películas muy buenas. Era el lugar donde se reunían los jóvenes de la ciudad. Al lado había una cafetería y tomábamos algo allí después de salir del cine y antes de volver a casa. ¡Ahora hay un MacDonalds! ¡Qué horror!"

"Yo vivía en una calle más bien pequeña con pisos antiguos pero amplios y cómodos. Los pisos de ahora son más pequeños y alguna gente vive en casas modernas lejos del centro. En mi barrio teníamos una zona verde donde jugábamos los pequeños, lejos del poco tráfico que había entonces. Las madres solían salir a los balcones para charlar y era un lugar seguro. Todos los vecinos se conocían muy bien. Antes había muchas tiendas pequeñas; ahora, en cambio, hay un supermercado con un aparcamiento enorme adonde viene gente de toda la ciudad para comprar."

Preguntas

a. ¿Qué había detrás del Ayuntamiento?

b. ¿Qué había al lado de las casas?

c. ¿Qué hacía el abuelo de Juana por las mañanas?

d. ¿Qué dice Juana de los autobuses?

e. ¿Por qué le gustaba a Juana ir al cine? ¿Con qué frecuencia solía ir?

f. ¿Qué había al lado del cine? ¿Y ahora?

g. ¿Cómo era la calle donde vivía Juana? ¿Qué cosas son diferentes?

h. Describe el ambiente de su barrio cuando era pequeña.

i. ¿Dónde hace la gente la compra ahora?

✍ 🗣 5. Cuando era pequeño/a

a. Forma frases como en el ejemplo con elementos de las tres columnas para comparar lo que hacías antes y lo que haces ahora. Tienes que poner los infinitivos en el tiempo adecuado.

1. Cuando era pequeño/a . . .
2. Cuando nos visitaban los abuelos . . .
3. Cuando iba al colegio . . .
4. Antes . . .
5. Cuando tenía . . . años . . .
6. Cuando llegaban las Navidades . . .

7. Cuando estaba enfermo/a . . .
8. Cuando me enfadaba con mi mejor amigo/a . . .

- creer en Papa Noel
- llevar uniforme
- pasarlo estupendamente
- tener miedo a las arañas
- tener tiempo para jugar
- escribir cartas a los Reyes Magos
- leer mucho en la cama
- encerrarse en la habitación y no contestar el teléfono

pero ahora . . .

y todavía . . .

b. Después escribe unas frases sobre tu pasado y compáralas con las de tu compañero/a.

6. ¿Cuánto costaba antes un café?

La vida cuesta ahora mucho más. Pregúntale a tu compañero/a cuánto cree que costaban los siguientes artículos en 1976 y en 1996. Si das el precio correcto, recibes un punto. (Los números se encuentran en las Unidades 2 y 3.)

ESTUDIANTE A: pregunta

Un café:

1976: 20 pesetas   1996: 120 pesetas

Un litro de agua mineral:

1976: 8 pts.   1996: 28pts.

Una caja de aspirinas:

1976: 17 pts.   1996: 315pts.

Un kilo de patatas:

1976: 18 pts.   1996: 65 pts.

ESTUDIANTE B: contesta

1976: ¿10 ó 20?   1996: ¿120 ó 135?

1976: ¿8 ó 10?   1996: ¿28 ó 30?

1976: ¿17 ó 21?   1996: ¿300 ó 315?

1976: ¿15 ó 18?   1996: ¿65 ó 70?

ESTUDIANTE A: contesta

1976: ¿30 ó 35?   1996: ¿105 ó 150?

1976: ¿36 ó 46?   1996: ¿152 ó 162?

1976: ¿650 ó 750?   1996: ¿4.500 ó 5.400?

ESTUDIANTE B: pregunta

Un litro de leche:

1976: 35 pts.   1996: 105 pts.

Una pastilla de jabón:

1976: 36 pts.   1996: 152 pts.

Una entrada de fútbol:

1976: 750 pts.   1996: 4.500 pts.

- ¿Era correcto lo que creía tu compañero/a?

> El euro. El 1 de enero de 2002 se adoptó el euro como moneda única en la mayoría de los países pertenecientes a la Unión Europea. Un euro equivale a 166,386 pesetas.

Comprensión auditiva

Mis fines de semana en Melgar

Eugenia cuenta dónde y cómo pasaba sus fines de semana en Colombia. Escucha la grabación y contesta las preguntas.

compraron (comprar) *they bought*	sentir calor *to feel warm*	río *river*
sencillo/a *simple*	saborear *to taste*	aire *air*
murciélago *bat*	el platanal *plantain field*	pájaro *bird*
a mitad de camino *half-way*	oler *to smell*	volar *to fly*
tan pronto como *as soon as*	subida *the way up*	estrella *star*
la oscuridad *darkness*	recalentar *to overheat*	parar *to stop*

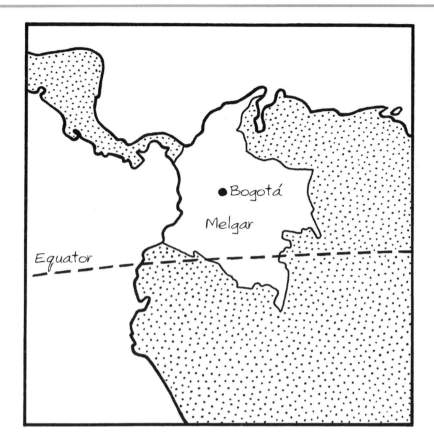

Describe:

- cómo se puede cambiar de clima en un país que no tiene las cuatro estaciones
- la casa y el jardín de Eugenia y su familia
- lo que hacían los fines de semana
- el viaje a Melgar
- lo que hacían ellos allí
- el viaje de regreso
- dónde está Melgar con relación a Bogotá

1. Antes iba al cine mucho

a. Pon a prueba tu español. Cambia los verbos a la persona y el tiempo adecuados (presente o imperfecto).

> ┌─ **Ejemplo**
> Antes (María/ir) al cine pero ahora (ver) la televisión.
> Antes María **iba** al cine pero ahora **ve** la televisión.

    i.   Antes (yo/escribir) muchas cartas pero ahora (usar) el correo electrónico.

    ii.   Hace diez años (usted/cocinar) mucho pero ahora (comprar) comida preparada muchas veces.

    iii.   Cuando éramos jóvenes (nosotros/leer) muchos libros pero ahora no (tener) tiempo.

    iv.   Antes (yo/ir) a la cama temprano pero ahora (trabajar) hasta muy tarde.

    v.   De pequeño (tú/tener) una bici. Ahora (tener) un coche.

    vi.   Antes (mi hermano / vivir) con mis padres y ahora (vivir) con unos amigos.

    vii.   Cuando eran adolescentes (ustedes/escuchar) música pop pero ahora (escuchar) música clásica.

    viii.   Antes (vosotros/leer) libros de aventuras y novelas rosas. Ahora (leer) el periódico.

b. Repite las frases cambiando los verbos que están en singular al plural y viceversa.

> ┌─ **Ejemplo**
> Antes yo **escribía** muchas cartas pero ahora **uso** el correo electrónico.
> Antes nosotros **escribíamos** . . . pero ahora **usamos** . . .

2. ¿Cómo eras a los 12 años?

Escribe unas 150 palabras en español sobre tu vida cuando tenías 12 años.

- ¿Dónde vivías?
- ¿Qué te gustaba hacer?
- ¿Cómo eras?
- ¿Cómo era tu ciudad?
- ¿Qué había en tu barrio?
- ¿Cómo era tu mejor amiga/o?
- ¿Y tu profesor/a favorito/a?

3. Hace muchos años . . .

Imagina que es el año 2050 y tienes que hacer una descripción de la ciudad donde vives tal como es ahora. Es decir tienes que hablar como si te refirieras al pasado. Describe cómo era, qué había, qué tenía, qué te gustaba de la ciudad y por qué, etc.

En el año . . . yo vivía en . . . porque estaba estudiando en la universidad.
Era una ciudad grande, etc.

tal como es ahora *as it is now*
como si te refirieras al pasado *as if you were talking about the past*

4. ¿Cómo eran tus vacaciones?

Describe cómo eran tus vacaciones cuando eras pequeño/a:
Adónde solías ir; con quién y cómo; cuánto tiempo pasabas allí; qué solías hacer por
la mañana / por la tarde, etc.; qué tiempo solía hacer; qué te gustaba más; cómo
lo pasabas (bien, mal); te gustaban tus vacaciones o preferías quedarte en casa; etc.
(150–200 palabras)

5. ¿Cómo eran de pequeñas?

Tienes que entrevistar a dos cantantes famosas, que son gemelas, sobre su vida cuando eran
pequeñas. Utiliza las preguntas de la Práctica 2, haciendo los cambios necesarios. Inventa
las respuestas. Como son famosas, trátalas de 'usted'.

Ejemplo

¿Cómo eran a la edad de 8 años?

6. ¿Qué hacían?

a. La policía investiga un accidente de coche junto al número 7 de la calle Moreto. Pero no hay
testigos. ¿Qué hacían los vecinos de esta casa cuando ocurrió el accidente? ¿Puedes
explicárselo a la Policía? Ayúdate con el vocabulario de la caja.

Ejemplo

¿Qué hacía D. Mario?
D. Mario leía el periódico.

ocurrió *happened*   explicárselo *explain it*

i. D. Mario   ii. Doña Carmen   iii. Carlos

iv. la abuela Teresa   v. Julia y Marta   vi. El perro

vii. el abuelo José   viii. Andrés

leer el periódico	navegar por internet	hacer los deberes	ver la televisión
ducharse	dormir	escuchar la radio	planchar

b. Pero la verdad era muy distinta. Esto es realmente lo que hacían:

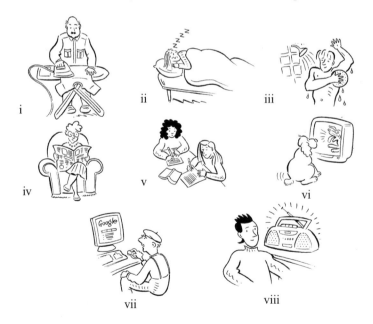

i   ii   iii

iv   v   vi

vii   viii

7. Confesiones

Los lectores de una revista para jóvenes pueden escribir a su sección *Confesiones* para hablar de asuntos personales. El tema de este mes es 'antes y ahora'. Lee esta carta y contesta las preguntas. Después escribe a la revista hablando de ti.

Hace diez años, cuando tenía once años, era una caradura pecosa y traviesa. Tenía el pelo muy largo con muchos rizos y era muy alta para mi edad. Vivía con mi familia cerca del mar. Era una niña muy extrovertida y tenía muchos amigos.

Por la tarde, después del colegio me gustaba ver la televisión o leer libros o jugar con mi hermano, que se llama Javi, antes de acostarme a eso de las diez. Nos llevábamos muy bien. Éramos bastante traviesos pero Javi era más vago que yo. Yo era bastante trabajadora pero de vez en cuando también jugaba con mis amigos.

En el colegio no era nunca traviesa o caradura porque me gustaban los profesores. Mi asignatura favorita era la de música. Cuando era más pequeña me gustaba nadar y jugaba al voleibol también. Iba a clases de baile con mi amiga Ana y me encantaba cantar. ¡Quería ser famosa!

Ahora tengo veintiún años y me gusta cantar tanto como antes pero no quiero ser famosa. Soy estudiante de medicina y vivo con tres amigas. Visito a mi familia a menudo y mi hermano y yo nos llevamos tan bien como cuando éramos pequeños. Ahora, después de salir de clase, voy a tomar una copa con mis amigos o veo la tele como antes. A veces leo el periódico o revistas pero leo menos libros que cuando era pequeña. Ahora prefiero la equitación y me encanta viajar. Rara vez voy a clases de baile pero todavía me gusta muchísimo bailar.

Sigo siendo alta, bastante delgada, trabajadora y a veces un poco caradura también. Me gusta divertirme pero soy menos extrovertida y, alguna vez, incluso tímida, pero en el fondo soy más o menos la misma persona ahora que antes.

Preguntas

a.   ¿Cómo era la autora del texto cuando tenía once años? (Describe su físico y su carácter.)

b.   ¿Qué deportes practicaba? ¿Qué le gustaba hacer?

c.   ¿Qué cuenta de ella y de su hermano cuando eran pequeños?

d.   ¿Qué le gusta hacer ahora que también le gustaba hacer antes?

e.   ¿Qué cosas no hace ahora?

f.   ¿Tiene la misma personalidad ahora que antes? ¿Y el mismo físico?

Gramática

1. The imperfect tense – regular verbs   El pretérito imperfecto – verbos regulares

The **imperfect tense** in Spanish is formed by taking the root of the infinitive and adding distinctive endings for *-ar* and *-er/ir* verbs:

EST(AR)	TEN(ER)	VIV(IR)
ESTABA	TENÍA	VIVÍA
ESTABAS	TENÍAS	VIVÍAS
ESTABA	TENÍA	VIVÍA
ESTÁBAMOS	TENÍAMOS	VIVÍAMOS
ESTABAIS	TENÍAIS	VIVÍAIS
ESTABAN	TENÍAN	VIVÍAN

- In *-ar* verbs the first *-a* after the root is stressed in all persons of the verb, and in the first person plural it bears a written accent, *-á*.
- Note that the endings for *-er* and *-ir* verbs are the same and that the *-í* bears a written accent in all persons of the verb.
- Take care not to put *-ar* endings on *-er/ir* verbs or vice versa.

2. The imperfect tense – irregular verbs El pretérito imperfecto – verbos irregulares

There are only three irregular imperfects in Spanish:

SER	IR	VER
ERA	IBA	VEÍA
ERAS	IBAS	VEÍAS
ERA	IBA	VEÍA
ÉRAMOS	ÍBAMOS	VEÍAMOS
ERAIS	IBAIS	VEÍAS
ERAN	IBAN	VEÍAN

- Patterns of accents and stress are similar to those of regular verbs.
- The irregularity of *ver* lies in the presence of the *-e* in all persons of the imperfect.
- Radical-changing verbs do not change the root vowel in the imperfect: so *costar* which becomes *cuesto*, *cuestas*, etc., in the present, is *costaba*, *costabas* etc., in the imperfect.

3. The use of the imperfect tense El empleo del pretérito imperfecto

The **imperfect tense** is the Spanish past tense which is used to:

- describe people or places in the past –

  Cuando era pequeña era tímida y tenía pecas.
  When I was small I was shy and had freckles.
  Aquí antes había una plaza.
  There used to be a square here.

- present habitual actions in the past ('used to' and 'would') –

  Todas las mañanas cogíamos el mismo autobús y veíamos a los mismos viajeros.
  Every morning we would / used to catch the same bus and see the same people on it.

- present states and ongoing situations in the past (English 'was/were -ing'):

  ¿Qué hacía usted a las cinco? What were you doing at 5 o'clock?
  Leía el periódico. I was reading the paper.

- describe planned past actions:

  Iba a coger el tren. I was going to catch the train.
  Pensaba llamarte esta tarde. I was intending to ring you this afternoon.

  For the use of the imperfect alongside, and in contrast to, the preterite tense, see Unit 14. For 'would' as conditional see Unit 19.

4. Time phrases used with the imperfect Expresiones temporales asociadas a menudo con el imperfecto

antes	before
en esa/aquella época	at that time
por esa/aquella época	around that time
por entonces	around that time
en mis tiempos	in my day
de pequeño/niño	as a child
cuando era pequeño/a	when I was little

5. A special verb: *soler*

The Spanish verb *soler*, followed by the infinitive, is used to indicate habitual actions. It is used in the present tense, and – very frequently – in the imperfect:

*Los sábados **solemos** ir al cine.*
On Saturdays we usually go to the cinema/movies.
*Por entonces **solíamos** veranear en la playa.*
Around that time we used to spend the summer at the seaside.

167

UNIDAD 9

¿Te gustan estos zapatos?

Learning aims

Buying clothes and presents
Making comparisons
Using the written accent

Presentación y prácticas

1. **En unos grandes almacenes**

Sótano	**Cuarta planta**
Aparcamiento.	Niños/Niñas (4-14 años)
	Confección. Boutiques.
	Sección infantil: Bebés
Entreplanta	Confección. Carrocería.
Flores y plantas naturales.	Sección de juguetes
Cerámica. Ferretería.	Niños/niñas (4-10 años).
Porcelanas. Jardinería.	Chicos/chicas (11-14 años).
	Colegios.
Planta baja	**Quinta planta**
Perfumería. Bolsos. Librería.	Sección juvenil
Papelería. Sombreros. Discos.	Confección. Tienda vaquera.
Cinturones. Gafas de sol.	Boutiques. Complementos de moda.
Objetos perdidos.	
	Sexta planta
Primera planta	Supermercado.
Sección de señoras	
Confección. Corsetería.	**Séptima planta**
Futura mamá.	Lámparas. Alfombras. Grandes
	Electrodomésticos. Muebles de
Segunda planta	cocina. Cortinas.
Toallas. Ropa de cama y mesa.	
Zapatería.	**Octava planta**
	Centro de comunicaciones.
Tercera planta	Prendas deportivas. Zapatería deportiva.
Sección de caballeros	
Ropa interior. Artículos de	**Novena planta**
viaje. Complementos de moda.	Cafetería – restaurante. Terraza.

Identifica a qué planta y a qué sección tienes que ir para encontrar lo siguiente:

a. un regalo para tu padre (quizás alguna prenda de vestir)   b. un CD para tu hermano

c. un par de botas   d. un café

e. una cabina telefónica   f. un libro para tu tío

g. una lámpara para tu abuelo   h. un balón de fútbol

i. un oso de peluche para el bebé de tu hermana   j. un jarrón para tu madre

> El Corte Inglés es quizás la tienda más famosa de toda España. En estos grandes almacenes
> se encuentra de todo: comida, zapatos, muebles, electrodomésticos, ropa, objetos de
> deporte, objetos de regalo. Si quieres saber más, entra en su página web:
> www.elcorteingles.es.

2. La ropa

a. Con un/a compañero/a, identifica a qué prenda de vestir corresponde cada dibujo. Pide
ayuda a tu profesor/a.

(el) sombrero; (el) jersey; (las) botas; (el) abrigo; (la) corbata; (el) bolso; (la) sudadera;
(los) pantalones; (la) bufanda; (las) zapatillas; (los) pantalones cortos; (la) camisa;
(la) falda; (la) blusa; (el) traje; (el) impermeable; (el) vestido; (los) zapatos; (los) calcetines;
(el) traje de baño.

En Latinoamérica los nombres de la ropa son a menudo distintos a estos y algunos varían de un país a otro (pollera *skirt*, saco *jacket*, chompa *pullover*, etc.)

b. ¿A qué dibujo corresponden estas descripciones? Une los dibujos con las descripciones y después escucha la grabación.

a. Lleva un traje, zapatos, una corbata y una bufanda.

b. Lleva un vestido, un abrigo, zapatos, un sombrero y un bolso.

c. Lleva un traje de baño.

d. Lleva una falda, un impermeable y botas.

3. Te toca a ti.

a. Describe a tu compañero/a lo que llevas puesto hoy. ¡Cuidado con los adjetivos! Utiliza esta lista de colores y materiales para ayudarte:

> **Ejemplo**
>
> Llevo un jersey verde a rayas, una falda negra y unos zapatos de piel negros.

COLORES		MATERIAL	DIBUJO
singular	plural	de algodón (*cotton . . .*)	a/de rayas (*striped*)
blanco/a	blancos/as	de poliéster	a/de cuadros (*check/checked*)
negro/a	negros/as	de lana (*wool . . .*)	liso/a (*plain*)
rojo/a	rojos/as	de seda (*silk . . .*)	de lunares (*with dots*)
amarillo/a	amarillos/as	de piel (*leather . . .*)	de cuadros escoceses (*tartan*)
verde	verdes	de plástico	
azul	azules		
gris	grises		
marrón	marrones		
rosa	rosa		
naranja	naranja		
claro/oscuro	claros/as / oscuros/as		

b. Describe a tu compañero/a lo que te gusta llevar / sueles llevar cuando:
(1) estás de vacaciones (2) sales por la noche a la discoteca con tus amigos

4. De compras

a. Nuria compra unos vaqueros en las rebajas de julio. Lee el diálogo con un/a compañero/a y contesta si las frases del final son verdaderas o falsas.

Nuria: Oiga, por favor.

Dependienta: Sí, dígame.

Nuria: ¿Tiene estos vaqueros en una talla más grande?

Dependienta: ¿Qué talla es ésa? La 40. Un momentito . . . Sí, tenemos este modelo en la talla 42 y la 44, pero en otros colores, en negro y en verde oscuro. ¿Quiere probárselos?

Nuria: ¿Puedo probarme los negros?

Dependienta: Sí, claro. El probador está al fondo a la derecha.
(5 minutos más tarde)

Dependienta: ¿Le están bien?

Nuria: Me están un poco estrechos pero me los llevo. ¿Qué precio tienen?

Dependienta: Están rebajados, ahora cuestan 63 euros.

rebajas *sales*   vaqueros *jeans*   probarse *to try on*
me los llevo *I'll take them*   el probador *fitting room*

b. Encuentra estas expresiones:

in a larger size   they are a bit tight   would you like to try them on?
in other colours   they are reduced   can I try on the black ones?
in black / dark green

c. ¿Verdadero o falso? Corrige las frases que están equivocadas.

   i.   La dependienta no tiene los vaqueros de la talla y del color que busca Nuria.
   ii.   Tiene su talla en negro y verde.
   iii.   Nuria no compra los vaqueros negros porque son demasiado estrechos.
   iv.   Los vaqueros valen setenta y tres euros.

5. En las rebajas

Estás en El Corte Inglés de Barcelona comprando ropa. Practica con un/a compañero/a con la siguiente información:

1	2
Estudiante A: Quieres comprar un jersey.	**Estudiante B:** Quieres comprar una sudadera.

Estudiante B: Eres el dependiente. Esta es tu información:
  Prenda: jersey
  Colores: rojo, azul, blanco
  Tallas: mediana, grande
  Material: de algodón, de lana
  Observación: un poco grande
  Precio: 24 euros
	Estudiante A: Eres el dependiente. Esta es tu información:
	  Prenda: sudadera
	  Colores: azul marino, verde, negro
	  Tallas: única
	  Material: de algodón
	  Observación: un poco estrecha
	  Precio: 21 euros

¡Ojo!

me **la** llevo *I'll take it* (la camisa)   me **lo** llevo *I'll take it* (el jersey)
me está bien/grande/estrecha *It's OK / too big / tight. (See 'Gramática' for an explanation)*
otro/otra *another*

6. Comprando recuerdos

Tus vacaciones llegan a su fin y quieres llevar algunos recuerdos como regalo a varios miembros de tu familia. Entras en una tienda de recuerdos y escoges lo que quieres comprar. Pregunta al dependiente los precios, tamaños, colores, etc.

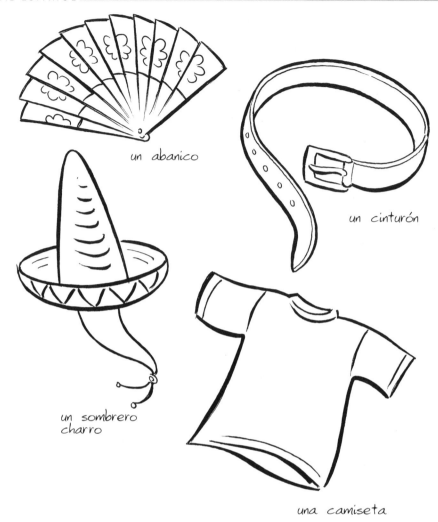

un abanico

un cinturón

un sombrero
charro

una camiseta

✍️ 📖 **7. Las comparaciones son odiosas.**

🗣️ **a.** ¿Con qué frase (a, b, c) estás de acuerdo? Elige una frase y después averigua cuál han elegido tus compañeros.

   i. a) El guepardo es más rápido que la tortuga.
       b) El guepardo es menos rápido que la tortuga.
       c) El guepardo es tan rápido como la tortuga.

  ii. a) El elefante es más grande que el ratón.
       b) El elefante es menos grande que el ratón.
       c) El elefante es tan grande como el ratón.

iii. a) El gato es más inteligente que el perro.

b) El gato es menos inteligente que el perro.

c) El gato es tan inteligente como el perro.

b. Ahora completa el resto de las frases con una expresión de la caja y después coméntalas con los compañeros de tu grupo. ¿Están todos de acuerdo contigo? Un punto por cada compañero que coincide contigo. La persona con más puntos, gana.

más . . . que	**el/la/los/las mas . . . (de)***	**tan . . . como**
more (-er) . . . than	*the most (-est)*	*as . . . as*
menos . . . que	**el/la/los/las menos . . . (de)***	**tanto como**
less . . . than	*the least*	*as much as*

*el más alto de los animales / el animal más alto

i. El perro no es . . . independiente . . . el gato.

ii. El chimpancé es . . . inteligente . . . el gorila.

iii. El hombre es el animal . . . inteligente.

iv. El león es . . . peligroso . . . el tigre.

v. La jirafa es el animal . . . alto. (La jirafa es el . . . alto de los animales.)

vi. El perro es el animal . . . fiel.

vii. La música clásica no me gusta . . .   . . . la salsa.

viii. Los cigarrillos son . . . perniciosos para la salud . . . el alcohol.

ix. Las mujeres son muchísimo . . . inteligentes . . . los hombres.

Comprensión auditiva

1. ¿Tiene ese plato en otro color?

María busca un regalo para su madre y ve un plato de cerámica en el escaparate de una tienda de recuerdos. Escucha la conversación y contesta las preguntas.

¿Lo envuelvo para regalo? *Shall I gift-wrap it?*

¿Verdadero o falso?

a. El primer plato es azul.

b. Cuesta 23 euros.

c. Es demasiado caro para María.

d. El plato verde cuesta 19,40 euros.

e. María prefiere el plato verde.

175

2. ¿Quiere probárselos?

Laura entra en una tienda de recuerdos para comprar un regalo. Escucha la conversación y contesta las preguntas.

¿Verdadero o falso?

a. Laura quiere comprar unos pendientes.

b. A Laura no le gusta el color de los pendientes del escaparate.

c. Los pendientes azules son más caros que los verdes.

d. Laura quiere probarse los pendientes.

e. Laura decide comprar los pendientes azules.

f. Son un regalo para el cumpleaños de su madre.

g. La dependienta pone los pendientes en una caja.

h. Cuestan 8,25 euros.

> escaparate *shop window*   pendientes *earrings*
> Los pongo en una caja bonita. *I'll put them in a pretty box.*

Consolidación

1. Para mi hermano voy a comprar . . .

Estos son los regalos de Navidad que va a comprar Julia para su familia. Completa las frases de la columna A con las frases de la columna B.

Voy a comprar:

A	B
a. Un reloj para mi hermano . . .	i. . . . porque necesita una nueva.
b. Una cartera de piel para mi padre . . .	ii. . . . porque colecciona objetos de cerámica.
c. Un abanico para mi tía Carmen . . .	iii. . . . porque nunca sabe la hora y siempre llega tarde.
d. Un anillo de plata para mi hermana . . .	iv. . . . para el cuello, porque generalmente lleva uno.
e. Un plato de Talavera para mi madre . . .	v. . . . porque le gusta llevar joyas de plata.
f. Un llavero para mi hermano . . .	vi. . . . porque siempre pierde las llaves.
g. Un pañuelo de seda para mi abuela . . .	vii. . . . porque siempre tiene mucho calor.

✍ 🗣 2. **En la sección de moda**

Pon a prueba tu español. Traduce esta conversación entre dos amigas que van de compras en busca de un jersey. Después puedes representarla delante de la clase con dos compañeros/as.

Antonia: I need a new sweater.
Gema: What colour do you like?
Antonia: I like this one in red or blue. Which colour do you prefer?
Gema: The red one. What size do you usually wear?
Antonia: Normally small. Do they have one in red in that size?
Gema: Yes, here's one. Would you like to try it on?
Antonia: Good idea. Excuse me, can I try this sweater on please?
Assistant: Certainly. The changing rooms are over there on the left.
Gema: Is it OK Antonia?
Antonia: Yes, it's really pretty. I'll take it.
Gema: How much is it?
Antonia: 35 euros. Where do I pay?
Gema: There, next to the lift/elevator.
Antonia: Oh yes.
           I'd like this sweater please.
Assistant: That's 35 euros please.
Antonia: Can I pay with this credit card?
Assistant: Yes, certainly. Thank you, and here is your sweater.
Antonia: Thanks, goodbye.
Gema: Now, where is the music section . . .

✌

| *certainly* desde luego   *lift/elevator* el ascensor |

✍ 3. **¿Qué ropa llevan?**

Busca en una revista fotos de personas famosas y describe lo que llevan puesto.

✍ 📖 4. **Un contenedor de vidrio**

Observa la foto y lee el artículo que la acompaña antes de contestar en inglés las preguntas.

(*Las Provincias* (Valencia), 13 de noviembre de 1996)

FOTO RAFA BALTANAS

Los peatones apenas pueden transitar por la zona.

Un contenedor de vidrio tapona la acera de la calle Vicente Brull

Para los peatones que circulan por la calle de Vicente Brull, en su tramo más cercano a las Reales Atarazanas, no debe de ser extraña esta imagen. Corresponde a un contenedor destinado a la recogida de vidrio para su posterior reciclaje y que ha sido ubicado, poco menos que con calzador, en este rincón del Marítimo.

Para colocarlo se aprovechó un pequeño ensanchamiento de la acera en cuestión, tan pequeño que el contenedor ha quedado como "tapón" para los peatones, quienes han de arreglárselas para pasar como puedan entre este ecológico estorbo y los coches aparcados a unos centímetros.

Rafael Baltanás

a. What is the purpose of the container?

b. Why does the writer think that that particular spot was chosen for the container?

c. In the writer's opinion what do the parked cars and the container have in common as far as pedestrians are concerned?

5. El acento tónico y el acento ortográfico

a. Lee en voz alta estas palabras e indica si hace falta escribir un acento ortográfico. El acento tónico cae donde queda indicado por el subrayado.

peri<u>o</u>dico, much<u>a</u>cho, f<u>a</u>cil, dif<u>i</u>cil, c<u>o</u>mpran, compr<u>ai</u>s, beb<u>ei</u>s, ingl<u>e</u>s, ingl<u>e</u>sa, ingl<u>e</u>ses, Ram<u>o</u>n, jam<u>o</u>n, naci<u>o</u>n, naci<u>o</u>nes, pa<u>i</u>s, pa<u>i</u>ses, <u>a</u>rbol, <u>a</u>rboles, trabaja<u>do</u>ra, Andaluc<u>i</u>a, farmac<u>e</u>utica, caj<u>o</u>n, caj<u>o</u>nes, arm<u>a</u>rio, r<u>a</u>pido, im<u>a</u>gen, im<u>a</u>genes, polic<u>i</u>a, id<u>e</u>a, farm<u>a</u>cia, cafeter<u>i</u>a, l<u>a</u>piz, l<u>a</u>pices, neces<u>a</u>rio, bi<u>e</u>n, tamb<u>i</u>en, l<u>i</u>mpias, c<u>a</u>os, est<u>a</u>, <u>e</u>sta, cont<u>i</u>nuo, Dios, adi<u>o</u>s, pendi<u>e</u>nte, funcion<u>a</u>rio, B<u>e</u>lgica, caf<u>e</u>, antip<u>a</u>tico.

b. Cuenta las sílabas que tiene cada palabra y decide si necesita acento ortográfico.

> **Ejemplo**
>
> Periódico – *stress falls on the third syllable, accent required* (periódico).

6. Más o menos

Completa las frases siguientes con una de estas expresiones según tu opinión:

más . . . que   menos . . . que   tan . . . como

a. Nueva York es ____ moderna ____ Londres.
b. Los mexicanos son ____ alegres ____ los argentinos.
c. Madona es ____ famosa ____ Jenifer López.
d. La tortuga es ____ rápida ___ el caballo.
e. Las bodas son ____ alegres ____ los entierros.
f. La nieve es ____ blanca ____ el café.
g. Macchu-Picchu es ____ antigua ____ Lima.
h. El verano es ____ caluroso ____ el invierno.
i. Las limas son ____ dulces ____ las piñas.
j. Los aviones son ____ ruidosos ____ los coches.

7. Y ahora tú

Escribe seis frases comparando:
Los Angeles / Londres   el avión / el tren   tú / tu amigo/a

> grande/pequeño, bonito/feo, tranquilo/ruidoso, interesante/aburrido, frío/cálido, rápido/lento, alto/bajo, etc.

8. En una tienda

Marta y Alfonso quieren comprar algunos regalos y recuerdos de sus vacaciones en España.

Marta: ¡Mira qué platos tan bonitos! ¿Cuál te gusta más?
Alfonso: A mí me gusta este azul. Y tú, ¿cuál prefieres?
Marta: Yo, prefiero aquel amarillo. ¿Cuál compramos?
Alfonso: Ese azul, es más caro pero es más grande.
Marta: Vale. De acuerdo.

En caja:
Marta: ¿Esto qué es?
Dependienta: Es un botijo. Sirve para mantener fresca el agua.
Alfonso: ¿Y eso?
Dependienta: Eso, son unas castañuelas.
Marta: Ah, sí. He visto un programa de bailes populares con ésos y otros
               instrumentos de música.

179

Dependienta: Aquí tiene el plato. Son 20 euros.
Alfonso: ¿Puedo pagar con tarjeta?
Dependienta: Sí, por supuesto. ¿Qué tarjeta tiene?
Alfonso: Visa. Tome.
Dependienta: Firme aquí. Muchas gracias.

¿Cómo se dice en español:

a. Which do you like most? b. Which one shall we buy?
c. I have seen . . . d. What (credit) card do you have?

9. ¿Cuál te gusta más?

¿Qué palabras crees que han utilizado estas personas: qué o cuál?
Completa los siguientes diálogos:

A. ¿ . . . chaqueta te gusta más?
B. La verde, es muy moderna.

C. ¿A . . . hotel quieres ir? ¿Al de la playa o al que está en el centro?
D. No sé. ¿ . . . prefieres tú?

E. ¿ . . . es el coche más económico?
F. Este vale 300 libras por semana y éste 500.
E2. ¿ . . . alquilamos?

G. Y por fin, ¿ . . . piso ha comprado tu hermana?
H. El de tres habitaciones.
G2. ¿ . . .? ¿El de la cocina amueblada?

Gramática

1. *Pronunciation:* **Word Stress and the written accent** Pronunciación: El acento tónico y el acento gráfico

Words with two or more vowels together

The rules of Word Stress and the written accent, explained in Unit 1, centre on recognizing and counting syllables. With words of two or more vowels together, we need to bear in mind these extra points:

a. the vowels *a*, *e*, and *o* are strong vowels; the vowels *i* and *u* (and *y* at the end of a word) are weak vowels;

b. two strong vowels together count as two syllables, thus *peor* is a two-syllable word – *pe | or*;

c. one strong vowel and one weak vowel together count as one syllable, thus *buenas* is a two-syllable (not a three-syllable) word – *bue | nas*;

d. two or more weak vowels together count as one syllable, thus *ruido* is a two-syllable word – *rui | do*.

*   If we now apply the rules of Word Stress from Unit 1, to the above examples, we see that:
    two-syllable *pe | or*, ending in a letter other than *n, s* or a vowel, is stressed *pe | or*;
    two-syllable *bue | nas*, ending in an *s*, is stressed *bue | nas*;
    two-syllable *rui | do*, ending in a vowel, is stressed *rui | do*.

*   An extra point needs to be noted:
    a strong vowel or the second of two weak vowels is given more weight <u>within the syllable</u> when two or more vowels come together; in the case of the above examples this could be represented – *buenas, ruido*.

*   But by using the written accent Spanish can overturn all these general rules. Thus with a written accent:
    adiós (a| diós), stresses the second syllable rather than the first;
    Hungría (Hun | grí | a), shifts the stress not only from the *u*, but also from strong vowel *a* within the syllable *ia*

Other uses of the written accent

*   Spanish uses the written accent to distinguish between words that have different meanings but would otherwise look the same: e.g.,

mi	my	*[para] mí**	[for] me
tu	your	*tú [eres]*	you [are]
el	the	*él*	he
si	if	*sí*	yes
solo (sola)	alone	*sólo*	only

* (N.B. *[para] ti*: for you – no accent)

*   The written accent is also used to indicate when a question or an exclamation is being made:

¡Cuándo vienes a verme!	When are you coming to see me?
¡Qué vestido tan bonito!	What a lovely dress!
¡Qué vestido te gusta!	What dress do you like?

In contrast to:

Cuando vienes a verme, estoy contento.	I am very happy when you come and see me.
El vestido que me gusta es demasiado caro.	The dress (that) I like is too expensive.

Other words differentiated like this are: *donde, ¿dónde?, como, ¿cómo?, quien ¿quién?*

- Note the three differences between *¿Por qué . . .?* ('Why?'), and *porque* ('because') – one or two words, the written accent, the use of question marks:

  *¿**Por qué** no compras un helado?*   Why don't you buy an ice-cream?
  ***Porque** no tengo dinero.*   Because I haven't any money.

2. Comparatives and superlatives   Los comparativos y los superlativos

You form the **comparative** by placing *más* (more) or *menos* (less) in front of an adjective, noun or adverb and then putting *que* (than) after it:

*Marta es **más simpática que** Luis.*   Marta is nicer than Luis.
*Marta es **menos seria que** su hermano.*   Marta is less serious than her brother.
*Aquel libro es **más difícil que** éste.*   That book is more difficult than this one.
*Tengo **más libros que** tú.*   I have more books than you.

Tan . . . como ('as . . . as') is used with adjectives.
Tanto/a . . . como ('as much . . . as') and *tantos/as . . . como* ('as many . . . as') are used with nouns.
Tanto como ('as much as') with verbs:

*Los pantalones son **tan** caros **como** la blusa.* The trousers are as expensive as the blouse.
*Juan tiene **tantas** camisas **como** Pedro.*   Juan has as many shirts as Pedro.
*El plato azul cuesta **tanto como** el verde.*   The blue plate costs as much as the green one.

(See Unit 2 for the irregular comparative (and superlative) forms of *bueno, malo, grande* and *joven*.)

- As in English it is possible to omit the second part of the comparison:

  *Marta es **más** simpática.*   Marta is nicer.

- If the comparison is of numbers rather than people or things, you use *de* rather than *que*. Thus Spanish distinguishes between:

          *Come más **que** tres elefantes.*   He can eat more than three elephants (can eat).
  <u>And</u>   *Come más **de** tres elefantes.*   He can eat four or five elephants . . .

You form the **superlative** by placing the definite article (*el/la, etc.*) in front of the comparative form and replacing *que* by *de* if needed:

*Julio Iglesias es **el más famoso (de** todos).*   Julio Iglesias is the most famous (of all).
(or *Julio Iglesias es **el cantante más famoso**.*   Julio Iglesias is the most famous singer).
*María es **la mayor de** las hermanas.*   Maria is the oldest of the sisters.

3. Verbs with two pronouns   Verbos en construcción pronominal

Some verbs like *querer* and *poder* can be followed by the infinitive of a reflexive verb such as *probarse*. The reflexive pronouns are added to the infinitive but agree with the person of the main verb:

¿Puedo probarme estos pantalones?	Can I try on these trousers?
¿Quieres probarte estos pantalones?	Would you like to try on these trousers?
¿Quiere probarse estos pantalones?	Would you (formal) like to try on these trousers?
Ana quiere probarse estos pantalones.	Ana wants to try on these trousers.

When a second pronoun like *lo/la* ('it') or *los/las* ('them') is used, it is added at the end:

¿Puedo probármela?	Can I try it on (*la camisa*)?
¿Puedo probármelos?	Can I try them on (*los zapatos*)?
¿Quiere probárselo?	Do you (formal) want to try it on (*el vestido*)?
¿Quieres probártelas?	Do you want to try them on (*las botas*)?

In this kind of construction, pronouns can also precede the main verb:

¿Te quieres probar este jersey?	*Me quiero probar este jersey.*
¿Te lo quieres probar?	*Me lo quiero probar.*

Llevarse (to take something you've bought) needs reflexive pronouns and, sometimes, the direct object pronouns *lo/la/los/las*. Both pronouns precede the verb, reflexive pronoun first:

¿Se lleva el jersey?	Are you (formal) taking the jumper? (or Will you . . . ?)
Me lo llevo.	I'm taking it / I'll take it.

4. Verbs with indirect object pronouns   Verbos con pronombres complemento indirecto

Estar bien/mal is used with indirect object pronouns (like *gustar* and *parecer*, Unit 5) to mean *to fit / not to fit* or *to be OK*.

¿Me está bien esta falda?	Is this skirt all right (on me)?
¿Te están bien los pantalones?	Do the trousers fit you?
Me están bien/mal.	They are / are not right.
No me están bien.	They don't fit me.

me		me
te		you
le	*está /están bien* It fits / they fit	him/her
nos		us
os		you
les		them

Spanish has many other verbs which need the indirect object pronouns. There is often quite a difference between the literal meaning of the verb and how it is usually translated when used with an indirect pronoun:

estar (to be)	*Los vaqueros me están un poco estrechos.*
	The jeans are a bit tight on me.
pasar (to happen)	*No sé qué me pasa.*
	I don't know what is the matter with me.
encantar (to delight)	*Me encantan los melocotones.*
	I love peaches.
alegrar (to please)	*Me alegra verte tan contenta.*
	I am pleased to see you so happy.
convenir (to suit)	*No nos conviene cenar ahora.*
	We don't want to have supper now.
doler (to hurt)	*A María le duele la cabeza.*
	Mary has a headache.
entristecer (to sadden)	*Nos entristece verle sin empleo.*
	We are sorry to see him without a job.
faltar (to lack)	*Le falta un brazo.*
	He's only got one arm.
hacer falta (to be needed)	*Nos hace falta pasar más tiempo en la biblioteca.*
	We need to spend longer in the library.
quedar (to remain)	*No nos queda nada.*
	We have nothing left.
sobrar (to be in excess)	*Te sobra tiempo.*
	You have plenty of time.

5. *Otro, Otra, Otros, Otras*

The Spanish adjective *otro, otra* (another, another one), *otros, otras* (other, others) is always used without the indefinite article:

¿Tiene esta blusa en otros colores?	Do you have this blouse in other colours?
Quiero estos pantalones en otra talla.	I would like these trousers in another size.

6. How to say 'what'?   *¿Qué? ¿Cómo? ¿Cuál?*

-*¿En qué coche vamos a la reunión?*	What car shall we go in to the meeting?
[Inaudible reply]	
- *¿Qué? ¿Cómo? ¿Qué has dicho? ¿En cuál?*	What? I beg your pardon.
	(What did you say? In which one?)

• *¿Qué?* is used as an adjective, immediately before a noun, meaning 'what?':

¿Qué hora es?	What time is it?
¿Qué enfermedades ha tenido?	What illnesses have you had?

- *¿Qué?* can be used on its own to ask for clarification. It is rather abrupt/rude, like 'What?' in English, and the politer alternative is *¿Cómo?* ('I beg your pardon.')
- *¿Qué?* followed by *ser* is used to elicit definitions:

*¿**Qué es** el amor?*	What is love?
*¿**Qué es** una corchea?*	What's a crotchet?
*¿**Qué es** esto?*	What is this?

- *¿Cuál(es)?* means 'which (ones)?'. It is a pronoun and it can never be followed by a noun:

*De las tres novelas ¿**cuál** te ha gustado más?*
Which of the three novels have you liked most?

*¿**Cuál** prefieres?*	Which one do you prefer?
*¿**Cuáles** prefieres comprar?*	Which ones do you want to buy?

Questions like 'What's your address?', 'What is your telephone number?' etc., where a definition is not being elicited have to be translated as *¿**Cuál es** tu dirección? ¿**Cuál es** tu teléfono?*

¿Qué van a tomar?

Learning aims

Ordering a meal in a restaurant
Talking about preferences
Saying how long you have been doing something
Asking if something is allowed
Saying you are hungry, tired, etc.

Presentación y prácticas

1. En el restaurante

Tres amigos van a comer en un restaurante típico de Salamanca. Escucha el diálogo.

Camarero: ¿Cuántos son?
Cliente 1: Somos tres.
Camarero: ¿Les parece bien esta mesa o prefieren comer fuera?
Cliente 1: Aquí está bien, gracias. *(Se sientan y miran el menú. Un poco más tarde vuelve el camarero.)*

Camarero: ¿Qué van a tomar de primero?
Cliente 2: Un cóctel de gambas y dos sopas de ajo.
Camarero: ¿Y de segundo?
Cliente 2: Pollo asado para mí.
Camarero: ¿Cómo lo prefiere, con patatas fritas o con verduras?
Cliente 2: Con patatas fritas.
Camarero: ¿Y para ustedes?
Cliente 3: Merluza a la romana para dos.
Camarero: ¿Con ensalada o con verduras?
Cliente 3: Con ensalada.
Camarero: Muy bien ¿y para beber?
Cliente 1: Una botella de vino tinto de la casa y otra de agua mineral sin gas.

(Después de terminar el primer plato, el camarero vuelve con el segundo.)
Camarero: ¿El pollo asado?
Cliente 2: Para mí. ¿Puede traerme otro vaso? Éste está sucio.
Camarero: Sí, cómo no.

(Después del segundo plato)

Camarero: ¿Qué quieren de postre?

Cliente 3: ¿Qué hay?

Camarero: Tenemos fruta fresca, flan y helados variados.

Cliente 1: ¿Qué sabores hay?

Camarero: Hay de chocolate, fresa y vainilla.

Cliente 1: A mí me apetece uno de chocolate.

Cliente 2: Para mí otro.

Cliente 3: Yo también. Ah y ¿nos trae tres cafés con leche y la cuenta por favor? ¿Se puede pagar con tarjeta de crédito?

---

asado/a *roasted*   frito/a *fried*   hervido/a *boiled*   cocido/a *cooked*

a la . . .	**method of cooking:**	**in the style of:**
	a la parrilla/plancha *grilled/barbecued*	a la romana *Roman style*
	a la brasa *chargrill*	a la vasca *Basque style*
	al horno *oven-baked*	a la madrileña *Madrid style*
	al vapor *steamed*	

Busca estas expresiones

a. Is this table all right?

b. What are you going to have?

c. As the first/second course?

d. As dessert?

e. To drink?

f. Can you bring me another glass?

g. A bottle of wine and another one of water.

h. What flavours are there?

i. I'd like a chocolate one.

j. Another one for me.

k. Certainly / of course.

l. Is it possible to pay with a credit card?

m. Will you bring us three white coffees (coffees with milk)?

La ciudad de Salamanca está situada en la Autonomía Castilla y León. Hay muchos edificios antiguos de varios estilos arquitectónicos. Su universidad, que data del siglo XIII, es una de las más famosas y antiguas de Europa. A ella acuden estudiantes de todas partes del mundo, muchos de ellos estadounidenses, para aprender español.

2. ¡A cenar!

Estás de vacaciones con dos amigos y sales a cenar con ellos. Encuentras un buen restaurante económico, el restaurante La Brasa, y decides cenar allí. Trabaja en grupos de cuatro (un camarero y tres clientes) para reproducir una escena en un restaurante. La Actividad 1 puede servir como modelo. Este es el menú:

RESTAURANTE LA BRASA

Entrantes	**euros**	*Postres*	**euros**
sopa de cebolla	2,50	fruta del tiempo	2
sopa de ajo	2,25	flan	2
ensaladilla rusa	2,90	helados variados	2
cóctel de gambas	3		

Carnes		*Bebidas*	
pollo asado	3,50	vino tinto/rosado/blanco (33cl)	1,25
chuletas de cerdo	3,75	agua mineral con/sin gas (33cl)	0,75
cordero asado	4	refrescos (Coca Cola, Seven-Up)	1,10
filete de ternera	4,50	café, infusiones	1,20

Pescados	
merluza a la romana	3,50
trucha con almendras	3,75
mero a la parrilla	5

TODOS LOS PRECIOS INCLUYEN
SERVICIO E IVA

---

3. ¿Cómo lo prefiere?

Para ganar un poco de dinero mientras estás en España, decides ayudar al dueño del restaurante La Brasa con esta encuesta para conocer mejor las preferencias de su clientela. Por turnos pregunta y contesta a varios compañeros como en el ejemplo.

> **Ejemplo**
>
> ¿Cómo prefiere **el** café: con azúcar, sin azúcar, con leche o solo?
> **Lo** prefiero con leche y sin azúcar.
>
> **¡Ojo!**   **Lo** prefiero (**el** café).   **La** prefiero (**la** ensalada).
>   **Los** prefiero (**los** calamares).   **Las** prefiero (**las** chuletas).

Encuesta

¿Cómo prefiere(s) . . .?

el café	la ensalada	la cerveza	el pan
con azúcar	con mayonesa	fría	con mantequilla
sin azúcar	con vinagreta	del tiempo	con margarina
con leche	sin nada	de barril	con aceite y ajo
solo		de botella	solo

los calamares	la trucha	el pollo	las chuletas
con ensalada	con ensalada	con ensalada	con ensalada
con patatas fritas	con patatas fritas	con patatas fritas	con patatas fritas
con verdura	con verdura	con verdura	con verdura
solos	sola	solo	solas

4. Descubre nuestra cocina vegetariana.

a. *La Granja Verde* tiene una oferta doble este octubre. Lee su anuncio y describe de qué se trata.

> **¿QUIERES PROBAR LA COMIDA VEGETARIANA?**
> Ven a nuestro restaurante *La Granja Verde*.
> Come los mejores platos de verduras.
> Bebe los zumos de fruta más frescos.
> Disfruta de los postres más sabrosos.
> Y prueba nuestra paella vegetariana.
> Durante este mes come todo lo que quieras y paga sólo la mitad. Ven a vernos.
> Trae a tus amigos y gana un bono de descuento para tu próxima visita.

b. ¿Cuántos imperativos contiene el anuncio? Subráyalos.

c. ¿Cómo crees que se forma el imperativo?

> trae (traer) *bring*   ven (venir) *come*   bono de descuento *discount voucher*

✍ 📖 5. ¿Qué lleva?

a. Francisco y Marta tienen problemas para encontrar comida a su gusto. Lee los diálogos y averigua por qué.

Francisco

Camarero: Hola, buenas tardes. ¿Qué desea?

Francisco: ¿Qué lleva el bocadillo campesino?

Camarero: Lleva bacón ahumado, queso y tomate.

Francisco: No como carne, soy vegetariano. ¿Qué bocadillo no lleva carne?

Camarero: Todos los bocadillos calientes llevan carne, pero tenemos un bocadillo vegetal con tomate, huevo, espárragos, lechuga, zanahoria y mayonesa.

Francisco: Muy bien. Póngamelo, por favor.

Razones de Francisco:

Marta

Camarero: ¿Qué desea?

Marta: Por favor, ¿lleva huevos la ensalada primavera?

Camarero: Sí, lleva lechuga, tomate, huevo y atún.

Marta: ¡Qué pena! Soy alérgica a los huevos.

Camarero: Puedo hacerle una sin huevo si prefiere.

Marta: Sí, muchísimas gracias.

Razones de Marta:

b. Busca las siguientes expresiones:

i. What's in . . .?   ii. Does the salad have egg in it?   iii. It has lettuce and tomato.

iv. I am allergic to . . .   v. I am a vegetarian.

🗣 6. Te toca a ti.

Trabaja con un/a compañero/a. Una vez eres el camarero y otra el cliente. Usa los diálogos de la Actividad 5 como modelo, para reproducir dos escenas con la siguiente información:

Cliente 1	**Cliente 2**
a. Eres vegetariano/a.	a. Eres alérgico/a a las nueces.
b. Eres alérgico/a a los huevos.	b. No te gusta el tomate.
c. No te gusta el queso.	c. No comes carne pero te gusta mucho el pescado.

Menú del cliente:

Bocadillos calientes		Fríos		Ensaladas (para una persona)	
SERRANITO:	2,95	MALAGUEÑO:	2,40	DE LA CASA:	2,90
ALEMÁN:	2,90	ESPAÑOL:	2,25	GRIEGA:	2,75
ABULENSE:	3	AMERICANO:	2,25	PRIMAVERA:	2,80
CAMPESINO:	3	VEGETAL:	2,25		
MIXTO:	3,10	GRANADINO:	2,90		

GRACIAS POR SU CONFIANZA

Menú del camarero:

Bocadillos Calientes	Precio (euros)
SERRANITO: Jamón serrano, queso camembert	2,95
ALEMÁN: Salchicha gigante, queso fundido, tomate/mostaza	2,90
ABULENSE: Lomo de cerdo, ajo, pimienta, queso	3
CAMPESINO: Bacón ahumado, queso fundido, tomate	3
MIXTO: Lacón y queso caliente	2,95
Fríos	
MALAGUEÑO: Cangrejo, lechuga, jamón de york, salsa rosa	2,40
ESPAÑOL: Tortilla de patatas, pimientos	2,25
AMERICANO: Pavo, mantequilla, lechuga	2,25
GRANADINO: Jamón granadino extra con tomate	2,90
VEGETAL: Tomate, huevo, espárragos, lechuga, zanahoria, mayonesa	2,25
Ensaladas (para una persona)	
DE LA CASA: Jamón de York, queso fresco, piña, lechuga, zanahoria, maíz, salsa rosa	2,90
GRIEGA: Tomate rojo, queso de oveja, cebollitas, aceituna negra, orégano con aceite de oliva	2,75
PRIMAVERA: Lechuga, tomate, huevo, atún	2,80

GRACIAS POR SU CONFIANZA

7. ¡Qué hambre tengo!

Adivina qué significan las siguientes expresiones:

a. Tengo hambre

b. Tengo sed

c. Tengo sueño

d. Tengo prisa

e. Tengo miedo

f. Tengo frío

g. Tengo calor

h. Tengo suerte

También: tener vergüenza *to be shy*   tener razón *to be right*

8. ¿Qué les pasa?

¿Qué les pasa a estas personas para recibir estos comentarios?

a.	'Pues come un bocadillo.'	Tiene **hambre**.
b.	'Pues quítate la chaqueta.'	Tiene. . . . .
c.	'¿Por qué te vas tan pronto?'	Tiene. . . . .
d.	'Tómate una cerveza fría.'	Tiene. . . . .
e.	'Pues siéntate junto al radiador.'	Tiene. . . . .
f.	'Siempre le toca la lotería.'	Tiene. . . . .
g.	'No, no. Este perro no muerde.'	Tiene. . . . .
h.	'Pues vete a la cama.'	Tiene. . . . .
i.	'Pablito, sal del armario y ven a saludar a esta señora.'	Tiene. . . . .
j.	'Sí, es cierto lo que dices. Yo estoy equivocado.'	No tiene. . . . .

quedarse *to stay*	sal (*from* salir) del armario *come out of the wardrobe*
quitarse *to take off*	tocar la lotería *to win the lottery*
estar equivocado/a *to be wrong*	tan pronto *so soon*
no muerde (*from* morder) *it doesn't bite*	

9. Una entrevista en *La Granja Verde*

a. Lee estas entrevistas y corrige los errores que aparecen en las frases del final.

Reportero: ¡Hola, buenos días! ¿Es usted vegetariano?
Cliente 1: Sí, hace dos años que no como carne.
Reportero: ¿Y por qué no come carne?
Cliente 1: Para evitar el sufrimiento de los animales y la degradación del planeta.
Reportero: ¿Y usted? ¿Es vegetariano?
Cliente 2: Sí. Bueno, no como carne pero como pescado.
Reportero: ¿Y por qué no come carne?
Cliente 2: Creo que la carne está muy adulterada y no es buena para la salud.
Reportero: ¿Y usted señora es vegetariana?
Cliente 3: Sí, mis hijos no comen carne, así que yo tampoco. No me gusta cocinarla.
  Prefiero las verduras, las legumbres, la fruta y los cereales.
Reportero: ¿Es usted vegetariano?
Cliente 4: No. Es la primera vez que vengo a un restaurante vegetariano, la verdad.
Reportero: ¿Y qué le parece?
Cliente 4: Me gusta la comida vegetariana, pero prefiero el cordero asado.

b. ¿Qué errores hay en estas frases?

i.   Cliente 1: no come carne desde hace tres años.
ii. Cliente 2: hace dos años que no come pescado.
iii. Cliente 3: come carne pero sus hijos no.
iv. Cliente 4: hace tiempo que come en restaurantes vegetarianos.

c. Practica con tres compañeros o escribe una entrevista con la siguiente información:

	Alimentación	**Razón**	**Duración**
Cliente A	vegetariana	sigue una dieta	dos meses
Cliente B	carnívora	salud	siempre
Cliente C	vegetariana	alergia	siete años

1. ¿Qué comes generalmente?

Un mexicano habla de lo que se come en México. Escucha y contesta las preguntas.

gelatina *jelly*	licuado de leche (LAm.) *milk shake*	dulce *sweet*
frijolitos (LAm.) *beans*	huevos revueltos *scrambled eggs*	papa (LAm.) *potato*
guisado de puerco (LAm.) *pork casserole*		
enchiladas (LAm.) *Mexican pancakes*	tortillas (LAm.) *maize pancake*	

Preguntas

a. ¿Qué se toma en Méjico para desayunar?

b. ¿Quién almuerza?

c. ¿Qué se come a las 3 de la tarde?

d. ¿Qué se toma antes de ir a la cama?

e. ¿Con qué se acompañan las comidas por lo general?

f. ¿Te parece que los mejicanos comen más que la gente de tu país? ¿Por qué?

g. ¿Qué diferencias hay entre lo que come un mexicano y una persona de tu país?

2. Enchiladas

a. Escucha a Angélica dar la receta de las enchiladas.

Los ingredientes son:	3 pechugas de pollo	9 tomates	1 cebolla
	2 dientes de ajo	8 chiles frescos	4 tortillas

b. Enumera los dibujos en el orden correcto y escribe las instrucciones para cada dibujo.

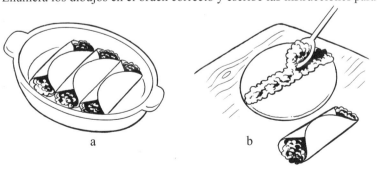

a   b

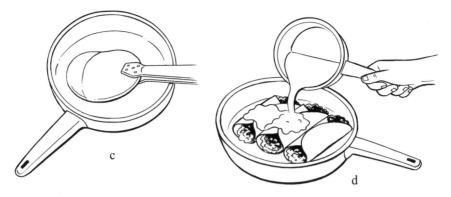

cocinar *to cook*	desmenuzar *to shred*	salsa *sauce*	freír *to fry*
licuar *to liquidize*	calentar *to heat*	colocar, poner *to put*	caliente *hot*
por encima *on top*	horno *oven*	queso rallado *grated cheese*	
agregar *to add*	hazlas (hacer) *do them*	harina de maíz *cornflour*	
cubrir *to cover*	enrollar *to roll*	molde refractario *oven dish*	
la sartén *heavy flat pan*	de modo que queden suaves *until they are soft*		

Consolidación

1. La vajilla y los cubiertos

¿Sabes cómo se llaman estos utensilios? Lee el texto para averiguarlo.

- El vino se suele beber en una **copa**. Hay copas de vino, de champán, de licor, etc.
- El agua generalmente se bebe en un **vaso** y el café o el té en una **taza**.
- La **cuchara** se usa para tomar líquidos como la sopa.
- El **cuchillo** se utiliza para cortar alimentos como la carne y el **tenedor** se usa para comerla.
- La comida se sirve en **platos**. Hay platos grandes, de postre y **platillos** para las tazas. La palabra 'plato' también tiene otros significados. Por ejemplo la comida del mediodía consta de tres **platos**: primer plato, segundo plato y postre. En un menú hay generalmente varios **platos** para elegir.
- El conjunto de cuchillos, cucharas y tenedores se llama **los cubiertos** y el conjunto de platos, tazas y fuentes se conoce como **la vajilla**.
- En España la sopa se suele tomar en un plato hondo en lugar de un **cuenco** o **bol**.

---

se sirve *is served*   consta de *consists of*   elegir *to choose*

---

2. ¿Se puede fumar aquí?

Estás en un restaurante con un grupo de amigos que no saben español. Quieren que preguntes al camarero si se puede hacer lo siguiente. ¿Cómo lo dirías?

Ejemplo

Oiga, por favor ¿se puede fumar aquí?
Sí, sí que se puede fumar. / No, lo siento, en este restaurante no se puede fumar.

1. tomar paella hoy
2. pagar con tarjeta de crédito
3. cenar a las 6
4. aparcar fuera
5. llamar por teléfono
6. comer en la terraza

3. ¿Cuánto tiempo hace?

Sientes mucha curiosidad por saber cuánto tiempo hace que tu jefe realiza estas actividades. Formula preguntas y respuestas como en el ejemplo.

Ejemplo

¿Cuánto tiempo hace que es usted vegetariano?
Hace muchos años que soy vegetariano. / Soy vegetariano desde hace muchos años.

a. Vivir aquí. Tres años.
b. Estudiar español. Seis meses.
c. Conducir.* Un año.
d. Trabajar en esta empresa. Tres semanas.
e. Practicar tenis. Mucho tiempo.
f. Esperar el autobús. Diez minutos.

* conduzco – *Irregular first person*

4. Rompecabezas

Cuatro amigos entran en un restaurante y se sientan en la misma mesa. Toman cada uno un bocadillo, un postre y una bebida. Lee la información siguiente y decide qué come y bebe cada uno de ellos.

- Los amigos se llaman Laura (19 años), Felipe (20 años), Marta (18 años) y Carlos (21 años).
- Los bocadillos son de: jamón, pollo, queso y tortilla.
- Los postres son: flan, helado de fresa, helado de chocolate, arroz con leche.
- Las bebidas son: café con leche, agua mineral, cerveza, vino blanco.

a. Ninguna de las dos chicas bebe alcohol.
b. Al chico menor le gusta mucho el queso.
c. Laura toma una bebida caliente.
d. A Carlos no le gusta nada el vino.
e. Laura no come carne.
f. El chico que bebe cerveza come jamón.
g. A la menor del grupo le gustan mucho las fresas.
h. Felipe come arroz con leche.
i. El mayor del grupo no come helado.

5. ¿Con o sin 'a'?

Pon a prueba tu español. ¿Qué frases necesitan la preposición 'a'?

a. ¿Conoces . . . mi novio?
b. No, no conozco . . . París.
c. Ve . . . la tele todos los días.
d. Veo . . . mi abuela los domingos.
e. Siempre que voy a Madrid visito . . . El Prado.
f. Siempre que voy a Madrid visito . . . mis tíos.
g. Hay que escuchar . . . la profesora con atención.
h. Me encanta escuchar . . . música.

6. ¿Puede traerme otra cuchara?

Estás comiendo en un restaurante pero el camarero que atiende tu mesa es un desastre. Todo está sucio. Pide al camarero que te traiga otro (otra): servilleta, tenedor, plato, taza, vaso, cucharilla, jarra de agua, botella de vino.

> **Ejemplo**
>
> Por favor ¿me puede traer otra . . .?
> Por favor ¿puede traerme otro . . .?

7. Pruébala.

Practica tus conocimientos de español – transforma las siguientes frases según el ejemplo:

> **Ejemplo**
>
> Prueba la comida vegetariana. = **Pruébala.**
> **¡Ojo!** Cuidado con los acentos

a.	Lee el anuncio . . .	b.	Visita nuestro restaurante . . .
c.	Come las mejores verduras . . .	d.	Bebe los zumos más naturales . . .
e.	Disfruta de nuestra cocina . . .	f.	Saborea los mejores platos . . .
g.	Aprovecha nuestra oferta . . .	h.	Trae a tus amigos . . .
i.	Gana un bono de descuento . . .	j.	Contesta a las preguntas . . .

Gramática

1. The present tense: irregular verbs *poder* and *tener*   *El presente de dos verbos irregulares*: poder y tener

PODER (can or to be able to)

PUEDO	*PODEMOS*
PUEDES	*PODÉIS*
PUEDE	*PUEDEN*

- *Poder* is a radical-changing verb (see Unit 7).

- *¿Se puede . . .?* can you / one, is it allowed, is it possible, . . .?
  ¿Se puede + infinitive? is often used to ask if something is allowed.

  ¿Se puede aparcar aquí? Is it allowed to park here, can one park here?
  No se puede aparcar aquí. You can't park here, it is not allowed to park here.
  ¿Se puede fumar en el comedor? Can one smoke in the dining-room?
  No, no se puede fumar. Smoking is not allowed / It is not allowed to smoke here.

- *¿Puedo . . .?* is used when you want to be more specific or personal.

  ¿Puedo pasar? Can I / May I come in?
  ¿Puedo aparcar aquí? Can I / May I park here?

- *¿Puede(s) . . .?* Can you . . .?

  ¿Puede traer otra botella de vino? Can you bring another bottle of wine?

Expressions with tener *and a noun*

Tener, introduced in Unit 2, is one of the commonest irregular verbs. It is used in very many expressions in Spanish with a noun, where English uses the verb 'to be' and an adjective:

tener hambre	(f)	to be hungry	*tener sed*	(f)	to be thirsty
tener prisa	(f)	to be in a hurry	*tener suerte*	(f)	to be lucky
tener frío	(m)	to be cold	*tener calor*	(m)	to be hot
tener razón	(f)	to be right	*tener sueño*	(m)	to be sleepy
tener miedo	(m)	to be afraid	*tener cuidado*	(m)	to be careful
tener vergüenza	(f)	to be shy			

- In these expressions to give the idea of 'very / not very', etc., Spanish requires an adjective, which agrees with the corresponding noun, rather than an adverb as in English:

  *Tengo **mucha** hambre.*   I am **very** hungry.

2. Personal pronouns: the direct object   Los pronombres personales complemento directo

In the English sentence 'Peter eats the orange', **the orange** is the direct object of the sentence, and may be replaced by an appropriate pronoun: 'Peter eats **it**.'
   In Spanish:

*Pedro come **la naranja** > Pedro **la** come*

- Some forms of the **direct object pronoun** coincide with those of the indirect object pronoun, see Unit 5. There are direct object pronouns for all persons and things:

me	me	*nos*	us (m. or f.)
te	you (*tú* form)	*os*	you (*vosotros/as* form)
lo	him, it, you (*Vd.* form m.)	*los*	them (m.), you (*Vds.* m.)
la	her, it, you (*Vd.* form f.)	*las*	them (f.), you (*Vds.* f.)

- Like the Indirect Object Pronouns the **Direct Object Pronouns** go in front of the finite verb, as in the above example, or after a non-finite verb (infinitive and gerund).

3. 'Personal' A   La preposición A y el complemento directo

When the direct object of a verb is a person, a pet or the name of a person or pet, the preposition 'a' must precede the direct object; it is not required if the direct object is inanimate:

*Pedro ve **a** su abuela los domingos.*	Peter sees his grandmother on Sundays.
Pedro ve_la televisión.	Peter watches the television.
*Conozco **a** María, su hermana.*	I know Maria, her sister.
Conozco_París.	I know Paris.

- **'Personal'** *a* is an important and unusual feature of Spanish.
- **'Personal'** *a* is not normally used with the verb *tener*: *Tengo dos hijos.*
- Don't forget that the preposition *a* also introduces the indirect object (see Units 5 & 13):

  *Da un regalo **a** su novia.*   He gives a present **to** his girlfriend.

4. The familiar imperative: affirmative forms   El imperativo familiar (1): formas afirmativas

In sentences of the kind 'Waiter, please bring me the bill' or 'Beat the eggs briskly' the verbs '**bring**' and '**beat**' are in the imperative or command form.

In most cases, the command is being addressed by one person to another, so '**you**' is understood; in the above examples, the '**you**' is the waiter and the person following the recipe, respectively.

Spanish has two different forms of the imperative, corresponding to the two different forms of '**you**' in Spanish – the familiar and the polite, each with a singular and plural.

In this unit we introduce you to the familiar imperative. For the forms and use of the polite imperative see Unit 18.

Familiar imperative

In the singular
For all regular verbs, the singular form of the familiar imperative is identical to the third person singular of the present tense. Thus:

*hablar > Pedro habla > **habla** (speak)*
*beber > María bebe > **bebe** (drink)*
*batir > Juan bate (los huevos) > **bate** (beat [the eggs])*

There are also a number of irregular singular forms: ***di** (decir)*, ***haz** (hacer)*, ***oye** (oír)*, ***pon** (poner)*, ***sal** (salir)*, ***ten** (tener)*, ***ve** (ir)*, ***ven** (venir)*.

In the plural
In Spain, the plural is formed by replacing the final *r* of the infinitive by *d* for all verbs, regular and irregular:

*hablar > habla**d**   beber > bebe**d**   batir > bati**d***

In Latin America, there is no distinctive familiar plural imperative, the form used is that of the polite imperative; for full details see Unit 18. Here are the basic forms:

*hablar > habl**en**   beber > beb**an**   batir > bat**an***

(They are equivalent to the third person plural forms of *-ar* verbs acting like *-er* verbs, and *-er* and *-ir* verbs acting like *-ar* verbs.)

The affirmative imperative and pronouns

Reflexive, object and indirect object pronouns have to be tacked on to the end of Affirmative Imperatives, rather than being put in front: *María, da**le** un caramelo a tu primo.*

María, give your cousin a sweet.

Bátelos *con más cuidado. (Bate los huevos con más cuidado).* Beat them more carefully. (Beat the eggs more carefully.)

¡Cállate, por favor! Be quiet please!

- Sometimes an accent needs to be written to reflect the fact that the stress does not change with the addition of the pronouns.

5. Passive and impersonal uses of *se*   Construcciones pasivas e impersonales con *se*

The pronoun *se* can often be used with a verb in the third person singular or plural to give an impersonal or a passive sense to a phrase. The English equivalent is often an impersonal or a passive construction.

Se habla inglés.	English spoken (here)
¿Cómo se escribe tu nombre?	How do you / does one spell your name?
El champán se toma en copas especiales.	Champagne is drunk in special glasses.
Se alquila piso.	Flat to let

When the object referred to is plural, the verb must be plural:

Se arreglan ordenadores.	Computers mended/fixed
¿Cómo se quitan las manchas de tinta?	How do you / does one remove ink stains?
Las tapas se sirven en platitos.	'Tapas' are served on small plates.
Se venden apartamentos.	Apartments for sale

This type of phrase is frequently used to offer a service or something for sale, or to indicate how something is done.

6. How long something has been happening

See Unit 13 for a full account of sentences of the kind:

¿Cuánto tiempo hace que eres vegetariano? Soy vegetariano desde hace un año.
How long have you been a vegetarian? I have been a vegetarian for a year.

UNIDAD 11

¿Qué harás este fin de semana?

Learning aims

Talking about future plans
Making arrangements for how you want to spend your time
Inviting others, and accepting or refusing invitations
Writing letters and using the telephone

Presentación y prácticas

✍ 🎧 **1. Vamos a ver una película de Pedro Almodóvar.**

Escucha el diálogo entre dos chicas que acaban de conocerse en un camping de España. Luego contesta las preguntas.

María: ¿Eres inglesa?

Helen: Sí, pero estoy estudiando español en la universidad, y el año que viene pasaré 6 meses en Madrid. Por eso quiero practicarlo lo más posible antes de ir allí.

María: Hablas muy bien. ¿Estás pasando aquí las vacaciones?

Helen: Sí, estoy de vacaciones con mi familia, pero lo encuentro un poco aburrido porque no hay mucho que hacer. Mis padres han ido a la playa y a ver unos pueblos pesqueros hoy, pero a mí no me apetecía ir.

María: Pues yo estoy aquí con unos amigos y lo estamos pasando muy bien juntos. ¿Quieres pasar el día con nosotros?

Helen: ¿Qué váis a hacer?

María: Estamos pensando en ir a jugar al baloncesto a las 11. Me encanta. Mis amigos están tomando el desayuno en el bar. Después del baloncesto iremos a una bahía cercana para nadar y tomar el sol. Puedes venir con nosotros si quieres.

Helen: Lo siento, pero no puedo ir porque tengo que cuidar a unos niños.

María: ¡Qué pena! ¿Te gusta el cine? Esta semana ponen una película de Almodóvar y mañana vamos a ir a verla después de cenar.

Helen: Me encanta el cine. Hay un club de cine muy bueno en la universidad y ponen muchas películas interesantes, a veces ponen películas españolas. Además estoy preparando un trabajo sobre el cine de Almodóvar.

María: A mí también me encanta el cine – en España es muy popular. Pero prefiero las películas americanas. Mi actor favorito es Tom Cruise. La televisión española no me gusta tanto porque hay muchos programas muy malos. ¿Cómo es la televisión en Inglaterra?

Helen: Hay cinco cadenas, pero la mayoría de los programas no me gustan. Hay muchos culebrones aburridos y programas infantiles. Yo también prefiero el cine.

María: Bueno. ¿Por qué no vienes conmigo esta noche – mis amigos y yo estamos planeando lo que vamos a hacer mañana. Te veo aquí a las ocho y media.

Helen: ¡Qué bien! Gracias.

¿Verdad o mentira?

i.   Helen está aprendiendo español en Madrid ahora.

ii.   Helen está pasando unas vacaciones muy divertidas.

iii.   María ya tiene planes para hoy.

iv.   Al día siguiente María y sus amigos van a ir al cine.

v.   A Helen le gustan las películas.

vi.   María prefiere las películas españolas.

vii.   Según María la televisión en España no es muy divertida.

viii.   A Helen le encantan los culebrones.

> Pedro Almodóvar, nacido en la provincia de Ciudad Real, España, en 1949, es uno de los cineastas más importantes del mundo hispano. Es el ganador de muchos premios internacionales entre los que se encuentra un Oscar por su película *Todo sobre mi madre*.

2. En mi tiempo libre

a. Lee estos comentarios e identifica el deporte o pasatiempo al que se refieren:

> **Ejemplo**
>
> 1. A mí me gusta mucho nadar....   f. la natación

i.   María: A mí me gusta mucho nadar, sobre todo en el mar.

ii.   Andrés: Mi grupo preferido es The Beatles, que eran muy populares en los años 60.

iii.   Juan: A mí me gustan las obras de teatro de Lorca.

iv.   Cristina: Pertenezco a una coral y a menudo cantamos en zarzuelas.

v.   Jorge: Cada verano paso mis vacaciones en los Pirineos con mis amigos.

vi.   Ana: Me apasiona la hípica. Ahora tengo un caballo excelente y he ganado premios recientemente.

vii.   Verónica: En el barrio hay unos bares muy animados. Voy mucho allí.

viii.   Dominica: Los programas que más me gustan son los culebrones australianos. Los de España no me gustan nada.

ix.   Julio: Soy portero. Mi equipo no juega muy bien, pero me encanta el deporte.

x.   Laura: Las películas de Almodóvar son muy extrañas, pero las he visto todas.

xi.   Germán: Quiero comprar una nueva bicicleta, pero las mejores cuestan mucho.

xii.   Elena: Para mí el arte es una manera de expresarme.

xiii.   Marga: Tengo que ponerme los guantes y unos pantalones especiales para protegerme del frío.

xiv.   Manuel: A veces paso un día entero sentado al lado de un río, sin coger nada.

A. ir al cine	B. montar a caballo	C. el ciclismo
D. ir al teatro	E. salir de copas	F. la natación
G. escuchar música	H. la pesca	I. el alpinismo
J. jugar al fútbol	K. ver la televisión	L. esquiar
M. dibujar	N. cantar	

b. Ahora une con flechas los adjetivos ingleses y españoles. Busca en un diccionario las palabras desconocidas.

i.	aburrido	A.	relaxing
ii.	sano	B.	energetic
iii.	violento	C.	exciting
iv.	artístico	D.	cruel
v.	educativo	E.	violent
vi.	energético	F.	cultural
vii.	peligroso	G.	boring
viii.	emocionante	H.	social
ix.	relajante	I.	educational
x.	divertido	J.	physical
xi.	interesante	K.	healthy
xii.	cruel	L.	amusing/fun
xiii.	social	M.	artistic
xiv.	físico	N.	interesting
xv.	cultural	O.	dangerous

c. ¿Qué adjetivos describen los pasatiempos del ejercicio 2a? Discútelo con un/a compañero/a.

> **Ejemplo**
>
> A: En mi opinión el alpinismo es muy peligroso, pero también muy emocionante. Me gusta mucho.
> B: Sí, estoy totalmente de acuerdo, a mí también me gusta. *or*
> B: No estoy de acuerdo, en mi opinión es relajante, pero no me gusta nada.

3. ¿Qué te gusta hacer en tus ratos libres?

a. En parejas, intercambiar información sobre pasatiempos y otras actividades de tiempo libre.

> **Ejemplo**
>
> A: ¿Qué haces en tu tiempo libre durante la semana?
> B: Me gusta jugar al fútbol y veo mucho la televisión. ¿Y tú?
> A: Paso mucho tiempo nadando o esquiando. ¿A ti te gusta esquiar?

b. Luego repite el ejercicio como si fueras una persona mayor hablando con un desconocido.

> **Ejemplo**
>
> A: ¿Qué hace Vd. en su tiempo libre . . .?
> B: . . . ¿Y Vd.?
> A: ¿A Vd. le gusta ir al teatro?

4. Estoy escuchando música.

Averigua qué están haciendo en la calle Colón. Trabaja con un compañero, haciendo preguntas y contestando según el modelo:

PREGUNTAS	EXPLICACIÓN
a) (Laura) no salir al jardín	a) escuchar música
¿Por qué no sale Laura al jardín?	Porque está escuchando música.

ESTUDIANTE A

a) (Laura) no salir al jardín
b) (El Sr. Aznar) no subir el volumen de la tele
c) (Clara y Luis) no sacar al perro
d) (Alberto) no fregar los platos

ESTUDIANTE B

a) escuchar música
b) dormir al bebé
c) ducharse
d) terminar los deberes

ESTUDIANTE B

e) (Tú) no invitar a su novio a cenar
f) (Los Sres. Rius) no ir de excursión
g) no poner la tele (Luis)
h) no abrir la puerta (Doña Carmen)

ESTUDIANTE A

e) preparar un examen
f) pintar la valla del jardín
g) leer el periódico
h) hablar por teléfono

5. ¿En qué está pensando Jorge?

Escribe frases completas basándote en los dibujos. Antes de empezar, consulta **pensar** en la sección de gramática de esta unidad.

> **Ejemplo**
>
> e. Jorge está pensando en mirar/ver la televisión.

✍ 🔊 6. ¿Te apetece ir al cine?

a. Escucha la conversación telefónica y contesta las preguntas.

Voz: Dígame.

Clara: ¿Está Elena?

Voz: Sí, ahora se pone. ¿De parte de quién?

Clara: De Clara.

Elena: Hola Clara ¿qué tal?

Clara: Hola Elena. Mira te llamo para ver si te apetece ir al cine esta tarde. Ponen una película de ese actor que te gusta tanto.

Elena: Pues me encantaría pero hoy no puedo porque estoy terminando un trabajo escrito que tengo que entregar. ¿Qué te parece si vamos el viernes por la tarde?

Clara: Pues es que mañana no podré porque vienen mis tíos a cenar, pero el sábado me va bien.

Elena: A mí el sábado también me va bien porque no tengo nada que hacer. ¿Qué sesiones hay?

Clara: Hay una a las 7:30. ¿o prefieres ir más tarde?

Elena: A las 7:30 está bien. ¿Dónde quedamos?

Clara: Podemos quedar en el bar del cine Goya a eso de las 7 menos cuarto y así tomamos algo antes de entrar ¿te parece?

Elena: Estupendo; entonces quedamos el sábado a las 7 menos cuarto en el bar. Hasta el sábado, pues.

Clara: Adiós, Elena. Hasta el sábado.

   i.   ¿Para qué llama Clara a Elena?

   ii.   ¿Por qué no puede salir Elena?

   iii. ¿Está ocupada Clara el sábado por la tarde?

   iv. ¿A qué hora y dónde quedan Clara y Elena?

   v.   ¿Qué piensan hacer antes de la película?

b. ¿Cómo expresan Clara y Laura lo siguiente?:

i.	Would you like to go to the cinema?	ii.	I'd love to.
iii.	I'm finishing an essay.	iv.	What about going on Friday afternoon?
v.	Saturday is all right with me.	vi.	I'm not doing anything.
vii.	Where shall we meet?		

✍ 🗣 7. Invitaciones

Escribe tres pequeños diálogos usando las frases del cuadro. Luego practícalas con un/a compañero/a.

INVITAR/PROPONER
¿Quieres ir a/al . . .?
¿Te gustaría venir a/al . . .?
¿Te apetece ir a/al
¿Vamos a/al . . .?

REHUSAR
No, lo siento,
No puedo porque
Me encantaría pero

RAZÓN
tengo que ir al dentista
tengo mucho que hacer
voy a un concierto
voy a ver una película
voy a salir con los/las amigos/as
estoy ocupado/a
no me apetece / no me gusta
prefiero . . .
quiero . . .

SUGERIR OTRA COSA
¿Qué te parece si vamos a/al . . .?
¿Por qué no . . .?
Quizás otro día / en otra ocasión

ACEPTAR
Sí, vale
De acuerdo
Sí, me gustaría / me encantaría
Estupendo, no tengo nada que hacer
¿A qué hora quedamos?

QUEDANDO
¿Dónde quedamos?
¿Cuándo quedamos?
¿A qué hora quedamos?

¿Te va bien a la entrada del cine?
    el sábado?
    a las ocho?

¡Ojo!

Tener que + infinitivo Ir a + infinitivo
Querer + infinitivo   Poder + infinitivo

Ejemplo

A: ¿Vamos a la piscina esta tarde?
B: No puedo, porque tengo que ir al dentista.
A: ¿Qué te parece si vamos mañana?
B: ¿Sí, estupendo, mañana no tengo nada que hacer. ¿A qué hora quedamos?
A: ¿Te va bien a las 10:30?

✍ 🗣 **8.** **¿Cuándo quedamos?**

a. Anota lo que tienes que hacer esta semana (dos cosas por día). Deja una mañana y una tarde libres.

> lunes – mañana: clase / tarde: ir a la peluquería a cortarme el pelo, etc.

ir a la lavandería	cita con tutor
comprar zapatos	estudiar
ir al dentista	cenar con un grupo de españoles
clase de aerobics	ir a la peluquería a cortarme el pelo
tener clase	devolver 5 libros a la biblioteca
terminar un trabajo	comprar un regalo de cumpleaños para mi abuela.

b. Trabaja con un/a compañero/a. Alterna los roles de Estudiante A y Estudiante B. Consulta las frases de la Actividad 7: 'Invitaciones'.

Estudiante A: Invita a tu compañero/a a salir contigo esta semana (al cine, al teatro, a la discoteca, a tomar una copa, etc.). Unas veces aceptará, otras no.

Estudiante B: Tu compañero/a te va a invitar a salir con él/ella esta semana (al cine, al teatro, a la discoteca, a tomar una copa, etc.). Unas veces rehusarás, otras aceptarás. Si no aceptas, sugiere una alternativa y trata de encontrar una hora para salir.

✍ **9.** **¿De parte de quién?**

Elige una expresión de la caja para completar estas frases. Con algunas frases puedes emplear varias expresiones.

a) Para preguntar por una persona dices: . . .

b) Para saber quién llama preguntas: . . .

c) Cuando descuelgas el aparato dices: . . .

Si la llamada es para otra persona:

d) Para indicar que esta persona viene ahora al teléfono dices: . . .

e) Si la otra persona no está en casa dices: . . .

f) Si la otra persona no puede acudir/ venir al teléfono dices: . . .

g) Para saber si la persona que llama quiere dejar algún recado preguntas: . . .

> Diga/Dígame
> Lo siento, no está
> Lo siento pero ahora mismo está ocupado/a
> ¿De parte de quién?
> ¿Está . . .?
> ¿Quiere(s) dejar algún recado?
> Ahora se pone
> Lo siento, pero no se puede poner en este momento
> ¿Puedo hablar con . . .?

📖✍ **10. Una carta de Laura**

a. Lee la carta y contesta las preguntas.

> Querida Jane:
>
> Muchas gracias por tu carta y por tu invitación. Me encantará conocer a tu familia y tu ciudad. Te escribo para contarte con más detalle los planes para este verano. Como ya te dije por teléfono, este año pienso ir de vacaciones en julio porque en agosto voy a trabajar de monitora en una colonia de niños. Ya te contaré cómo me va.
>
> Viajaré en avión hasta Londres donde me quedaré una semana o así en casa de mi hermana que, como ya sabes, hace un año que trabaja allí de secretaria bilingüe. Me hace mucha ilusión conocer Oxford y Cambridge así que pasaremos dos o tres días en cada ciudad. Digo 'pasaremos' porque mi hermana irá conmigo. Iremos en autobús porque creo que los trenes son bastante caros. No sé dónde nos quedaremos. Si te parece bien iré a tu casa la tercera semana. Será estupendo verte otra vez y conocer a tus amigos y a tu familia. Te avisaré sobre la hora de llegada. ¿Podrás ir a recogerme a la estación? Si no puedes, no te preocupes, que cogeré un taxi. Estoy segura de que serán unas vacaciones fenomenales y lo pasaremos genial. Escríbeme pronto contándome qué te parecen mis planes. Recuerdos a tus padres y hermanos y para ti un abrazo de tu amiga,
>
> Laura
>
> P.D. Acabo de revelar las fotos del verano pasado . . .
> No te las mando porque te las enseñaré cuando vaya a verte.

i.   ¿Cúal es el motivo de la carta?

ii.   ¿Por qué no puede ir Laura a Inglaterra en agosto?

iii. ¿Cómo viajará Laura a Inglaterra?

iv.   ¿Dónde se quedará en Oxford?

v.   ¿Quién irá con ella hasta Oxford y Cambridge?

vi.   ¿Qué hará Laura si su amiga no puede ir a recogerla a la estación?

vii. ¿Por qué no le manda las fotos del verano pasado?

b. Busca las siguientes expresiones:

i.   How I get on / manage

ii.   If it is all right with you I will go to your house.

iii. I am really looking forward to . . .

iv.   What do you think about my plans?

v.   I do not know where we'll stay.

vi.   I will let you know the arrival time.

vii. Will you be able to pick me up at the station?

🗣 **11. ¿Qué hará Carlos el sábado por la noche?**

Solicita a un/a compañero/a la información que te falta.

┌─ **Ejemplo** ──────────────────────────────────┐
Carlos / el sábado por la noche   ir de copas con los amigos

¿Qué hará Carlos el sábado por la noche?   Irá de copas con los amigos
└───┘

Estudiante A

Carlos / el sábado por la noche	ir de copas con los amigos
La señora de López / el lunes por la mañana	ir a la peluquería a cortarse el pelo
El Sr. Castro / el martes por la tarde	¿ ?
Pepe / la semana que viene	hacer nada porque tener vacaciones
Begoña y Pilar / el viernes por la noche	¿ ?
Jorge y María Rosa / el domingo	estudiar para un examen
Sergio / el domingo por la noche	¿ ?
Sergio / el lunes por la mañana	dormir toda la mañana para recuperarse de la Resaca
La Sra. de Soto / el domingo por la mañana	¿ ?
Los Sres. de Fuentes / la semana que viene	volver de un viaje por Europa
Alicia / mañana a las 10.30 de la mañana	¿ ?

Estudiante B

Carlos / el sábado por la noche	ir de copas con los amigos
La señora de López / el lunes por la mañana	¿ ?
El Sr. Castro / el martes por la tarde	escribir cartas
Pepe / la semana que viene	¿ ?
Begoña y Pilar / el viernes por la noche	asistir a la clase de aerobics
Jorge y María Rosa / el domingo	¿ ?
Sergio / el domingo por la noche	emborracharse para olvidar a su novia
Sergio / el lunes por la mañana	¿ ?
La Sra. de Soto / el domingo por la mañana	ir a la iglesia
Los Sres. de Fuentes / la semana que viene	¿ ?
Alicia / mañana a las 10.30 de la mañana	hacer la compra de la semana

12. Las doce uvas. Con cada campanada una uva. Con cada uva un propósito . . .

Algunos españoles suelen formular buenos propósitos para Año Nuevo. Lee la lista de los doce propósitos para el año que viene que ha hecho un/a amigo/a. Escribe tu propia lista con seis propósitos, después entrevista a tus compañeros para encontrar a otra persona que comparte 3 o más propósitos contigo. (Antes de hacer este ejercicio, lee el último párrafo del Ejercicio 2 de 'Consolidación'.)

aprenderé chino

ahorraré más dinero

iré andando al trabajo

escribiré más cartas

iré al dentista

saldré de copas menos

me acostaré más temprano

emplearé más tiempo en la formación profesional

daré dinero a una sociedad benéfica

dejaré de fumar

haré régimen

visitaré un país nuevo

Comprensión auditiva

 1. La feria de Cali

> Cali es la tercera ciudad de Colombia con una población de casi dos millones de habitantes. Se encuentra en la cordillera occidental de los Andes. Es famosa por la belleza de sus mujeres y por su día de feria. (Para informarte más sobre Colombia conecta con: www.colombia.com, www.colombia.eltiempo.com o www.colombia.elespectador.com.)

Manuel llama por teléfono a Germán para invitarlo a la feria de Cali. Escucha lo que dice y contesta las preguntas.

> estoy viendo *I am looking* venir *to come* corrida de toros *bullfight* cabalgata *mounted procession*
> me gustaría que vinieras *I would like you to come* haré lo posible *I will do what I can* sonar *to sound*
> habrá *there will be*

a. ¿Quién llama?
b. ¿Qué está haciendo Manuel?
c. ¿Qué habrá en dos horas?
d. ¿Por qué llama Manuel?
e. ¿Qué harán después de la corrida de toros?

213

2. El día de la Independencia de México

> Para informarte sobre México, que ganó su Independencia de España en 1821, conecta
> con: www.mexico-info.com.

Ana le cuenta a una española cómo se celebra el día de la Independencia en México.
Escucha y contesta las siguientes preguntas.

gente	*people*	¡qué bien!	*how good!*
mientras	*meanwhile*	víspera	*eve*
gobierno	*government*	reunirse	*to get together*
sacerdote	*priest*	junto	*next to*
ya sea	*either*	disfraz	*costume*
carroza	*carriage, float*	desfile	*parade*
mariachis	*Mexican music band*	juegos pirotécnicos / fuegos articiales *fireworks*	
criollo/a	*person of both Spanish and Latin American origin*		

a. ¿Cuándo es el día de la Independencia de México?
b. ¿Quiénes van a la Plaza Mayor?
c. ¿Qué habrá en la plaza?
d. ¿Qué hará el presidente de la República en la plaza?
e. ¿Quienes eran Hidalgo y Morelos?
f. ¿Qué hacen los mexicanos que viven fuera del país en esta noche?
g. ¿Qué está haciendo la gente en la tarde de la víspera de la independencia?

3. El Inti Raymi

> Inti Raymi es una fiesta de los incas. Los incas eran los primeros habitantes del Perú;
> hablaban el idioma quechua. Su capital era la ciudad de Cuzco que se encuentra a una
> altura de 3.500 metros. Para más información sobre Perú, conecta
> con: www.peru-info.com.

Una latinoamericana nos habla de la fiesta inca Inti Raymi.
Escucha y contesta las preguntas.

los incas *original people of Peru*	tocar *to play*
cosecha *crop*	ofrecer *to offer*
realizar *to perform*	oveja *sheep*
sentado/a *seated*	parado/a *standing up*
sangre *blood*	época *time, period*
a lo largo *along*	fortaleza *fortress*

a. ¿Cuándo se celebrará la fiesta del Inti Raymi?
b. ¿Cuál es el objetivo de la fiesta?
c. ¿Dónde se sentará la gente durante la fiesta?
d. ¿Qué hará la gente mientras esperan a los actores de la ceremonia?
e. ¿En qué idioma será la ceremonia?
f. ¿Cómo empezará la ceremonia?
g. ¿Qué ofrecerá el Inca (rey) al dios sol?
h. ¿Qué harán con la oveja?
i. ¿Qué es chicha?

Consolidación

1. Carta concurso

Un periódico local ofrece un premio de 150 euros a la carta más original y decides tomar parte. <u>Tema:</u> Una carta a tu mejor amigo/a disculpándote por no asistir a su boda y explicando el motivo de tu ausencia. (Consulta la gramática de la Unidad 7: las cartas personales.)

2. Navidad en México y en España

Lee los dos artículos sobre la Navidad en México y en España y contesta en español la pregunta: ¿Qué es diferente y qué no en la celebración de la Navidad española y mexicana? Explica tu respuesta.

a. Navidad en México

La época navideña en México empieza a mediados de diciembre. La noche del 16 comienzan las posadas, que son fiestas donde se reúnen niños y adultos para recordar la llegada de la Virgen María y San José al pueblo de Belén. Cada noche, durante nueve días, se celebra una posada; y el día de la posada mayor, el 24 de diciembre, se hace un brindis a medianoche y se intercambian regalos. En la víspera de Año Nuevo se hace una gran cena y se comen doce uvas que simbolizan los meses del año. La noche de Reyes se toma chocolate caliente y una rosca dulce que contiene una figurita del Niño Dios. ¡Si te toca la figurita tendrás que hacer una fiesta el 2 de febrero!

b. Navidad en España

Aunque mucha gente aprovecha este periodo para tomarse unas vacaciones, todavía en los pueblos y en los hogares se conservan tradiciones y costumbres antiguas. La Navidad empieza la vigilia del día 25. Las familias se reúnen para compartir la tradicional cena de Nochebuena. Los niños cantan villancicos alrededor del belén, aunque la influencia anglosajona ha introducido elementos nuevos como papá Noel y el abeto.

Los grandes amigos de los niños en España siguen siendo los Reyes Magos, que llegan la noche del 5 de enero en la tradicional 'cabalgata'. Melchor, Gaspar y Baltasar saludan y arrojan caramelos desde sus monturas.

Entre Nochebuena y el día de Reyes, está la Nochevieja. Es la última noche del año. Las familias o los amigos se reúnen en sus casas o en las calles, esperando las doce campanadas del reloj con un racimo de uvas en la mano. Hay que comer 12 uvas, símbolo de felicidad y ventura para el año que empieza.

3. Fiestas de Navidad

He aquí unos versos de un villancico de la provincia de Cuenca en España.
Lee el villancico y haz una lista de los verbos que aparecen en futuro.

> Modelo: comprarás (comprar) *to buy*

Tararán*

Tararán si viés** a la una
verás al Niño en la cuna,
y el Belén en el portal,
que no hay tararán como adorar al Niño
que no hay tararán como al Niño adorar.
Tararán si viés a las dos
verás al Hijo de Dios.

Tararán si viés a las cinco
darás al Niño un besico.
Tararán si viés a las ocho,
traerás al Niño un bizcocho.

---

villancico *Christmas carol*   belén *Nativity scene*
cuna *cradle*   besico (beso) *kiss*
bizcocho *sponge-cake*

---

* la-la-la   **vienes

4. Una invitación

Lee la carta del Cónsul español en Liverpool y contesta aceptando la invitación o disculpándote si no quieres ir.

Consulado General de España
Liverpool, 7 de octubre de 2003

Querido amiga/o:
Con motivo de la Fiesta de la Hispanidad me complace invitarle/s el próximo jueves, 13 de octubre, de 18.30 a 20.00 horas a un cocktail que tendrá lugar en EL RINCÓN de Paco, 214 Sadlergate (entrada por West Street), en Liverpool.

Esperando poder saludarle/s personalmente ese día, le envía un cordial saludo,
                EL CONSUL GENERAL DE ESPAÑA

Para las cartas formales, véase la gramática de la Unidad 6.
Distinguido señor *Dear Sir (to a person in an important position)*
Respondiendo a una invitación: *Replying to an invitation:*
Le agradezco mucho su amable invitación. *Thank you very much for your kind invitation.*
Tengo el gusto de aceptar su invitación . . . *I am pleased to accept your invitation . . .*
Siento no poder asistir a . . . *I am sorry I will not be able to attend . . .*

---

5. Rompe con la rutina.

Uno de tus propósitos para Año Nuevo fue romper con la rutina y cambiar radicalmente de comportamiento. Explícaselo a un/a amigo/a.

217

a. Completa las frases repitiendo el verbo subrayado en el tiempo futuro como en el ejemplo.

> **Ejemplo**
>
> Siempre *voy* a la Universidad en coche pero mañana . . . iré en autobús / no iré en coche.

    i.   Normalmente <u>compro</u> vino tinto pero mañana . . .

    ii.   Siempre <u>hablo</u> con él en inglés pero mañana . . .

    iii.   Suelo <u>ir</u> al cine los sábados pero este sábado . . .

    iv.   Por lo general <u>hago</u> la compra por la tarde pero mañana . . .

    v.   Todos los días <u>me levanto</u> a las ocho pero mañana . . .

    vi.   Siempre <u>pongo</u> la televisión después de cenar pero mañana . . .

    vii.   Suelo <u>cenar</u> en casa pero mañana . . .

    viii.   Todos los domingos <u>llamo</u> a mi familia pero esta semana . . .

    ix.   Normalmente <u>salgo</u> con mis amigos pero este fin de semana . . .

    x.   Por lo general <u>me acuesto</u> a las doce pero hoy . . .

    xi.   Nunca <u>tengo</u> tiempo para ir a la piscina pero mañana . . .

    xii.   Hoy no <u>puedo</u> quedarme pero mañana . . .

    xiii.   Normalmente <u>voy</u> de vacaciones a Mallorca pero este año . . .

    xiv.   Siempre <u>tengo</u> prisa pero mañana . . .

    xv.   Suelo <u>terminar</u> de trabajar a las cinco pero hoy . . .

b. Ahora piensa en 5 cosas que puedes hacer para romper la rutina.

6. Mañana . . .

Completa las frases con la forma correcta del verbo en el futuro.

    a.   Mañana mi hermano y yo (ir) a Sevilla.

    b.   El año que viene (tú tener) que trabajar mucho más.

    c.   ¿Qué (él comprar) para el cumpleaños de su madre?

    d.   ¿A qué hora (ellos llegar) al aeropuerto?

    e.   Yo (hacer) mis deberes después de la cena.

    f.   ¿(Vosotros visitar) a vuestra abuela en el hospital?

    g.   (Ella salir) a la una y media.

    h.   Mañana por la mañana (yo dormir) hasta muy tarde.

    i.   En agosto (nosotros alquilar) un apartamento en Nerja.

    j.   Mi hermano (acabar) la carrera en 2 años.

7. Hola, Laura.

Has estado demasiado ocupado/a para poder escribir a Laura contestando la carta que te ha mandado (Ejercicio 10 de la sección 'Presentación y prácticas'). Para ahorrar tiempo decides llamarla por teléfono explicando los planes que tienes para su visita. Como es la primera vez que vas a hablar por teléfono escribe lo que vas a decirle para estar preparada.

Ejemplo

El lunes iremos al cine. El fin de semana vamos a visitar a la abuela.

8. ¿Qué tiempo hará esta semana?

EL TIEMPO   J. L. RON

EMPEORAMIENTO. Empieza la semana con bajas presiones en Canarias que lentamente se irán extendiendo por el sur de la Península para afectar a todo el país a partir del jueves, con un empeoramiento progresivo. A partir de ese día, en la mitad sur bajarán las temperaturas máximas y subirán las mínimas, con vientos y chubascos. El fin de semana se inicia la mejoría, pero aún estará nuboso con algunos chubascos el sábado en la Península y en Baleares y éstos afectarán sólo a Galicia, Cataluña, Baleares y el domingo a Valencia, con nieve en Pirineos. (*El PaŒs Semanal*, marzo de 1998)

Lee el pronóstico y contesta las siguientes preguntas **en inglés**:

a.   What will the general trend be this week?

b.   Where will the low pressure come from?

c.   Name four things which will affect the southern part of the Peninsula.

d.   What is likely to happen on Saturday? Where?

e.   And on Sunday?

f.   Will any part of Spain be affected by snow?

219

📖 ✍ 9. Igualdad

Cómo distribuyen su tiempo hombres y mujeres

El Mundo, 1 de noviembre de 1998

☛ **IGUALDAD /** Ellos duermen más, ellas comen más en casa

Cómo distribuyen su tiempo hombres y mujeres

FLORA SAEZ

Pocas cosas tan sencillas y eficaces como un reloj para medir la desigualdad entre los géneros. Un estudio realizado recientemente en Estados Unidos demuestra en qué medida —contada en horas y minutos— los denodados esfuerzos del feminismo no han conseguido que se equiparen la forma en que hombres y mujeres le sacan partido a sus relojes: ellos siguen dedicando más horas que ellas al trabajo remunerado, a escuchar radio y ver televisión y a comer fuera de casa o salir a tomar algo. Ellas, al trabajo doméstico, comprar, comer en casa y a su cuidado personal. También duermen un poquito más.

Estudios similares realizados en nuestro país —*Los usos del tiempo como indicadores de la discriminación entre géneros,* publicado por el Instituto de la Mujer en 1996 es el más reciente de ellos— arrojan unos resultados muy parecidos. Pero en nuestro país, respecto al descanso diario, se vuelven las tornas: aquí los hombres descansan algo más que las mujeres.

Aunque existen todavía grandes desigualdades en cómo se distribuyen el tiempo los españoles y las españolas, hay cierto movimiento

Promedio horas/día

Descansar	7,82 / 7,69
Aseo personal	0,74 / 0,81
Comer	1,63 / 1,45
Trabajo de casa	0,47 / 4,67
Cuidado de familia	0,71 / 1,70
Gestiones	0,18 / 0,09
Deportes	0,21 / 0,10
Trabajo remunerado	3,37 / 1,02
Tomar algo	0,97 / 0,38
Ver televisión/ vídeo	2,39 / 2,32

Los datos son la media anual (tiempo total dividido entre los 365 días del año)

hacia la equiparación en el que las mujeres han puesto mayor parte: mientras el 24,9% de ellas emplea su tiempo de una forma parecida a los hombres, sólo un 5,5% de ellos emula a las féminas.

En el casi siempre peliagudo tema de las ocupaciones domésticas, las actividades que producen mayores diferencias entre uno y otro sexo son, por este orden, planchar, barrer y quitar el polvo, mientras las más equitativas parecen ser cocinar y fregar los platos. Una de las actividades más discriminante es la de la formación —asistencia a cursos relacionados con la profesión— en la que los varones emplean tres veces más tiempo que las mujeres. La más discriminante de las actividades del tiempo libre es la de «salir a tomar algo» —ganan los hombres—; el turismo, la más igualitaria.

✌

demostrar *to show*	esfuerzos *efforts*	han conseguido *have succeeded*
equiparar *to make equal*	dedicar *to devote*	arrojan resultados *produce results*
parecido *similar*	se vuelven las tornas *it's a different story*	féminas *women*
peliagudo tema *thorny topic*	varones *men*	

a. **Contesta en español las siguientes preguntas.**

i. Según el estudio, ¿cómo pasan las mujeres y los hombres la mayor parte de su tiempo? Menciona cuatro actividades.

ii.   En los Estados Unidos, ¿quiénes duermen más? ¿Los hombres o las mujeres?

iii.   ¿Pasa lo mismo en España?

iv.   En cuanto al tiempo dedicado a las ocupaciones domésticas ¿qué actividades producen mayores diferencias entre los dos sexos?

v.   ¿Qué sexo suele dedicar más tiempo a la formación profesional?

b.   Haz un resumen en inglés del primer párrafo (máximo de 30 palabras).

c.   Traduce al español.

The survey shows that there still exists a degree of inequality between how men and women divide their time in an average day. In spite of moves towards equality in some areas, women spend, on average, more time ironing and dusting than men, while men spend more time in the pub.

d.   Busca en el artículo las palabras sinónimas de éstas: *desproporción; recompensado; parecidos; espinoso; los quehaceres.*

e.   ¿Debe compartir igualmente un matrimonio los quehaceres domésticos? Escribe unas 150 palabras sobre el tema.

Gramática

1.   Using the telephone   Hablando por teléfono

Al habla . . .	Speaking . . .	*recado*	message
centralita	exchange	*descolgar*	to pick up the phone
colgar	to hang up	*di, diga, dígame / oye, óigame, oiga**	hello
¿De parte de quién?	Who's calling please?	*conferencia*	long-distance call
poner con	to put through to	*poner con*	to get through to
¿Está Juan?	Is John in?	*No, Juan no está.*	No, John's not in.
llamar/telefonear	to ring	*llamada*	call
Un momento, por favor.	One moment please.	*está comunicando*	it is engaged
marcar	to dial		

*Oiga and *oye* can also be used in any situation to attract someone's attention.

2.   Verbs: the gerund and the present continuous tense   Los verbos: el gerundio

In some ways the Spanish gerund corresponds to English verb forms ending in –ing.

Regular forms of the gerund in Spanish

Endings are added to the verb stem, as in the following examples:

marc(ar)	*marc**ando***	dialling
beb(er)	*beb**iendo***	drinking
describ(ir)	*describ**iendo***	describing

Irregular forms

- *-ir* radical-changing verbs change the root vowel:

pedir	*pidiendo*	*venir*	*viniendo*
sentir	*sintiendo*		
dormir	*durmiendo*	*morir*	*muriendo*

- Note the *-y-* in the following where an *-i-* might be expected:

caer	*cayendo*	*huir*	*huyendo*
leer	*leyendo*	*oír*	*oyendo*
traer	*trayendo*		

The gerund in Spanish

The gerund is used much less and in far fewer circumstances than in English.

- It is most commonly used <u>adverbially</u> with the main verb of a sentence/clause and tells you more about what the subject is doing:

  *La joven sale de la habitación **llorando amargamente.***
  The young woman leaves the room crying bitterly.

  (We are told <u>how</u> the young woman – the subject of the sentence – leaves the room.)

- A limited number of Spanish verbs which express the idea of continuation – *seguir, continuar, pasar (el tiempo), llevar** – may be followed by the gerund:

***Sigue** trabajando duro.*	He keeps on working hard.
***Pasa** el tiempo **leyendo** novelas.*	He spends the time reading novels.
***Lleva** cinco años **aprendiendo** el alemán.*	He's been learning German for five years.

- The gerund cannot be used as an adjective:
  'An **interesting** book' might be translated *Un libro **interesante*** or *Un libro **que interesa***.

- The gerund cannot be used as a noun:
  'The **singing** (of the choir) is wonderful' might be translated ***La actuación** del coro. . .*

*For more on the use of *llevar* with the gerund see Unit 13.

Present continuous tense (*estar* + gerund)

In a similar manner to English, you form the <u>present continuous tense</u> in Spanish by placing the gerund after the present tense of *estar*:

*¿Qué **está haciendo**?*	What is he doing?
***Está llamando** a su madre.*	He is ringing his mother.
***Está leyendo** un libro.*	He is reading a book.

* The use of this tense is more limited than in English. It is largely confined to actions taking place at the time of speaking, as in the above examples.
* Don't use the <u>present continuous</u> in Spanish where the English refers to the future:

  We are travelling to Spain in the summer. *Vamos a ir a España – iremos a España en el verano.*

(See below, 'Verbs: the future')

3. Verbs: the future   Los verbos: el tiempo futuro

How to form the future tense

<u>Regular forms</u>
Add the following endings to the infinitive: *-é, -ás, -á, -emos, -éis, -án*

MARCARÉ (I shall dial, etc.)	*ENTENDERÉ*	*DESCRIBIRÉ*
MARCARÁS	*ENTENDERÁS*	*DESCRIBIRÁS*
MARCARÁ	*ENTENDERÁ*	*DESCRIBIRÁ*
MARCAREMOS	*ENTENDEREMOS*	*DESCRIBIREMOS*
MARCARÉIS	*ENTENDERÉIS*	*DESCRIBIRÉIS*
MARCARÁN	*ENTENDERÁN*	*DESCRIBIRÁN*

* The endings are the same for all three conjugations.
* All endings bear a written accent except the first person plural, for reasons of word stress.

<u>Irregular forms</u>
A limited number of common verbs modify the infinitive before the endings are added. In all other respects they follow the regular pattern:

*DECIR **DIRÉ***	***DIRÉ**, **DIRÁS**, DIRÁ, DIREMOS, **DIRÉIS**, DIRÁN*	
*HACER **HARÉ***	*PODER **PODRÉ***	*PONER **PONDRÉ***
*QUERER **QUERRÉ***	*SABER **SABRÉ***	*TENER **TENDRÉ***
*VALER **VALDRÉ***	*VENIR **VENDRÉ***	

The future tense in Spanish

- Use the Spanish future to translate sentences of the kind – 'Next week, I'm visiting my mother in Wales' – where English uses the present continuous tense (the verb 'to be' + present participle) to express something that is going to happen in the future.
- The future in Spanish sometimes expresses the idea of probability, in a similar way to English: *¿Ya **serán** las cinco, verdad?* / It'll already be five, won't it?
- As an alternative to the future, you can use *ir* + *a* + infinitive:

  Va a telefonear *a su novia esta tarde.* He'll telephone his girlfriend this evening.

- Spanish sometimes uses the present where English uses a future:

  *¿**Quieres** dejarme una libra?* / *¿Me **dejas** una libra?*   **Will** you lend me a pound?
  *¿**Vamos** en tren o en autocar?*   **Shall** we go by train or coach/bus?

4. Pensar

The radical changing verb *pensar* (basic meaning 'to think') can be used in a number of different ways and with different meanings.

- It can be followed by a direct object pronoun or a clause:

  Piénsalo bien.   Think about it carefully.
  Pienso que saldrá mañana.   I think he will leave tomorrow.

- It can be followed by an infinitive (in which case it means to plan or intend):

  Piensa visitar a los abuelos.   He is intending to visit his grandparents.

- It can be followed by the preposition *de* (when it means 'to think about' in the sense of having an opinion):

  *¿Qué piensas **de** la Unión Europea?*   What do you think about the EU?

- It can be followed by the preposition *en* (when it means 'to think about' in the sense of directing one's thoughts towards something or someone):

  *Sólo piensa **en** pasarlo bien.*   He only thinks about having a good time.
  *Pienso mucho **en** ella.*   I think about her a lot.

UNIDAD 12

¿Qué te pasa? ¿Cómo estás?

Learning aims

Speaking about your health, and saying how you are feeling
Talking about problems and what you must do to solve them
Describing the state things are in

Presentación y prácticas

1. **Las partes del cuerpo**

Lee el vocabulario e identifica las partes del cuerpo (1–17) en el dibujo. Después escucha la grabación y comprueba si has acertado en tu respuesta.

los ojos	la nariz	el corazón	el pie
la boca	la cabeza	la mano	la pierna
la oreja	los dientes	el estómago	la rodilla
la cara	el cuello	los dedos	los hombros
			el brazo

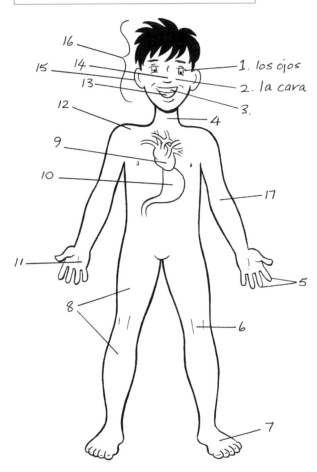

16
15   14
13
12
9
10
11
8
1. los ojos
2. la cara
3.
4
17
5
6
7

2. En la consulta del médico

Escucha el diálogo siguiente.

Médico: Buenos días, ¿qué le pasa?
Paciente: Tengo fiebre y me duele mucho la garganta.
Médico: A ver, ¿puede abrir la boca por favor?

El médico examina al paciente.

Médico: No hay que preocuparse. Tiene una infección, pero no es grave.
          ¿Fuma usted?
Paciente: Sí.
Médico: Pues debe dejar de fumar. ¿Practica algún deporte?
Paciente: Sí, me gusta correr por las mañanas.
Médico: Le voy a recetar unos antibióticos. Hay que tomarlos tres veces al día. Necesita
          descansar. No debe hacer tanto ejercicio y debe beber mucho líquido.
Paciente: Tengo que dejar de fumar, descansar, beber mucho y no hacer tanto ejercicio . . .
          Ah y tomar la medicina tres veces al día.
Médico: Eso es. ¡Qué se mejore!
Paciente: Gracias. Adiós doctor.

> garganta *throat*   ¡Qué se mejore! *I hope you get better (soon).*

Ejemplo

Subraya en esta lista los síntomas que se mencionan en el diálogo:
sudores, dolor de cabeza, tos, *fiebre*, dolor de garganta, diarrea

---

a)   Subraya en esta lista los síntomas que se mencionan en el diálogo: sudores, dolor de
     cabeza, tos, fiebre, dolor de garganta, diarrea
b)   Subraya las partes del cuerpo que se mencionan: espalda, garganta, oídos, cuello, boca
c)   Subraya el diagnóstico del médico: tiene gripe, tiene un catarro, tiene una infección
d)   Subraya qué aconseja y receta el médico: Tiene que . . . descansar, tomar jarabe, hacer
     ejercicio, dejar de fumar, tomar antibióticos, permanecer en cama
e)   Añade los consejos que no aparecen en d).

3. Me duele la cabeza.

Con un/a compañero/a buscad frases apropiadas para cada dibujo y practicadlas juntos.

Describir los síntomas

Me duele(n) . . .	**Tengo dolor de . . .**	**Tengo . . .**
Me duele el cuello	cuello	Tengo fiebre
Me duele la espalda	espalda	la gripe
Me duele el estómago	estómago	un constipado
Me duele la garganta	garganta	un resfriado
Me duelen las muelas	muelas	un catarro
Me duelen los oídos	oídos	diarrea
Me duelen los pies	pies	quemaduras de sol
Me duele la cabeza	Tengo dolor de cabeza	tos

> toser *to cough*   toso mucho *I cough a lot*

228

4. Tengo fiebre.

Elige uno de los diagnósticos de la lista y describe los síntomas a tu compañero/a, quien tiene que adivinar de qué enfermedad se trata y ofrecer un remedio.

Diagnóstico	Remedios
una insolación	Tienes que/debes:
la gripe	acostarte
(una) indigestión	tomar un analgésico / un jarabe / unas pastillas
	para . . .
(una) intoxicación	descansar
(una) resaca	tomar mucho líquido
un resfriado	ponerte una crema / unos supositorios / unas
una infección de oído / de garganta	inyecciones

Ejemplo

A: ¿Qué te pasa? ¿Cómo estás?
B: Tengo fiebre, me duele la garganta y la cabeza. Me siento muy débil.
A: Creo que tienes la gripe. Debes acostarte y tomar algo para la fiebre.

¡Ojo!

Doler y *pasar* son verbos como *gustar.* **me (te/le/nos/os/les) duele el/la . . .**
duelen los/las . . .

---

5. ¿Triste o alegre?

Empareja estas palabras inglesas con los dibujos: *angry, drunk, fit, happy, pregnant, sad, sick/ill, tired.*

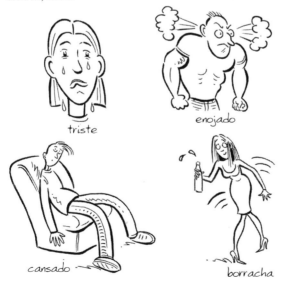

triste

enojado

cansado

borracha

en forma

enfermo

alegre

embarazada

6. ¿Qué te pasa?

En parejas, pregunta y contesta como en el ejemplo.

> **Ejemplo**
>
> Pregunta | Respuesta
> a. enfadado/a | nervioso/a – examen
> ¿Qué te pasa?, ¿estás enfadado/a? | No, estoy nervioso/a, es que tengo un examen.

ESTUDIANTE A
Pregunta
a. enfadado/a
b. triste
c. cansado/a
d. contento/a

ESTUDIANTE B
Respuesta
nervioso/a – examen
preocupado/a – perro enfermo
cansado/a – hacer mucho ejercicio
contento/a – tener entradas cine

ESTUDIANTE B	ESTUDIANTE A
Pregunta	Respuesta
a. nervioso/a	nervioso/a – dormir poco
b. preocupado/a	enamorado/a – ir a declararse
c. alegre	alegre – ir de vacaciones mañana
d. triste	deprimido/a – tener mucho trabajo

nervioso/a *nervous, edgy*   declararse *to tell someone you love them*

7. ¿Sentado o de pie?

Mira el dibujo con un/a compañero/a y lee las frases; ¿sabes quién es quién?

Marta está sentada entre Silvio y Alberta.

Silvio está al lado de Marta.

Marta está a la derecha de Alberta.

Silvio está de rodillas.

Luis está tumbado, a los pies de Silvio.

Alberta está de pie.

Carmen está apoyada en la pared.

¡Ojo!

Muchas veces un participio de pasado en español se traduce con un gerundio en inglés. Por ejemplo:
sentado/sitting

---

8. ¿Vacío o lleno?

Busca la frase que describa mejor cada dibujo y luego tradúcela al inglés.

i.   La ventana está abierta/cerrada.   ii.   El jarrón está roto/entero.

iii. El auditorio está lleno/vacío.   iv.   El servicio está ocupado/libre.

v.   El coche está sucio/limpio.

9. Guía de la felicidad

Tu revista favorita ofrece un premio a la carta con las mejores ideas para su **Guía de la felicidad**. ¿Qué consejos darías tú? Trabaja con dos o tres compañeros. Utiliza uno de estos verbos:

Hace falta . . .

Hay que . . .

Se necesita . . .

Tienes que . . .

> **Ejemplo**
>
> Para estar sano hace falta comer comida sana, hacer ejercicio regularmente y tomarse la vida con tranquilidad para no agobiarse. No hay que acostarse tarde ni hacer excesos.

¿Qué hay que hacer para:
    estar sano/a?
    ser feliz?
    tener muchos amigos?
    ser millonario/a?
    tener éxito con el sexo opuesto?

> agobiarse   *to get stressed*

Comprensión auditiva

1. ¿Cómo te sientes?

Vas a escuchar a unas personas que cuentan cómo se sienten.
Escucha e identifica su estado de ánimo.

    a. . . . .   b. . . . .   c. . . . .   d. . . . .

> Estados de ánimo
> i. gratitud   ii. felicidad   iii. preocupación   iv. admiración

> merengue *Latin dance*   imagínate *imagine*
> agradecido/a *thankful*   apenado/a *embarrassed*
> me siento *I feel*   divertido/a *amusing*
> deprimido/a *depressed*   investigación *research*

2. Consultorio de problemas

Escucha y contesta las preguntas.

> Quiero que me aconseje *I want you to advise me*
> tratar de . . . *to try to . . .*   esfuerzo *effort*
> aunque *although*   buena suerte *good luck*
> aprender *to learn*   aconsejar *to advise*
> así *in this way*   fuera *besides*

a.   ¿De dónde es Juan Sebastián?   b.   ¿Por qué está en Inglaterra?
c.   ¿Qué piensa del curso de inglés?   d.   ¿Qué hace fuera de las clases de inglés?
e.   ¿Por qué está deprimido?   f.   ¿Con quién trata de practicar inglés?
g.   La Dra. Samper le aconseja ir a clases de adultos, ¿por qué?
h.   ¿Qué más le aconseja hacer?

Consolidación

1. Los diez trucos del éxito

(adaptado de *Muy Interesante,* no. 180, mayo de 1996)

Los exámenes causan mucha ansiedad a los estudiantes. Es difícil superarlos sin nervios, pero aquí tienes unos consejos básicos preparados por psicólogos y médicos. Léelos con atención y une las frases en inglés (a–j) con los consejos en español (i–x).

Aprobar no tiene que ser difícil si se siguen estos consejos básicos.

a. Hace falta una jornada previa de reflexión y repaso.

b. Hay que estar en un estado físico y psíquico excelente a la hora del examen.

c. Hace falta combatir la ansiedad con algo de deporte y relajación mental.

d. En el momento de la prueba, debes realizar diez respiraciones profundas y lentas.

e. Hay que leer con atención el cuestionario y detenerse en las palabras claves.

f. Debes hacerte un esquema mental antes de la redacción para estructurar el tema.

g. Es necesario esforzarse al principio y al final.

h. Más vale el simple bosquejo del tema que dejar en blanco la pregunta.

i. El bloqueo mental se debe superar con relajación, y concentración, debes cerrar los ojos.

j. Hay que hacer una presentación impecable y una letra legible.

i. Make sure your writing is easy to read and be neat.

ii. Physical exercise and mental relaxation help overcome worry.

iii. Read the question carefully and look for key words.

iv. Don't leave a question blank – give a quick outline.

v. Take ten slow deep breaths when it's time for the exam.

vi. Make sure you are in a good physical and mental state.

vii. Plan your answer in your head first.

viii. Use the day prior to the exam for reflection and revision.

ix. Relaxing will help mental blocks.

x. Put in an extra effort at the start and the end.

2. Hace falta estudiar mucho.

Los padres lo saben todo. Además siempre les gusta dar consejos a los hijos. Completa las frases de la columna A con una frase de la columna B utilizando uno de estos verbos:
(no) hay que, (no) hace falta, (no) se necesita

Ejemplo

Para sacar buenas notas **hace falta / hay que** estudiar mucho.
Para comprar una casa de lujo **se necesita / hace falta** mucho dinero.

A

PARA ...

a. sacar buenas notas

b. viajar de España a México . . .

c. comprar una casa de lujo

d. aprobar los exámenes . . .

e. para aparcar aquí . . .

f. sacar libros de la biblioteca . . .

g. bañarse en el mar en invierno . . .

h. enseñar a una tortuga a volar . . .

i. llevar una vida sana . . .

j. triunfar en la vida . . .

B

i. pagar

ii. estar un poco loco

iii. tener mucha paciencia

iv. carnet de estudiante

v. hacer ejercicio y comer bien

vi. estudiar mucho

vii. trabajar y tener suerte

viii. visado

3. Estoy enamorado y no sé qué hacer.

Miguel le escribe una carta a Marta, la encargada del consultorio sentimental de una revista. En su respuesta Marta le da unos consejos. Lee las dos cartas.

CARTA: **Bilbao, 17 de noviembre de 2002**

RESPUESTA: **Bilbao, 20 de noviembre de 2002**

Querida Marta:
En la urbanización donde vivo hay una chica muy simpática. Es guapísima y tiene la misma edad que yo. Tenemos una relación de amistad, pero yo quiero más. Quiero salir con ella, pero me da vergüenza decírselo. ¿Qué debo hacer? ¿Cómo puedo convertir la relación que tenemos en una relación amorosa? Por primera vez me interesa una chica, pero ahora no sé qué hacer. ¡Ayúdame! En espera de tus consejos,

Miguel Amutio (15 años)

Querido Miguel:
Para convertir una relación de camaradería en una relación amorosa hay que proceder con cuidado. La próxima vez que veas a la chica debes hacerle un cumplido, por ejemplo 'el color de tu camiseta te sienta fenomenal' o 'cuando estoy contigo me siento muy feliz'. Dile que te gusta pasar tus ratos libres con ella. Si ves que responde positivamente, puedes pasar a la siguiente fase: a contactos físicos aparentemente casuales. Debes cogerla del brazo o de la mano para subrayar tus palabras. Pero hay que tener paciencia. Si ella no está lista para estos contactos físicos, espera un poco más. Como último paso puedes abrazarla y decirle: 'me encuentro tan bien contigo. Eres la chica más bonita del mundo.' Suerte.
Marta

    a.   ¿Es correcta esta información?

        i.   La chica vive en la misma cuidad que Miguel.

        ii.   La chica tiene catorce años.

        iii.   Miguel no conoce bien a la chica.

        iv.   Miguel quiere salir con ella.

        v.   Miguel tiene que proceder con urgencia.

        vi.   Los contactos físicos son parte de la segunda fase de la relación.

        vii. Hace falta tener paciencia.

        viii. Marta recomienda hacer cumplidos a la persona amada.

    b.   Piensas que los consejos de Marta son muy buenos y decides escribirle una carta pidiéndole ayuda, porque tienes un problema con tu hermano. No le gusta el colegio, no estudia mucho, siempre está en casa viendo la televisión o sale con sus amigos que no te gustan. (En las Unidades 6 y 7 puedes encontrar ayuda para redactar una carta.)

4. Soneto

Lee este poema y haz una lista de los adjetivos positivos y negativos en las dos primeras estrofas:

> *Desmayarse, atreverse, estar furioso,*
> *áspero, tierno, liberal, esquivo,*
> *alentado, mortal, difunto, vivo,*
> *leal, traidor, cobarde y animoso;*
>
> *no hallar fuera del bien centro y reposo,*
> *mostrarse alegre, triste, humilde, altivo,*
> *enojado, valiente, fugitivo,*
> *satisfecho, ofendido, receloso;*
>
> *huir el rostro al claro desengaño,*
> *beber veneno por licor suave,*
> *olvidar el provecho, amar el daño;*
>
> *creer que un cielo en un infierno cabe,*
> *dar la vida y el alma a un desengaño:*
> *esto es amor, quien lo probó lo sabe.*

(Lope de Vega, *Sonetos*)

┌─ **Ejemplo** ─────────────┐
Positivos   **Negativos**
tierno   áspero
etc.   etc.
└───────────────────────────┘

> Lope de Vega (1562–1635) es uno de los dramaturgos (y poetas) españoles más famosos del llamado 'Siglo de Oro' de la literatura española. Autor prolífico, tiene fama de haber escrito una obra de teatro, y de haberla llevado al escenario en menos de veinticuatro horas. Nació y murió en Madrid.

5. Casos y cosas

Eres un detective privado que investiga un robo. Anota en tu libreta el estado de los objetos en el lugar del crimen. Haz frases con el verbo *estar* y los adjetivos de la lista:

sucio/limpio   roto/arreglado
lleno/vacío   abierto/cerrado
libre/ocupado   apagado/encendido

> **Ejemplo**
>
> Los ceniceros estaban llenos.

a. El armario . . .	b. El suelo . . .	c. Las toallas . . .	d. El frigorífico . . .
e. Los ceniceros . . .	f. El sobre . . .	g. Las maletas . . .	h. La puerta . . .
i. La butaca . . .	j. Los cajones . . .	j. El televisor	l. Los cristales . . .

6. Margarita está cansada.

Completa estas frases con la forma adecuada del verbo *estar* y uno de estos adjetivos:

contento   triste   nervioso   preocupado   cansado   enfadado

Transforma los adjetivos si hace falta.

> **Ejemplo**
>
> Margarita . . . **está cansada** . . . . porque trabaja mucho.

a.   Yo . . . porque pasado mañana tengo el examen de conducir.
b.   Marta . . . porque su perro está enfermo.
c.   Eduardo . . . porque su novia no le escribe.
d.   El Sr. García . . . porque su coche no funciona.
e.   La Sra. García . . . porque cree que va a ganar la lotería.
f.   Luis y Jorge . . . porque creen que no van a aprobar las matemáticas.
g.   Isabel . . . porque acaba de jugar un partido de tenis.
h.   Los señores de Casado . . . porque mañana se van de vacaciones.

7. *¿Ser* o *estar*?

Alicia, que está aprendiendo el inglés, recibe una carta en inglés de Mary su amiga por correspondencia. Hoy se siente Alicia muy perezosa y no quiere buscar las palabras en el diccionario; ayúdale traduciendo este párrafo al español. Tendrás una oportunidad de practicar los usos de *ser* y *estar*.

> My sister is on holiday. Usually she goes to Spain because she says that it is a lovely country, where the sun always shines, the food is excellent and very cheap, and the beaches are clean. She already knows many places there, such as Benidorm, Alicante, Nerja and Fuengirola,

which are all on the coast. However, Valencia is her favourite place. Although she is fair, she is always very sun-tanned when she comes home. She thinks the people are very friendly and she tries to speak Spanish to them. This year, however, she is in Greece with her boyfriend. He is Greek and they want to visit his family. He is tall and dark with brown eyes, and he is a teacher in Manchester. His family's home is in Athens, but they have a holiday home in Corfu, where he and my sister are now. I am very jealous!

> *to try to do something* intentar hacer algo   *Athens* Atenas
> *I am very jealous!* ¡Qué envidia!

8. El efecto Ronaldo

a. Lee este reportaje de Fernando Alvarez y contesta en español las preguntas.

Los niños que tienen que someterse a tratamiento de quimioterapia acaban perdiendo el pelo. Esto ha sido un trauma hasta que los deportistas han puesto de moda raparse la cabeza. Ahora les gusta parecerse a Ronaldo o a De la Peña.

'Que me rapen a lo Ronaldo.' Así de bien se lo tomó Roberto, un niño de nueve años, sometido a tratamiento de quimioterapia, cuando sus padres le informaron de los efectos que iba a tener en su pelo.

El mayor problema con el que se enfrenta el cuerpo humano ante un tratamiento de quimioterapia es la pérdida de las defensas. Pero el que más afecta a la persona es la caída del cabello. Quedarse calvo hace al enfermo, y más si es niño, totalmente vulnerable porque se siente inseguro, teme salir a la calle y relacionarse con la gente por las posibles burlas.

Sin embargo, desde que los deportistas se rapan el pelo, la sensación en estos chicos también es distinta y eso lo han notado sus padres, los médicos y los psicólogos que los tratan. No es para tomárselo a la ligera – el cáncer es una enfermedad seria – pero lo que antes resultaba una dificultad añadida (el niño preguntaba por qué se le caía el pelo, no quería salir a la calle, le daba vergüenza su aspecto) ahora se ha convertido en un arma a favor.

El efecto psicológico es el siguiente: los niños tienen modelos a los que imitan, normalmente deportistas, y sobre todo, futbolistas. Para ellos, parecerse físicamente a sus ídolos Ronaldo, Roberto Carlos o Iván de la Peña puede convertirse en algo simpático e incluso agradable. Este efecto positivo se hizo notar con mayor fuerza el año pasado, con la llegada de Ronaldo al fútbol español. Pero no hay que olvidar que en España está Iván de la Peña, que desde siempre ha lucido orgulloso su pelo al cero o el mismo Roberto Carlos, que empezó a dejarse el pelo mucho más corto desde su llegada a la Liga española la temporada pasada. Además, están los nadadores, que se lo cortan por comodidad, jugadores de baloncesto, atletas, que siguen la moda. Probablemente nos encontramos ante uno de los antídotos – no constatado científicamente – más sorprendentes de la medicina o de la psicología. El hecho de que haya deportistas rapados al cero, que destacan, con éxito y reconocimiento social, provoca una sensación positiva en los niños con cáncer porque afrontan la enfermedad con un espíritu muy optimista.

(*Marca*, 6 de enero de 1998)

quimioterapia *chemotherapy*	ha sido *has been*	han puesto de moda *have made*
raparse la cabeza / el pelo *shave*	parecerse a *resemble*	*fashionable*
your head	burla *jokes, teasing*	informaron *informed*
quedarse calvo *to become bald*	No es para tomárselo a la ligera. *It*	han notado *have noticed*
vergüenza *embarrassment*	*is not to be taken lightly.*	un arma a su favor *an advantage*
se le caía el pelo *his hair fell out*	convertirse en *turn into*	afrontar/enfrentarse con *to face*
se hizo notar *was noticed*	ha lucido orgulloso *has proudly*	destacar con éxito *stand out*
empezó *began*	*displayed*	*successfully*

i. ¿Qué les ocurre a los niños que se someten a quimioterapia?

ii. ¿Qué han puesto de moda los deportistas?

iii. De los problemas causados por la quimioterapia ¿cuál afecta más a las personas?

iv. ¿Por qué se siente vulnerable un niño que se queda calvo?

v. ¿A quién imitan los niños?

vi. Ahora a los niños no les importa quedarse calvos ¿por qué?

vii. ¿Cuándo se hizo notar el efecto positivo de los futbolistas con la cabeza rapada?

viii. ¿Con qué espíritu afrontan ahora su enfermedad los niños con cáncer?

b. Haz un resumen en inglés de todo el artículo (máximo 50 palabras).

c. Busca en el artículo todos los verbos reflexivos (hay 11 en total) e inventa una frase para cada uno. Si quieres acordarte del uso o de la formación de los verbos reflexivos, refiérete a la sección de gramática de las Unidades 1 y 7.

d. El artículo describe un efecto positivo de tener un ídolo. Escribe unas 100 palabras en español sobre un ídolo tuyo.

Gramática

1. Verbs: *estar* and *ser* Los verbos estar y ser

Estar, 'to be' (see Units 4 and 11), can be used with an adjective to describe what is seen as a state (*estado*) or variable condition:

*El pastel **está** buenísimo.*	The cake is delicious.
***Está** muy guapa esta noche.*	She is looking very pretty tonight.
***Estoy** muy cansado.*	I am feeling / am very tired.
***Está** embarazada.*	She is pregnant.
***Estoy** enfermo.*	I am ill.
***Está** borracho.*	He is drunk.
***Estamos** preocupados.*	We are worried.

The implication is that the state is different from how things were, will be or could have been: the cake might not have been well made; she might have been feeling out of sorts; I won't feel tired after I have had a rest; her pregnancy will come to an end; I will recover from my illness; he will become sober or he might not have got drunk in the first place; we

239

will get over our worry. The states described can be physical or mental and have to do with people or things, as the examples above illustrate.

- *Estar* is also used to describe position (see Unit 4) and with a number of prepositional phrases; here are some examples:

  *Estoy **en contra de** la pena de muerte.* / I am against the death penalty.
  *Está **de vacaciones.*** He is on holiday.
  *Está **de viaje / de vuelta / de pie.*** He is on holiday/back/standing.

  Ser the other verb meaning 'to be', (see Units 1 and 4) is the one you use:
- before a noun (except when indicating position):

  ***Es** abogado.* He is a lawyer.
  *Ibiza **es** una isla en el Mediterráneo.* Ibiza is an island in the Mediterranean.

- when telling the time, or giving the date (see Unit 6):

  ***Son** las tres de la tarde.* *Hoy **es** el doce de febrero.*

  But N.B., *¿A cuántos **estamos**?* ***Estamos** a doce de febrero.*
- before an adjective, when describing something inherent or which is not seen as changing:

  ***Son** muy guapos.* They are very good-looking. ***Es** listo.* He is clever.
  ***Es** bueno sonreír.* It is good to smile.

Ser OR Estar

Deciding which verb to use with an adjective is sometimes a puzzle. Most adjectives can be used with either verb, but changing the verb changes the meaning. The difference between the verbs can be appreciated if you compare two questions about people:
a. *¿Cómo **es** Juan?* What is John like?
to which you might reply:

***Es** alegre.* He is jolly. ***Es** bajo.* He is short. ***Es** rubio.* He is blond.
***Es** aragonés, de Zaragoza.* He is Aragonese, from Zaragoza.

(describing normal features or inherent characteristics)

b. *¿Cómo **está** Juan?* How is John?
to which you might reply:

***Está** cansado, preocupado y enfermo.* He is tired, worried and ill.

(all states which may change).
(However, note: *¡**Está** casado!* – a state that may not change – and *¡**Está** muerto!*, a state that certainly will not.)

The distinction is equally apparent in comments about things:

*Las naranjas **son** muy buenas.*	Oranges are good (for you).
*Estas naranjas **están** muy buenas.*	These oranges are very good (juicy, ripe).
*El mar **es** azul.*	The sea is blue (specifying the colour).
*¡Qué azul **está** el mar!*	How blue the sea looks! (i.e. calm)

Adjectives commonly used after ***estar***: *abierto, cerrado, lleno, vacío, roto, preparado.*
Adjectives commonly used after ***ser***: *grande, pequeño, redondo, rubio, simpático.*
Some adjectives may need to be translated differently when used after *ser* or *estar*:

ser *aburrido*	to be boring	***estar*** *aburrido*	to be bored
ser *bueno*	to be good	***estar*** *bueno*	to be tasty
ser *malo*	to be bad	***estar*** *malo*	to be ill
ser *listo*	to be clever	***estar*** *listo*	to be ready
ser *vivo*	to be lively	***estar*** *vivo*	to be alive

2. Expressions of obligation: *deber* and *hace falta*   Cómo expresar obligación

(Students may care to remind themselves about *tener que* and *hay que* in Unit 4.)
The regular verb *deber* expresses obligation and necessity.

*Con ese catarro **debes** ir al médico.* You must go to the doctor's with that cold.

Hace falta may be used impersonally like *hay que* and *es necesario*:

***Hace falta** hacer ejercicio y comer bien para llevar una vida sana.*
You need to do exercise and eat well to lead a healthy life.
***Es necesario** estudiar mucho para aprobar los exámenes.*
You need to study a lot to pass exams.
***Hay que** trabajar y tener suerte para triunfar en la vida.*
You have to work and be lucky to triumph in life.

Hace falta is used like *gustar* and *doler* (see Units 5 and 9) with an indirect object pronoun when you want to indicate who is involved:

*Te **hacen falta** paciencia y valentía.*	You need courage and patience.
*Le **hace falta** un visado.*	He needs a visa.

Hace falta may be followed by a noun or nouns with the verb agreeing appropriately as in the above examples; or by an infinitive, in which case the verb is always in the singular:

*Me **hace falta** ir al médico.*	I must go to the doctor's.
*Le **hace falta** comer más fruta.*	He needs to eat more fruit.

UNIDAD 13

¿Qué has hecho esta semana?

Learning aims

Talking about what you have done
Asking others what they have done
Saying how long you have been doing something

Presentación y prácticas

1. Y tú ¿qué has hecho estas Navidades?

a. Escucha y contesta a las preguntas.

Marta:	Yo **he visitado** a mi familia.
Ana y Pablo:	Nosotros **nos hemos quedado** en casa.
Roberto:	Yo **he ido** a Londres, a las rebajas.
Luisa:	Mis padres **han pasado** la Navidad con nosotros.
Paloma y Carmen:	Nosotras **hemos ido** de vacaciones a Cuba.
Gregorio:	Yo **no he hecho nada** especial. Bueno sí, dormir mucho.

i.   ¿Quién se ha quedado en casa?
ii. ¿Quién no ha hecho nada especial?
iii. ¿Quién ha tenido huéspedes?
iv. ¿Quién ha dormido mucho?
v.   ¿Quién ha viajado a Londres?
vi. ¿Quién ha estado en Cuba?
vii. ¿Quién ha visitado a su familia?

> huésped *guest*

b. Identifica todos los verbos en el pretérito perfecto, y apúntalos junto con el infinitivo y su significado.

> **Ejemplo**
>
> He visitado. visitar *I have visited.*

2. ¿Qué han hecho?

Busca la frase que corresponde a cada uno de los dibujos, y luego tradúcelas al inglés.

a. Manuel ha tenido un fin de semana buenísimo. Todo le ha salido estupendamente bien.

i) Ha ganado un trofeo. ii) Ha marcado un gol. iii) Ha dado en el blanco. iv) Ha recibido una carta de su novia.

b.   A Carlos las cosas le han ido muy mal. Ha tenido una serie de experiencias sumamente desagradables.

v) Ha tenido un accidente de coche. vi) Se ha roto una pierna. vii) Ha perdido a su perro.

3.   ¿Has vivido alguna vez en el extranjero?

a.   Estás pensando en compartir un piso y has elaborado un cuestionario para saber qué tipo de personas son los posibles compañeros. Entrevista a varios estudiantes.

En las respuestas utiliza una de las siguientes expresiones: ***nunca, muchas veces, varias veces, una vez***.

> **Ejemplo**
>
> A: ¿Has estado en España alguna vez?
> B: Sí, he estado muchas veces.
> C: No, nunca he estado en España. o No, no he estado en España nunca.

- vivir en el extranjero
- mentir a tus padres
- hacer algo malo
- conducir un autobús
- emborracharse
- cocinar paella

- fumar
- escribir una carta a un periódico
- pasar la noche en vela

- viajar al extranjero
- suspender un examen
- comer caracoles

> pasar la noche en vela *to have a sleepless night*   caracoles *snails*

b. Haz una lista de las tres personas que aceptarías y da las razones.

> **Ejemplo**
>
> María no ha pasado nunca una noche en vela, pero ha estado en España muchas veces y ha cocinado paella una vez.

4. ¿Dónde has estado esta semana?

Escucha y contesta. Trabaja con un/a compañero/a.

Juan se encuentra con una amiga en el centro de la ciudad.

Juan: ¿Dónde has estado esta semana? No te he visto en el instituto.

Marga: No he tenido clases esta semana. He pasado la semana entera en casa estudiando para los exámenes.

Juan: ¡Qué trabajadora! Yo no he podido estudiar nada. Me resulta muy difícil concentrarme. He hecho un poco de trabajo esta mañana, pero eso es todo. Empiezo a preocuparme mucho, sobre todo por el examen de inglés.

Marga: Yo durante el año he tenido problemas con el vocabulario, pero me parece que los he resuelto todos.

Juan: ¿Y la gramática?

Marga: Creo que bien. La he repasado bastante.

Juan: ¿Y los temas del oral?

Marga: Los he practicado todo el fin de semana. Es lo que menos me preocupa.

a. ¿Por qué no ha estado en el instituto Marga?
b. ¿Dónde ha pasado la semana?
c. ¿Por qué no ha estudiado Juan?
d. ¿Qué examen le preocupa más a Juan?
e. ¿Por qué no se preocupa Marta por la gramática?
f. ¿Por qué no se preocupa Marta por los temas del oral?

> encontrarse con *to meet*   preocuparse por algo *to be worried about something*
> me preocupa (preocupar algo a alguien) *it worries me / what I worry about*
> me resulta difícil . . . *I find it difficult . . .*

> **¡Ojo!**
>
> Me resulta / me preocupa / me parece   *similar to* me gusta, *see Units 9 and 5.*

245

5. Una barbacoa

Has organizado una barbacoa con un/a amigo/a. Te reúnes con él/ella el día anterior para ver qué queda por hacer. Pregunta y contesta como en el ejemplo.

Ejemplo

¿Has preparado la ensalada?
No, no **la he preparado** porque no he tenido tiempo. ✗
¿Has comprado el pan?
Sí, **lo he comprado**. ✓

Estudiante A: Esta es tu lista con lo que has / no has hecho. Pregunta por lo que falta.

Para la barbacoa de mañana		¿Por qué no?
comprar dos pollos	✓	
preparar la ensalada		
comprar sardinas	✓	
comprar servilletas	✗	olvidarse
hacer un pastel de chocolate		
lavar los platos	✗	no tener tiempo
invitar a Cristina y a su novio		
comprar hamburguesas		
hablar con los vecinos		

Estudiante B: Esta es tu lista con lo que has / no has hecho. Pregunta por lo que falta.

Para la barbacoa de mañana		¿Por qué no?
comprar 2 pollos		
preparar la ensalada	✗	no tener tiempo
comprar sardinas		
comprar servilletas		
hacer un pastel de chocolate	✓	
lavar los platos		
invitar a Cristina y a su novio	✗	olvidarse
comprar hamburguesas	✓	
hablar con los vecinos	✗	no verlos

☞ 🗣 6. ¿Habéis hecho* el equipaje?

Vas a salir de vacaciones con dos amigos/as y el día anterior te reúnes con ellos/ellas para comprobar que no os habéis olvidado* nada importante. Por turnos, preguntar y contestar utilizando **ya**, **todavía no** y **acabar de** (consulta la Gramática).

> **Ejemplo**
>
> ¿(sacar) los billetes de tren?
> ¿Habéis sacado los billetes?
> Sí, ya los hemos sacado. / Todavía no los hemos sacado. / Acabamos de sacarlos.

a) ¿(comprar) el mapa?   b) ¿(llamar) al aeropuerto?

c) ¿(comprar) crema para el sol?   d) ¿(regar) las plantas?

e) ¿(hacer) todo el equipaje?   f) ¿(sacar) dinero del banco?

g) ¿(recoger) el seguro de viaje?   h) ¿(comprobar) la hora de salida del tren?

> **¡Ojo!**
>
> *En América Latina: <u>Han</u> hecho, se <u>han</u> olvidado.

✎ 🗣 7. ¿Cuánto tiempo hace que intentas estar en forma?

a. Te encuentras con un/a amigo/a que ha cambiado radicalmente de estilo de vida. Le haces una serie de preguntas sobre su nuevo estilo de vida.

> **Ejemplo**
>
> i. ¿Cuánto tiempo hace que intentas estar en forma?
>   Hace tres años que intento estar en forma.   or
> ii. ¿Desde cuándo intentas estar en forma?
>   Intento estar en forma desde hace tres años.   or
> iii. ¿Cuánto tiempo llevas intentando estar en forma?
>   Llevo tres años intentando estar en forma.

i.   Intentar estar en forma

ii.   Ir al gimnasio todas las semanas

iii.   Ser vegetariano

iv.   No beber alcohol

v.   Vigilar las calorías y la grasa que consumes diariamente

vi.   Procurar acostarse antes de medianoche todos los días

b. Estás enfermo/a. Vas al doctor (un/a compañero/a) quien te hace una serie de preguntas sobre tus síntomas. Es un médico muy formal y te trata de Vd. Le contestas utilizando frases completas.

Ejemplo

¿Cuánto tiempo hace que se siente mal?
Me siento mal desde ayer.

i.   Sentirse mal
ii.   Dolerle a Vd. la garganta
iii. Tener fiebre
iv.   Despertarse muy temprano por la mañana
v.   Dormir mal, en general
vi.   No querer hacer ninguna actividad que requiera mucho esfuerzo

8.   ¿Has visitado Argentina alguna vez?

Mapa del Mundo

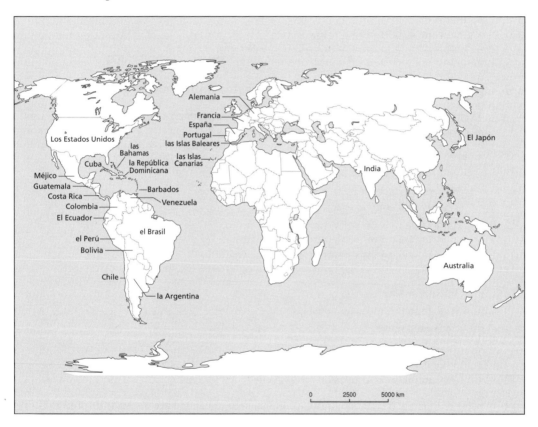

a.   Acabas de volver de tus vacaciones en el extranjero. Estás mirando un mapa de Europa y estás pensando en las experiencias que has tenido no sólo este año sino en años pasados también. Haz un resumen de tus experiencias (reales o imaginarias). Aquí tienes unas preguntas para orientarte.

i.   ¿Has visitado Argentina?

ii.   ¿Cuántos países extranjeros has tenido la oportunidad de visitar?

iii. ¿Cuál te ha gustado más y cuál te ha gustado menos?

iv.   ¿Qué países has visitado una sola vez y en cuáles has estado más veces?

v.   ¿Siempre has hecho el viaje en avión o has ido en barco o en tren?

vi.   ¿Has viajado solo o con familia o amigos?

b. Habla con un/a compañero/a para ver qué experiencias ha tenido. ¿Quién ha viajado más al extranjero? Luego haz un resumen de las semejanzas y las diferencias.

> **Ejemplo**
>
> No **hemos estado** en Argentina pero **hemos viajado** a México varias veces. Etc.

Comprension auditiva

1. Un trabajo a los quince años

Es un hecho lamentable que en los países de Latinoamérica haya tanta pobreza que muchos niños, como Alejandro, tengan que ayudar a los padres a mantener a la familia, en lugar de asistir a la escuela. Sin embargo, Alejandro tiene mejor vida que los 'niños de la calle' o niños gamines quienes, en algunos países, no tienen casa ni familia. (Véase 'Informe sobre Curitiva', Unidad 15.)

Escucha lo que Alejandro hace hoy y contesta las preguntas.

ladrillo *brick*	teja *tile*
celador *security guard*	cuchillo *knife*
cuidar *to take care*	escuela *primary school*
así que . . . *therefore*	algo *something*
mercado *market*	al por mayor *wholesale*
piña *pineapple*	el aguacate *avocado*
rodaja *slice*	semáforo *traffic light*
pararse *to stand*	negocio *business*
bolsa *bag*	cortar *cut*
panela (LAm.) *solid sugar from the juice of the sugar cane*	vender *to sell*

i.   ¿Dónde está la casa de Alejandro?

ii.   ¿Quién ha construido la casa de Alejandro?

iii. ¿Qué hacen sus padres?

iv.   ¿Cuántas personas hay en la familia?

v.   ¿Por qué los hijos no van a la escuela?

vi.   ¿Qué ha hecho Alejandro esta mañana antes de salir de su casa?

vii.   ¿Qué ha hecho después de salir de su casa?

viii. ¿Qué ha hecho con la fruta?

ix.   ¿Dónde ha vendido la fruta?

x.   ¿Cómo le ha ido hoy?

Consolidación

 1. Hemos recibido los catálogos.

a. Completa con el pretérito perfecto según el modelo.

> **Ejemplo**
>
> (Nosotros **recibir**) los catálogos. **Hemos recibido** los catálogos.

i.   ¿(Guadalupe y tú, **estar**) en Colombia alguna vez?

ii.   (Yo, **confirmar**) la reserva esta mañana.

iii.   ¿Quién te (**dar**) el catálogo?

iv.   ¿A qué hora (tú, **levantarse**) hoy?

v.   ¿(Vosotras, **ir**) a la Feria de Abril en Sevilla?

vi.   El nuevo programa (**tener**) un gran éxito.

vii.   (Yo, no **ver**) la película todavía.

viii. ¿(Tú, **leer**) *Cien años de soledad*?

ix.   ¿Por qué (ella, **ponerse**) tan nerviosa?

x.   ¿Cuándo (**llegar**) Pancho a Valencia?

xi.   Creo que (tú, **cometer**) un error.

xii.   (Él, **romperse**) la pierna esquiando.

b. Traduce al español.

i.   Have you ever been to Argentina?

ii.   What have they said?

iii. I have reserved a room.

iv.   He hasn't done anything.

v.   Laura has finished her housework.

vi.   Haven't you written to them yet?

vii. Who said that?

viii. I saw Maria this morning.

ix.   Have you (two) heard the news?

x.   This week I have been to the cinema / movie theatre twice.

2. No lo encuentro.

a. ¿Qué les pasa a estas personas? Completa las frases con el pronombre directo apropiado (lo, la, los, las).

Estoy buscando a Pedro pero no lo encuentro.

María

Estoy buscando a Margarita pero no la encuentro.

Pedro

i.	Estoy buscando a Pedro pero no . . . encuentro.
ii.	Estoy buscando a Margarita pero no . . . encuentro.
iii.	Estoy buscando el periódico pero no . . . encuentro.
iv.	Estoy buscando la camisa pero no . . . encuentro.
v.	Estoy buscando a mis padres pero no . . . encuentro.
vi.	Estoy buscando a mis amigas pero no . . . encuentro.
vii.	Estoy buscando los pantalones pero no . . . encuentro.
viii.	Estoy buscando las llaves pero no . . . encuentro.

(Para más información sobre los pronombres complemento directo e indirecto consulta también las Unidades 5, 9 y 10.)

b. Sustituye 'encuentro' por 'puedo encontrar'

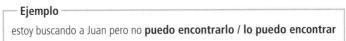

— **Ejemplo** —

estoy buscando a Juan pero no **puedo encontrarlo** / **lo puedo encontrar**

3. ¿Le has dado el regalo?

Estás pasando un año en España y un día tu compañero de piso tiene que ir al hospital a ver a su tío que ha tenido un accidente. Te deja esta lista de encargos:

- comprarle bombones a Rocío
- escribirle una carta a Guillermo
- decirle a Carmen que no puedo ir a su fiesta
- darle a Juan su regalo de cumpleaños
- mandarles a Ana y a Diego los videojuegos
- darle a Marta las entradas de teatro
- devolverles la llave a los vecinos

a. Cuando vuelve por la noche te pregunta si has hecho sus encargos. ¿Cómo te pregunta? Escribe las frases (recuerda que tienes que utilizar pronombres de complemento indirecto).

> **Ejemplo**
>
> (comprarle bombones a Rocío) ¿**Le** has comprado los bombones **a Rocío**?

b. Desgraciadamente no has tenido tiempo de hacer todo. ¿Qué le respondes? Escribe las frases y luego practica con un/a compañero/a.

> **Ejemplo**
>
> ¿**Le** has comprado los bombones **a Rocío**?
> Sí, ya **se los** he comprado. / Lo siento, todavía no **se los** he comprado.

> **¡Ojo!**
>
> se lo / se los / se la / se las. *See Unit 7.*

4. ¿Me has comprado los caramelos?

El sábado por la tarde estás haciendo de canguro para tus vecinos mientras ellos van de compras. Contesta las preguntas de los niños.

> **Ejemplo**
>
> ¿Me has comprado los caramelos?
> Sí, te los he comprado. / No, no te los he comprado.

a. ¿Me has comprado los caramelos?
b. ¿Le has leído un cuento?
c. ¿Nos has traído un regalo?
d. ¿Me has hecho un pastel?
e. ¿Le has dado un helado?
f. ¿Te ha dejado su máquina de hacer fotos?
g. ¿Nos has recargado el walkman?
h. ¿Me has preparado un bocadillo?

5. Te toca a ti.

Pon a prueba tu español. ¿Cómo dirías lo siguiente?

a) The chocolates?   I'm sorry, I have eaten them all up.
b) The homework?   I haven't done it.
c) Antonio? where?   Oh, yes, I can see him now.
d) Your purse?   Sorry, I think I've lost it.
e) Your keys?   I'm sorry but I can't find them.
f) The photograph?   I have left it at home.

> comerse   *to eat up*

6. Ni siquiera le conozco.

Completa las frases con una de las siguientes expresiones: **ya** (*already*), **todavía/aún** (*still*), **ya no** (*no longer*), **ni siquiera** (*not even*), y tradúcelas al inglés.

> **Ejemplo**
> Ni siquiera le conozco. *I don't even know him.*

a.   (. . .) le conozco.
b.   (. . .) me ha mirado.
c.   El agua (. . .) está hirviendo.
d.   ¿No has terminado (. . .)?
e.   (. . .) visita a sus abuelos.
f.   (. . .) se han ido.

7. ¿Qué has dicho?

Traduce al inglés las frases siguientes. Todos los participios de estas frases son irregulares.

a.   Have you done the homework?   I'm sorry, I haven't.
b.   What did you say?   I haven't said anything yet.
c.   Has she not returned yet?   No, she hasn't.
d.   Where are the keys?   I've put them on the table.
e.   She's written a letter of apology. (apologising = *excusándose*)
f.   Is the door open?   No, I haven't opened it yet.
g.   I have seen nothing.
h.   I have seen *everything there is to see.
i.   They have broken every (= all the . . .) window.
j.   I am afraid all the hamsters have died.

> *everything = todo lo que

✍ 📖 8. Máster de medicina naturista en Barcelona

Lee el siguiente artículo y contesta las preguntas.

La Fundación Bosch Gimpera, dependiente de la Universidad de Barcelona, ha creado un máster en Medicina Naturista, dirigido exclusivamente a licenciados y diplomados universitarios en Ciencias de la Salud. Este curso, el primero que se imparte en Cataluña, tiene una duración de dos años y se suma a los ya existentes en Granada y Zaragoza.

La reacción de algunos sectores académicos ha sido negativa. El Departamento de Medicina de la Universidad de Barcelona ha publicado un comunicado criticando el máster por creer que la medicina naturista no tiene base científica y puede plantear una competencia desleal a la medicina científica actual.

Los organizadores han afirmado que el curso cumple los requisitos técnicos exigidos para un máster; los profesores son profesionales de categoría reconocida; el curso no presenta el naturismo como medicina alternativa sino complementaria y además existe una importante demanda social por este tipo de medicina.

Por otra parte algunos profesionales de las medicinas alternativas también han criticado que se les impida el acceso al máster. Las autoridades universitarias han confirmado que este tipo de cursos está reservado a licenciados en medicina.

A pesar de las muchas críticas recibidas, un hecho avala la creación de estudios similares: su elevada matriculación, que ha superado con creces el número de plazas existentes. (Adaptado de *La Revista Integral* 3/95)

¿Verdadero o falso? Contesta con frases completas.

a. El curso de medicina naturista está abierto a todos los estudiantes.

b. Es el primer curso de este tipo que se imparte en Cataluña.

c. Este tipo de cursos no se imparte en ningún otro lugar de España.

d. Ha habido problemas en la recepción del máster.

e. El naturismo es una medicina complementaria, según los organizadores.

f. Sólo profesionales de la medicina alternativa pueden acceder al curso.

g. El curso tuvo que cancelarse por la escasez de matriculados.

📄 📖 9. Un poema de Machado

a. Lee el poema y completa las dos primeras estrofas con el perfecto de los verbos entre paréntesis.

> He (andar) muchos caminos
> he (abrir) muchas veredas;
> he (navegar) en cien mares
> y (atracar) en cien riberas.
>
> En todas partes he (ver)
> caravanas de tristeza,
> soberbios y melancólicos
> borrachos de sombra negra,

y pedantones al paño
que miran, callan, y piensan
que saben, porque no beben
el vino de las tabernas.

Mala gente que camina
y va apestando la tierra . . .

Y en todas partes he visto
gentes que danzan o juegan,
cuando pueden, y laboran
sus cuatro palmos de tierra.

Nunca, si llegan a un sitio,
preguntan adónde llegan.
Cuando caminan, cabalgan
a lomos de mula vieja.

Y no conocen la prisa
ni aun en los días de fiesta.
Donde hay vino, beben vino;
donde no hay vino agua fresca.

Son buenas gentes que viven
laboran, pasan y sueñan,
y en un día como tantos
descansan bajo la tierra.

(*A. Machado: Soledades, Galerías. Otros poemas.* Edición de
Geoffrey Ribbans, Madrid: Cátedra, 1997)

b. ¿Cómo se dice en español – *paths, moored, banks, haughty (people), pedants, corrupting, little bit of ground, ride, till the ground, dream*?

> Antonio Machado es uno de los poetas españoles más celebrados de la primera mitad del siglo veinte. Nace en Sevilla en 1875 y muere en 1939 a finales de la guerra civil española, exiliado en el sur de Francia. Es poeta intimista y filosófico, y también social y público. Para consultar *La guía de Antonio Machado* conecta con www.abelmartin.com/guia/crono.html.

10. Se han perdido dos mil hectáreas de diversos cultivos hasta la fecha.

inundación *flooding*	desborde *overflowing*	quebrada *gully, ravine*
precisó *(he)specified*	perturbación *disturbed weather*	
sol peruano *currency of Peru*	evacuar *drain*	dijo *(he) said*
riego *irrigation*	colocar *to place*	sacos de arena *sand bags*
reservorio *reservoir*	drenes agrícolas *agricultural drainage systems*	

Se han perdido dos mil hectáreas de diversos cultivos hasta la fecha

PIURA.- Dos mil hectáreas de cultivo se han perdido, hasta la fecha, en el departamento de Piura, debido a las inundaciones causadas por las torrenciales lluvias, los desbordes de los ríos o la caída de torrentes por las quebradas.

Así lo precisó el director regional de Agricultura, Ciro Velásquez Medina, al mencionar que, desde el inicio de las perturbaciones producidas por el fenómeno de El Niño, los daños en los cultivos piuranos se estiman en seis millones de soles.

Las áreas afectadas corresponden a cultivos de arroz, plátano, espárrago, limón y maíz, los que se han sembrado, principalmente, en el valle del Bajo Piura, el que por hallarse en las partes bajas hace difícil evacuar las aguas.

Dijo también que la infraestructura de riego y los caminos de acceso han sufrido severos daños, los que aún están siendo evaluados. Los puntos críticos, en los cuales se colocan sacos de arena, son los canales Yuscay y El Tablazo (en la irrigación San Lorenzo), el canal de tierra Miguel Checa (valle del río Chira) y en el Bajo Piura los drenes agrícolas 13-08 y Sechura.

RESERVORIO SAN LORENZO ESTA CASI AL TOPE

Velásquez Medina informó acerca del significativo incremento que se ha podido apreciar en el almacenaje del reservorio de San Lorenzo, el mismo que, después de permanecer cinco años por debajo de la mitad de su capacidad de almacenamiento técnico alcanzó los 232 millones de metros cúbicos en los primeros días de marzo. Su capacidad máxima es de 258 millones de metros cúbicos.

Dicho incremento se debe a que en enero las lluvias se concentraron en la Costa y sólo a fines de febrero empezó a llover con mayor intensidad en la sierra piurana. "Nos preocupa llegar a ese nivel, pues el manejo de este reservorio es un poco más complejo que el de Poechos. Pero, hasta la fecha, no ha habido necesidad de usar el aliviadero, ya que evacuamos agua por el canal de Yuscay y el río Chipillico", expresó.

Piura es una región del norte del Perú. Linda con Ecuador y se encuentra en la costa pacífica del país.

a. Contesta en español las siguientes preguntas.

    i.   Especifica los daños agrícolas causados por las lluvias torrenciales y las inundaciones.

    ii.   ¿En cuánto soles peruanos se estiman las pérdidas?

    iii.   ¿Qué cultivos han sido afectados?

    iv.   ¿Qué más ha sufrido daños?

    v.   ¿Qué medidas de prevención se han adoptado en los puntos críticos?

b. Traduce al inglés el párrafo siguiente.

Reservorio San Lorenzo está casi al tope

Velásquez Medina informó acerca del significativo incremento que se ha podido apreciar en el almacenaje del reservorio de San Lorenzo, el mismo que, después de permanecer cinco años por debajo de la mitad de su capacidad de almacenamiento técnico alcanzó los 232 millones de metros cúbicos en los primeros días de marzo. Su capacidad máxima es de 258 millones de metros cúbicos.

Dicho incremento se debe a que en enero las lluvias se concentraron en la Costa y sólo a fines de febrero empezó a llover con mayor intensidad en la sierra de Piura. 'Nos preocupa este nivel, pues el manejo de este reservorio es bastante complejo.'

| al tope *full* | informó *(he) gave information* | alcanzó *(it) reached* |
| se concentraron en *fell most heavily on* | empezó *(it) began* | |

c. Traduce al español

> The heavy rains that have been falling in the upper part of the Chicama Valley have swollen the River Chicama enormously. As a consequence, it has broken its banks in numerous places; it has destroyed more than 500 hectares of sugar cane; and it has swept away a number of dwellings.

> *have been falling*   han estado cayendo

Gramática

1. Verbs: the perfect tense   Verbos: el pretérito perfecto

Forms

The Perfect Tense in Spanish, as in English, is made up of two parts – an auxiliary verb meaning 'to have' (*haber*) and a past participle:

HABER

HE	**HEMOS**
HAS	**HABÉIS**
HA	**HAN**

Regular past participles
Regular past participles are formed from the infinitive of the verb in accordance with the following pattern:

COMPRAR	COMPRA**DO**
ENTENDER	ENTEND**IDO**
VIVIR	VIV**IDO**

For once, *estar (estado), ir (ido)* and *ser (sido)* are perfectly regular.

Irregular past participles
Some of the commonest verbs in Spanish have irregular past participles:

ABRIR	**ABIERTO**	CUBRIR	**CUBIERTO**
DECIR	**DICHO**	ESCRIBIR	**ESCRITO**
HACER	**HECHO**	PONER	**PUESTO**
RESOLVER	**RESUELTO**	ROMPER	**ROTO**
VER	**VISTO**	VOLVER	**VUELTO**

Use of the perfect tense

- In most parts of Spain the perfect tense is used very much as it is in English.

  He dado *un ejemplo en el apéndice.*   I have given an example in the appendix.

- It is common to find the perfect used after expressions which relate actions to the present time or to a past which is seen as very close to, or part of, the present:

  *Hoy **hemos tenido** una gran sorpresa.*   We've had a big surprise today.
  *Este mes **he decidido** trabajar más.*   I've decided to work harder this month.

(Where the actions belong wholly to the past, Spanish uses the preterite, see Units 14 and 15.)

   Other expressions with which the perfect is common: *todavía no / aún no; siempre; nunca/jamás; alguna vez.*

  ***Todavía no han llegado**.*   They (still) haven't arrived (yet).
  *Nos **han tratado** bien **siempre**.*   They have always treated us well.
  ***Nunca/jamás hemos trabajado**.*   We have never worked.
  OR *No **hemos trabajado nunca/jamás**.*   (See below, 'Negation in Spanish')
  *¿**Has bebido** demasiado **alguna vez**?*   Have you ever drunk too much?

Other things to remember about the perfect tense

- The past participle never agrees in the perfect tense.
- The auxiliary verb (*haber*) and the past participle are <u>never</u> separated. This rule should be noted with reference to reflexive verbs: the reflexive pronoun comes before *haber*:

  ***Me** he levantado temprano esta mañana.*   I got up early this morning.

- Direct and indirect object pronouns are placed before the auxiliary verb:

  ***Los** he perdido en el camino a la oficina.*   I lost them on the way to work.

- The negative particle *no* is placed in front of the auxiliary verb and any direct or indirect object or reflexive pronouns:

  ***No** los he visto nunca. / Nunca los he visto.*   I have never seen them.

- In Asturias, Galicia and large parts of Latin America the perfect tense is used infrequently; in its place you will find the preterite tense. (For details see Unit 14.)

Differences between Spanish and English

- If you want to say how long something has been happening, Spanish tends to use the present tense while English uses forms of the perfect:

  ***Hace** seis meses que **hago** ejercicio en el gimnasio todas las semanas.*
  Or   ***Hago** ejercicio en el gimnasio todas las semanas, desde **hace** seis meses.*
  Or   *Llevo seis meses haciendo ejercicio en el gimnasio todas las semanas.*
       I **have been taking** exercise in the gym every week for six months.

  (N.B. *Desde*, 'since', 'from', is commonly used to say the time an action began: ***desde** ayer / las tres* – from yesterday / three o'clock. The present tense of *llevar* is used with the gerund.)

- *Acabar de* + infinitive (to have just [done something]) similarly uses a Spanish present to translate an English perfect.

  Acabo de comprar un coche.   **I have** just **bought** a car.

  Students are advised to spend a little time mastering these widely used constructions. We will come back to them again in Unit 15, with regard to the pluperfect.

2. **Using direct and indirect object pronouns together**   Utilizando los pronombres complemento directo e indirecto juntos

- In cases where you have an indirect object and a direct object pronoun together in the same sentence, the indirect object pronoun always comes first:

  *El camarero me **la** da.* (= the bill / *la cuenta*) The waiter hands it to me.

- Third person indirect object pronouns (*le*, *les*) turn into *se* whenever they come immediately before third person direct object pronouns (*lo*, *la*, *los* or *las*):

  So the sentence 'Peter gives the credit card to the shop assistant' (*Pedro da la tarjeta de crédito a la dependienta*) becomes: *Pedro **SE la** da.*

- In sentences where the finite verb is followed by an infinitive, the pronouns (direct and indirect) can go before the finite verb or after the infinitive:

  *¿Cómo **lo** quiere? (el café)*   *Prefiero tomar**lo** solo. / Lo prefiero tomar solo.*
  *¿Puede traer**me** otra cerveza?*   *¿Puede traér**mela** en seguida? | ¿**Me la** puede traer en seguida?*

  If the verb is reflexive, the reflexive pronoun is always placed before the direct or indirect object pronoun:

  ***Me** la llevo.* I'll take it (with reference to, say, ***una** falda*).

3. **Negation**   La negación

You make a statement negative in Spanish by putting *no* immediately in front of the verb.

Hemos tenido una sorpresa   ***No** hemos tenido una sorpresa.* We haven't had a surprise.
Me ha dado un premio.   ***No** me ha dado un premio.* I haven't been given a prize.

More complex negative statements can be made by putting a further negative particle – *nunca/jamás*, never; *nadie/ninguno*, no-one; *tampoco*, neither; *nada*, nothing; *ni . . . ni*, neither . . . nor – later in the sentence.

***No** hemos tenido una sorpresa **nunca/jamás**.*   We have never had a surprise.
***No** me ha dado un premio **nadie**.*   No-one has given me a prize.
***No** hemos tenido una sorpresa ni tampoco nos han dado un premio.*
We haven't had a surprise and we haven't been given a prize either.
***No** me gusta **ninguno** de los dos platos.*   I don't like either of the two dishes.

259

All the above sentences can be recast by putting the second negative particle in front of the verb and leaving out the *no*.

Nunca/jamás hemos tenido una sorpresa.
Nadie me ha dado un premio.
Ni hemos tenido una sorpresa y ni tampoco nos han dado un premio.
Ninguno de los dos platos me gusta.

NB. *No* can only be used in front of the verb. If another negative particle is used in front of the verb, *no* must be omitted.

4. Some useful adverbs Unos adverbios útiles

Ya, todavía, aun, aún, ni siquiera

Ya can usually be translated by 'already' but it is often used to add nuance or emphasis and it can then be difficult to translate. *Ya no* means 'no longer'.

Ya está aquí.	He's **already** here.
Ya han venido.	They've **already** come.
Ya no viven aquí.	They **no longer** live here.

Todavía means 'still'; it has the same meaning as *aún* (with an accent). They can be used both affirmatively and negatively:

Todavía / aún está aquí.	He is **still** here.
Todavía no ha venido.	He has **still not** / **not yet** come.

Aun (without an accent) means 'even':
Aun los más pequeños han venido a verlo.   Even the youngest have come to see him.

Ni siquiera means 'not even':
Ni siquiera me ha llamado por teléfono.   He's not even telephoned me.

UNIDAD 14

¿Qué pasó?

Learning aims

Talking about events in the past, and the order things happened
Getting others to speak about what happened to them

Presentación y prácticas

1. La primera vez que viajé a Londres

a. Escucha la grabación.

Isabel: ¿Diga?

Marga: ¿Isabel? Soy Marga.

Isabel: ¡Hola Marga! ¿Llamas desde Londres?

Marga: Sí, llegué hoy al mediodía.

Isabel: ¿Qué tal el viaje?

Marga: El viaje bien, aunque estoy muy cansada porque me levanté temprano. A las siete terminé de hacer el equipaje y me despedí de mis padres.

Isabel: ¿Cómo fuiste al aeropuerto?

Marga: Mi hermana me llevó al aeropuerto. Desayunamos allí y miramos las tiendas hasta que salió el avión.

Isabel: ¿Llegaste sin problemas a casa de Sally?

Marga: ¿Problemas? Fue una pesadilla. Llegué a Gatwick a las 11:30. Recogí mi equipaje y me dirigí a la estación de ferrocarril. Pedí un billete sencillo y me dieron uno de ida y vuelta. El tren llegó con una hora de retraso, pero no llamé a Sally porque me quedé sin dinero suelto. Cuando llegué a Victoria no entendí por qué Sally estaba ahí esperándome tan tranquila. ¿Sabes lo que pasó?

Isabel: ¡No me digas que no cambiaste la hora!

Marga: Eso mismo, ¿cómo lo adivinaste?

Isabel: También me pasó a mí la primera vez que fui a Londres.

> despedirse de *to say goodbye to*   pesadilla *nightmare*   dinero suelto *loose change*
> equipaje *luggage*   dirigirse *to go to, to head for*
> tan tranquila *(in this context) quite relaxed*

b. Identifica los verbos que aparecen en el pretérito indefinido y escríbelos en tu cuaderno junto con su infinitivo como se indica en el modelo:

> **Ejemplo**
>
> me levanté levantarse *(to get up)*   terminé terminar *(to finish)*

c. Ahora ordena las formas del singular según su persona (yo, tú, él, etc.) y conjugación (-AR, -ER, -IR) como en el modelo. Después consulta la Gramática para comprobar cómo se forma este tiempo y completa la tabla.

	Yo	tú	él	nosotros	vosotros	ellos/ellas/Vds.
AR	llegué	llegaste	llegó	llegamos	llegasteis	llegaron
ER						
IR						

> **¡Ojo!**
>
> | despedí | despediste | despidió | despedimos | despedisteis | despidieron |
> |---------|------------|----------|------------|--------------|-------------|
> | pedí | pediste | pidió | pedimos | pedisteis | pidieron |
>
> *See 'Gramática', Unit 15.*

2. ¿ Qué le pasó a Marga?

Mira los dibujos y describe lo que le pasó a Marga. Después comprueba tu versión con la de un/a compañero/a.

Marga llegó al aeropuerto . . .

Marga llegó al aeropuerto.

3. ¿Qué hiciste ayer?

a. Cambia los infinitivos entre paréntesis por el pretérito indefinido correspondiente y contesta las preguntas. Después entrevista a un/a compañero/a y averigua qué es lo que hizo ayer.

i. ¿ A qué hora (despertarse)?

ii. ¿Cuándo (levantarse)?

iii. ¿Con quién (desayunar)?

iv. ¿(Leer) el periódico?

v. ¿Dónde (comer)?

vi. ¿(Volver) a casa después de comer?

vii. ¿(Hablar) por teléfono con alguien?

viii. ¿(Mandar) algún e-mail?

ix. ¿(Ver) la televisión?

x. ¿(Acostarse) tarde?

b. Toma nota de 3 cosas en que coincides con un/a compañero/a y 3 cosas en que no coincides.

> **Ejemplo**
>
> Ana y yo nos levantamos a las 7:30.
> Ana desayunó con su compañera de piso pero yo desayuné solo/a.

4. ¿Cuándo te levantaste muy temprano por última vez?

Hablando del pasado

Entrevista a tu compañero/a y anota las respuestas. Utiliza el vocabulario de la caja.

> **Ejemplo**
>
> ¿Cuándo fue la primera/última vez que bebiste cerveza?
> La primera vez que bebí cerveza fue cuando mi hermana cumplió 15 años.

a. beber cerveza
b. ir a una fiesta/discoteca
c. viajar en avión
d. ir a un concierto
e. llamar a un número equivocado

f. comprar algo de ropa
g. discutir con tus padres
h. salir al extranjero
i. cocinar
j. escribir una carta

ayer	la semana pasada	esta mañana
anteayer	el mes pasado	hoy
hace dos días	el año pasado	hace dos horas
anoche	el verano pasado	
	el jueves pasado	

5. ¿La vuelta al mundo en 8 preguntas?

Escribe unos 6 nombres de ciudades o países que has visitado. Da la lista a tu compañero/a que te va a hacer las siguientes preguntas sobre esos sitios:

a. ¿Cuándo fuiste a . . .?
b. ¿Cómo fuiste a . . .?
c. ¿Con quién fuiste?
d. ¿Nadaste / fuiste a la playa / visitaste algún museo o sitio interesante / probaste la comida típica / compraste algún regalo, etc.?
e. ¿Qué tiempo hizo?
f. ¿Lo pasaste bien?
g. ¿Qué más hiciste?
h. ¿Piensas volver algún día?

6. La vida de Salvador Dalí

Pregunta a tu compañero/a las fechas que faltan. Primero tendrás que transformar los infinitivos entre paréntesis a la forma correcta del verbo en el pretérito indefinido.

> **Ejemplo**
>
> Estudiante A: ¿Cuándo nació Dalí?
> Estudiante B: Nació en 1904.

Estudiante A:

1. . . . Salvador Dalí (nacer).
2. 1922 (conocer) a García Lorca y Buñuel en la universidad en Madrid.
3. . . . (ser expulsado) de la Academia de Bellas Artes por no haber aprobado sus exámenes.
4. 1929 (viajar) a París donde Miró le presentó a los Surrealistas.
5. . . . . La película *Un Chien andalou* de Buñuel y Dalí (estrenarse).
6. 1936 (dar) una conferencia en traje de buceo con casco, en la Exposición Internacional del Surrealismo en Londres.
7. . . . . (casarse) con Gala.
8. 1972 (recibir) la Medalla de Oro de Bellas Artes del Ministerio de Educación y Ciencia.
9. . . . . (inaugurarse) el Teatro-Museo Dalí en Figueras.
10. 1989 (dejar) de existir en Figueras el 23 de enero.

Estudiante B

1. 1904 Salvador Dalí (nacer).
2. . . . . (conocer) a García Lorca y Buñuel en la universidad en Madrid.
3. 1925 (ser expulsado) de la Academia de Bellas Artes por no haber aprobado sus exámenes.
4. . . . . (viajar) a París donde Miró le presentó a los Surrealistas.
5. 1929 La película *Un Chien andalou* de Buñuel y Dalí (estrenarse).
6. . . . . (dar) una conferencia en traje de buceo con casco, en la Exposición Internacional del Surrealismo en Londres.
7. 1958 (casarse) con Gala.
8. . . . . (recibir) la Medalla de Oro de Bellas Artes del Ministerio de Educación y Ciencia.
9. 1974 (inaugurarse) el Teatro-Museo Dalí en Figueras.
10. . . . . (dejar) de existir en Figueras el 23 de enero.

El pintor Salvador Dalí, de origen catalán, es uno de los exponentes más importantes de la pintura surrealista. Fue famoso no sólo por su arte sino también por su extravagante comportamiento durante toda su vida. Para más información visita: www.dali-estate.org/es.

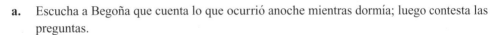
Comprensión auditiva

1. Ruidos en la noche

a. Escucha a Begoña que cuenta lo que ocurrió anoche mientras dormía; luego contesta las preguntas.

anoche *last night*	oír *to hear*
contar *to tell*	conciliar el sueño *to get back to sleep*
algo *something*	dejar en paz *to leave alone*
mientras *whilst/while*	gato *cat*
soñar con los angelitos *to have sweet dreams*	poner de patitas en la calle *to throw out*
de pronto *suddenly*	ruido *noise*
cada vez más cerca *closer and closer*	despertador *alarm clock*
luz *light*	intentar *to try*
por si (volvía a suceder) *in case (it happened again)*	ni siquiera *not even*
poner *to put out (the cat, etc.)*	

i. ¿Cuándo Begoña tuvo mala noche?

ii. ¿Cuántas veces se levantó Begoña durante la noche?

Escucha la grabación otra vez antes de contestar las siguientes preguntas.

iii. ¿Qué hizo cuando se levantó la primera vez?

iv. ¿Por qué se levantó la primera vez?

v. ¿Qué hizo cuando se levantó la segunda vez?

vi. ¿Por qué se levantó la segunda vez?

vii. ¿Pudo dormir el resto de la noche?

viii. ¿Qué pasó al día siguiente?

b. Completa la siguiente tabla basada en lo que cuenta Begoña. (Escribe el verbo en el pretérito o imperfecto.)

Descripción de la situación	Acción
(Estar) .... soñando con los angelitos	De pronto (oir) ....
No (saber) .... qué (ser)	Sin pensarlo (levantarse) ....
(oir) .... el ruido	Me (quedar) ....
No (haber)	Así que (volver) .... a la cama
Todo (ser) .... normal.	e (intentar) ....
(ser/estar) .... imposible	Al final
	(levantarse) ....
el ruido (estar/ser) .... en mi cabeza y no me	(tomarse) ....
(dejar) .... en paz.	(poner) ....
Por si el gato (ser/estar) .... el que	No (oir) ....
(hacer) .... ruido.	(irse) .... a la cama de nuevo
	y (continuar) .... mis sueños
	de tal modo que ni siquiera (oir) .... el
	despertador

c. Cuéntale a tu compañero/a algo similar a lo que le pasó a Begoña.

2. *El Guernica*

Un poco de información sobre *el Guernica*, un cuadro famoso de Pablo Picasso, uno de los artistas y pintores más importantes del siglo veinte. Escucha y contesta las preguntas.

pintura *painting*	escultura *sculpture*	estrella *star (exhibit)*
obra *work*	por encargo de *commissioned by*	
gobierno *government*	República española *Spanish Republic*	
bombardeo *bombing*	día de mercado *market day*	
depositar *deposit*	cuadro *picture*	traslado *transfer*
temporada *season*	cristal de seguridad *protective glass*	
cámaras de video vigilantes *security cameras*		

a. ¿En qué ciudad se exhibe *el Guernica*?
b. ¿De dónde era Picasso?
c. ¿En qué año se fue a París?
d. ¿En qué museo depositó Picasso *el Guernica*?
e. ¿Qué pidió Picasso con la llegada de la democracia a España?
f. ¿Qué medidas de seguridad protegen el cuadro ahora?
g. ¿Qué ocurrió en el año 1973?

Para más información sobre Picasso, uno de los artistas más importantes del siglo XX, visita: www.fundacionpicasso.es y www.isocanda.org/areas/arte/picasso.htm.

Consolidación

1. ¿Qué sabes del siglo XX?

Primero transforma los infinitivos entre paréntesis a la forma correcta del verbo y luego ordena los acontecimientos cronológicamente.

> **Ejemplo**
>
> García Márquez ganó el Premio Nobel de Literatura en 1982.

a. García Márquez (ganar) el Premio Nobel de Literatura.
b. Cristóbal Colón (descubrir) América.
c. Alexander Graham Bell (inventar) el teléfono.
d. España (pasar) a ser miembro de la Comunidad Económica Europea.
e. Franco (morir)*.
f. La Guerra Civil Española (terminar).
g. La Primera Guerra Mundial (empezar).
h. Los astronautas del Apolo 11 (llegar a ser) las primeras personas que (caminar) en la luna.

Los años son:
En 1492 (. . .), en 1875 (. . .), en 1914 (. . .), en 1939 (. . .), en 1969 (. . .), en 1975 (. . .), en 1982 (. . .), y en 1986 (. . .).

> **¡Ojo!**
>
> * Pretérito irregular – véase Unidad 15.

2. El robo

Transforma los infinitivos entre paréntesis a la forma correcta del verbo.

Ayer, a las 11 de la tarde, un hombre (entrar) en una joyería, (agarrar) una pulsera y (salir) corriendo. El dueño (telefonear) a la policía que (llegar) en seguida. Los guardias (registrar) las calles de la vecindad pero no (dar) con el delincuente.

| joyería *jeweller's* | agarrar *snatch* | pulsera *bracelet* |
| registrar *search* | dar con find, encounter | |

3. Cámbianos.

Y ahora un pequeño test de verbos. Muchos son irregulares.

a. Cambia los verbos en cursiva al pretérito indefinido.

> **Ejemplo**
>
> **Hicimos** una paella grandísima para el cumpleaños de Juan.

i. *Hacemos* una paella grandísima para el cumpleaños de Juan.

ii. *Vamos* a comprar unos caramelos.

iii. Mi padre *da* una conferencia el lunes.

iv. No *veo* nada por la ventana.

v. ¿*Vais* a la fiesta de Pilar?

vi. *Hago* los deberes por la tarde.

vii. No *ve* al americano de pelo largo.

viii. *Van* al teatro para ver una obra de Ariel Dorfman.

ix. ¿Te *doy* mi número de teléfono?

x. *Es* un viaje muy divertido.

b. Ahora traduce al inglés las frases transformadas.

> Ariel Dorfman es un dramaturgo chileno de nuestros días.

 4. ¡Hice muchísimas cosas ayer!

Alicia tuvo un día muy ajetreado ayer. Esto es lo que escribió en su diario. Desafortunadamente las frases están desordenadas. Ayúdale a ordenar las frases de una forma lógica. Tendrás que transformar los verbos en cursiva.

> **Ejemplo**
>
> Ayer por la mañana <u>me levanté</u> temprano y salí a las once para encontrarme con mi hermana. Al mediodía <u>comimos</u>. Etc.

a. *Comer* al mediodía en una cafetería.

b. *Escuchar* el casete de Pavarotti en mi dormitorio.

c. *Dar* a mi hermana su regalo de cumpleaños.

d. *Levantarse* temprano.

e. *Leer* un artículo muy interesante sobre Salvador Dalí.

f. *Salir* a las once para encontrarme con mi hermana.

g. *Sentirse* contenta de pasar el día con mi hermana.

h. *Volver* a casa a las once de la noche.

i. *Ir* al centro de la ciudad para buscar un piso.

j. *Ver* una película estupenda con Antonio Banderas.

k. *Hacer* la limpieza de la casa.

5. Curiosidad, curiosidad

Contesta a estas preguntas. Puedes inventar las respuestas:

a) ¿Naciste en 1973?

b) ¿Te quedaste en casa anoche?

c) ¿Visteis la película de Almodóvar, en el festival de cine?

d) ¿Alquilaron el apartamento?

e)   ¿Dejaste el coche en el aparcamiento?

f)   ¿Empezaste la carrera en 2002?

g)   ¿Cuándo vieron a Alberto?

h)   ¿Cuándo se casaron Dalí y Gala?

6. Ayer

a.   Un amigo tuyo que no sabe español muy bien tiene dificultades con el pretérito y sobre todo con las formas irregulares. Ayúdale a poner estas frases en español.

i.   Yesterday I got at up 8:00, had breakfast, had a shower and went out of the house.

ii.   I caught the 52 bus, where I met a friend.

iii.   We arrived at the university in time for the 9:00 class.

iv.   After the class I worked in the library for 2 hours, then I had a coffee, read a book and had lunch at 12:30.

v.   In the afternoon I sent an e-mail and returned home.

vi.   After supper I didn't do much.

vii.   I watched TV, made a phone-call to my boy-friend/girl-friend and went to bed at 12:00.

viii. It was quite a boring day.

b.   Ahora escribe las frases, refiriéndote a un/a amigo/a tuyo/a (tercera persona).

> **Ejemplo**
>
> Ayer se levantó a las 8:00, desayunó, etc.

7. A veces confundo los tiempos.

Un compañero que ha estudiado español en México no entiende muy bien las diferencias entre el uso del perfecto y el pretérito indefinido tal como se ve en muchas partes de España. Haz este ejercicio y explícaselo. Transforma los infinitivos al perfecto o al pretérito indefinido como en el modelo.

> **Ejemplo**
>
> ¿Comer (tú) pulpo alguna vez? Probar (yo) el año pasado, pero no me gustar.
> ¿<u>Has comido</u> pulpo alguna vez? <u>Lo probé</u> el año pasado, pero no me <u>gustó</u>.

a: ¿Ir (tú) a ver la película *Viridiana*, el viernes pasado?

b: No. No ir (yo). Es curioso, no ver (yo) ninguna película de Buñuel, aunque tengo muchas ganas de hacerlo.

c: ¿Qué tal? ¿Cómo estás?

d: Muy bien. Este mes recibir (nosotros) un aumento de sueldo. Al final del mes pasado, quedarse (yo) sin dinero y ir (yo) a hablar con el director del banco.

e: ¿Ir (tú) Buenos Aires alguna vez?

f: No. Hace dos años visitar (nosotros) Montevideo, pero no salir (nosotros) de Uruguay, porque (nos) faltar tiempo para ver todo lo que queríamos.

> Las capitales de estos dos países contiguos se encuentran muy cerca la una de la otra, pero guardan caracteres muy propios. Para informarte más sobre Argentina y Uruguay visita sus páginas web: www.argentinatravelnet.com y www.uruguayTheCountry.com

8. Me dijo que no quería ir.

Un amigo tuyo es muy preguntón, quiere saber todos los detalles de las conversaciones que has tenido. Intentas satisfacer su curiosidad.

a. Transforma como en el modelo:

Modelo

Estilo directo: PRESENTE   Estilo indirecto: IMPERFECT
Me dijo: 'No quiero ir.'   Me dijo que no quería ir.
Le pregunté: '¿Tienes reloj?'   Le pregunté si tenía reloj.

---

   i.   Me dijo: 'No sé qué hacer.'
   ii.   Me preguntó: '¿Tienes veinte euros?'
   iii.   Le contesté: 'No lo sé.'
   iv.   Me aseguró: '¿Es una película excelente.'
   v.   Le pregunté: '¿Te encuentras mal?'
   vi.   Les dije: 'No tengo tiempo para discusiones.'
   vii. Les contesté: 'En ese caso, no quiero saber más.'
   viii. Nos preguntó: '¿Cuándo os vais de vacaciones?'
   ix.   Me contestó: 'No me apetece ir al cine.'
   x.   Nos aseguró: 'Es el mejor tablado de flamenco de toda Sevilla.'

b. Traduce al inglés las frases transformadas.

9. Mi primer año en el extranjero

Una estudiante española que toma parte en un programa de intercambios entre España y el Reino Unido nos habla de sus preocupaciones y cómo llegó a dominarlas.

a. Lee el texto y contesta las preguntas. Presta atención al uso del imperfecto y al pretérito indefinido.

> Cuando llegué a Sheffield estaba muy ilusionada porque era un país desconocido. Sin embargo me moría de miedo porque sólo había una beca de Erasmus para Sheffield y eso significaba venir sola a la aventura.
>
> Mientras venía en el avión, trataba de pensar en todas las cosas que iba a hacer: conocer gente y una cultura nueva, practicar inglés, visitar el país, etc.
>
> Todo parecía muy bonito hasta que entré en la residencia de estudiantes. De pronto me di cuenta de que iba a ser más difícil de lo que pensaba adaptarme a estar allí.

Toda la gente tenía sus amigos, se divertían y yo no conocía a nadie. La habitación estaba vacía y por un momento quise volver a mi casa. Menos mal que todo fue cuestión de un par de días porque en el comedor de la residencia conocí a mis actuales amigos y desde aquel momento siempre estuve rodeada de gente.

Luego llegó el momento de matricularme y enfrentarme a los ingleses porque mi inglés no era muy bueno. Me costó un poco hacerme entender, pero lo hice. Las clases me asustaron un poco porque el sistema de estudios es distinto en España y me preocupó mucho el hecho de tener que hacer muchos ensayos pues no tenía mucha experiencia en eso.

Tuve pesadillas durante toda una semana pensando que cometí un error al venir a Inglaterra. En mi país me sentía más segura y sabía que estudiando, no tenía ningún problema para terminar mi carrera. Pero, ¿qué pasaría en Sheffield?

Pensaba que en el curso me iba a ir mal y quería acabar la carrera este año y con buenas notas. El agobio me hizo estudiar mucho durante un tiempo, pero pronto descubrí que no había motivos para preocuparme tanto.

Me convertí en una vaga; salía muy a menudo a divertirme, me hice miembro de la sociedad hispánica y de la sociedad de salsa y merengue, colaboré con dos profesores en la universidad que enseñaban español. Me di cuenta que había tiempo para todo si era un poco constante en los estudios y que debía aprovechar mi tiempo haciendo mil cosas. Me adapté tan rápido que en noviembre ya empecé a pensar en volver a Sheffield al año siguiente.

ilusionado/a *excited*	quise (querer) *I wanted*
beca *scholarship*	evitar *to avoid*
morir de miedo *to be very frightened*	menos mal que *it is a good job*
pesadilla *nightmare*	asustar *to frighten*
aprovechar *to take advantage*	agobio *anxiety*
darse cuenta de *to realize*	tanto *so much*
divertirse *to have a good time*	motivo *reason*

Preguntas

i.   ¿Cómo se sintió cuando llegó a Sheffield?
ii.   ¿Qué pensó cuando entró en la residencia de los estudiantes? ¿por qué?
iii. ¿Cuándo cambió su mala impresión?
iv.   ¿Qué le preocupó al matricularse e ir a las clases?
v.   ¿Cómo se sentía en su ciudad y cómo se sentía en Sheffield respecto a sus estudios?
vi.   ¿Qué le causó agobio?
vii. ¿Qué hizo cuando descubrió que no había razón para preocuparse tanto?
viii. ¿Qué pensó hacer al año siguiente?

b.   ¿Y tú, has tenido experiencias parecidas al visitar un nuevo país o al comenzar un nuevo empleo? Escribe un párrafo breve describiéndolas o bien, si prefieres, cuenta experiencias imaginadas.

10. Una canción

a. He aquí la letra de una canción tradicional que describe la relación de amor entre una calandria (*a lark*) y un gorrioncillo (*a little sparrow*). Lee la letra de la canción y transforma los infinitivos entre paréntesis a la forma correcta del verbo, bien el imperfecto, bien el pretérito indefinido. Tendrás que leer toda la canción antes de empezar.

La calandria

En una jaula de oro, pendiente del balcón
(hallarse) una calandria cantando su dolor;
hasta que un gorrioncillo a su jaula (llegar):
'Si usted puede sacarme, con usted yo me voy.'
Y el pobre gorrioncillo de ella (enamorarse),
y el pobre como (poder) sus alambres (romper);
la ingrata calandria después que la (sacar)
tan luego (verse) libre voló y voló y voló.
El pobre gorrioncillo todavía la (seguir),
a ver si (cumplirse) lo que le (prometer);
la malvada calandria eso le (contestar)
'A usted no le conozco, ni presa he sido yo.'
Y triste el gorrioncillo luego (regresarse),
(pararse) en un manzano, lloró, lloró, lloró,
y ahora en esa jaula pendiente del balcón,
se halla el gorrioncillo, cantando su pasión.

b. Un/a amigo/a, que no estudia español, quiere saber de qué trata la canción, así que se la traduces al inglés. Aquí tienes algunas de las palabras inglesas que vas a necesitar: *ungrateful, cage, apple tree, wicked, to fall in love, prisoner, bars.*

11. Cuando fui a Francia

Traduce al español:

Last summer I visited my uncle who lives in France. He decided to go and* live there last year after spending lots of holidays there. He bought a small cottage in the country and my parents, my sister and I spent two weeks there in the summer. It's a wonderful place, perfect for a quiet stay. Both my uncle and aunt learned French some years ago, and they speak to their neighbours all of the time in French. I tried to speak a little, but found it very difficult because they speak so quickly. On the first morning I got up early to go to the village, where I bought some bread and milk in a tiny shop behind the church. I went back to the house and we all had breakfast together in the garden. My parents decided to spend the day there, and they swam in the pool. My sister and I caught the bus to another village not far from there, and spent the day visiting the church and other old buildings and walking through the narrow streets. We saw some lovely places and went back the following day. We loved the area and the people and want to go back next year. My uncle and aunt are very lucky, because they live there all year, not just for two weeks in the summer.

✌ | *cottage* casita *stay* estancia **to go and live*, **translate as** to go to live

📖 ✎ **12.** **Un joven agrede a un compañero de clase.**

El Heraldo de Aragón, 28 de octubre de 1998

Un joven agrede a un compañero de clase

Instituto Biello Aragón de Sabiñánigo, donde ocurrieron los hechos

Un estudiante de 25 años del instituto Biello Aragón, de Sabiñánigo, agredió con un cuchillo a un compañero de clase el pasado lunes y después se entregó a la Guardia Civil. La víctima, de 27 años, resultó herida leve tras recibir una cuchillada en el hombro y ayer mismo volvió al centro de enseñanza.

S. CAMPO Sabiñánigo

El presunto agresor, de 25 años, Oscar L.P., de Sabiñánigo, y el joven herido, César Ma ªel I.A., de 27 años, estudiaban juntos en el IES Biello Aragón de la capital serrablesa el segundo curso del ciclo formativo de grado superior en la rama de electricidad. Cuando se produjo el incidente, sobre las 12.40 horas del lunes, ambos se encontraban en clase en el aula de ordenadores junto a otros tres alumnos y el profesor, que fueron testigos de lo sucedido.

Fuentes cercanas al caso han confirmado que Oscar L.P. se acercó a su compañero, que se encontraba realizando unas prácticas ante la pantalla de un monitor, y sin mediar palabra le sorprendió sacando un cuchillo con el que le asestó una puñalada en el hombro derecho cerca del cuello.

Tras lo ocurrido Oscar L.P. abandonó rápidamente la sala y el centro sin dar ninguna explicación, y condujo su vehículo hasta el cuartel de la Guardia Civil, donde se entregó y confesó lo que acababa de hacer. Mientras tanto el agredido era llevado por personal del instituto al centro de salud, donde se le practicó una cura de urgencia para después ser trasladado al hospital San Jorge de Huesca.

La única cuchillada le produjo una herida leve próxima a la garganta, y tras permanecer en observación fue dado de alta. El joven regresó al instituto en la mañana de ayer para incorporarse a la jornada lectiva. El arma blanca esgrimida, un cuchillo de sierra, no formaba parte del material del centro por lo que se supone que el autor la llevaba encima y la introdujo en clase.

Trastorno mental

Al parecer Oscar L.P. padece algún tipo de trastorno mental relacionado con la esquizofrenia y el año pasado había recibido tratamiento durante unos días en un centro de Zaragoza. Su evolución favorable propició el traslado al domicilio familiar.

En el centro de enseñanza Biello Aragón ha realizado estudios de Formación Profesional, así como el primer curso del ciclo de electricidad, y según fuentes del centro no había demostrado ninguna actitud ni ningún comportamiento demasiado inusual que indicara que pudiera tener una reacción violenta de este tipo.

Según ha podido saber esta redacción, el joven podría haber actuado movido por una idea obsesiva al estar convencido que era motivo de risas entre los demás estudiantes.

✌

agredir *to attack*	instituto *secondary school*	entregarse *to give oneself up*

agredir *to attack*   instituto *secondary school*   entregarse *to give oneself up*
herido/a *wounded*   leve *light(ly)*   cuchillada *knife wound*
se produjo el incidente *the incident occurred*   aula de ordenadores *computer room*
testigos *witnesses*   pantalla *screen*   asestar una puñalada *to stab*
cuartel *barracks, police station*   dar de alta *discharge*
trastorno mental *mental illness*   esquizofrenia *schizophrenia*
ser motivo de risas *to be laughed at*

a. Contesta en español las siguientes preguntas.

  i. ¿Dónde trabajaba Oscar cuando le agredió César?

  ii. ¿Cuántas personas fueron testigos del ataque?

  iii. ¿Qué arma se empleó en el ataque, y que tipo de herida recibió Oscar?

  iv. ¿Qué tipo de cura le dieron a Oscar? ¿Cómo se encuentra ahora?

  v. ¿Qué se sabe del agresor?

  vi. ¿Aparentemente, cuál fue el motivo del agresor?

b. Traduce al inglés: '*Al parecer . . . de este tipo*'.

c. Limitándote a un máximo de 40 palabras, haz un resumen en inglés de los párrafos: *'Fuentes cercanas . . . San Jorge de Huesca'.*

d. Traduce al español. Sírvete de frases del texto original si quieres.

> They do not know his motive. The incident took place without a word being exchanged* between the attacker and his victim, a fellow-student. Apparently the attacker had a history of mental problems and hospital treatment, but he made good progress and they allowed him to return home. He did not give any indication of unusual attitudes or behaviour before the attack. Fortunately the victim has recovered completely and has gone back to college. The attacker is receiving treatment in hospital.

> * *without a word being exchanged* sin mediar palabra

e. Busca un sinónimo o explica las siguientes palabras: *agredir, asestar una puñalada, lo sucedido, fue dado de alta, abandonó la sala, fuentes del centro de enseñanza.*

f. Describe en español un suceso dramático imaginado o del cual has sido testigo. A lo mejor quieres basarte en el segundo ejercicio de 'Consolidación' – 'El robo'.

Gramática

1. Verbs: the preterite tense (1)   Verbos: el pretérito indefinido (1)

Regular forms

The preterite tense in Spanish is formed by taking the root of the infinitive and adding distinctive endings for *ar* and *er/ir* verbs:

VIAJ(AR)	*COMPREND(ER)*	*SAL(IR)*
(to travel)	(to understand)	(to leave)
VIAJÉ	*COMPRENDÍ*	*SALÍ*
VIAJASTE	*COMPRENDISTE*	*SALISTE*
VIAJÓ	*COMPRENDIÓ*	*SALIÓ*
VIAJAMOS	*COMPRENDIMOS*	*SALIMOS*
VIAJASTEIS	*COMPRENDISTEIS*	*SALISTEIS*
VIAJARON	*COMPRENDIERON*	*SALIERON*

- The first person plural for -*ar* and -*ir* verbs is the same as the present tense.
- The endings for -*er* and -*ir* verbs are the same; the *i* goes all the way through both.
- The stress falls on the syllable immediately after the root for all persons of the verb. This requires a written accent to be placed on the first and third persons singular. The accents are particularly important in the first and third persons singular of *ar* verbs; without an accent, *viaje* either means 'a journey' or is part of the present subjunctive; *viajo* is the first person of the present tense, i.e. 'I travel' rather than 'he travelled'.

Irregular forms

There are many irregular preterites in Spanish. None of them have accents. Most of them will be introduced in Unit 15. Here are the ones you need for this unit.

DAR and *VER** have identical endings:

DI	**VI**
DISTE	**VISTE**
DIO	**VIO**
DIMOS	**VIMOS**
DISTEIS	**VISTEIS**
DIERON	**VIERON**

* In fact *ver* is regular in the preterite. It is highlighted here to draw attention to its lack of accents and its similarity to *dar*.

SER and *IR* share a single form for the preterite:

FUI (I was <u>or</u> I went)
FUISTE
FUE
FUIMOS
FUISTEIS
FUERON

HACER

HICE
HICISTE
HIZO
HICIMOS
HICISTEIS
HICIERON

Other verbs

There are a number of other verbs in Spanish which are not properly speaking irregular in the preterite but which undergo certain predictable spelling changes.

CREER (TO BELIEVE)
CREÍ CREÍSTE **CREYÓ** *CREÍMOS CREÍSTEIS* **CREYERON**

LEER (TO READ)
LEÍ LEÍSTE **LEYÓ** *LEÍMOS LEÍSTEIS* **LEYERON**

OÍR (TO HEAR)
OÍ OÍSTE **OYÓ** *OÍMOS OÍSTEIS* **OYERON**

In these verbs the expected *i* in the third person singular and the third-person plural is replaced by a *y*. Spanish conventionally does not tolerate an unstressed *i* between two vowels. Similarly *caer* ('to fall') and *construir* ('to build').

LLEGAR (TO ARRIVE)
LLEGUÉ *LLEGASTE LLEGÓ LLEGAMOS LLEGASTEIS LLEGARON*

SACAR (TO TAKE OUT)
SAQUÉ *SACASTE SACÓ SACAMOS SACASTEIS SACARON*

The spelling changes in the first person of –*gar* and –*car* ensure that the hard consonant sound is preserved in front of *e* – see Grammar, Unit 1. Similarly, *obligar* ('to compel'), *rogar* ('to request'), *jugar* ('to play') and *atacar* ('to attack'), *explicar* ('to explain'), *provocar* ('to provoke'), etc.

The use of the preterite tense

The preterite is a very important tense in Spanish. Its forms and uses differ from those of the imperfect and the perfect (see below.)
The preterite tense is the Spanish past tense which is used when presenting single, complete events, or actions fixed in time in some way – because we say when they began, when they ended or how long they lasted.

*Hace tres años **compramos** una casa en el campo.*
Three years ago we bought a house in the country.
*El verano del año pasado **trabajé** durante un mes, y con el dinero **fui** a España a*
*perfeccionar mis conocimientos del idioma. Lo **pasé** estupendamente bien.*
Last summer I worked for a month and with the money I went to Spain to improve my
Spanish. I had a wonderful time.
*La Guerra Civil española **empezó** en el mes de julio de 1936 y **terminó** en abril de 1939;*
*o sea **duró** casi tres años.*
The Spanish Civil War began in July 1936 and ended in April 1939; in other words it lasted
almost three years.

The preterite and the imperfect
The preterite tense is sometimes used along with the imperfect.

- In certain cases the imperfect will set the scene, against which the action presented by the preterite took place:

  *Ya **daban** las tres cuando **salimos** al restaurante.*
  It was already striking three when we set out for the restaurant.
  *Cuando **trabajaba** en el norte de España **vio** un accidente de tráfico muy serio.*
  While he was working in the north of Spain, he saw a very bad car accident.

- When (direct) speech is reported, an imperfect is used, often introduced by a verb of speech in the preterite:

  *Me **dijo** que no **entendía** la pregunta.* (Direct speech – *Me dijo: 'No entiendo la pregunta'*)

He said that he didn't understand the question. ('I don't understand the question', he said.)

- The (reported) contents of a letter (or notice) are presented in the imperfect:

  *Recibí una carta que **decía**...* I received a letter that said ...

The preterite and the perfect

While learning the preterite you might find it useful to remind yourself of how it differs from the perfect (see Unit 13).

- Spanish use of the perfect is similar to English use.
- The preterite is anchored in the past, and is often used after an expression of past time – ***ayer, hace tres años, el año pasado*** – as in the example above:

  El año pasado *trabajé durante un mes*...
  Last year, I worked for a month ...

  The perfect is more closely associated with the present, or is seen as part of it; it is used with *hoy, este verano, esta semana, alguna vez, nunca*:

  Esta semana *hemos tenido que gastar mucho dinero.*
  This week we have had to spend a lot of money.

- In Asturias, Galicia and large parts of Latin America the perfect tense is often replaced by the preterite.

2. Some expressions of time used with the preterite and other past tenses   Unas expresiones temporales que se utilizan con el pretérito indefinido y otros tiempos del pasado

Sequence

luego / más tarde	then, next, afterwards
después	after(wards)
después de ir	after going
después del partido	after the match
antes	before
antes de estudiar	before studying
a...	... later
a los cinco días	five days later

Past time

el pasado	the past
pasado/a	last
el mes pasado	last month
el jueves pasado	last Thursday
ayer	yesterday
anteayer	the day before yesterday
anoche	last night
hace tres días / cuatro años	three days / four years ago
Fue allí hace dos meses <u>or</u> *Hace dos meses que fue allí.*	He went there two months ago.
la primera/última vez	the first/last time

Learning aims

Saying what happened and the circumstances in which it happened
Telling someone's life story
Speaking of what had already taken place

Presentación y prácticas

1. ¡Una mentira piadosa!

a. Escucha y lee el mensaje de Belén en que se disculpa por no haber ido a la fiesta de su amiga Carmen.

'Carmen, soy Belén. Te llamo para disculparme por no haber ido a tu fiesta de cumpleaños. Tuve un día muy ajetreado y todo me salió mal. Primero no sonó el despertador y cuando me desperté ya eran las 8.30. Salí corriendo sin desayunar siquiera, pero perdí el autobús y tuve que coger un taxi para ir al trabajo. Cuando llegué a la oficina el ascensor se paró en el octavo piso y estuvimos atrapados una hora. El jefe se puso de un genio horrible y no me dejó salir a desayunar porque tenía una cita con un cliente muy importante y tuve que quedarme a preparar unos documentos. Comí en la cafetería de abajo con Inma y me sentó mal la comida. Cuando salí de trabajar me fui directamente a casa. Quise llamarte para felicitarte pero el teléfono no funcionaba y decidí irme a la cama porque ya no podía más.'

E-mail de Belén a su amiga Charo

Querida Charo: Te escribo para contarte algo fantástico que me pasó ayer. El día empezó bastante mal pero terminó de maravilla. Primero no funcionó el despertador y tuve que coger un taxi para ir a la oficina. Entré en el ascensor y cuando estaba en el octavo piso se paró. Ya sabes que soy un poco claustrofóbica y me puse muy nerviosa. Entonces noté que había un hombre guapísimo a mi lado y no sé cómo, empezamos a hablar. Resultó ser un colega de mi jefe y quedamos para comer en la cafetería de abajo. Fue una comida maravillosa. Vino a buscarme a la salida del trabajo y fuimos a una discoteca. Después vino a casa y estuvimos hablando hasta las tres. Ya te contaré en otro rato, que ahora viene el jefe.
Abrazos
Belén.
P.D. ¿Fuiste ayer a la fiesta de Carmen? A mí se me olvidó, claro.

disculparse *apologize*	ajetreado/a *busy*	ponerse de mal genio *to get*
felicitar *to wish happy birthday*	resultó ser *turned out to be*	*into a bad temper*
se me olvidó *I forgot*		

¿Verdadero o falso?

i. El despertador sonó a las 8:30.

ii. Belén tomó un desayuno ligero antes de salir.

iii. Tuvo que ir al trabajo en taxi.

iv. Estuvo tres horas atrapada en el ascensor.

v. Su jefe se puso muy enfadado porque llegó tarde.

vi. Tuvo que comer con Inma en la cafetería de abajo.

vii. La comida fue terrible.

viii. No fue a la fiesta porque estaba muy cansada y se acostó temprano.

b. Haz una lista de los pretéritos irregulares que se encuentran en el mensaje y el e-mail de Belen y comprueba sus formas en la gramática de esta unidad.

2. Anécdotas

Trabaja con dos compañeros/as. Prepara una de las anécdotas y cuéntasela a tus compañeros. Fíjate en el uso del Imperfecto y del Pretérito Indefinido.

Ejemplo

	Situación / Descripción	Hechos
a. ¿Qué hiciste ayer?	No apetecer salir	No hacer mucho
	Estar cansada	Quedarse en casa
	Llover	Ver una película

A: ¿Qué hiciste ayer?

B: No **hice** mucho. No me *apetecía* salir porque *estaba* cansada y además *estaba lloviendo*. Me **quedé** en casa y **vi** una película.

Ejemplo

	Situación / Descripción	Hechos
b. ¿Qué te pasó?	Volver a casa en el coche	No ver el semáforo en rojo
	Ser tarde	Casi atropellar a un peatón
	La visibilidad ser mala	Darse un susto terrible
c. ¿Qué te sucedió?	Ir por el parque tranquilamente	Tropezar con un perro
	Hacer sol	El perro morderme la pierna
	Todo estar lleno de flores	Gritar mucho
	Admirar los árboles y pájaros mientras pasear	Acabar en urgencias
	Ser domingo y haber mucha gente	
d. ¿Qué ocurrió?	Haber una señora sentada en un banco que leer un periódico	Ladrón acercarse corriendo
	Ladrón ser joven	Coger el bolso de la señora
	Llevar pelo corto y gafas negras	Salir corriendo y subirse a una moto
		Desaparecer entre el tráfico
		Señora desmayarse

📖 ✍ 3.   ¡Felicidades Majestad!

a.   Lee el texto y contesta las preguntas a continuación.

Don Juan Carlos acaba de celebrar su 64 aniversario – nació el 5 de enero de 1938 en Roma, el segundo hijo de los condes de Barcelona, doña María de las Mercedes y don Juan. Su familia y él tuvieron que vivir fuera de España a causa del exilio de su familia.

A la edad de 4 años se trasladó con sus padres a Lausana en Suiza, donde su padre empezó a enseñarle las primeras letras. Le enviaron después al internado de los marianistas de Friburgo, en Alemania, donde tuvo que vivir separado de su familia que vivía entonces en Portugal. Los fines de semana se escapaba del internado para pasarlos con su abuela, Victoria Eugenia, viuda de Alfonso XIII.

Después de la segunda guerra mundial la familia se instaló en Portugal y don Juan Carlos se educó allí hasta el año 1948, cuando el padre de don Juan Carlos y Franco se pusieron de acuerdo para organizar la educación del Príncipe. Juan Carlos tenía diez años cuando pisó por primera vez la tierra española.

De niño don Juan Carlos hablaba tres idiomas, era fuerte en deportes e historia, también era muy responsable, aunque un poco travieso.

En 1955 ingresó en la Academia Militar de Zaragoza y en 1961 terminó su educación en la Universidad Complutense de Madrid, donde estudió Derecho Político e Internacional, Economía y Hacienda Pública.

El 14 de mayo de 1962 se casó con doña Sofía de Grecia por el doble rito, ortodoxo y católico, y se instalaron en el palacio de La Zarzuela. En 1963 nació Elena, en 1965 Cristina y finalmente en 1968 Felipe, el varón heredero de la Corona.

En el Palacio de la Zarzuela se creaba un hogar, y en 1969 don Juan Carlos fue proclamado Rey. Llegó al poder en 1975 después de la muerte de Franco. Desde entonces ha continuado su valiente lucha por la libertad, viviendo momentos históricos en España como la adopción de la Constitución en 1978 y el fallido golpe de estado que tuvo lugar el 23 de febrero de 1981.

Don Juan Carlos tiene un carácter espontáneo y bromista y es una persona a quien le gusta conocer todo tipo de culturas. Buscando la justicia apoya a las minorías de todo el mundo. Odia las barreras y siempre destaca por su inmensa calidad humana. Es gran deportista, apasionado del esquí y de la vela, también de la fotografía y del riesgo. Siempre se muestra atento a las muestras de aprecio de la gente.

¿Verdad o mentira?

i.   Don Juan Carlos nació en Italia.

ii.   La familia de Juan Carlos no quería vivir en España.

iii.   A la edad de diez años Juan Carlos ya había visitado España.

iv.   Cuando era joven le gustaba hacer deportes.

v.   Siempre se comportaba bien.

vi.   El rey tiene tres hijas.

vii.   Es un rey muy popular entre los españoles.

viii.   Le gusta conocer a gente de otros países.

b. Utilizando esta biografía de Juan Carlos, escribe un párrafo describiendo la vida de una persona imaginaria o de un pariente tuyo. Fíjate en el uso del pretérito indefinido y del imperfecto (por ejemplo: . . . <u>tuvo</u> que vivir separado de su familia que <u>vivía</u> entonces en Portugal . . .)

4. ¡Qué bien lo pasamos!

Verónica acaba de volver de sus vacaciones en Galicia con su marido. Sale de copas con su mejor amiga Rita y habla de sus experiencias. Escucha la conversación y contesta en español las siguientes preguntas.

Rita: Pues, dime, ¿qué hicisteis tú y Pepe en Galicia?

Verónica: Bueno, el primer día, el sábado, salimos de aquí a eso de las 9 de la mañana en autocar y llegamos al hotel en Arosa sobre las 4.

Rita: ¿Cómo era el hotel?

Verónica: Estupendo. Había unas 40 habitaciones, era muy grande, pero ¡qué lujoso! Tenía una piscina climatizada, una sala de baile con una orquesta que tocaba cada noche, y un restaurante muy elegante con una cocina gallega. En Galicia comen muchos mariscos, y el pulpo también es muy popular.

Rita: ¡Qué bien! Y ¿qué hicisteis al día siguiente?

Verónica: Desayunamos en el hotel y tuvimos la mañana libre para disfrutar de la playa. Hacía mucho sol y nos sentamos casi 2 horas allí relajándonos y charlando. Después decidimos dar un paseo por el puerto pesquero antes de volver al hotel para almorzar. Luego volvimos al puerto y cogimos un barco a la isla de Arosa, que es preciosa. Luego el lunes organizaron una excursión a las islas Cíes, pero decidimos quedarnos en Arosa para poder recorrer el pueblo un poco. Había muchos edificios interesantes, sobre todo una iglesia muy pequeña en el centro. Estaba cerrada, pero el cura nos dejó entrar y era lindísima. Por la noche organizaron un baile y llevé el vestido negro que compramos tú y yo en Madrid hace unos meses.

Rita: ¿Bailasteis hasta la madrugada?

Verónica: Nos fuimos a la cama a las 2 y media, pero tuvimos que levantarnos muy temprano al día siguiente para ir de excursión a Padrón.

a. El primer día ¿a qué hora salió el autocar?

b. ¿Cuántas habitaciones tenía el hotel?

c. ¿Qué facilidades ofrecía el hotel?

d. ¿Qué se come mucho en Galicia?

e. ¿Cuándo visitó Rita la isla de Arosa?

f. Describe la isla de Arosa.

g. ¿Qué hicieron Verónica y su marido el lunes por la noche?

h. ¿Por qué tuvieron que levantarse muy temprano al día siguiente?

> Para más información sobre la autonomía de Galicia que se encuentra en el noroeste de España, visita la página web: www.Galiciaonline.es.

📖✍ **5. ¡Qué bien lo pasaron Verónica y Pepe en Galicia!**

Después de hablar con Verónica, Rita volvió a casa y contó a su marido lo que le había dicho Verónica (Ejercicio 4). Con un/a compañero/a lee la sección de gramática de esta unidad donde se describe la formación del pluscuamperfecto, y luego haced juntos una lista de los verbos en el pluscuamperfecto, escribiéndolos junto con el infinitivo y su significado como en el modelo.

> Primero me dijo que ella y Pepe habían salido de aquí a las 9 de la mañana y habían llegado al hotel sobre las 4. Había sido un viaje muy largo. El primer día habían tenido la mañana libre para disfrutar de la playa. Había hecho mucho sol y habían decidido dar un paseo por el puerto. También habían visitado la isla de Arosa. Al otro día Verónica había se dormido quedado en la playa porque había hecho mucho calor. Verónica había llevado su vestido negro que ella y yo habíamos comprado juntas en Madrid el año anterior. Yo le había recomendado que lo comprara.

Ejemplo

había dicho – decir (*to say*) – *Rita had said.*

📖✍ **6. Un poco de cotilleo**

Eres Carmen (Ejercicio 1) y tu amiga Lola quiere saber por qué no asistió Belén a tu fiesta. Estos son los puntos principales del mensaje que te dejó Belén en el contestador automático. Transforma las frases como si estuvieras contando a tu amiga Lola lo que te dijo Belén.

Ejemplo

Belén: 'No he podido ir a tu fiesta porque tuve un día muy ajetreado.'
Carmen: Belén dijo que no había podido ir a la fiesta porque había tenido un día muy ajetreado.

Belén:
- 'No sonó el despertador.'
- 'Salí corriendo sin desayunar.'
- 'Perdí el autobús y tuve que coger un taxi para ir al trabajo.'
- 'El ascensor se paró en el octavo piso y estuvimos atrapados una hora.'
- 'El jefe se puso de un genio horrible y no me dejó salir a desayunar.'
- 'Comí en la cafetería de abajo con Inma y me sentó mal la comida.'
- 'No pude llamarte por teléfono para felicitarte.'

Carmen:
Belén dijo que . . .

7. Ya se había marchado.

Pregunta a tu compañero/a por la información que te falta. Pregunta y contesta como en el ejemplo.

> **Ejemplo**
> Luis se marchó a las 6:00. Yo llegué a las 6:30.
> A: ¿Conseguiste hablar con Luis?
> B: No pude porque cuando llegué ya se había marchado.

Estudiante A	Estudiante B
Paco se marchó a las 8:30. Yo llegué a las 9:00.	¿Conseguiste ver a Paco?
¿Consiguieron ver toda la película?	La película empezaba a las 7:00. Ellos llegaron a las 7:45.
El restaurante cerró a las 10:30. María llegó a las 11:00.	¿Cenó María en el restaurante que le recomendé?
¿Cogió tu hermana el autobús de las 9:30?	El autobús salió a las 9:30. Mi hermana llegó a la parada a las 9:35.
Vendieron todos los televisores el lunes por la tarde. Fui a la tienda el martes por la mañana.	¿Compraste ese televisor tan barato que vimos el lunes?
¿Visteis el programa sobre el flamenco? (¿Vieron . . .?)	El programa terminó a las 8:00. Nosotros pusimos la tele a las 8:02.
Los señores de Martínez salieron a las 5:00. Yo la llamé a las 5:15.	¿Hablaste con los señores de Martínez?
¿Viste la exposición de Picasso en Madrid?	La exposición de Picasso en Madrid terminó el día 20. Yo fui a Madrid el 23.

8. ¿Cómo reaccionaste?

Pregunta a tu compañero/a qué dijo o pensó en las siguientes situaciones. Contesta según el modelo utilizando el pluscuamperfecto.

> **Ejemplo**
> ¿Qué pensaste cuando: viste por primera vez al novio de tu hermana?
> Pensé que ¡**nunca había visto** a nadie tan feo!

Estudiante A
- perdiste algo con valor sentimental
- se te declaró alguien por primera vez
- ganaste un premio o la lotería
- te paró la policía
- llegaste tarde a una cita importante

Estudiante B
- conociste a la pareja de tus sueños
- saliste a la calle con zapatillas
- recibiste un regalo especial
- se emborrachó tu amigo/a
- perdiste la tarjeta de crédito

Comprensión auditiva

1. La sirenita

a. Érase una vez un pescador de Vigo (Galicia) al que le sucedió algo increíble que todavía sobrevive como leyenda. Si tu mente está abierta al mundo mágico de la imaginación y los sueños, deja que entre el hechizo de su historia y sumérgete conmigo en las aguas de su embrujo. Escucha esta historia y contesta las preguntas.

érase una vez	*once upon a time*	pescador	*fisherman*
algo increíble	*something unbelievable*	asombro	*astonishment*
sirena	*mermaid*	lo feliz que era	*how happy he was*
leyenda	*legend*	enamorado/a	*in love*
hechizo	*enchantment*	locura	*madness*
amanecer	*dawn*	burlarse de	*make fun of*
red	*(fishing) net*	importar	*to matter*
desmayarse	*to faint*	explicar	*to explain*
(des)aparecer	*to (dis)appear*	peligro(so/a)	*danger(ous)*
lo acontecido	*what had happened*	ahogado/a	*drowned*
obsesionado (con)	*obsessed (with)*	homenaje	*homage*
cola	*tail*	estatua	*statue*
pervivir	*survive, continue*	acercarse a	*to approach*

i.   ¿De dónde era José?

ii.   ¿Qué profesión tenía?

iii.   ¿Cuándo se levantaba por la mañana para ir a pescar?

iv.   ¿Qué descubrió un día al sacar sus redes del agua?

v.   ¿Cómo reaccionó al descubrimiento?

vi.   ¿Por qué no vio a la sirenita cuando se recuperó?

vii.   ¿Qué dijeron los vecinos cuando contó lo que había pasado?

viii. ¿Quién estaba dispuesto a creerlo hasta cierto punto?

ix.   ¿Qué ocurrió un día cuando José ya empezaba a creer que fue (había sido) un sueño?

x.   ¿ A partir de aquel día por qué era tan feliz José?

xi.   ¿Cómo lo llamaban los vecinos del pueblo?

b.   Lee la segunda parte de la historia de **La sirenita** mientras escuchas la grabación. Luego contesta las preguntas.

> Un amanecer José le dijo a la sirenita que por qué tenían que separarse al salir el sol. Ella le explicó que a las sirenitas les estaba prohibido salir del agua a la luz de día y que era muy peligroso. Él insistía en que necesitaba estar con ella más tiempo y en que haría lo que fuese para lograrlo. Ella dejó de sonreír por unos momentos y le contó que sólo si él moría ahogado podrían estar juntos bajo las aguas. Él se alegró tanto al descubrir que había una posibilidad para ellos que no vio ningún inconveniente y accedió encantado. Ella le rogó que reflexionara bien porque la decisión sería irrevocable, pero él estaba completamente seguro de que eso era lo que quería hacer. Se despidió de ella y le contó a su amigo, Manolo, que se iba a marchar para no volver y que estaba muy impaciente por poder estar con ella para siempre. Manolo pensó por un segundo que quizás su amigo sí estaba loco de verdad, pero se dio cuenta de que nada podía hacer para hacerle cambiar de opinión. Falso o cierto José creía lo que contaba y estaba tan emocionado que Manolo no pudo evitar contagiarse de su ilusión y alegría.
>
> Tal y como había planeado, a la mañana siguiente José ya estaba con su sirena y su cuerpo sin vida apareció en la orilla del mar con una sonrisa imborrable en su rostro. Cuando la gente lo vio, empezó a alarmarse y recordar las cosas que José les había contado muchas veces. Después de todo ¿sería verdad lo que contaba? Manolo vio confirmada la certeza de lo que su amigo le decía acerca de su sirena y su reunión con ella, y como José le había descrito muchas veces el aspecto de su sirenita, Manolo decidió hacer un homenaje a su amigo esculpiendo una estatua de ella. Como vivo símbolo de las personas que insisten en creer en los sueños y en las sirenas, han colocado la estatua en una playa que lleva su mismo nombre – la playa de la sirenita.
>
> La leyenda se transmite de generación en generación y pervive en la memoria de todos los pueblos pesqueros de Vigo. Y tú ¿crees?
>
> María Teresa Lis Álvarez

i.   Según la sirena, ¿por qué no podían estar juntos durante el día?

ii.   ¿Qué solución había al problema?

iii.   ¿Qué le contó José a su amigo Manolo?

iv.   ¿Cuál fue la reacción de Manolo?

v.   ¿Qué encontraron a la mañana siguiente los vecinos del pueblo?

vi.   ¿Cómo interpretaron la sonrisa en el rostro de José?

vii.   ¿Cómo decidió Manolo hacer un homenaje a su amigo?

viii.   ¿Cuál es el nombre de la playa donde pasó lo acontecido?

ix.   ¿Se acuerda la gente de la leyenda de José y la sirenita?

  2.   Informe sobre la ciudad de Curitiva, Brasil

Escucha el informe de un viaje de un empleado del gobierno argentino al Brasil para ver los cambios sociales, económicos y en educación producidos por Jaime Lerner, el alcalde de Curitiva y contesta las preguntas.

> Curitiva es una ciudad en Brasil.

vales *tickets*	micros express *express buses*
auto *car*	empleado público *government employee*
desecho *waste*	alcalde *mayor of the city*
basura *rubbish/garbage*	curiosear *to wander around*
oponerse *to oppose*	albergar *to offer a home*
cuidado *care*	paraíso *paradise*
concurso *contest*	no tanto como antes *not as much as before*
ejemplar *exemplary, model*	juguete *toy*
chicos de la calle *children who live in the streets*	colectivos (Arg.) *buses*

> Brasil es el país más grande de Latinoamérica y el quinto del mundo. Tiene una población de más de 170.000.000 habitantes. Su lengua es el portugués, la cuarta lengua del mundo. Para informarte más sobre el Brasil, conecta con: http://www.brazilnetwork.org.

a.   ¿Por qué el empleado público había dado una conferencia sobre Curitiva?

b.   ¿Quién había producido la transformación de Curitiva?

c.   ¿A qué aspecto le había dado más importancia?

d.   ¿Qué había hecho para extender la educación a los barrios marginados?

e.   ¿Qué había hecho para enseñar a la gente a reciclar?

f.   ¿Cómo los había motivado?

g.   ¿Qué había hecho para ayudar a los niños gamines?

h.   ¿Qué tiendas había puesto en la calle de 24 horas?

i.   ¿Cómo habían reaccionado algunos ante sus ideas al principio?

j.   ¿En qué se había convertido Curitiva?

Consolidación

1.   ¡Cámbianos!

¡Seguro que ya dominas el pretérito indefinido! Compruébalo cambiando los verbos entre paréntesis al pretérito indefinido.

a. Formas regulares

    i.   Los chicos (COMEN) al mediodía en el colegio.

    ii.   Mi hermana (COMPRA) un regalo para el cumpleaños de su amiga.

    iii. (ESCRIBIMOS) un artículo muy interesante sobre Salvador Dalí.

    iv. No me (GUSTAN) nada las manzanas que compré ayer en el supermercado.

    v.   (SALGO) a las ocho para encontrar a mi madre.

    vi. ¿A qué hora (TE DESPIERTAS)?

    vii. (ESCUCHA) el casete de Pavarotti en su dormitorio.

    viii. (BEBÉIS) cerveza o vino?

    ix. (VUELVO) a casa a las dos de la madrugada.

    x.   Mis padres (VISITAN) a mi tío en Salamanca.

b. Formas regulares e irregulares

    i.   Cuando (LLEGAR) los invitados (PONER, nosotros) la mesa.

    ii.   (DECIR, ellos) que no estaban contentos con lo que estaba ocurriendo.

    iii. (QUEJARSE, nosotros) de que no nos habían prestado bastante atención.

    iv. (VENIR, él) a vernos cuando (MORIRSE) mi madre.

    v.   No (QUERER, yo) aceptar la propuesta que me (HACER, ellos).

    vi. (HACER, yo) lo que (PODER) en una situación muy difícil.

    vii. (IR, él) a la cama y (DORMIRSE) en seguida.

    viii. Nos (PEDIR, ella) dinero, pero no se lo (DAR).

    ix. Ayer (HABER) muchas tormentas en todo el país.

    x.   (SER) en enero cuando lo (VER, nosotros).

c. Ahora, traduce las frases al inglés.

2. ¿Adónde fuiste el año pasado?

Describe tus últimas vacaciones. Escribe unas 300 palabras.
Debes incluir lo siguiente:

- adónde **fuiste**
- dónde **estuviste**
- cómo, cuándo y con quién **fuiste**
- tus primeras impresiones (del sitio, de la gente, etc.)
- describe el sitio (ciudad/pueblo) y el hotel o lugar donde te alojaste (cómo **era**, dónde **estaba** situado, etc.)
- cuenta

    a)   lo que **hacías** por la mañana, tarde y noche (rutina / actividades diarias)

    b)   lo que **hiciste** en alguna ocasión especial (una excursión, comida en un restaurante, visita a un edificio o museo famoso, etc.)

- qué tiempo **hizo** en general / que tiempo **hacía** al llegar, al marcharte, en alguna ocasión especial que quieras describir

- lo que te **gustó** y lo que no te gustó
- cómo te **sentías** cuando te **marchaste** (triste, cansado, etc.)
- ¿piensas volver otra vez?

3. Transformaciones

a. Y ahora una prueba del pluscuamperfecto. Transforma los infinitivos.

> **Ejemplo**
>
> Estar (él) enfermo, por eso no poder venir.
> Dijo que había estado enfermo, por eso no había podido venir.

i. Pensar (yo) llamar, pero no pude.

ii. Le preguntamos: ¿jugar (tú) antes a la escoba?

iii. No beber (él) tanto desde que se casó.

iv. Dijo que tener (nosotros) mucha suerte.

v. Me preguntó: ¿cómo venir (vosotros)?

vi. Ya pedir (ellos) la cuenta.

b. Transforma estas frases al estilo indirecto:

> **Ejemplo**
>
> 'Nos hemos comprado un coche.'
> Me dijeron que se habían comprado un coche.

i. 'Ayer pasé un día horroroso, todo me salió mal.'

ii. 'Hemos ido a verte esta mañana.'

iii. 'Me fui de vacaciones unos días.'

iv. 'He vivido aquí toda mi vida.'

v. 'No le gustó nada el viaje de fin de curso.'

c. Estos son unos titulares de periódicos españoles. Al día siguiente ves a un amigo. Dale la información que leíste ayer.

> **Ejemplo**
>
> 'Precio de la gasolina bajó un tres por ciento.'
> Ayer leí en el periódico que el precio de la gasolina había bajado un tres por ciento.

i. 'Estudiantes salieron a la calle para protestar por la reducción de ayudas universitarias.'

ii. 'Vecinos del barrio de San Vicente organizaron una manifestación en contra de la construcción de la nueva autopista de circunvalación.'

iii. 'Huelga de camioneros ha sido cancelada.'

iv. 'Gobierno y sindicatos han iniciado negociaciones por un salario mínimo.'

d. Estás pasando unos días con tu amiga Charo, hoy está trabajando y te ha pedido que tomes los recados de las llamadas de teléfono. Escribe una nota con los distintos mensajes:

> **Ejemplo**
>
> Julia, 'Ayer pasé por casa de Susana y me dio el libro.'
> Charo, llamó Julia y dijo que ayer había pasado por casa de Susana y le había dado el libro.

    i.   Julia: 'Ayer pasé por casa de Susana y me dio el libro.'

    ii.   Raquel: 'Encontré el disco que me pidió.'

    iii. Rosa: 'Me he mudado de casa.'

    iv. Susana: 'No pudo conseguir entradas para el concierto.'

4. ¡Qué raro! Nunca había visto nada parecido.

Relaciona las frases (a–h) con la situación adecuada (i–viii)

> **Ejemplo**
>
> a. Nunca había visto un cuadro tan grande.
> ii. Tu amigo frente al cuadro *Guernica* de Picasso

a. Nunca había visto un cuadro tan grande.	i. Un acusado es declarado inocente.
b. ¡Vaya! Nunca había tenido tanta suerte.	ii. Tu amigo frente al cuadro *Guernica* de Picasso.
c. ¿Nunca habíais estado aquí?	iii. Descubres que un compañero se llama Rufino.
d. ¡Qué curioso! Ya había escuchado esa música antes.	iv. Has ganado tres veces a la lotería.
e. Siempre había creído en tu inocencia.	v. Un paquete ha desaparecido.
f. ¡Qué raro! Lo habíamos dejado aquí.	vi. Estás en un concierto inaugural.
g. Nunca me había sentido tan feliz.	vii. Tu pareja se ha recuperado de una operación grave.
h. ¡Qué extraño! Siempre le habíamos llamado Julio.	viii. Por primera vez vas con tu hermano al pueblo de tus padres.

5. ¡Qué sorpresa!

Escribe frases para expresar tu extrañeza o sorpresa en las siguientes situaciones:

> **Ejemplo**
>
> Es la primera vez que vas a la opera.
> ¡Vaya! Nunca había visto un espectáculo tan impresionante.

a. Es la primera vez que vas a Londres.

b. Ves la Torre Eiffel por primera vez.

c. Acabas de leer una novela estupenda.

d. Te ha tocado la lotería.

e. Tu pareja no quiere volver a verte.

f. Sales del cine indignadísimo/a.

g. Por primera vez comes 'pulpo a la gallega'.

6. La vida de Pilar Solas

a. Lee el texto y transforma los infinitivos en mayúscula bien al imperfecto bien al pretérito indefinido, según convenga.

> El golpe militar que devastó Chile en 1973 SER una de las acciones políticas más violentas del siglo XX en América del Sur. En pocos años, los partidarios del gobierno socialista de la Unidad Popular, dirigido por el presidente Salvador Allende, habían sido detenidos o exiliados. Por entonces, Pilar Solas ESTUDIAR para enfermera en la Universidad Católica de Santiago. Había vuelto a su país natal en 1972 después de trabajar como gerente en la Embajada de Chile en Colombia. Su marido, Pedro, fue uno de los detenidos por las fuerzas armadas de la junta y PASAR dos años en la cárcel.
>
> Para asegurarse de la libertad de su marido, Pilar SOLICITAR visado en cinco países y el Reino Unido fue el primero en ofrecérselo. En 1976, a la edad de 26 años, Pilar Solas LLEGAR a Inglaterra como refugiada del régimen de Pinochet, sin saber hablar inglés y sin cualificaciones reconocidas, una de las 30.000 personas que DEJAR Chile a mediados de los años 70. Pedro había trabajado en la siderurgia en Chile, pero como no encontraba trabajo en el Reino Unido DECIDIR estudiar una licenciatura, mientras Pilar se quedaba en casa con los dos niños que habían nacido en Inglaterra: 'Me SENTIR totalmente aislada, pasaba todo el tiempo en casa, PENSAR que no valía para nada y ESTAR muy deprimida.'
>
> Diez años después, en 1986, CONSEGUIR un trabajo administrativo en el departamento de educación y EMPEZAR unos programas especiales de formación. Le GUSTAR mucho su trabajo, pero no exigía mucho esfuerzo, por eso DECIDIR volver a la universidad. 'Decidí volver a educarme para lograr un puesto mejor. Además QUERER recobrar la confianza en mí misma, como persona y como mujer.' La oficina de Guía Vocacional le aconsejó que estudiara español, su primer idioma. No SABER nada de cómo acceder a la enseñanza universitaria, hasta que una tarde entró en el Departamento de español de la Universidad. EMPEZAR un programa organizado por la División de Enseñanza para Adultos y REALIZAR un curso de dos años en uno sólo. En 1991, unos 15 años después de su llegada al Reino Unido, se MATRICULAR en la carrera de Estudios Hispánicos en la universidad.

Para información sobre Chile y su historia reciente, conecta con: http://chile.start4all.com.

b. Ahora traduce los dos primeros párrafos al inglés.

c. El relato sigue en inglés. Traduce el primer párrafo al español.

> By this time Pilar had separated from her husband and continued to work by teaching Spanish on a part-time basis. She commented: 'I worked part-time, but I felt very happy with what I was doing. I got so much support from my children and all my teachers were really great.' Pilar was the first student in the Department to take part in an exchange scheme with a Spanish university, where she spent one year studying as a Spanish student. 'I had to attend classes every day from 9am until 1pm, and we had exams in the middle and at the end of the year. I had changed to the system in the UK, which is completely different from that in Chile, and found it hard to change again. I was the only student from the UK at the university, and my trips home to see my children were very important.'
>
> Pilar graduated with honours in 1995, then decided to continue studying by taking an MA degree. She received a grant to study the work of Eduardo Galeano, the Uruguayan writer and historian. 'Galeano left Uruguay at the same time as I left Chile and for similar reasons. He writes about life as an exile, his nostalgia for his friends, family and his country. Like him, I am realising that preserving memories of my homeland is helping me to reinforce my identity.'
>
> Pilar is now looking for a new job, and although Chile is always in her mind and heart, she is split between both countries and considers her return there as a beautiful dream, nothing more.

---

continue to work continuar trabajando	*part-time basis* a tiempo parcial
to be the first to take part ser el primero / la primera en participar	*in the middle of* a mediados de

---

7. Instrucciones para sobrevivir la instalación del gas domiciliario

a. Lee el texto y contesta las preguntas que se encuentran a continuación.

> El drama de pasar por la instalación del gas domiciliario requiere de un poco de preparación para los que aún no han vivido ese trance. Aquí ofrecemos el fruto de nuestra experiencia que puede evitarte un motivo más de estrés y preocupación si eres un nuevo cliente.
>
> En primer lugar, debes prepararte, porque el proceso dura aproximadamente tres meses. Fue en enero – estamos ya en junio – cuando una amable vendedora nos visitó con insistencia para persuadirnos a tomar el servicio y nos ofreció dos modalidades de pago: por cuotas a un año o, de contado, que pagas en tres cuotas, en un mes. Escogimos la segunda opción y al pagar la primera cuota, la Empresa nos informó que no se debía cancelar la segunda sino después de que el servicio estuviese instalado. Pero pasó un mes en nuestro caso, pagadas ya la segunda cuota y la totalidad del servicio, antes de que se comenzaran los trabajos, porque los tres cobros sí llegaron con mucho cumplimiento y con una fecha límite para su cancelación.
>
> Para esta época, la vendedora ya había desaparecido y fue necesario entenderse por teléfono con la representante de una de las firmas de contratistas, no muy amable y parecía que con pocos recursos humanos y técnicos para atender el teléfono. Al fin, logramos concretar una cita con los trabajadores que iban a hacer la instalación, pero no estábamos preparados para lo siguiente:

Los operarios trabajaron con tanto apuro y con metas de tiempo tan cortas que sucedió que, al tratar de instalar la tubería de gas, por accidente o descuido, nos rompieron la del agua. Nos encontramos con un gran chorro que inundó nuestro garaje, y dos personas que, con palabras poco comedidas, preguntaron quién iba a pagar por ese arreglo, pues ellos no tenían dinero para reparar el daño que hicieron. Decidimos que era mejor pagar, pues, de nuestro bolsillo porque, en medio de una inundación, no es aconsejable hacer una reclamación.

Nos hicieron un hueco de 1,50 m. por 50 cm. de ancho en la calle, justo por el lugar donde nuestro carro entra al garaje. Debimos aprender a hacer equilibrio para poder entrar y salir sin que el carro se hundiese en ese hueco. Este ejercicio duró una semana mientras los contratistas coordinaban entre los que abrieron el hueco y los que instalaron la conexión en la calle y, luego, lo cerraron.

Y siguió más . . .

Luz Angela Castaño González

trance *ordeal* estrés *stress*	para persuadir *in order to persuade*	
dos modalidades de pago *two methods of payment*	de contado *cash (payment)*	cobros *bills*
firmas de contratista *firms of subcontractors*	lograr concretar *succeed in fixing*	apuro *haste*
metas de tiempo *deadlines*	descuido *negligence*	inundar *to flood*
hueco *hole*	carro (L.Am.) *car*	hundirse *fall, sink*
hacer una reclamación *to make a formal complaint*		

Preguntas

i. ¿Por qué Luz Angela ofrece el fruto de su experiencia a personas que van a tener instalado el gas domiciliario por primera vez?

ii. ¿Cuáles son las dos formas de pago?

iii. Describe las diferencias en el trato al público de la primera vendedora y la representante de las firmas contratistas?

iv. ¿Qué problema de agua se presentó con la instalación del gas?

v. ¿Por qué tuvo problemas al entrar su carro en el garaje?

b. Traduce al inglés el párrafo: '*Los operarios trabajaron . . . una reclamación.*'

c. Haz un resumen del segundo párrafo: '*En primer lugar . . . para su cancelación*'.

d. Explica el sentido o busca sinónimos de las expresiones siguientes que se encuentran en el texto:

requiere de, ese trance, cancelar, entenderse por teléfono, con tanto apuro, por descuido, con palabras poco comedidas, su carro.

Gramática

1. **The preterite tense (2)**   El pretérito indefinido (2)

Radical-changing verbs

Radical-changing verbs of the -*IR* kind (see Unit 7) undergo a vowel change in the root of the third person singular and the third person plural: *E* > *I*, and *O* > *U*.

PEDIR (to ask for something)   **DORMIR** (to sleep)

PEDÍ	*DORMÍ*
PEDISTE	*DORMISTE*
PIDIÓ	*DURMIÓ*
PEDIMOS	*DORMIMOS*
PEDISTEIS	*DORMISTEIS*
PIDIERON	*DURMIERON*
Similarly *SENTIR* (to feel)	Similarly *MORIR* (to die)

-*ar* and -*er* radical-changing verbs do not change in the preterite.

Irregular verbs

- There are many irregular preterites in Spanish, in addition to those introduced in Unit 14.
- Particular endings – **E, ISTE, O, IMOS, ISTEIS, IERON** – are added to an irregular verb stem. In the case of **ESTAR** this is **ESTUV-**. Thus:

ESTUV + *E*   = *ESTUVE*
           ISTE   = *ESTUVISTE*
           O   = *ESTUVO*
           IMOS = *ESTUVIMOS*
           ISTEIS = *ESTUVISTEIS*
           IERON = *ESTUVIERON*

Similarly:

ANDAR (WALK) –	*ANDUVE, ANDUVISTE, ANDUVO, ANDUVIMOS, ANDUVISTEIS, ANDUVIERON*
HABER (HAVE, aux. verb) –	*HUBE, HUBISTE, HUBO, HUBIMOS, HUBISTEIS, HUBIERON*
PODER (BE ABLE)–	*PUDE, PUDISTE, PUDO, PUDIMOS, PUDISTEIS, PUDIERON*
PONER (PUT) –	*PUSE, PUSISTE, PUSO, PUSIMOS, PUSISTEIS, PUSIERON*
QUERER (LOVE/WANT) –	*QUISE, QUISISTE, QUISO, QUISIMOS, QUISISTEIS, QUISIERON*

SABER (KNOW) –	*SUPE, SUPISTE, SUPO, SUPIMOS, SUPISTEIS,*
	SUPIERON
TENER (HAVE) –	*TUVE, TUVISTE, TUVO, TUVIMOS, TUVISTEIS,*
	TUVIERON
VENIR (COME) –	*VINE, VINISTE, VINO, VINIMOS, VINISTEIS, VINIERON*

- Note the slightly different pattern of the very common verb *decir* – *DIJE, DIJISTE, DIJO, DIJIMOS, DIJISTEIS,* **DIJERON** – which loses the *I* of the ending in the third person plural. Verbs like *decir* are *conducir* (*conduje*) and *traer* (*traje*).
- There are no written accents.

2. The pluperfect tense   El pluscuamperfecto

Forms

The pluperfect tense is formed like the perfect (see Unit 13), with the auxiliary verb (*haber*) and a past participle. *Haber* is used in the imperfect rather than the present:

HABÍA   TRABAJADO/ ENTENDIDO/VIVIDO   I had worked/understood/lived
HABÍAS
HABÍA
HABÍAMOS
HABÍAIS
HABÍAN

Use of the pluperfect

Spanish usage is very similar to English.

- The pluperfect is often found in reported speech or in later accounts of something that had happened before:

  'We've lost the keys', Mary said.   Mary said that they **had lost** the keys.
  *'Hemos perdido las llaves', dijo María.   María dijo que **habían perdido** las llaves.*
  Se acostó después de medianoche porque llegó tarde a casa.
  *Dijo que **se había acostado** después . . . porque **había llegado** tarde . . .*

- It is used to express the relationship between earlier events (expressed in the pluperfect) and subsequent ones (expressed in the preterite):

  *Cuando **llegó** la policía ya **se habían huido** los atracadores.*
  When the police arrived the robbers had already escaped.

- To express surprise:

  *-¡Nunca **había visto** nada parecido!*   I had never seen anything like it!

<u>Differences between Spanish and English</u>

The unexpected use of tenses in the constructions *hace seis meses que . . . / desde hace seis meses* and with *acabar de* (see Unit 13) is evident too when English would use the pluperfect. If you want to say how long something <u>had</u> been going on, Spanish tends to use the **imperfect** whilst English uses the **pluperfect.** (We have reworked the examples from Unit 13 to show the parallels and differences.)

*Hacía seis meses que **hacía** ejercicio en el gimnasio todas las semanas.*
OR *Hacía ejercicio en el gimnasio desde **hacía** seis meses.*
I **had been** taking exercise in the gym for six months.

Llevaba tres años intentando sacar el permiso de conducir.
He **had been** trying to get his driving licence for three years.

Acababa de comprar un coche.   I **had** just **bought** a car.

UNIDAD 16

Cuando llegue el verano. . .

Learning aims

Talking about what you may do in the future
Saying what might or might not happen

Presentación y prácticas

1. Cuando llegue el verano . . .

a. Escucha a Isabel hablar de sus planes:

Alberto: Oye, Isabel, ¿y tú qué vas a hacer cuando llegue el verano?

Isabel: Pues, cuando sea el verano y esté de vacaciones, lo más seguro es que vuelva a la Argentina para pasar unos días . . . Luego también . . . pues tan pronto como llegue a la Argentina me iré con mi familia a pasar unos días en la playa y . . . y creo que poco más.

Alberto: ¿Y crees que terminarás la tesis antes del verano?

Isabel: ¡Ojalá termine antes de las vacaciones de verano! Pero no creo que eso sea posible.

Alberto: ¿Y qué harás cuando termines la tesis?

Isabel: ¿Cuando termine la tesis? Pues es posible que regrese a Nueva York, que busque trabajo por allí y que por fin nos casemos.

Alberto: ¡Ay qué bien! ¿Y dónde piensas casarte?

Isabel: Mis padres quieren que me case en la Argentina, pero la madre de mi novio prefiere que me case en Nueva York, pero la verdad es que a mí me gustaría casarme en . . . en Córdoba.

Alberto: Bueno, pues ¡Ojalá encuentres trabajo y te cases en Córdoba! ¡Que tengas suerte!

Isabel: Muchas gracias.

> **¡Ojo!**
>
> **¡Ojalá!** *and* **¡Que!** *are used with the Subjunctive to express a wish.*
> ¡Ojalá termines pronto! *I hope you finish early!*
> ¡Que tengas buen viaje! *I wish you a good journey!*

> Córdoba está en Andalucía, donde también se encuentra la famosa Sierra Nevada. Para más información visita: www.andalucia.org.

b. De acuerdo con los planes de Isabel escribe frases con 'lo más seguro es que . . .'

> **Ejemplo**
>
> Lo más seguro es que . . . Isabel vuelva a la Argentina.

    i.   . . . que vuelva o no vuelva a la Argentina este verano.

    ii.   . . . que pase o no pase unos días en la playa con su familia.

    iii. . . . . que termine o no termine la tesis antes de las vacaciones.

    iv. . . . . que cuando termine la tesis busque o no busque trabajo en Nueva York.

    v.   . . . . que cuando termine la tesis regrese o no a la Argentina.

    vi. . . . . que sus padres prefieran o no prefieran que se case* en Córdoba.

* Este uso del subjuntivo se explica en la Unidad 17.

c.   Escribe frases expresando tus deseos y preferencias.

> **Ejemplo**
>
> ¡Ojalá terminen pronto los exámenes!

    i.   terminar pronto (los exámenes)

    ii.   encontrar trabajo este verano (nosotros)

    iii. pasar unos días con mis tíos (yo)

    iv. llegar mañana (vosotros) (LAm. 'ustedes')

    v.   regresar a Colombia (tú)

    vi. volver a llamarme (él)

    vii. tener buen viaje (usted)

2. Todo son excusas.

Guillermo es muy olvidadizo. Aquí tienes la lista de cosas que tenía que haber hecho hoy. Haz frases como en el ejemplo con elementos de las dos columnas y transforma los infinitivos a los tiempos apropiados.

> **Ejemplo**
>
> ¿Has llamado a Pedro?
> No, lo siento. Lo llamaré en cuanto termine de comer.

Para hoy	Lo haré . . .
– llamar a Pedro	– en cuanto terminar de comer
– comprar el pan	– cuando terminar de leer el periódico
– encargar las entradas	– cuando dejar de llover
– hacer el informe	– en cuanto salir del trabajo
– escribir la carta al banco	– cuando escribir el informe
– ir al dentista	– tan pronto como hablar con Pedro

3. ¿Qué harás cuándo . . .?

Primero, transforma los infinitivos de las frases interrogativas según el modelo. Luego reflexiona sobre posibles respuestas a las preguntas. Después entrevista a un/a compañero/a y por último, comparad vuestras respuestas.

> **Ejemplo**
>
> ¿Qué **harás** cuando **termines** la carrera?
> Cuando **termine** la carrera **buscaré** trabajo. ¿Y tú?
> Pues yo cuando **termine** pienso ir al extranjero.

¿Qué harás cuando:

- **terminar** la carrera?
- **hablar** español como un nativo?
- **casarse**?
- **salir** de clase?
- **jubilarse**?
- **llegar el verano**?

4. ¿Cuándo irás a Andorra?

Lee la lista de planes y anota tres cosas que te gustaría hacer. Piensa en tres condiciones para realizarlas pero no las escribas. Luego intercambia el papel con un/a compañero/a y entrevístale.

303

Ejemplo

Plan:	**Condición:**
ir a la playa	hacer buen tiempo
Pregunta:	**Respuesta:**
¿Cuándo irás a la playa?	Tan pronto como haga buen tiempo iré a la playa.
(**¡Ojo!**: futuro)	Cuando haga buen tiempo.
	Una vez que haga buen tiempo.
	(**¡Ojo!**: Subjuntivo)

PLANES	**CONDICIONES**
ir a la playa	hacer buen tiempo
ir a México	tener vacaciones
comprar un ordenador	casarse
mudarse de casa	tocarme la lotería
comprar un coche	llegar el verano
cenar juntos/as	sacarme el carnet
dar una fiesta	encontrar un trabajo
volver a tu casa, etc.	llegar la Navidad, etc.

Comprensión auditiva

1. Los socios de la Asociación Latinoamericana

Un grupo de personas latinoamericanas escuchan la programación provisional de actividades para el verano en la radio.

la bienvenida *welcome*	el portavoz *representative, spokesperson*
estar reunidos *to get together*	recinto *hall*
celebrarse *to celebrate*	el traje *costume, fancy dress*
someterse *to be subject to*	el maquillaje *make-up*
concejo *council*	dueño *owner*
así *therefore*	caminata *walk*
cumplir *to comply with*	tan pronto *as soon as*
correr por nuestra cuenta *to be on us*	

a. Contesta las preguntas sobre la planificación anunciada por la Asociación Latinoamericana.

i. ¿Por qué están reunidos?

ii. ¿Cuándo se celebrará la fiesta de San Pedro?

iii. ¿Qué condiciones hay para asistir a la fiesta?

iv. ¿Qué pasará en la reunión del 21 de mayo?

v. ¿En qué sitio va a ser la reunión?

vi. ¿Quién hará la comida?

vii. ¿Cuándo será la caminata?

viii. ¿Qué condiciones son imprescindibles para la caminata?

ix. ¿Qué esperan para decidir cuando será el asado?

x. ¿Cuándo decidirán e informarán sobre la programación final?

b. Haz una lista de las condiciones para asistir a la fiesta y otra de las condiciones para la caminata. Escribe frases completas en tu lista.

Consolidación

1. Es posible que haya vida en otros planetas.

Lee estas declaraciones sobre la posible existencia de ovnis y vida extraterrestre. Haz una lista de los subjuntivos y luego escribe un párrafo dando tu opinión sobre el tema.

Francisco Yuste, 37 años, profesor:
'Es muy posible que haya vida en otros planetas, aunque sólo sea vida vegetal.'
Mari Carmen Segovia, 21 años, niñera:
'Claro que hay ovnis. Los imagino redondos, llenos de luces. Si existen extraterrestres, no creo que tengan aspecto humano.'
Belén Rodriguez, 24 años, agente de viajes:
'Sí que hay ovnis. Quizás exista vida vegetal o incluso animal en otros planetas.'

Karin Schmid, 21 años, modista suiza:

'No creo en ovnis, y el tema no me interesa. Pero puede que exista vida en otros planetas que tengan una atmósfera semejante a la nuestra.'

Santiago Falces, 29 años, geólogo:

'Me parece posible que haya ovnis y vida extraterrestre, ¿por qué no? A veces leo alguna novela y veo alguna película de ciencia ficción para entretenerme. Dudo que los extraterrestres de las fotos sean auténticos.'

(Adaptado de *Cambio 16*, 14/8/95)

2. Puntos suspensivos

Une las frases de la columna A con las de la columna B.

> **Ejemplo**
>
> Cuando vayamos de vacaciones este año cenaremos fuera todas las noches.

A	B
a. Cuando vayamos de vacaciones este año . . .	i. irán al bar de la esquina.
b. Tan pronto como llegue mi madre . . .	ii. no te diré nada.
c. En cuanto termine la carrera . . .	iii. se irá a trabajar en el extranjero.
d. Hasta que no te calmes . . .	iv. cenaremos fuera todas las noches.
e. Para cuando tú tengas 75 años . . .	v. le daremos su regalo.
f. Tan pronto como deje de llover . . .	vi. todos viviremos hasta los cien.
g. Una vez que salgan de trabajar . . .	vii. saldré a dar un paseo.

3. Cadena de acontecimientos

a. Transforma los infinitivos de estas frases al presente de subjuntivo o el futuro de indicativo según convenga.

> **Ejemplo**
>
> Cuando mis hijos TENER 23 años, TERMINAR la carrera
> Cuando mis hijos **tengan** 23 años, **terminarán** la carrera.

Cuando mis hijos TERMINAR la carrera, BUSCAR trabajo. Cuando ENCONTRAR trabajo, GANAR mucho dinero. Cuando GANAR mucho dinero, VIAJAR por toda España y América Latina. Cuando VIAJAR por España y América Latina, HABLAR mucho español. Después de viajar por el mundo, CASARSE. En cuanto CASARSE es posible que TENER muchos hijos. Tan pronto como TENER muchos hijos no TENER dinero, pero sí trabajo.

b. Vuelve a escribir el texto como si hablaras de ti y de tu novio/a: 'Cuando tengamos 23 años', etc. (Primera persona plural.)

c. Y por último como si hablaras de tu amiga Ana: 'Cuando Ana tenga 23 años', etc. (Tercera persona singular.)

4. Y ahora un pequeño test de verbos

a. Transforma los infinitivos al subjuntivo y luego traduce las frases al inglés.

> **¡Ojo!**
>
> Algunos verbos son irregulares, en otros hay cambio en la vocal radical.

i. Es poco probable que la apertura de un nuevo acceso a la carretera ALIVIAR el problema del tráfico en la ciudad.

ii. Cuando te DEJAR tu padre el coche, podremos salir de excursión.

iii. Tan pronto como ENCONTRAR (tú) la solución, avísame por teléfono.

iv. Desafortunadamente los pequeños tendrán que acostarse antes de que LLEGAR los abuelos.

v. No saldrán de vacaciones hasta que CONSEGUIR (ellos) vender el piso.

vi. Le resultará más fácil hacer amigos cuando TENER más confianza en sí misma.

b. Transforma las frases según el ejemplo.

> **Ejemplo**
>
> Iré a Madrid y hablaré con tus padres.
> Cuando vaya a Madrid hablaré con tus padres.

i. Serás mi adorable mujer y yo seré la persona más feliz del mundo.

ii. Le solicitarán todas las grandes empresas y ganará mucho dinero.

iii. Iré a Correos y compraré sellos.

iv. Terminarán su trabajo e irán a buscarnos.

5. Traduce al español

When summer comes I want to go with my friends to Spain. It is probable that we will be able to spend two or three weeks on the Mediterranean coast. I have already planned some of the things I am going to do. As soon as I can I will go to the local fruit and vegetable market. I love cooking and like to have nice things to eat for when people come and visit me or when I am feeling hungry.

6. La cumbre climática de Buenos Aires

en vías de desarrollo *developing*	efecto invernadero *greenhouse effect*
negarse a (controlar) *to refuse (to control)*	detener *arrest, detain*
malos augurios *ill omens*	proyecto de ley *bill (legislation)*
anfitrión/a *host*	encabezar *lead, head*
calentamiento global *global warming*	medida *measure*
cumbre *summit (conference, meeting)*	

El Mundo, 3 de noviembre de 1988

La cumbre climática de Buenos Aires arranca en medio del desencanto

Los países en vías de desarrollo se niegan a controlar sus emisones

JUAN IGNACIO IRIGARAY
Especial para EL MUNDO

BUENOS AIRES.— La cuarta Conferencia Mundial de la Convención de Naciones Unidas sobre Cambio Climático comenzó ayer en Buenos Aires en medio de malos augurios. Heredera de la celebrada el año pasado en Kioto (Japón), a esta cumbre se llega con una interminable lista de buenas intenciones que no se han puesto en marcha.

En el primer día de discusiones, Argentina, país anfitrión, propuso establecer controles de emisión de gases que acentúan el *efecto invernadero* en los países en vías de desarrollo. China y la mayoría del grupo de los 77 países más pobres, contraatacaron con un argumento contundente: el mundo rico, que es quien mas contamina y cuya salud se ha edificado sobre industrias contaminantes, es quien debe limitar estas em isones.

El escepticismo general había contribuido, en plena inauguracion, la actuación de la policía argentina contra una manifestación de Greenpeace. Mientras buena parte de los 3.000 delegados de 180 países asistentes a la Conferencia se aprestaba a inaugurar las sesiones, los activistas de Greenpeace eran detenidos en pleno centro de la ciudad.

Los miembros de la organización ecologista protestaban contra el rechazo del congreso argentino a un proyecto de ley que impulsaba la instalación de molinos de viento en sustitución de otras fuentes de energía.

Calentamiento

Creada durante la Cumbre de la Tierra celebrada en Río de Janeiro en 1992, la Conferencia del Cambio Climático negocia la búsqueda de soluciones al fenómeno del calentamiento global del planeta. La representación española estará encabezada por la ministra de Medio Ambiente, Isabel Tocino, que acudirá entre el 11 y el 14 de noviembre.

La temperatura de la tierra aumentó casi 0,6 grados en el último siglo y podría elevarse hasta 3,5 grados en el próximo, según los expertos. Eso se traduciría entre 15 y 95 centímetros más de nivel de los mares, lo que inundaría amplias franjas costeras de todos los continentes.

El primer paso para solucionar el problema se acordó el año pasado en la tercera Conferencia, realizada en Kioto. Allí, los países industrializados se comprometieron a que para el año 2010 reducirían el 5,2% de sus emisiones de gases tóxicos respecto de los niveles de 1990.

Aunque la medida parece positiva, las expectativas de los ecologistas y científicos no fueron satisfechas: Greenpeace y otras ONG pedían una disminución del 20% para el 2005, y el Panel Científico del Cambio Climático, exige el 30%.

a. Contesta en español las siguientes preguntas.

   i. ¿Qué pasó con la decision hecha durante la conferencia del año anterior?

   ii. ¿Cuál fue el propósito de Argentina?

   iii. ¿Qué hicieron los miembros de Greenpeace?

   iv. ¿Contra qué protestaban?

   v. ¿Cómo puede afectar la subida de la temperatura mundial al nivel del mar?

   vi. ¿A qué acuerdo se llegó en Kioto?

b. Traduce al inglés el primer párrafo: *'La cuarta Conferencia . . . en marcha'.*

c. Haz un resumen en inglés del párrafo: *'En el primer día . . . estas emisiones'* (máximo 30 palabras).

d. Traduce al español

> The Conference got off to a bad start with a dispute between Argentina and China about who is responsible for trying to reduce the level of gases in the atmosphere. At the same time, Greenpeace were organizing a protest in the centre of Buenos Aires.
>
> The Conference was first formed in 1992 in response to a World Summit, where it was agreed that a solution was needed to global warming. However, ecologists and scientists have not been happy with the level of reduction of gas emissions agreed at previous conferences. They, Greenpeace and other NGOs are demanding much higher reductions before the year 2005 to help alleviate the rise in world temperature.

e. Busca en el artículo las palabras sinónimas de éstas: *abundante, ensucia, capturados, dirigida, resolver, reducción.*

f. Eres un periodista entrevistando a un miembro de Greenpeace. Inventa un diálogo que explique las razones de la protesta y qué es lo que pide Greenpeace.

> Para más información sobre la organización Greenpeace visita su web site: en España, www.greenpeace.es, o en Argentina, www.greenpeace.ar.

Gramática

1. The subjunctive – after references to the future, doubt or uncertainty
El subjuntivo

Form of the present subjunctive

<u>Regular verbs</u>
The forms of the present subjunctive are a kind of mirror-image of those of the present indicative: apart from the first person in each case -*ar* subjunctives look rather like -*er* verbs in the indicative, and -*er* and -*ir* subjunctives look rather like -*ar* verbs in the indicative. Thus:

ESPERAR	*VENDER*	*RESISTIR*
ESPERE	*VENDA*	*RESISTA*
ESPERES	*VENDAS*	*RESISTAS*
ESPERE	*VENDA*	*RESISTA*
ESPEREMOS	*VENDAMOS*	*RESISTAMOS*
ESPERÉIS	*VENDÁIS*	*RESISTÁIS*
ESPEREN	*VENDAN*	*RESISTAN*

Verbs ending -car or -gar

Verbs whose infinitive ends in -*car* or -*gar* (*aparcar, dedicar, provocar, sacar, tocar, jugar, llegar, obligar*, etc.) undergo spelling changes to ensure that the hard consonant sound is preserved in front of *e*. (See 'Grammar' in Units 1 and 14.)

APARQUE	*LLEGUE*
APARQUES	*LLEGUES*
APARQUE	*LLEGUE*
APARQUEMOS	*LLEGUEMOS*
APARQUEIS	*LLEGUEIS*
APARQUEN	*LLEGUEN*

Some irregular verbs, those where the first person present indicative ends in an -**o**, build their subjunctive on that form:

DECIR (DIGO) **DIGA, DIGAS, DIGA, DIGAMOS, DIGÁIS, DIGAN**

Similarly:

*CONOCER (CONOZCO/**CONOZCA**);*	*HACER (HAGO/**HAGA**);*
*PARECER (PAREZCO/**PAREZCA**);*	*OÍR (OIGO/**OIGA**);*
*PONER (PONGO/**PONGA**);*	*SALIR (SALGO/**SALGA**);*
*TENER (TENGO/**TENGA**);*	*TRAER (TRAIGO/**TRAIGA**);*
*VENIR (VENGO/**VENGA**)*	

Other irregular verbs follow a different pattern, and have to be learnt. Here are the most common:

DAR	>	**DÉ, DES, DÉ, DEMOS, DEIS, DEN**
ESTAR	>	**ESTÉ, ESTÉS, ESTÉ, ESTEMOS, ESTÉIS, ESTÉN**
HABER	>	**HAYA, HAYAS, HAYA, HAYAMOS, HAYÁIS, HAYAN**
IR	>	**VAYA, VAYAS, VAYA, VAYAMOS, VAYÁIS, VAYAN**
SABER	>	**SEPA, SEPAS, SEPA, SEPAMOS, SEPÁIS, SEPAN**
SER	>	**SEA, SEAS, SEA, SEAMOS, SEÁIS, SEAN**

Radical-changing verbs undergo the same change of stem as in the Indicative:

QUERER **QUIERA, QUIERAS, QUIERA, QUERAMOS, QUERÁIS, QUIERAN**

-*IR* radical-changing verbs have an additional vowel change in the first and second person plural – stem vowel -*e*- changes to -*i*-, and stem vowel -*o*- changes to -*u*-:

PEDIR	**PIDA, PIDAS, PIDA, PIDAMOS, PIDÁIS, PIDAN**
DORMIR	**DUERMA, DUERMAS, DUERMA, DURMAMOS, DURMÁIS, DUERMAN**

The use of the subjunctive

General considerations

- The subjunctive is used very extensively in Spanish. Its use is not avoidable and when there is a choice between indicative or subjunctive it usually involves a change of meaning.

- The subjunctive is used primarily in subordinate (as opposed to main or principal) clauses – often introduced by *que* or other conjunctions.
- The subjunctive is usually associated with statements that are seen as untrue or uncertain in some way; or with evaluations or the expression of personal feelings.

By contrast, the indicative tends to express what is seen as truth, fact or certainty.

The subjunctive and the future

In a sentence with a subordinate clause of time that describes future action, the verb of the subordinate clause will be in the subjunctive.

*Llegaremos antes de que **terminen** la cena.*   We will arrive before they finish supper.

After *antes de que* ('before') you always need the subjunctive, because the future is implied. After other temporal conjunctions – *cuando* ('when'), *hasta que* ('until'), *para cuando* ('until'), *tan pronto como* ('as soon as'), *después de que* ('after'), *una vez que* ('once, as soon as'), *en cuanto* ('as soon as') – you use the subjunctive when the future is implied, but the indicative when the reference is to the present, or if the event has already taken place.

1. *Lo veremos cuando **pase** por Guadalajara.*   We'll see him when he passes . . .

but

1a *Lo vemos cuando **pasa** por Guadalajara.*   We see him whenever he passes . . .

and

1b *Le vimos cuando **pasó** por Guadalajara.*   We saw him when he passed . . .

2. *Estará nervioso hasta que **suba** al avión.*   He'll be nervous till he gets on board.

but

2a *Siempre está nervioso hasta que **sube** al avión.*   He's always nervous till he . . .

2b *Estaba nervioso hasta que **subió** al avión.*   He was nervous until he got on board.

The subjunctive and doubt

After expressions of doubt, uncertainty or negation in the main clause the subjunctive is needed in the subordinate clause:

*No es seguro que **venga**.*	**It is not certain** that she'll come.
*No creo que le **veamos** hoy.*	**I don't think** that we'll see him today.
*No me parece que **vaya** a llover.*	**It doesn't look** to me as though it will rain.
*Dudo que **sepa** esquiar.*	**I doubt** he knows how to ski.

(The same sentences would normally require the indicative if the main clause implied certainty or truth:

311

Es seguro que viene. **It's true** that she's coming.
Creo que lo veremos hoy. **I'm sure** we'll see him today.
Me parece que va a llover. **I think** it's going to rain.)

The subjunctive after expressions of possibility and probability

Expressions of possibility and probability (whether affirmative or negative) require the subjunctive to be used in the subordinate clause. (Uncertainty is always implied.)

Es posible que nos encontremos sin dinero.
We may find ourselves with no money.

Es probable que esté contento con lo que hemos hecho.
Lo más seguro es que esté contento con lo que hemos hecho.
He's probably happy with what we've done.

UNIDAD 17

Quiero que vengas

Learning aims

Describing your ideal partner/apartment, etc.
Saying what you feel about things
Saying what you want to happen
Telling others what to do

Presentación y prácticas

1. Tu pareja ideal

Escucha a estas personas hablando de los requisitos que debe tener su pareja ideal. Apunta las frases que oigas mencionadas.

- que me atraiga físicamente
- que sea simpático/a
- que tenga un buen trabajo y un buen sueldo
- que le gusten los deportes
- que no fume y que no tome drogas
- que le guste bailar

- que sea rico/a
- que tenga sentido del humor
- que sea comprensivo/a
- que quiera tener niños
- que no ronque
- que sea fiel y que no me engañe

> roncar *to snore*   engañar *to deceive*

Y tú ¿qué crees? ¿Qué cualidades son más importantes para ti? Ordena las frases según la importancia que tú les des y después compara tu lista con la de otros estudiantes.

2. Quiero alquilar un piso.

Estudiante A. Entras en una agencia inmobiliaria para buscar un piso de alquiler para unos amigos que van a pasar un año en tu ciudad. Explica al agente inmobiliario lo que quieres y llega a un acuerdo si no tienen exactamente lo que buscas. Antes de empezar decide qué tipo de piso quieres y qué características son imprescindibles. Consulta la lista de características.
Estudiante B. Trabajas en una agencia inmobiliaria y de momento dispones de tres pisos de alquiler. Un/a cliente va a solicitarte información sobre los pisos. Presta atención a lo que busca y después explica cómo son los pisos disponibles. Antes de empezar decide qué características de la lista tiene cada piso. Intenta llegar a un acuerdo.

> **Ejemplo**
>
> A: Busco un piso que esté en el centro de la ciudad, que tenga tres dormitorios, etc., y que no cueste mucho.
> B: No tenemos ningún piso que tenga . . . pero tenemos uno que tiene . . .

Características

- baños (¿1/2/3?)
- agua caliente central
- terraza
- céntrico / en las afueras
- dormitorios (¿1/2/3?)
- portero automático
- cocina completa
- precio económico
- calefacción central
- amueblado / sin amueblar
- bien comunicado
- gastos de comunidad incluidos

3. ¡No me gusta que haya tanto tráfico!

Habla con tu compañero/a sobre lo que te gusta y no te gusta de:

tus vecinos   el gobierno actual   tu ciudad   un amigo o una amiga

Usa verbos como:

(no) molestar, (no) gustar, (no) extrañar, (no) importar, (no) preocupar, etc.

Ejemplo

A: ¿Qué te molesta de tus vecinos?
B: No me importa que pongan música a todo volumen pero me molesta que su perro use mi jardín.

4. Espero que te hagas rica.

Ahora habla con otro/a compañero/a sobre las 3 ó 4 cosas que más deseas:

para tu mejor amigo/a   para el mundo   para ti mismo/a   para el futuro

Usa verbos como:

querer que . . .   esperar que . . .   desear que, etc.

Ejemplo

Quiero que todo el mundo viva en paz.

5. Quiero que vuelvas en taxi.

Estudiante A. Eres el padre / la madre y estás harto/a porque tu hijo/hija no te hace caso. Recuérdale qué cosas quieres que haga. A continuación tienes una lista de ayuda, pero puedes añadir lo que quieras. Usa la estructura del modelo, utilizando verbos como **esperar**, **querer**, **sugerir**, **rogar**, **pedir**, **decir**. Cuando termines cambia de papel con tu compañero/a.

Estudiante B. Eres el hijo / la hija. Tu padre/madre te va a recordar las cosas que quiere que hagas. Tú tienes que darle excusas o poner condiciones para hacerlas. Cuando termines cambia de papel con tu compañero/a.

Ejemplo

A: Quiero que vuelvas de la discoteca en taxi.

B: Pues si quieres que vuelva en taxi tendrás que darme más dinero.

- volver a casa antes de las 12
- arreglar tu habitación
- ahorrar la paga
- pasar menos tiempo hablando por teléfono con los amigos
- sacar a pasear al perro
- no beber demasiado

✌

estar harto/a   *to be fed up*

Comprensión auditiva

✍ 🔊 **1. Los miembros de la Asociación Latinoamericana**

Los miembros de la Asociación Latinoamericana dicen sus opiniones sobre las actividades del verano.

a. Mientras escuchas completa el diagrama.
(Consulta **Los socios de la Asociación Latinoamericana** de la Unidad 16)

✌

el disfraz *disguise (fancy dress)*	maquillar *to put on make up*
la cumbia *Colombian dance*	tanta *such*
velas prendidas *lighted candles*	segura *safe*
pérdida de tiempo *waste of time*	camino *path*
abastecer *to supply*	buscar *to look for*
disfrutar *to enjoy*	el ajiaco de pollo *Colombian chicken casserole*

¿Están de acuerdo:	Sí	No
i. que sea una fiesta de disfraces?		
ii. que haya una fiesta en el día de San Pedro?		
iii. que traiga comida?		
iv. que el visitante sea el presidente de la OPL?		
v. que la caminata sea a la laguna?		
vi. que la caminata a la laguna sea para los niños?		
vii. que haya un cocinero?		
viii. que el cocinero tenga poca experiencia?		

b. Completa las siguientes frases.

    i.   No quiere que [. . .] porque a su marido no le gusta disfrazarse.

    ii.   Espera que en la fiesta de San Pedro [. . .].

    iii.   Ella no quiere que el presidente de la Organización de los Países Latinoamericanos [. . .] porque [. . .].

    iv.   A la caminata es mejor que [. . .].

    v.   El cocinero principal estará encargado del asado cuando [. . .].

Consolidación

1. ¡Busco a alguien / una persona que sepa bailar la Cumbia!

En una revista ves anunciado un concurso y decides participar. Tienes que escribir una carta dando detalles de lo que buscas en tu pareja ideal. El premio: una cena con tu actor favorito / actriz favorita. Utiliza las expresiones de la lista. También tienes una serie de requisitos para ayudarte, pero puedes utilizar otros si lo prefieres.

Expresiones	**Requisitos**
	a. ser rico/a
	b. tener un trabajo seguro
Necesito a una persona que . . .	c. (no) practicar deportes
Es muy importante que . . .	d. salir mucho
Me interesan las personas que . . .	e. ser aficionado a las artes
No me importa que . . .	f. tener sentido del humor
Estoy buscando a alguien que . . .	g. ser guapo/a
	h. tocar algún instrumento
	i. gustar cenar fuera de casa
	j. viajar mucho al extranjero, etc.

> La Cumbia es el aire musical más representado de Colombia y es producto del aporte de tres culturas: negra africana, indígena y blanca.

2. Anuncios por palabras

a. Aquí tienes un anuncio de una persona que busca un inquilino para compartir piso. Al ser un anuncio por palabras, las frases están abreviadas. Vuelve a escribir el mensaje con frases completas utilizando verbos como: Prefiero que . . . / Es necesario que . . . / Es mejor que . . . / Es deseable que . . . / Es imprescindible que . . . / Es aconsejable que . . . Recuerda que tras estas expresiones tienes que utilizar el subjuntivo.

> **Busco persona para compartir piso; persona joven, entre 25–35 años, hombre o mujer. Requisitos imprescindibles: trabajar fuera de casa, no fumar y gustarle la cocina. Preferible no tocar música alta por la noche. Requisitos deseables: ser amante de los perros y loritos, ser persona ordenada. Aconsejable: sentido del humor.**

Ejemplo

Prefiero que sea una persona joven, que tenga entre 25 y 35 años.

b. Y ahora tú. Imagina que buscas un compañero de piso. ¿Cuáles son tus requisitos y preferencias?

3. ¿Qué tipo de coche desea?

a. Sustituye los infinitivos por subjuntivos:
Quiero un coche que (SER) pequeño, que (GASTAR) poca gasolina, que (USAR) gasolina sin plomo, que (TENER) limpiaparabrisas posterior, que (APARCARSE) fácilmente, que no (CORRER) mucho, que (SER) de un color llamativo y que (COSTAR) poco.

b. Ahora tú: ¿Hay algo que te gustaría comprar (un equipo de alta fidelidad, una tele, una moto, una bicicleta de montaña . . .)? Especifica tus requisitos.

⛓ 📄 4. Cascarrabias

(*drawing supplied by Jonathan Trippett*)

Este personaje nunca está contento y además odia el subjuntivo, por eso habla con infinitivos. ¿Puedes cambiar los infinitivos en mayúsculas por el subjuntivo? ¡Recuerda que tienen que concordar en persona y número! Luego quizá quieras escribir un párrafo diciendo lo que no te gusta.

Me molesta que los pájaros (CANTAR) por la mañana. No me gusta que me (DESPERTAR) con sus trinos y canciones. Me molesta que los niños (JUGAR) y (IR) al colegio haciendo ruido con sus risas y gritos infantiles. Detesto que las panaderías (OLER) a pan recién hecho y pasteles. Odio que (HACER) buen tiempo y los abuelos (SACAR) a pasear al perro. Me encanta que (LLOVER) y la gente (RESFRIARSE). Mis vecinos son horribles, no aguanto que me (SALUDAR) por la calle. Me disgusta que las personas (SONREIR) cuando hace sol y me molesta que los novios (PASEAR) cogidos de la mano. Me desagrada que (HABER) días de fiesta y no puedo aguantar que los estudiantes (TENER) vacaciones en verano. Lo que más me molesta es que me (LLAMAR) Cascarrabias.

¡Ojo!

oler	*present indicative*:	huelo, hueles, etc.
	present subjunctive:	huela, huelas, etc.
jugar	*present indicative*:	juego, juegas, etc.
	present subjunctive:	juegue, juegues, etc.

---

5. Me alegro de que estés aquí.

Utiliza las siguientes frases de evaluación, u otras tuyas, para expresar tu opinión o tus sentimientos con respecto a las siguientes afirmaciones:

> **Ejemplo**
>
> Está aquí. **Estoy muy contento de que esté aquí.**
> Siempre paga él la cuenta. **No está bien que siempre pague él la cuenta.**

Expresiones de evaluación

estoy muy contento/a de que
no está bien que
me alegro de que
es terrible que
lamento que
es necesario que

Afirmaciones/hechos

- Se marcha mi hermano.
- Este coche es muy caro.
- Hay conflictos en muchas partes del mundo.
- No habla español.
- Es difícil dominar el subjuntivo.
- Cuesta demasiado.
- Tenemos que pedirle que nos preste dinero.
- Comprará un nuevo televisor.
- Vuelve esta tarde después de comer.
- Juan no entiende el problema.

6. Os ruego que arregléis la habitación.

Basándote en el Ejercicio 5 de 'Presentación y prácticas' ('Quiero que vuelvas en taxi') escribe diez cosas que quieres que hagan tus hijos/amigos/hermanos. Recuerda que el subjuntivo tiene que ir en plural porque te diriges a más de una persona.

> **Ejemplo**
>
> Os ruego que **arregléis** vuestra habitación antes de salir.

7. En otras palabras

Un pequeño test de verbos. ¿Cómo se dice en español?

a. I'll let you go provided you tell me who you are going with.
b. We won't allow you to spend all your money on parties.
c. We'll let you go to the party provided that you promise to come back before midnight.
d. They don't allow their son to get a job, even though he very much wants to work.
e. I can't find any language course that I like.
f. The management (*la dirección*) of the hotel does not want guests to smoke in the dining room.
g. The management asks guests not to take food into their bedrooms.

✍ 📖 8. La mudanza del cocodrilo 'Bartolo'

saurio	*saurian (lizard family)*	polinesio	*Polynesian*
fauces	*jaws*	denuncias	*accusation*
amordazar	*muzzle*	remojón	*soaking*
desparasitar	*remove parasites*		

a. Contesta en español las siguientes preguntas.

    i. ¿Cuáles son las razones para el traslado de Bartolo?

    ii. ¿Cuánto tiempo pasará en su alojamiento provisional?

    iii. ¿Con quién vivirá?

    iv. ¿Con qué frecuencia solía 'salir de vacaciones'?

    v. ¿Qué solía ocurrir durante esas salidas?

    vi. ¿Qué come Bartolo?

    vii. ¿Qué necesita hacer de vez en cuando para mantener su piel sana?

    viii. ¿Cómo responde Mónica García a los ecologistas que critican la venta de animales exóticos?

b. Traduce al inglés el párrafo: *'El hostelero . . . según asegura'*.

c. Limitándote a un máximo de 40 palabras haz un resumen en inglés del último párrafo.

d. Traduce al español

Many ecologists protest against the importation of tropical animals and especially their sale in shops. They believe that life in a cage with glass or bars is so different from the animals' natural habitat that the latter must suffer* enormously. They want the authorities to strengthen the laws governing the importation of animals and, ideally, they want them to ban the trade in animals completely.

* will suffer

e. Busca en el texto palabras sinónimas de las siguientes: *saurio, traslado, núcleo zoológico, personas preocupadas por la protección de los animales*.

f. Explica las siguientes palabras: *reclamo, despachar, cada rato, intentar*.

g. Eres un ecologista visitando al dueño de un zoo particular, a quien le gusta importar animales exóticos. Inventa un diálogo entre ellos.

La mudanza del cocodrilo «Bartolo»

El saurio ha sido trasladado a una tienda de animales al cerrar el bar en el que vivió 23 años

Luis Correos

Mónica García, encargada de la tienda en la que vive «Bartolo», con una de sus nuevas vecinas, una serpiente pitón de dos metros autizada como «Manolita»

ENRIQUE MORED Zaragoza

«Bartolo» es un cocodrilo de 23 años, casi dos metros de fauces a cola y unos sesenta kilos de peso. Proviene del Amazonas, pero ha pasado casi toda su vida metido en una estrecha jaula con barrotes de madera y techo de cristal, que servía de pasillo en el «Noa-Noa», un bar de ambiente polinesio que hasta hace unos días funcionaba en la zaragozana calle Costa, muy cerca de la plaza de Los Sitios. Al cerrar el establecimiento por traslado de negocio, «Bartolo» se ha tenido que mudar –atado y amordazado– y, desde el lunes, reside en una jaula-habitación de una tienda de animales del centro comercial Augusta.

Francisco Plaza, propietario del «Noa-Noa», cuenta que su cocodrilo está acostumbrado «a salir de vacaciones una vez al año». «Lo llevamos a Cadrete, para que lo limpien y para que un veterinario especialista en animales tropicales lo desparasite y le dé los cuidados que requiera, asegura. Pero esta vez, «Bartolo» no se ha ido de vacaciones. Servirá de reclamo en la tienda de animales de Augusta hasta que el local que acogerá el nuevo «Noa-Noa», en La Almozara, esté completamente listo. «Serán dos o tres meses de obras, pero su mudanza será para mejor, porque el local será más amplio y el espacio donde vivirá «Bartolo», también», explica Plaza.

Protestas y denuncias

El hostelero, que durante años ha servido sus vaporosos y coloristas cócteles polinesios entre peces, tortugas y el saurio en cuestión, recuerda que, cuando abrió su establecimiento, decidió decorarlo con animales tropicales «porque es bonito». Su decisión no estuvo exenta de polémica, ya que suscitó las lógicas protestas y denuncias de las asociaciones preocupadas por la protección de los animales. Pero, al final, «Bartolo» se quedó en el bar porque el propietario «tenía todos los papeles en regla», según asegura.

El cocodrilo, a pesar de vivir ahora en una tienda de animales, «no está en venta», indica la encargada del comercio, Mónica García. «Además, «Bartolo» no puede estar aquí porque éste es un núcleo zoológico con todos los permisos y porque llegó a España antes de que existieran las leyes que impiden la importación de animales de este tipo. En este momento –reconoce–, no se podría tener en la tienda otro ejemplar como éste a la venta». Sí se cuentan entre los vecinos de «Bartolo» un pequeño «caimán cocodrilus» –que cuesta 21.000 pesetas–, la serpiente pitón Manolita –70.000 pesetas– o dos bocas constrictor –a 42.990, cada ejemplar–.

La tienda también despacha iguanas, peces, pirañas o tarántulas y ha llegado a tener hasta un canguro en la misma jaula en la que ahora vive «Bartolo», que se alimenta de higadillos de pollo y codornices y que necesita un remojón cada rato para que su preciada piel no se reseque. Mónica García no oculta que el establecimiento «ha tenido algunos problemas con los ecologistas. «Lo que no sabe esa gente –alega– es que estos animales reciben un trato exquisito y que intentamos imitar lo más posible el hábitat en el que están acostumbrados a vivir. Nosotros nos dicamos a vender animales y, desde luego, los tropicales, en estos tiempos, se venden muy bien».

Luis Correos

En las imágenes, el cocodrilo «Bartolo», en su nueva morada, una jaula-habitación en una tienda de animales del centro comercial Augusta

1. El subjuntivo

The use of the subjunctive

<u>Hoping, wanting, trying to influence people or make things happen</u>
- The subjunctive is used in the subordinate clause after expressions of necessity; or when wishes, hopes, orders or other indications of influence are expressed in the main clause of a sentence. (Both uncertainty and the future are implicit.) Thus:

es necesario que	*Es necesario que* nos *den* más dinero.	They need to give us more money.
deseo que	*Deseo que seáis* muy felices.	I want you to be very happy.
espero que	*Espero que escriba* pronto.	I hope he'll/she'll write soon.
mando que	*El doctor* **manda que guarden cama**.	The doctor orders them to stay in bed.
ordeno que	*Les* **ordena que esperen fuera.**	He orders them to wait outside.
permito que	*No permiten que les acompañemos.*	They don't let us go with them.
quiero que	*Quiero que vengas a comer.*	I want you to come to eat.

- When no other person is involved, i.e. when the subjects of the principal clause and the subordinate clause are the same, Spanish usually uses an infinitive construction:

I hope (that) I am able to come and visit you. *Espero poder venir a verte.*

That is also true of sentences with infinitives, when the implied subject of the infinitive is the same as that of the principal clause:

'I want to go.' (<u>I</u> am doing the wanting and the going) *Quiero ir.*

- Often English uses an infinitive construction when Spanish requires a subordinate clause and a subjunctive:

I want you to come to eat.
Quiero que vengas a comer. (Literally **I want that you should come to eat.**)

- With verbs of <u>ordering</u>, <u>permitting</u>, etc., infinitive and clause constructions are both possible in Spanish:

They don't let me go out alone.
EITHER   *No me permiten salir sola.*
OR   *No me permiten que salga sola.*

- When translating English verbs of <u>requesting</u> and <u>telling</u>, a clause construction (and the subjunctive) **must** be used:

I shall ask them to be quiet.
Les pediré que se callen. (Literally **I shall ask them that they be quiet.**)

When things are imaginary, hypothetical, unknown or non-existent

The subjunctive is required in a subordinate clause modifying:

- a noun or pronoun representing something imaginary or unknown –

  Busco un país donde siempre haga buen tiempo.
  I am looking for a country where the weather's always good.
  Deseo una casa que tenga jardín y garaje.
  I want a house with a garden and a garage.

- something that does not exist –

  No hay nadie que cante como él.
  There is no-one who can sing like him.

(The indicative is required when what is described is real or known: *Tengo un amigo que sabe tocar el piano muy bien*. I have a friend who plays the piano very well.)

After certain conjunctions

The subjunctive is required after certain conjunctions – *a condición de que* ('provided that'), *para que / a fin de que* (so that), *sin que* (without), *no porque* (not because) – that imply the future/uncertainty or express negation:

Os lo presto **a condición de que no me molestéis** *más.*
I'll lend it to you provided you don't bother me any more.
Le escribo **para que me reserve** *una habitación.*
I'll write to him so that he reserves a room for me.
Le quitaré el dinero **sin que se dé cuenta.**
I'll take his money without his realizing.

The conjunction *aunque* 'although' / 'even if' is followed by the indicative when introducing a fact, and the subjunctive when introducing something hypothetical:

Aunque **sé** *que estoy bien preparada, me encuentro muy nerviosa.*
Although I know that I am well prepared I am very nervous.
Aunque me **pida** *perdón, no voy a salir más con ella.*
Although she might ask my forgiveness I'm not going to go out with her any more.

After expressions of emotion or evaluation

If there is an expression of emotion or an evaluation in the main clause the subjunctive is required in the the subordinate clause. Contrary to the general character of the subjunctive, indicated in Unit 16, the statement made in the subordinate clause may well be a statement of fact.

Me alegro / Estoy muy contento de que **estés** *aquí.*
I am very pleased that you are here.
Me extraña que **se marche** *sin avisarnos.*
I am surprised he should leave without telling us.

*Es terrible / Es ridículo que **esté trabajando** sin sueldo fijo.*
It is terrible/ridiculous that he is working without a fixed salary.
*No me gusta que **se vaya** sola.*
I don't like her going alone.

Ojalá *and* Que

Hopes can be expressed by the interjection *¡Ojalá!* It can either be used on its own meaning
'I/we hope so!', or it can be followed by a clause, with or without ***que***, in which case it
needs the subjunctive:

***¡Ojalá (que) se mejore** pronto!*   I hope he/she gets better soon.

Que can also be used to express hope:

*¡Que **tengas** buen viaje!*   Have a good journey.

Perhaps

Most expressions meaning 'perhaps' in Spanish are usually followed by the subjunctive:

quizás   tal vez   acaso   quizá

Quizás llegue sin avisarnos antes.
Perhaps he'll come without telling us in advance.

The colloquial *a lo mejor* needs the indicative:

*A lo mejor **llegaremos** antes que él.*
Maybe we'll arrive before him.

UNIDAD 18

¡No olvides la crema bronceadora!

LEARNING AIMS

Giving instructions
Giving advice
Telling someone what not to do

Presentación y prácticas

1. Siga todo recto.

a. Escucha y completa el diálogo con los verbos que faltan.

El señor García llama al restaurante 'La parrilla' para reservar una mesa.

Dueña: Restaurante 'La parrilla', dígame.
El señor García: Quiero reservar una mesa para mañana, para las 9 y media.
Dueña: ¿Para cuántas personas?
El señor García: Para dos personas.
Dueña: Vale. ¿A nombre de quién?
El señor García: García. Y ¿puede decirme dónde está el restaurante exactamente?
Dueña: Mire ¿conoce usted el hotel Alfonso I?
El señor García: Sí, al final de la calle Vázquez.
Dueña: Vale. Desde allí . . . la segunda calle a la derecha, . . . todo recto y al
                    final . . . a la izquierda y . . . hasta la plaza; . . . en la plaza y estamos allí a
                    mano derecha.
El señor García: Muchas gracias. Adiós.
Dueña: Adiós, y hasta mañana.

Al día siguiente, en el coche camino al restaurante. La señora de García da direcciones a su marido, que está conduciendo el coche.

El señor García: ¿Adónde ahora?
La señora García: Allí está el hotel Alfonso I. Ahora . . . la segunda calle a la derecha y . . .
                      todo recto. Al final de la calle . . . a la izquierda y . . . hasta la plaza. Mira,
                      está allí . . . aquí mismo; podemos cruzar la plaza andando.

b. Haz una lista de los verbos del diálogo como en el ejemplo:

Ejemplo		
infinitivo	tomar	seguir
imperativo (tú)	toma	sigue
imperativo (Vd.)	tome	siga

✍ 🗣 2. Problemas y consejos

📖   **a.**   Encuentra un consejo para cada problema.

> ┌─ **Ejemplo** ─────────────────────────────┐
> Tengo dolor de cabeza. Pues tómate una aspirina.
> └───┘

Problemas	Consejos
	Pues . . .
i. **Tengo dolor de cabeza.**	A) ven conmigo
ii. Tengo mucho sueño.	B) llama un taxi o coge el autobús
iii. He perdido la tarjeta de crédito.	C) **tómate una aspirina**
iv. Peso 10 kg de más.	D) llama a un fontanero
v. La ducha no funciona.	E) tómate un analgésico y acuéstate
vi. La comida está completamente quemada.	F) cómprate otro
vii. El coche no funciona y tengo una reunión dentro de una hora.	G) vete a la cama
	H) tírala y encarga una pizza por teléfono
viii. Se me ha roto el reloj.	I) olvídalo. Ya encontrarás otro
ix. No tengo con quién ir a la fiesta.	J) avisa al banco inmediatamente
x. Me ha dejado mi novio.	K) ponte a régimen
xi. Me siento fatal, creo que tengo la gripe.	

b.   Haz una lista de los imperativos regulares y los irregulares que encuentres en estas frases. Después añádelos a la lista de la Práctica 1 dando también el infinitivo y la forma correspondiente a 'Vd.'. Presta atención a la posición de los pronombres.

c.   Ahora practica con un/a compañero/a para ver cuánto recordáis. Elige un problema de la lista y cuéntaselo a tu compañero/a que tiene que darte el consejo correspondiente pero sin mirar la lista de consejos. Al final, comprobad que no os habéis equivocado.

📖✍ 3. La publicidad

Identifica los imperativos que aparecen en estos anuncios publicitarios y clasifícalos según el ejemplo. Después completa el cuadro añadiendo las formas que falten:

Pague menos por el seguro de su coche.

No guarde alimentos calientes en su frigorífico o congelador gastará menos energía. Ahorre energía es una buena idea.

Si quiere cambiar de casa, no malvenda la actual. Llame al 912222 222. No pierda tiempo.

Dale lo que le gusta Mau, la mejor comida para gatos.

Pide lo bueno.

No se lo pierda. Viva este partido en directo.

Hable inglés desde hoy mismo.

Pruébalo helados Frío.

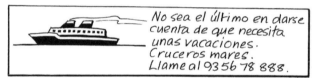

No sea el último en darse cuenta de que necesita unas vacaciones. Cruceros mares. Llame al 9356 78 888.

Ejemplo

Imperativo afirmativo		Imperativo negativo	
usted (formal)	tú (informal)	usted (formal)	tú (informal)
pague	paga	no pague	no pagues

4. Un tipo indeciso

a. Antonio es un mar de indecisiones. Ayúdale diciéndole lo que tiene que hacer. Cuidado con la posición de los pronombres y los imperativos irregulares.

Ejemplo

No sé si ir en coche o en autobús.   No **vayas** en coche, **ve** en autobús.

Antonio	Tú
i. No sé si ir en coche o en autobús.	No . . . en coche, . . . en autobús.
ii. ¿Qué tomo vino o cerveza?	No . . . cerveza. . . . vino que es mejor.
iii. ¿Te llamo esta tarde o mañana?	No me . . . esta tarde, . . . mañana mejor.
iv. No sé de qué manera hacerlo.	No lo . . . de ninguna manera.
v. ¿Salgo o entro?	. . .
vi. ¿Sigo por esta calle?	No, no . . . por aquí . . . a la derecha.
vii. ¿Cuál me compro, el verde o el negro?	No . . . el verde. El negro te está mejor.
viii. ¿Lo pago al contado o con tarjeta?	. . . como quieras.
ix. ¿Te lo cuento?	Sí, anda, . . .
x. ¿Te hablo en español o en inglés?	No me . . . en inglés . . . en español para practicar.

b. ¿Cómo responderías a una persona a quien tratas de 'usted'? Repite las frases del Ejercicio 4a usando la forma 'usted' en lugar de 'tú'.

Ejemplo

No sé si ir en coche o en autobús.
No vaya (Vd.) en coche, vaya en autobús.

---

5. ¡No olvides la crema bronceadora!

a. Haz una lista de consejos para alguien que va de vacaciones al extranjero por primera vez. Incluye no sólo las cosas que debe hacer sino también las que no debe hacer. Abajo tienes algunas ideas pero tienes que transformar los infinitivos. Trabaja con un/a compañero/a y después comparad vuestros consejos con los de otra pareja.

Ejemplo

Lleva sombrero todo el tiempo.
No olvides la crema de sol, etc.

Otras ideas:

- (IR) a la playa temprano para no quemarse con el sol.
- (BAÑARSE) sólo en las zonas designadas para ello.
- (NO COMPRAR) comida en la playa misma, (COMPRARLA) antes de ir.
- (NO OLVIDAR) lavar la fruta antes de comerla.
- (GUARDAR) el dinero en un lugar seguro.
- (BEBER) sólo agua embotellada.
- (NO PERMANECER) demasiado tiempo al sol, etc.

b. Imagina que eres monitor en una colonia de vacaciones. ¿Cómo darías consejos a un grupo de niños de habla española?

> **Ejemplo**
>
> Llevad siempre sombrero.

c. Imagina que trabajas de guía para una compañía de viajes organizados. ¿Cómo darías consejos a un grupo de turistas?

> **Ejemplo**
>
> Lleven siempre sombrero.

6. Seamos corteses.

Para dar instrucciones y hacer sugerencias, en español se puede utilizar el imperativo, el presente de indicativo (fórmula más cortés) o el verbo *poder* + infinitivo (fórmula todavía más cortés).

Practica escribiendo en tu cuaderno las estructuras que faltan en cada frase (a–r). Después comprueba con un/a compañero/a.

> **¡Ojo con usted y tú!**

> **Ejemplo**
>
> **1. Abre la ventana.**   ¿Abres la ventana?   ¿Puedes abrir la ventana?

a. Abre la ventana.
b. Ayúdame a hacer esto.
c. ¿Me dejas pasar, por favor?
d. ¿Puedes cerrar la puerta?
e. ¿Bajas la radio, por favor?
f. Apaga la tele.
g. ¿Puede dejarme el diccionario?
h. ¿Cierra la ventana, por favor?
i. ¿Puede traerme el desayuno?
j. Apague el cigarro.
k. ¿Puedes fregar los platos?
l. Haz la cena.
m. ¿Me dejas 500 pesetas?
n. ¿Puede llamar al Sr. Reno?
o. ¿Puedes venir mañana?
p. ¿Baja la radio, por favor?
q. Déme su dirección.
r. ¿Puedes dejarme el lápiz?

Comprensión auditiva

1. La primera vez en avión

a. La empleada de una agencia de viajes en Bogotá da las siguientes instrucciones a una chica de 16 años que viaja por primera vez en avión a Inglaterra.

vuelo *flight*	arriesgar *to risk*
tarjeta de bordo (LAm.) *boarding pass*	pantalla *screen*
dirigir *to go towards*	entretenerse *to get distracted*
vitrina (LAm.) *shop window*	perder *to miss*
el altoparlante (LAm.) *loudspeaker*	olvidar *to forget*
guardar *to keep*	botar (LAm.) *to throw away*
basurero *rubbish bin*	disfrutar *to enjoy*
aduana *customs*	azafata *stewardess*
mostrar *to show*	

a. Escucha y contesta si es verdadero o falso.

i. La chica debe estar en el aeropuerto una hora antes de su vuelo.

ii. Si ella desea cambiar dinero, debe hacerlo después de pasar por emigración.

iii. La empleada de la agencia nunca ha perdido un vuelo.

iv. La chica no debe guardar su pasaje y pasaporte en una revista.

v. La empleada le aconseja que tome alguna bebida alcohólica durante el vuelo.

vi. El tráfico en Inglaterra circula por el mismo lado que en Bogotá.

b. Escucha y escribe los consejos que da la empleada a la chica respecto a:

> **Ejemplo**
>
> i. La empleada le dice: 'Llega al aeropuerto . . .'

i. la llegada al aeropuerto

ii. para cambiar dinero

iii. para no perder el vuelo

iv. para no perder el pasaje

v. para entrar al avión

vi. para cuando esté en el avión

2. La campaña contra las pintadas habilita lugares para hacer 'graffitis'.

Lee el vocabulario, escucha las noticias y contesta las preguntas.

ayuntamiento *town hall*	campaña *campaign*
pintada *graffiti*	afear *to spoil*
concienciación *awareness*	en este sentido *in this sense*
dirigir *to send*	otros tantos *some others*
el lema *slogan*	instar *to urge*
tríptico *3-fold document*	

a. ¿Qué afeaba las calles y las plazas?

b. ¿Qué habían hecho en las calles antes de comenzar la campaña de concienciación?

c. ¿A quiénes se les van a enviar los 5.000 folletos?

d. ¿Qué dice la carta del alcalde?

e. ¿Dónde se pueden realizar los 'graffitis'?

Consolidación

1. Cómo aprobar los exámenes sin agobios o nervios

Ves estos consejos de un psicólogo sobre cómo aprobar los exámenes sin nervios. Quieres dárselos a un amigo que está a punto de examinarse pero antes decides cambiar los infinitivos por imperativos para dar más fuerza a las sugerencias.

> **Ejemplo**
> Dedicar . . . **Dedica**

a. <u>Dedicar</u> el día anterior solamente a repasar

b. <u>Procurar</u> estar en excelente estado físico a la hora del examen

c. <u>Combatir</u> la ansiedad con algo de deporte y relajación mental

d. En el momento de la prueba, <u>realizar</u> diez respiraciones profundas y lentas

e. <u>Leer</u> con atención el cuestionario y <u>detenerse</u> en las palabras clave

f. <u>Hacer</u> un esquema mental antes de la redacción para estructurar el tema

g. <u>Esforzarse</u> al principio y al final

h. Para superar el bloqueo mental <u>relajarse</u> y <u>concentrarse</u> cerrando los ojos.

i. Ante la falta de tiempo, <u>procurar</u> hacer un simple bosquejo del tema antes que dejar en blanco la pregunta

j. <u>Hacer</u> una presentación impecable y una letra legible.

(Adaptado de *Muy Interesante*, mayo 1996, p. 115)

2. Prohibiciones

a. Estás en un camping con muchas prohibiciones. Aquí tienes una lista de las cosas prohibidas que tu amigo/a se empeña en hacer. Recuérdale que no las haga. Forma frases según el ejemplo:

> **Ejemplo**
> Está prohibido aparcar → No aparques aquí.

Aparcar aquí

Fumar

Girar a la izquierda

Está prohibido . . .

> **Dar de comer a los gorriones**
> **Aparcar aquí**
> **Pisar el césped**
> **Bañarse antes de las 9:00**
> **Cantar en la ducha**
> **Fumar**
> **Jugar a la pelota en la piscina**
> **Poner música después de las 22:00**
> **Tirar basura**
> **Girar a la izquierda**
> **Circular a más de 30 Km/h**
> **Pescar en el estanque**

b. ¿Cómo dirías lo mismo a un grupo de amigos?

> **Ejemplo**
>
> Está prohibido aparcar > No aparquéis aquí.

c. ¿Y a un grupo de turistas a quien no conoces muy bien?

> **Ejemplo**
>
> Está prohibido aparcar → No aparquen (Vds.) aquí.

3. Consejos para conseguir trabajo

Cambio 16 ha publicado unos consejos para que los jóvenes en paro y con escasa experiencia laboral puedan presentar un currículum vitae impecable y causen buena impresión en la entrevista, informándose de antemano sobre las actividades y aspectos de interés de la compañía. Lee los consejos y haz una lista de los imperativos que aparecen en el texto. Luego transfórmalos según el ejemplo:

> **Ejemplo**
>
> (tú) Asegúrate   (Vd.) Asegúrese   (vosotros) Aseguraos   (Vds.) Asegúrense

CURRICULUM VITAE

1. Asegúrate de que está bien estructurado y ordenado, con encabezamientos, márgenes, espacios y bloques bien definidos. Destaca con letra negrilla lo más interesante.
2. Sé breve y conciso.
3. Utiliza papel de buena calidad. No fotocopies nunca.
4. Evita faltas de ortografía y de sintaxis.
5. Sé positivo y evita alusiones a fracasos, suspensos o despidos.

CARTA DE SOLICITUD

1. Sé claro y conciso.
2. Dirige la carta a la persona que ofrece el puesto de trabajo.
3. Sé original y específico.
4. Limita la carta a una página.
5. Presenta la carta sin faltas de ortografía.

ENTREVISTA DE SELECCIÓN

1. Prepárate bien para la entrevista: infórmate sobre el sector al que pertenece la empresa, la actividad que realiza, productos, facturación, número de empleados, puesto en el ranking del mercado, etc.
2. Cuida el aspecto personal, tanto de higiene como de vestuario.
3. Llega a la entrevista en el momento justo, ni mucho antes, pues daría sensación de ansiedad, ni mucho después, ya que harías esperar al entrevistador.
4. Lleva a mano el currículum vitae y los certificados de trabajo y de estudios.
5. Durante la entrevista escucha con atención y demuestra que entiendes las explicaciones. Responde con claridad, precisión y seguridad.

PRUEBAS DE SELECCIÓN

1. Acude tranquilo y relajado.
2. Escucha o lee atentamente las instrucciones.
3. Sé puntual y vístete adecuadamente.
4. En las pruebas psicotécnicas, de tiempo limitado, empieza en cuanto se dé la señal.

> (Adaptado del artículo '¡Qué duro es ser joven!' de Gonzalo Aragonés que apareció en *Cambio 16*, 17 de febrero de 1997.)

✍ **4. Anuncios**

Busca varios anuncios en la prensa de tu país en los que se utilicen imperativos y tradúcelos al español. Compara tu lista con las de tus compañeros.

📖✍ **5. Celebre con nosotros.**

Lee el anuncio del restaurante 'El Paraíso' y decide si las frases siguientes son verdaderas o falsas. Corrige las que sean falsas.

¿Verdadero o falso?

a.   El restaurante es un sitio tranquilo donde cenar.
b.   No se sirve paella.
c.   No se puede reservar mesa.
d.   El restaurante está cerrado los domingos.

RESTAURANTE 'EL PARAÍSO'
Entre en nuestro restaurante y viva la sensación de estar en un sitio tropical fuera de los problemas de cada día.
Pruebe la deliciosa selección de platos que le ofrecemos.
Coma nuestra paella valenciana, especialidad de la casa, y beba uno de nuestros excelentes vinos procedentes de todas las partes del mundo.
Atendemos a todos los gustos.
Celebre ese aniversario especial con nosotros.
Llámenos ahora para reservar una mesa. El restaurante está abierto todos los días entre las 19.00 horas y la 01.00.
RESTAURANTE *El PARAÍSO*
CALLE SANTA MARÍA 27
Tel: 82 52 49

✍ **6. El Mariachi**

Un amigo tuyo que ha abierto un restaurante mejicano ('El Mariachi') te pide que compongas un anuncio en español para la población de habla hispana que vive en tu ciudad. Utiliza el anuncio de la Actividad 5 como modelo y haz mención a los siguientes detalles:

*   música y ambiente tradicional de Latinoamérica
*   especialidad: cocina mejicana
*   bebidas: vinos argentinos y chilenos, tequila mejicana
*   sábados y domingos: grupo mariachi
*   banquetes de bodas: reservar con un mes de antelación

📖 ✍ **7.** **Varios monumentos arqueológicos de Lambayeque están dañados.**

✌

dañar *damage*	embotes *blows, attacks*
calificar de *describe as*	abatido/a *depressed*
huaca *tomb*	arrasar *flatten*
vestigios *(archaeological) remains*	grieta *crack*
puesta en valor *making good*	

El Comercio – Lima, 15 de marzo de 1998, p. A8

Varios monumentos arqueológicos de Lambayeque están dañados

CHICLA-YO.- Irreparables daños en la estructura arquitectónica de otros monumentos diseminados en el valle de Lambayeque ha ocasionado el fenómeno de El Niño, afirmó el doctor Walter Alva Alva, director del Museo Arqueológico Nacional Bruning.

Calificó de catástrofe lo ocurrido con la huaca 'El Taco', que fue destruida en más del 50% por la erosión del río Reque, así como lo que sucede con importantes vestigios, como las pirámides del Complejo Arqueológico de Batán Grande.

"El Niño ha ocasionado el colapso de varias plataformas superiores en pirámides como la de Huaca Loro y La Ventana, y también ha originado grietas en el monumento de Chotuna que, en forma alarmante, está exponiendo parte de su estructura arquitectónica", indicó.

Alva consideró que la destrucción de la huaca El Taco es una tragedia para la arqueología norperuana porque se ha perdido uno de los monumentos más importantes de la Cultura Lambayeque.

Anotó que ni el terrible Niño del siglo XVI ocasionó tantos daños en los monumentos arqueológicos de Lambayeque, que han soportado los embates de la naturaleza por cientos de años. "Estamos abatidos por haber sido testigos de cómo la huaca El Taco ha sido arrasada en pocas horas por este fenómeno", indicó.

El director del Museo Bruning de Lambayeque demandó a las autoridades gubernamentales que, paralelamente a las obras de reconstrucción de las ciudades afectadas por el fenómeno natural, se apruebe un proyecto de conservación y de puesta en valor de nuestros monumentos los cuales -con enormes limitaciones- son protegidos por un sacrificado grupo de arqueólogos lambayecanos.

a. Contesta en español las siguientes preguntas:

   i. ¿Qué daños arquitectónicos ha causado El Niño?

   ii. ¿Cómo describe el doctor Walter Alva Alva, director del Museo Arqueológico Nacional Bruning, el daño causado por el río Reque al sepulcro El Taco?

   iii. ¿Por qué es importante este sepulcro?

   iv. ¿En qué otras ocasiones ha causado devastación El Niño?

   v. Según el director del museo ¿qué medidas deberían tomar las autoridades gubernamentales?

b. Busca en el artículo palabras sinónimas de éstas: *distribuidos, causado, destrozada, derrumbamiento, descubriendo, perjuicios*.

c. Traduce al inglés el último párrafo.

d. Traduce al español

'El Niño' has caused serious architectural damage in the Lambayeque valley, in particular to the 'El Taco' tomb and other tombs in the region. Archaeologists see this as a real tragedy because of the loss of some of the most important North Peruvian monuments. The museum director has asked the government to approve a conservation plan to protect the monuments from further damage.

e. Imagínate que eres el director del museo en el valle Lambayeque. Haz una lista de las medidas necesarias para proteger los monumentos amenazados. Utiliza las construcciones gramaticales 'hay que' y 'hace falta'.

> Perú es más conocido como la tierra de los Incas. Si deseas más información puedes visitar: http://home.att.net/~jgarciaduran/index.html.

GRAMÁTICA

1. The imperative: affirmative forms, polite El imperativo: formas afirmativas del trato formal

The affirmative forms of the informal imperative are explained in Unit 10. The affirmative forms of the formal imperative are the same as those of the *Vd.* and *Vds.* persons of the subjunctive (see Units 16 and 17). This is true of all regular and irregular verbs:

	Vd.	*Vds.*	
hablar	HABL**E**	HABL**EN**	speak
beber	BEB**A**	BEB**AN**	drink
vivir	VIV**A**	VIV**AN**	(long) live . . .
salir	**SALGA**	**SALGAN**	leave (the room)

There is also a first person plural imperative 'let's . . .' which has the same form as *nosotros* in the present subjunctive:

hablar	HABL**EMOS**	let's speak . . .
beber	BEB**AMOS**	let's drink . . .

It is often replaced by *VAMOS + A +* infinitive. Thus: *Vamos a cantar* / Let's sing.

2. The imperative: negative forms, familiar and polite El imperativo: formas negativas del trato familiar y formal

In the negative both the formal and informal imperatives (and the first person plural imperative) use the corresponding forms of the present subjunctive. This is true of all regular and irregular verbs.

	Informal		Formal	
	tú	*vosotros/as*	*Vd.*	*Vds.*
hablar	**NO HABLES**	**NO HABLÉIS**	**NO HABLE**	**NO HABLEN**
beber	**NO BEBAS**	**NO BEBÁIS**	**NO BEBA**	**NO BEBAN**
salir	**NO SALGAS**	**NO SALGÁIS**	**NO SALGA**	**NO SALGAN**
decir	**NO DIGAS**	**NO DIGÁIS**	**NO DIGA**	**NO DIGAN**

3. The imperative and pronouns: affirmative forms El imperativo y los pronombres: formas afirmativas

- Reflexive and object pronouns have to be tacked onto the end of **all** affirmative forms of the imperative:

  Acuéstese en seguida. Go to bed right away.
  Dígamelo cuanto antes. Tell me as soon as you can.
  Comprémoslo. Let's buy it.

- Sometimes an accent needs to be written to reflect the fact that the stress does not change with the addition of one or more pronouns.
- The final '*d*' of the *vosotros/as* imperative is dropped in reflexive verbs. Thus:

  levantarse > levantad + os = levantaos

- The final '*s*' of the *nosotros/as* imperative is dropped in reflexive verbs. Thus:

  acostarse > acostemos + nos = acostémonos

4. The imperative and pronouns: negative forms El imperativo y los pronombres: formas negativas

- Reflexive and object pronouns must be placed in front of the verb:

  No se preocupen Don't worry.
  No me hables. Don't speak to me.
  No se lo digas. Don't tell him/her/them (about it).

Examples of the imperative forms:

Regular imperatives

	tú		*Vd.*		*vosotros*		*Vds.*	
habla	*no hables*	*hable*	*no hable*	*hablad*	*no habléis*	*hablen*	*no hablen*
sube	*no subas*	*suba*	*no suba*	*subid*	*no subáis*	*suban*	*no suban*
trae	*no traigas*	*traiga*	*no traiga*	*traed*	*no traigáis*	*traigan*	*no traigan*

Irregular imperatives

	tú		Vd.		vosotros		Vds.	
ven	no vengas	venga	no venga	venid	no vengáis	vengan	no vengan
sal	no salgas	salga	no salga	salid	no salgáis	salgan	no salgan
di	no digas	diga	no diga	decid	no digáis	digan	no digan

Reflexive verbs

tú		Vd.		vosotros		Vds.	
siéntate	no te sientes	siéntese	no se siente	sentaos	no os sentéis	siéntense	no se sienten
levántate	no te levantes	levántese	no se levante	levantaos	no os levantéis	levántense	no se levanten
cállate	no te calles	cállese	no se calle	callaos	no os calléis	cállense	no se callen

¿Qué harías?

Learning aims

Describing hypothetical places
Saying what you would do in a hypothetical situation
Reporting what was said
Reporting what was done

Presentación y prácticas

1.   El lugar ideal para pasar sus vacaciones

a.   Una cadena de agencias de viajes realizó el año pasado una encuesta para conocer los gustos viajeros de sus posibles clientes. Escucha una de las entrevistas.

Patricia: ¿Puede describir el lugar ideal para pasar unas vacaciones?

Miguel: Pues, para mí, el lugar ideal sería una isla tropical, en medio del Pacífico o así.

Patricia: ¿Cómo se imagina que serían sus primeras impresiones?

Miguel: Bueno . . . Yo creo que lo mejor sería llegar a ella en un yate a todo lujo. Al llegar lo primero que vería, claro, serían las playas. La isla tendría unas playas magníficas, con palmeras y una arena blanquísima y muy fina.

Patricia: ¿Dónde le gustaría alojarse, en un hotel, en un chalet particular . . .?

Miguel: Me alojaría en un hotel, sin dudarlo, para no tener que hacer nada. Y el hotel estaría situado junto a la playa y tendría unas vistas magníficas.

Patricia: ¿Cómo sería la isla? ¿Qué habría?

Miguel: Habría una pequeña colina que se vería desde la terraza del hotel y las casas serían bajas, de un piso solo y estarían rodeadas de mucha vegetación . . . plantas y flores. ¡Ah! y también habría muchos árboles con frutas tropicales que atraerían a muchos pájaros exóticos.

Patricia: ¿Qué se imagina Vd. que haría para pasar el tiempo?

Miguel: Como el clima sería cálido y agradable pues me bañaría en el mar por la mañana, y luego tomaría el sol en una hamaca, mientras que me tomaba una piña colada o algo así. Y al atardecer subiría a la cima de la colina para ver las puestas de sol, que serían impresionantes.

Patricia: ¿No echaría de menos la civilización?

Miguel: En absoluto. Además no tendría ni teléfono, ni radio, ni televisión. Y como en esta isla no habría ni coches, ni tráfico, serían unas vacaciones muy relajantes y volvería a mi casa con las pilas recargadas.

> con las pilas recargadas   *with (my) batteries recharged*

b. Busca las expresiones siguientes:

The ideal place would be . . .   The best thing would be . . .
The first thing I would see . . .   The island would have . . .
It would be situated . . .   There would be . . .
What would you do to pass the time?   What would the island be like?
I would climb to the top of the hill.   Wouldn't you miss . . .?

c. Habla con otro estudiante sobre el lugar ideal para pasar vuestras (LAm. 'sus') vacaciones. Utiliza el diálogo entre Patricia y Miguel como modelo, si quieres, pero háblale de tú.

2. ¿Qué harías?

¿Qué harías en los siguientes casos? Lee el texto y después discute con varios compañeros lo que haríais en estas situaciones.

Ejemplo

Si ganara la lotería me compraría un coche.

a. Imagínate que ganas la lotería. ¿Qué harías con el dinero?

- ¿lo gastarías todo?
- ¿lo meterías en un banco?
- ¿lo donarías a una organización de ayuda al tercer mundo?
- ¿te comprarías un coche?
- ¿darías la vuelta al mundo en un crucero?

b. Imagínate que tienes control total del mundo por un día. ¿Qué harías?

- ¿destruirías todas las armas nucleares?
- ¿pagarías la deuda del tercer mundo?
- ¿reorganizarías el transporte público?

- ¿legalizarías el uso de la marihuana?
- ¿harías que la educación fuera gratis para todo el mundo?
- ¿te olvidarías de los problemas del mundo y te tomarías unas vacaciones gratis?

c. Imagínate que alguien te para en una discoteca y te ofrece una droga dura. ¿Qué harías?

- ¿pasarías de largo sin hacerle caso?
- ¿le denunciarías a la dirección de la discoteca?
- ¿tratarías de hacerle ver lo malo de su acción?
- ¿comprarías la droga para enseñársela a la Policía?
- ¿comprarías la droga para tu uso personal?

d. Vuelves a tu casa de madrugada y te das cuenta de que has perdido las llaves. La alarma de seguridad está puesta.

- ¿llamarías a la policía?
- ¿despertarías a la vecina que te guarda una llave?
- ¿te quedarías en la calle hasta el día siguiente?
- ¿te irías a un hotel?
- ¿romperías el cristal de una ventana para entrar aunque activara la alarma?

e. Imagínate que el novio de tu mejor amiga te dice que se ha enamorado de ti. ¿Qué harías?

f. Entras en tu casa y encuentras a un ladrón dentro. ¿Qué harías?

> En España hay distintos tipos de lotería. El cupón de la ONCE (Organización Nacional de Ciegos Españoles) es muy popular y sale todos los días. Visita su web para más información: www.once.es.

3. Si estuviera en su lugar . . .

Imagina que un/a amigo/a español/a quiere visitar tu ciudad durante una temporada larga y te pide consejo sobre los siguientes puntos:

- qué tipo de alojamiento buscar
- qué hacer en su tiempo libre
- qué otras ciudades debe visitar
- dónde comprar los comestibles
- qué hacer para conocer a gente
- qué ropa traer

Discute con un/a compañero/a las posibilidades y trata de ponerte de acuerdo con él o ella en los consejos. Luego escribe esas recomendaciones en una lista.

> **Ejemplo**
>
> Yo, en su lugar, buscaría un piso, . . . etc

4. La piscina de Villaseca

Escucha este boletín de noticias:

Inaugurada la piscina municipal de Villaseca

Ayer la piscina municipal de Villaseca fue inaugurada por el alcalde y el concejal de educación y deporte. También fueron invitados al acto el concejal de salud y la secretaria del instituto de la juventud. La instalación al aire libre con una piscina de competición y otra para los pequeños fue muy bien recibida por el pueblo de Villaseca. Desde que fue creada la comisión pro-piscina municipal hasta que fueron recaudados los fondos suficientes para comenzar las obras, los habitantes de Villaseca han tenido que soportar elevadas temperaturas sin ningún tipo de diversión. Muchos aseguran que sin el atractivo de la piscina, la población habría abandonado Villaseca durante el verano. Los vecinos que acudieron al acto aseguran que la piscina ha satisfecho todas sus necesidades.

a. Anota en tu cuaderno las construcciones en pasiva que aparecen en este boletín de noticias e intenta identificar el tiempo verbal en que se halla el verbo.

b. Siguiendo el modelo anterior, escribe una breve noticia sobre la inauguración de una estación de autobuses en un pequeño pueblo de la costa.

5. Titulares de noticias

a. Estos titulares de noticias están incompletos. Intenta completarlos usando la voz pasiva de los verbos en mayúscula.

> **Ejemplo**
>
> 'El presupuesto del Estado (ANUNCIAR) por el gobierno'
> El presupuesto del Estado fue anunciado por el gobierno.

i. 'Los abogados del caso (AMENAZAR) por un grupo sin identificar'

ii. 'Cerca de San Vicente de la Barquera (DESCUBRIR) un yacimiento de petróleo'

iii. 'La huelga de estudiantes universitarios (CANCELAR)'

iv. 'Las negociaciones por un salario mínimo entre el gobierno y los sindicatos (REANUDAR)'

v. '(CONVOCAR) una manifestación en contra de la construcción de una central nuclear cerca del parque natural de Doñana, España'

vi. 'La circunvalación en el centro de la ciudad (PROHIBIR) en las horas punta'

vii. 'El partido del domingo (SUSPENDER) a causa de las condiciones climáticas'

b. Ahora intenta escribir los titulares otra vez evitando el uso de la pasiva.

> **Ejemplo**
>
> 'El presupuesto del Estado fue anunciado por el gobierno.'
> Se anunció el presupuesto del Estado.
> Anunciaron el presupuesto del Estado.

6. En la cocina 1

Hay muchas maneras de escribir recetas de cocina. Esta receta se ha escrito utilizando el 'se impersonal'. Cámbiala utilizando la forma 'usted' del imperativo.

Compota de manzanas

Se pelan las manzanas, luego se cortan en rodajas finas. Se ponen en una cazuela con el azúcar, la cáscara del limón y un trozo de canela en rama. Se echa agua hasta que estos elementos se cubran, y se ponen a hervir. Se dan unas vueltas al principio para que el azúcar se disuelva y se deja hervir a fuego lento durante una hora aproximadamente, hasta que la manzana esté blanda. Se puede hacer bastante compota un día para consumir a lo largo de la semana, pues no se estropea y se toma fría.

> **Ejemplo**
>
> Se pelan las manzanas . . . > Pele las manzanas . . .

7. En la cocina 2

Y ahora al revés. Lee la siguiente receta escrita en el imperativo y cámbiala utilizando la forma de 'se impersonal'.

Croquetas de pollo

Aceite, harina, mantequilla, leche, 1 huevo, 1 pechuga de pollo, sal, pan rallado, nuez moscada

Cueza durante 30 minutos la pechuga troceada o entera, y luego píquela con unas tijeras en trozos mínimos.

Antes que nada, prepare una bechamel bastante espesa (con 3 o 4 cucharadas de harina y medio litro de leche), sobre 2 cucharadas de aceite y otras 2 de mantequilla. Añada después la pechuga picada, sal y nuez moscada. Deje reposar la masa al menos 3 horas.

Con ayuda de las 2 cucharas, construya las croquetas y rebócelas en huevo batido y pan rallado. Fríalas en abundante aceite, cuidando de que no se peguen unas a otras.

En una fuente, ponga 2 servilletas de papel sobre las que colocará las croquetas para que pierdan aceite. Sírvalas aún calientes.

> **Ejemplo**
>
> Cueza . . . la pechuga . . . > Se cuece . . . la pechuga . . .

8. Un chiste

Intenta traducir este chiste al inglés. ¿Qué problemas encuentras? ¿Cómo los resuelves?

El chistoso: ¿Cómo se distingue entre un elefante y una elefanta cuando los dos están totalmente sumergidos en el agua del río?

El ingenuo: No sé. ¿Cómo se distingue entre un elefante y una elefanta cuando los dos están totalmente sumergidos en el agua del río?

El chistoso: Esperas hasta que salgan, y entonces . . . el elefante está mojado* y la elefanta está mojada.

* mojado/a – *wet, soaking*

Comprensión auditiva

1. Planes para un encuentro

Rosario deja el siguiente mensaje a su amiga María Mercedes para planear su futuro encuentro.

Escucha y contesta las preguntas.

La suerte está echada. *There is no way back.*	alojarse *to stay*
volar *to fly*	tratar de *to try*
pobrecito/a *poor you*	alguien *somebody*
barrio latino *Latin quarter*	disfrutar *enjoy*
¡Qué locura! *¡it's madness!*	el atardecer *sunset*
sugerir *to suggest*	llamar *to phone*

    a.   ¿Cómo llegarían las tres amigas a París?

    b.   ¿Dónde se alojarían?

    c.   ¿Por qué desayunarían en un café al lado del Sena?

    d.   ¿Qué harían durante el día?

    e.   ¿Dónde se encontrarían ? ¿Por qué allí?

2. El oso polar, en peligro

Lee el vocabulario, luego escucha esta noticia sobre las repercusiones de los cambios climáticos en la fauna marina y contesta las preguntas.

oso *bear*	superficie *surface*
retirada *disappearance*	recordar *to remind*
foca *seal*	cadena alimenticia *food chain*

    a.   ¿Cuál puede ser la primera víctima del cambio climático en el Océano Glacial Ártico?

    b.   En comparación con el resto del planeta ¿está calentándose el Ártico Occidental a la misma velocidad?

    c.   ¿En qué tanto por ciento ha disminuido la extensión del hielo?

    d.   ¿De qué se alimentan los osos polares?

    e.   ¿Qué causará la retirada del hielo marino?

Consolidación

1. En una isla desierta

Tu revista favorita ofrece un premio fabuloso – dos semanas en barco por las islas Bahama – para el mejor relato de aventuras sobre lo que harías si naufragaras solo/a en una isla desierta. Siempre has querido visitar las islas Bahamas y decides probar suerte. Aquí tienes unas ideas:

¿Cómo sería el naufragio? ¿Qué harías para salvarte? ¿Qué comerías? ¿Con qué construirías un refugio? etc.

naufragar *to be shipwrecked*	refugio *shelter*

2. Un viaje de ensueño

Tu amiga Helen pide que le traduzcas este pequeño relato para mandarlo a un foro español de Internet sobre viajes fantásticos. Ayúdale.

> The journey of my dreams would start in Japan where I'd try some of their fantastic food. Did you know that they eat raw fish all the time? And I wonder what it would be like to wear a kimono? I'd spend a couple of weeks there, then I'd go to New Zealand, but I'd have to take my mother with me because she's always wanted to go there. We would visit my uncle, who lives in Wellington, and I'd like to visit the mountains. But I'm sure my Mum would prefer to spend some time on the coast. Then we'd go to America. South America would be best – I think I'd go to Peru. My Mum and I would explore all the places I love reading about. Macchu Picchu would be top of my list, then somewhere like Trujillo on the coast, or even Lake Titicaca. My Mum would be in her element because she's studied the history of Peru. If only we had the money! What would you do?

> *If only we had . . . !* ¡Ojalá tuviéramos . . . !   *New Zealand* Nueva Zelandia
> *to be in her element* estar en su elemento

3. Me dijo que iría el lunes.

Aprende a referir lo que te han dicho otras personas. Transforma estas frases directas a estilo indirecto como en el ejemplo.

Ejemplo

Estilo directo: FUTURO
Me dijo: 'Iré el lunes por la tarde'

Estilo indirecto: CONDICIONAL
Me dijo que iría el lunes por la tarde.

a)   Me dijo: 'Saldré a las ocho.'
b)   Me aseguró: 'Pasaremos unas vacaciones estupendas.'
c)   Le dije: 'Te recogeré después del trabajo.'
d)   Le aseguré: 'Lo sabremos el mes que viene.'
e)   Me contestó: 'Entonces haré un viaje al Ecuador.'
f)   Le contesté: 'Llegarán en el tren de las 3.'
g)   Me prometió: 'No se lo diré a nadie.'
h)   Me aseguró: 'Se lo preguntaré y te avisaré.'

4. Titulares de noticias

Practica distintos modos de expresar la misma idea. Transforma estos titulares de noticias usando la construcción de 'se impersonal' y la voz pasiva:

> **Ejemplo**
>
> Noticia: 'Celebrada con éxito la cumbre del medioambiente'
>
> Se celebró con éxito la cumbre del medioambiente. (se impersonal)
>
> La cumbre del medioambiente fue celebrada con éxito. (pasiva)

a)   'Inaugurada la biblioteca central de la Universidad'

b)   'Recuperados los 200 millones de pesetas desaparecidos el viernes'

c)   'Confirmada la participación de Pinochet en casos de tortura'

d)   'Descubierta una estatua ibérica del siglo II A.C.'

e)   'Terminada la segunda fase del anexo al museo del Prado'

f)   'Abierta la puerta al comercio internacional'

5. Todo el pueblo quiere a Juan.

a. Pon a prueba tus conocimientos de español y cambia estas frases utilizando la voz pasiva.

> **¡Ojo!**
>
> Algunos de los participios son irregulares.

> **Ejemplo**
>
> Todo el pueblo quiere a Juan.   Juan es querido por todo el pueblo.

i.   Todo el pueblo quiere a Juan.

ii.   Pedro venció al campeón de boxeo.

iii.   El arquitecto Bofill construyó el nuevo pabellón de la Expo.

iv.   Enviaron la carta el mismo día.

v.   La policía detuvo al ladrón sin dificultad.

vi.   Vendieron la casa en una semana.

vii.   Tras años de arduos trabajos, los arqueólogos reconstruyeron la aldea celta con todo detalle.

viii.   El mécanico reparó el pinchazo muy rápidamente.

b. Ahora cambia las siguientes frases de voz pasiva a voz activa.

> **Ejemplo**
>
> Las consecuencias fueron muy lamentadas por representantes de la oposición municipal.
>
> Representantes de la oposición municipal lamentaron mucho las consecuencias.

i. Las consecuencias fueron muy lamentadas por representantes de la oposición municipal.

ii. El paquete fue mandado a la dirección incorrecta.

iii. Las instalaciones aeroportuarias fueron utilizadas por más de seis millones de personas.

iv. No existe ningún parte médico que confirme por quién fue atendido el muchacho.

v. La iglesia puede ser visitada entre las 10:00 y las 16:00 todos los días.

vi. La niña fue llevada al médico.

vii. El cuadro fue recobrado por la policía.

c. Cambia estas frases utilizando la construcción 'se'.

> **Ejemplo**
>
> Todos los edificios fueron incluidos en el catálogo de la revisión.
> Se incluyeron todos los edificios en el catálogo de la revisión.

i. Todos los edificios fueron incluidos en el catálogo de la revisión.

ii. El recorte presupuestario fue muy lamentado por todos.

iii. Las obras de mejora de la carretera no fueron finalizadas hasta el fin del mes.

iv. La cena es servida a las diez.

v. No está permitido fumar en los restaurantes de Londres.

vi. En el centro de urgencias al turista le aplicaron cuatro puntos de sutura.

vii. Nadie habla inglés en este hotel.

6. Y ahora un pequeño test de verbos

a. ¿Cómo se dice en inglés?

i. En Bilbao se abrirá un nuevo museo.

ii. Se aceptan cheques de viaje.

iii. La conferencia se celebró en Valencia.

iv. Se habla español en Filipinas.

v. Se restauraron doce cuadros hace tres años.

b. ¿Cómo se dice en español? A ver si aciertas qué frases necesitan el verbo *ser* y cuáles el verbo *estar*.

i. He was kneeling on the grass.

ii. The picture was hanging on the wall.

iii. After a few weeks, a picture was hung next to the window.

iv. The novel was dedicated to a young priest that he met.

v. The arrested man was sentenced after a six-week trial.

vi. The prologue was written by a friend at the author's request.

vii. The football match was played last Sunday.

viii. The soldiers who were billeted in the village spent a lot of money in the local bars.

picture	cuadro	soldier	soldado	to sentence	sentenciar
to dedicate	dedicar	wall	la pared	at the request of	a petición de
arrested	detenido/a	priest	el sacerdote	to billet	alojar
prologue	prólogo				

7. Nace en EE UU el primer gato clonado.

El País, 15 de febrero de 2002.

Nace en EE UU el primer gato clonado
El pelaje del animal difiere del materno

A. R., **Madrid**

Una gatita nacida el pasado 22 de diciembre, bautizada *Cc:*, y producida por técnicas de biotecnología en un laboratorio de EE UU, es el primer gato clónico, según anunció ayer la revista científica *Nature*, que próximamente publicará el trabajo de los investigadores de las universidades de Tejas y de California, que han creado el animal. *Cc:* es una gata sana y vigorosa, es clónica de su madre genética, según los análisis de ADN realizados, pero no idéntica a ella en cuando al color del pelaje.

Esta diferencia de coloración del pelo se debe, explican los cientificos, a que "el patrón de la pigmentación en los animales multicolores es el resultado no sólo de los factores genéticos, sino también de factores de desarrollo no controlados por el genotipo".

Mark Westhusin (Universdad de Tejas) y sus colegas utilizaron la técnica de transferencia nuclear, que consiste en extraer el núcleo de una célula e implantarlo en otra para crear un embrión con la información genética del núcleo celular transferido. El embrión luego se implanta en una madre de alquiler que lleva adelante la gestación. Los cientificos de Tejas obtuvieron e implantaron 87 embriones clónicos en dos fases del experimento y al final lograron un único animal vivo clónico, *Cc:*, que nació por cesárea 66 días después de que fuera transferido el embrión.

Hasta ahora se habían clonado ovejas, ratones, ganado vacuno, cabras y cerdos con técnica de transferencia nuclear, recuerdan los investigadores. A la lista añaden ellos ahora el gato *(Felis Domesticus)*. "Sin embargo, esta técnica de clonación puede que no sea ya extensible a otras especies de mamíferos si nuestra comprensión de sus procesos reproductivos es limitada o si hay obstáculos específicos de especie", dicen Westhusin y sus colegas en su notificación sobre el experimento, que *Nature* publicará el próximo 21 de febrero.

a. Contesta en español las siguientes preguntas.

    i.   ¿En qué se diferencia la gatita de su madre genética?

    ii.   ¿Cómo explican los científicos esta diferencia?

    iii. ¿Qué hicieron los científicos con el núcleo extraído?

    iv. ¿Cuántos días después de la implantación nació *Cc:*?

    v.   ¿Es ésta la primera vez que se ha clonado un animal?

b. Busca en el artículo palabras sinónimas de éstas:
dentro de poco; *fuerte*; *piel*; *al cabo*; *no obstante*

c. Traduce al ingles el primer párrafo.

d. Traduce al español:

A cloned kitten has been created by scientists in the United States. Although it resembles (*parecerse a*) its mother genetically, the colour of its fur is different because pigmentation depends on factors other than purely genetic ones. After implanting 87 embryos, scientists finally succeeded and the kitten, named *Cc:*, was born 66 days later.

diferir de *to be different from*	patrón *pattern*
ganado vacuno *cattle*	consistir en *to consist of*
madre de alquiler *surrogate mother*	

Gramática

1. The conditional El condicional

The form of the conditional

The conditional is formed very like the future (see Unit 11).
For regular verbs, the endings – *ÍA*, *ÍAS*, *ÍA*, *ÍAMOS*, *ÍAIS*, *ÍAN* – are added to the infinitive:

ESPERAR – ESPERARÍA ESPERARÍAS ESPERARÍA ESPERARÍAMOS
ESPERARÍAIS ESPERARÍAN

With irregular verbs, the same endings are added to a special root, the same root as for the future:

HACER – HARÍA HARÍAS HARÍA HARÍAMOS HARÍAIS HARÍAN

Similarly *DECIR (DIRÍA)*, *PODER (PODRÍA)*, *PONER (PONDRÍA)*, *QUERER (QUERRÍA)*, *SABER (SABRÍA)*, *TENER (TENDRÍA)*, *VENIR (VENDRÍA)*.

The uses of the conditional

- In Spanish as in English, the conditional is used in reported speech when describing future action:

  'I shall see you tomorrow', he said   *-Te veré mañana- dijo.*
  He said that he **would** see me tomorrow   *Dijo que me **vería** mañana.*

- It can also, as in English, indicate supposition:

  You **wouldn't** leave without saying goodbye, would you?
  *¿No te **marcharías** sin despedirte?*

- Students should take care not to use the conditional in Spanish in all circumstances where it would be used in English. In the following sentence an imperfect is needed in Spanish to indicate repeated action in the past:

  When we were small **we would visit** our grandparents every week.
  *Cuando éramos pequeños, **visitábamos** a los abuelos todas las semanas.*

2. **The passive voice** La voz pasiva

In Spanish, as in English, verbs may be either **active** or **passive**.
Active voice sentences usually start with the agent (the person or thing that performs an action); this is followed by the verb (which tells you what the agent does); and finally we have the object of the verb. The emphasis is on the agent and the action. Thus:

Spain (agent)	**exports** (verb)	**olive oil** (object).
España	*exporta*	*aceite de oliva.*

In **passive** voice sentences, the emphasis is on the object and what has happened to it; the agent need not be mentioned. The word order is usually the reverse of active sentences.

Olive oil	**is exported**	**(by Spain).**
El aceite de oliva	*es exportado*	*(por España).*

Forming the passive

To form the passive in Spanish you need:

- the verb *ser*; the past participle (see Unit 13); and the preposition *por* (if you want to express the agent)
- the past participle must agree in number and gender with the main noun (now the subject)
- different tenses of the verb *ser* may be used, here we just use the present and preterite.

El acueducto de Segovia fue construido (por los romanos).
The Aqueduct of Segovia was built (by the Romans).
En 1939 Polonia fue invadida (por Alemania).
In 1939 Poland was invaded (by Germany).
El vagabundo fue detenido (por el guardia), y fue encerrado en una celda.
The tramp was arrested (by the policeman) and was locked up in a cell.
Esperamos que nuestras dificultades sean superadas muy pronto.
We hope that our difficulties will soon be surmounted.

Alternatives to the passives

Spanish is rather ambivalent about the passive. While it is used quite commonly in modern journalism, traditionalists frown on it. Native English students of Spanish overuse the passive. You are strongly advised to study and practise the following ways of avoiding the passive.

a. Make the sentence active, using the agent indicated:

España exporta aceite de oliva.   Spain exports olive oil.
Alemania invadió Polonia.   Germany invaded Poland.
El policía encerró al vagabundo en una celda.   The policeman locked up the tramp in a cell.
Esperamos superar nuestras dificultades muy pronto.   We hope to overcome our difficulties very soon.

b. Make the sentence active, using an imaginary third person plural ('they') subject:

(En España), exportan aceite de oliva.
Invadieron Polonia.
Encerraron al vagabundo.

c. Make the verb reflexive; it must agree with its new subject:

(En España) se exporta aceite de oliva.
Se invadió Polonia.
Se construyó el acueducto de Segovia en el primer siglo después de Jesucristo.
Esperamos que nuestras dificultades se superen muy pronto.

N.B.
In construction (b) the sentence becomes <u>impersonal</u>: we do not know who the agent is. It is not possible to use <u>por</u> or express the agent in construction (c). We use either constructions (b) or (c) when the subject is not mentioned, i.e. when it is not important.

3. *Estar* (instead of *ser*) followed by the past participle

You change the meaning of your sentence if you substitute *estar* for *ser.* Compare:

*La ventana **estaba** abierta.*   The window was **open**.
*La ventana **fue** abierta.*   The window was **opened**.

- *Ser* + past participle presents an action; *estar* + past participle presents a state which may be the result of an action that has already taken place.
- The Spanish past participle after *estar* may often be translated by a <u>present</u> participle in English. Thus:

  *Está **sentada** en el sofá.*   She is **sitting** (or seated) on the sofa.

- Similarly *arrodillado* ('kneeling'), *colgado* ('hanging'), *apoyado* ('leaning'), *dormido* ('sleeping' / 'asleep').

Learning aims

Reporting what you would do if . . .
Giving advice
Reporting what others wanted you to do

Presentación y prácticas

🔊✍️ 1. El laberinto moral

a. En la vida tenemos que enfrentarnos a todo tipo de decisiones y no siempre sabemos cómo responder. ¿Cómo reaccionarías en las siguientes situaciones? Discútelas con un/a compañero/a o en grupo.

> **Ejemplo**
>
> **Situación**: Compras algo en una tienda y el dependiente te da el cambio de 30 euros en lugar de 10. ¿Qué haces?
> **Respuesta: Si comprara** algo en una tienda y el dependiente me **diera** el cambio de 30 euros en lugar de 10, le **diría** que me había dado mal las vueltas y le **devolvería** el dinero.

    i.   Lees un artículo sobre las inundaciones en India que te afecta mucho. ¿Qué haces?

    ii.   Tu madre compra un nuevo sombrero para la boda de tu hermana y te parece un nido de pájaros. ¿Qué le dices a tu madre?

    iii. Ves a la novia de tu hermano en un bar con otro muchacho, hablando de una manera muy íntima. ¿Qué haces?

    iv. Al salir de un aparcamiento chocas con otro coche. Nadie te ha visto y no has hecho mucho daño pero ¿qué haces?

    v.   Tu abuela va de vacaciones a París y te compra una Torre Eiffel de plástico. ¿Le dices a tu abuela '¡Qué regalo más bonito!'? o ¿le dices la verdad?

    vi. Estás en la calle y ves a unos jóvenes destrozando una cabina telefónica. ¿Qué haces?

b. Ahora escribe tus respuestas.
¿Puedes inventar más situaciones para tu compañero/a?

🔊 2. ¿Cuándo harías esto?

a. Considera esta situación: tu compañero se extraña de que tengas un ordenador nuevo. Tú le explicas que tu abuela te lo ha regalado. Tú nunca te comprarías un ordenador nuevo. Ahora debate con tu compañero: ¿bajo qué circunstancias harías lo siguiente?

> **Ejemplo**
>
> gastar mucho dinero en ti mismo/a
> **Yo gastaría** mucho dinero en mí mismo/a **si ganara la lotería.**

Estudiante A

mentir a tu madre

negarse a hacer algo que tu mejor amigo/a te pide que hagas

escribir una carta al director de un periódico

Estudiante B

llamar a la policía

enfadarte mucho

decidirse a emigrar

b. Ahora inventa más frases con tu compañero/a.

3. Quería que volvieras en taxi.

Vuelve a mirar el Ejercicio 5 de 'Presentación y prácticas' de la Unidad 17. Han pasado varios años y ya han terminado los conflictos entre padres e hijos. Juntos recordáis los tiempos pasados, con cierta nostalgia: '¿Recuerdas que insistía en que siempre volvieras en taxi?' Reproduce lo que dijiste según el modelo.

Estudiante A.   Eres la madre o el padre.

Estudiante B.   Eres el hijo / la hija. Tú tienes que recordarle las excusas que ponías.

Cuando termines cambia de papel con tu compañero/a.

> **Ejemplo**
>
> A: ¿Recuerdas que quería que volvieras de la discoteca en taxi?
> B: Y yo dije que si querías que volviera en taxi tendrías que darme más dinero.

- volver a casa antes de las 12
- arreglar tu habitación
- ahorrar la paga
- pasar menos tiempo hablando por teléfono con los amigos
- sacar a pasear al perro
- no beber demasiado

4. Consultorio sentimental 1

Lee la carta de Ramona en el consultorio sentimental de la revista *Corazón de Melón* y decide con un/a compañero/a. ¿Qué le aconsejarías?

'Hace dos años que vivo con mi novio. Somos una pareja feliz y nos llevamos muy bien como pareja. El problema es que él insiste en que seríamos más felices si nos casáramos, y yo en que lo seríamos si tuviéramos hijos. Yo personalmente no creo en el matrimonio y él se niega a tener hijos. Es un dilema porque si aceptara su deseo me casaría con alguien que no quiere tener hijos y tendría que resignarme a no ser madre, pero por otro lado si no lo hiciera quizá lo perdería para siempre. Yo siempre fui sincera con él y él me dijo desde un principio que no quería tener hijos pero yo pensaba que cuando viviéramos juntos cambiaría de idea. Estoy desesperada ¿Qué me aconsejarías que hiciera? Ramona.

Sugerencias:

- separarse
- adoptar
- intentar convencerla
- chantaje emocional (casarse a cambio de tener hijos)

5. Sueños de la infancia

Aquí tienes la oportunidad de quejarte de lo que tus padres querían que hicieras o fueras cuando eras jóven. Siguiendo el ejemplo, practica con un/a compañero/a. Luego intercambiar ilusiones infantiles si lo deseais.

> ### Ejemplo
>
> **Mis planes**   **Lo que querían mis padres**
> ser doctora   maestra
> De pequeña, yo quería ser doctora, pero mis padres querían que fuera maestra.

Mis planes   Lo que querían mis padres

Estudiante A

a. trabajar en un circo   en un hospital
b. estudiar magisterio   medicina
c. viajar por todo el mundo   quedarse en el país

Estudiante B

a. vivir en el campo   en la ciudad
b. jugar al fútbol   tocar el piano
c. ir a la playa   a la sierra

6. Te agradezco mucho que . . .

a. Lucía iba a pasar una semana en casa de Marisa mientras ésta se encontraba de vacaciones; desafortunadamente ocurrió algo inesperado y Lucía tuvo que regresar a casa unos días antes de lo previsto. Al regresar, Marisa deja un mensaje en el contestador automático de Lucía dándole las gracias y lamentando el cambio de planes. Escucha y decide si las frases siguientes son verdaderas o falsas. Compara tus respuestas con las de un/a compañero/a.

i. Lucía agradece a Marisa que le cuidara el gato.
ii. Marisa se alegra de que Lucía tuviera que marcharse a su casa.
iii. Todos esperaban que la operación fuera un éxito.
iv. Alicia se alegra de que Lucía fuera a la fiesta.
v. Marisa siente que se vieran.

b. Aquí tienes una lista de lo que hizo Lucía en casa de Marisa. Escucha el mensaje otra vez y toma nota de lo que dice Marisa sobre estos hechos.

> **Ejemplo**
>
> Los hechos: Lucía cuidó de los gatos y las plantas.
> Lo que dice Marisa: Te agradezco mucho que cuidaras del gato y de las plantas.

Los hechos	Lo que dice Marisa
i. Lucía cuidó del gato y las plantas.	i. . . .
ii. Lucía tuvo que marcharse de prisa y corriendo.	ii. . . .
iii. Lucía no pudo ir a la fiesta.	iii. . . .
iv. Lucía y Marisa no se vieron.	iv. . . .

Comprensión auditiva

1. En la agencia de viajes

a. Escucha los consejos que da la empleada de una agencia de viajes a una chica que viaja por primera vez en avión. Antes de hacer el ejercicio mira el vocabulario de la 'Comprensión auditiva' de la Unidad 18.

b. Escucha cada consejo varias veces antes de contestar la pregunta: ¿qué le aconsejó la empleada que hiciera?

    i.   con respecto a la llegada al aeropuerto
    ii.   para cambiar dinero
    iii. para no perder el vuelo
    iv.   para no perder el pasaje
    v.   para entrar al avión
    vi.   para cuando esté en el avión

2. ¿Qué te dijo?

Escucha los consejos y contesta las preguntas.

a.
    i.   ¿Qué consejo le dio su amiga en cuanto a ropa?
    ii. ¿Qué le aconsejó para que hiciera amigos?
    iii. ¿Qué consejo le dio para que no echara de menos a su familia?

b.
    i. ¿Qué le recomendó su amigo para mejorar su salud?
    ii. ¿Qué le dijo su amigo para que usara mejor su tiempo?

c.
    i.   ¿Qué le sugirió su profesora que hiciera cuando se levantara?
    ii. ¿Qué actitud debería tomar frente a las dificultades?
    iii. ¿Qué le sugirió que hiciera al recibir el examen?
    iv. ¿Cuál es el objetivo del examen?

3. Un rayo mata a un equipo de fútbol en el Congo.

Lee el vocabulario y contesta las preguntas.

morir *to die*	alcanzar *to reach*
asombroso *astonishing*	ileso/a *unhurt*
empate *a draw*	daño *injury*
quemadura *burn*	obligar *to force*
suspender *to stop*	enfrentar *to bring face to face*
dirigente *leader*	brujería *witchcraft*
culpar *to blame*	enfermedad *illness*
hechicero *witch doctor*	partido *match*

a. ¿Cómo murieron los jugadores?

b. ¿A qué equipo pertenecían los jugadores que perdieron la vida?

c. ¿Cúantos años tenían los jugadores?

d. ¿Cómo iba el partido? ¿Quién iba ganando?

e. ¿A quién han culpado del trágico suceso?

f. ¿Qué hacen algunos equipos de fútbol para influenciar el resultado de los partidos?

Consolidación

1. Si ganara más dinero . . .

Para empezar, un pequeño test de verbos. Completa las frases con la forma apropiada de los verbos que van entre paréntesis.

> **Ejemplo**
>
> 1. Si (. . .) dinero, me (. . .) un coche (yo: tener/comprar)
> Si tuviera dinero, me compraría un coche.

a. Utiliza la primera persona singular: Yo

  i. Si (. . .) dinero, me (. . .) un coche (yo: tener/comprar)

  ii. Si (. . .) un coche, (. . .) (tener/viajar)

  iii. Si (. . .) viajar, (. . .) a España (poder/ir)

  iv. Si (. . .) a España, (. . .) el Museo de la Reina Sofía (viajar/visitar)

  v. Si (. . .) el museo, (. . .) *el Guernica* (visitar/ver)

  vi. Si (. . .) *el Guernica*, quizás (. . .) a Picasso (ver/entender)

b. Utiliza la segunda persona singular: Tú

  i. Si no (. . .) apetito, (. . .) menos (tú: tener/comer)

  ii. Si (. . .) menos, (. . .) más delgada/o (comer/estar)

  iii. Si (. . .) más delgada/o, no (. . .) que estar a régimen (estar/tener)

  iv. Si no (. . .) que estar a régimen, (. . .) más contento/a (tener/estar)

  v. Si (. . .) más contento/a, (. . .) menos (estar/comer)

c. Utiliza la persona indicada en el paréntesis

    i.   Si (. . .) las señas de Pedro, le (. . .) (ella: saber/escribir)

    ii.   Si (. . .) más, (. . .) más en forma (nosotros: andar/estar)

    iii.   Si (. . .) a Juan, le (. . .) a comer (ellos: ver/invitar)

    iv.   Si (. . .) una parabólica, (. . .) ver el partido de fútbol (yo: tener/poder)

    v.   Si (. . .) este invierno, (. . .) a esquiar (nevar / nosotros: ir)

    vi.   Si (. . .) millonario, (. . .) todo el dinero a Paz Verde (él: ser/dar)

    vii. Si (. . .), (. . .) a la luna (ellas: poder/ir)

    viii. Si no (. . .) tanto, (. . .) a dar un paseo (llover / ellos: salir)

    ix.   Si (. . .) sol, (. . .) ir a la playa (hacer / vosotros: poder)

    x.   Si (. . .) la playa, (. . .) (tú: ir/bañarse)

    xi.   Si lo (. . .) te lo (. . .)(yo: saber/decir)

2. ¿Qué te gustaría ser?

Haz frases como en el ejemplo utilizando verbos como <u>gustar</u>, <u>preferir</u>, <u>querer</u>, <u>encantar</u>, <u>desear</u>, etc.

> **Ejemplo**
>
> Si fuera una flor me gustaría ser una rosa porque me gusta el olor.

Otras ideas: un animal, un personaje histórico, un instrumento de música, un grupo musical, un libro, un actor famoso / actriz famosa . . . Continúa tú.

3. No le permitieron . . .

Y ahora otro pequeño test de verbos.

> **Ejemplo**
>
> a. No le permitieron hacerlo.   No le permitieron que lo hiciera.

    b.   Les obligaron a pedir disculpas. Les obligaron a que . . .

    c.   Nos mandaron devolver el libro. Nos mandaron que . . .

    d.   Me obligaron a terminarlo antes de las ocho. Me obligaron a que . . .

    e.   Temíamos perder el tren. Temíamos que . . .

    f.   Sentimos no poder ir a despedirte. Sentimos que no . . .

    g.   No le permitió hablarme de ese modo. No le permitió que . . .

    h.   Nos mandaron recoger el coche del garaje. Nos mandaron que . . .

    i.   Prohibieron usar el agua para limpiar los coches. Prohibieron que . . .

    j.   Les dejaron salir hasta la medianoche. Les dejaron que . . .

Plaza Mayor de Madrid, España

4. Iré a Madrid.

a. Vuelve a mirar el Ejercicio 4b de 'Consolidación' de la Unidad 16, y repite el ejercicio utilizando <u>Si + indicativo</u> en lugar de <u>Cuando + subjuntivo</u>. ¡Cuidado con el tiempo verbal!

> **Ejemplo**
>
> Iré a Madrid y hablaré con tus padres.   Si voy a Madrid hablaré con tus padres.

b. Luego en un estado de ánimo menos optimista, piensas en las mismas situaciones y ves menos posibilidades de que se realicen tus planes. Repite el ejercicio según el modelo.

> **Ejemplo**
>
> Si voy a Madrid hablaré con tus padres.   Si fuera a Madrid hablaría con tus padres.

5. Un pequeño test de verbos

Para asegurarte de que comprendes bien lo que acabas de aprender, completa las frases con el tiempo verbal adecuado. Algunas frases necesitan el subjuntivo, otras el indicativo.

> **Ejemplo**
>
> Si hace falta repasar el subjuntivo, lo haré.
> Cuando no entiendo algo, se lo pregunto al profesor.
> Cuando tenga más tiempo, haré los ejercicios más despacio.

a. Si no (LLEGAR, tú) a tiempo iremos sin ti.
b. Cuando (TENER, yo) tiempo, leeré el periódico.
c. Si (NECESITAR, nosotros) vuestra ayuda, os llamaremos.
d. Cuando (LLEGAR, yo) tarde, siempre se enfada mucho.
e. Si no (ESTAR DE ACUERDO) todos, no quiero seguir con el proyecto.
f. Creo que Mateo se sentirá mejor, cuando (HACER) mejor tiempo.

6. Si me lo dice . . .

Fisherman, Puerto Escondido. Reprinted with kind permission from Alfarez Abdulrahman

a. Un pescador mexicano – muy humilde – sale a pescar una hora al día en su bote pequeño, y así se gana la vida. Pasa el resto del día hablando con los amigos o tomando el sol. Un día se encuentra con un hombre de negocios norteamericano – muy rico – que quiere darle unos consejos. Como ninguno de los dos habla más que su lengua materna, tú tienes que hacer de intérprete traduciendo el inglés al español y el español al inglés.

> 'If you spend longer fishing you will catch more fish.
> If you catch more fish, you will be able to sell them and buy a bigger boat.
> If you buy a bigger boat you will be able to make more money and acquire a whole fleet of boats.
> With the money you will be able to set up a canning factory and control the whole market.
> If the factory is successful, after a few years you will be able to sell it and become a millionaire.
> If you become a millionaire you will be able to retire.'

The humble fisherman thought for a while and then said:

> 'Cuando sea millonario, ¿podré pasar el día pescando, hablando con los amigos y tomando el sol?'

| canning factory | fábrica de conservas | to retire | jubilarse |

b. Luego el pescador le cuenta a un amigo lo que el hombre de negocios le ha sugerido. Continúa lo que dice:

| Me dijo que si pasara más tiempo pescando cogería más. . . . |

7. Consultorio sentimental 2

Intenta escribir tu respuesta a la carta de Ramona en el Ejercicio 4 de 'Presentación y prácticas' (máximo 60 palabras).

8. India liberará a una española de 82 años detenida por narcotráfico.

| narcotráfico | drug trafficking | alijo | consignment |
| engañado | deceived |

El País, 15 de febrero de 2002

India liberará a una española de 82 años detenida por narcotráfico

P. E., **Madrid**

El Gobierno de India ha acordado hacer uso del derecho de clemencia para poner en libertad a Dolores Ruiz Guerrero, una española de 82 años detenida en 1995 con un alijo de 10 kilos de heroína, que podría regresar a España en un plazo de 15 días, según informó ayer el ministro indio de Exteriores, Jaswant Singh.

Singh, que ha estado en Madrid para celebrar una reunión con la *troika* de la Unión Europea, afirmó que tanto el rey Juan Carlos como el presi-

dente del Gobierno, José María Aznar, le habían trasmitido su preocupación por la situación de esta anciana, de salud muy deteriorada. Debido a ello, el ministro indio contactó ayer con su Gobierno y pudo confirmar que se va a cursar de modo inmediato la citada petición de clemencia al presidente de la república, Kocheril Ramán Narayanán.

Dolores Ruiz, residente en Madrid, fue detenida en agosto de 1995 en el aeropuerto de Delhi al serle encontrado un alijo de 10 kilos de heroína que ella dijo que pertenecía a un matrimonio indio que la acompañaba. Dos años más tarde resultó condenada a 10 años de cárcel, que cumple en la prisión de Tija. Jaswant Singh dijo ayer que piensa que la anciana española hizo de correo porque "fue engañada".

a. Contesta en español las siguientes preguntas.

   i.   ¿Por qué detuvieron a Dolores Ruiz Guerrero?

   ii.   ¿Dónde está en este momento?

   iii.   ¿Qué tal es la salud de esta mujer?

   iv.   ¿Qué ayuda va a recibir del ministro indio de Asuntos Exteriores?

   v.   ¿Por qué ha ido a Madrid el ministro?

b. Busca en el artículo palabras sinónimas de éstas:

liberar, *asistir a*, *vieja*, *hallar*

c. Traduce al inglés el último párrafo: '*Dolores Ruiz, residente en Madrid . . .*'

d. Traduce al español:

An 82-year-old Spanish lady, Dolores Ruiz Guerrero, who had been arrested in 1995 in Delhi, India, hopes to be freed very soon thanks to the intervention of the Indian Foreign Minister. Although she was carrying 10 kilos of heroin when she was arrested, the Minister believes she was deceived by an Indian couple with whom she was travelling. Dolores Ruiz Guerrero has been in prison in India since her arrest.

e. Hoy en día las drogas son un problema muy serio entre los jóvenes. ¿Qué se puede hacer para afrontar el problema y reducir sus efectos nocivos?

1. The imperfect subjunctive   El imperfecto de subjuntivo

In addition to a present subjunctive (Units 16 and 17), Spanish makes frequent use of an **imperfect subjunctive**, which we present here, and also a pluperfect subjunctive, which we recommend students tackle at a later stage.

Forms of the imperfect subjunctive for all verbs

There are two forms of the imperfect subjunctive which can be used virtually interchangeably. Though we illustrate both forms here, we suggest students practise just the first form (*-ra*) initially. All the exercises and examples in the body of the unit use this form. Both forms are based on the third person plural of the preterite tense: (*-ron*) is removed and one of the following two sets of endings

-EITHER   *-RA*,   *-RAS*,   *-RA*,   *-RAMOS*,   *-RAIS*,   *-RAN*
OR   *-SE*,   *-SES*,   *-SE*,   *-SEMOS*,   *-SEIS*,   *-SEN*

is added to the stem. Thus:
ESPERAR –
ESPERARA, ESPERARAS, ESPERARA, ESPERÁRAMOS, ESPERARAIS, ESPERARAN
ESPERASE, ESPERASES, ESPERASE, ESPERÁSEMOS, ESPERASEIS, ESPERASEN
VENDER –
VENDIERA, VENDIERAS, VENDIERA, VENDIÉRAMOS, VENDIERAIS, VENDIERAN
VENDIESE, VENDIESES, VENDIESE, VENDIÉSEMOS, VENDIESEIS, VENDIESEN
RESISTIR –
RESISTIERA, RESISTIERAS, RESISTIERA, RESISTIÉRAMOS, RESISTIERAIS,
RESISTIERAN
RESISTIESE, RESISTIESES, RESISTIESE, RESISTIÉSEMOS, RESISTIESEIS,
RESISTIESEN

- There are no irregular forms of the imperfect subjunctive, though the preterite on which the imperfect subjunctive is based may be irregular or radical-changing (see Units 14 and 15);
  thus –
  SER – FUER(ON):
  FUERA, FUERAS, FUERA, FUÉRAMOS, FUERAIS, FUERAN
  PEDIR – PIDIER(ON):
  PIDIERA, PIDIERAS, PIDIERA, PIDIÉRAMOS, PIDIERAIS, PIDIERAN

Use of the imperfect subjunctive

The imperfect subjunctive is the principal past tense subjunctive. It is used in very much the same circumstances as the present subjunctive but the actions described are in the past:

Dudo que sepa esquiar.	***Dudaba** que **supiera** esquiar*
Es imposible que nos encontremos sin dinero.	***Era** imposible que nos **encontráramos** . . .*
Llegaremos antes de que terminen la cena.	***Llegamos** antes de que **terminara** . . .*

- Often a past tense in the main verb will trigger the use of an imperfect (rather than present) subjunctive, as in the examples above. So too will a conditional tense main verb:

  ***Sería** necesario que lo **hiciéramos** solos.* We would need to do it alone.

2. Conditional sentences and the subjunctive   El condicional y el subjuntivo

- The imperfect subjunctive is often used in conditional sentences, when the condition described is seen as very remote or impossible – the other verb goes in the conditional:

  Si **ganara** la lotería, estaría sumamente contento. / *If I were to win the lottery, I would be extremely happy.*

  (You don't think it will happen.)
  However:
- If you think the condition described might happen, you use the present tense of the indicative:

  Si **deja** de llover pronto, podremos salir al campo. / If it stops raining soon . . .

- If events of the past are being described, and the condition was fulfilled, you use a past tense of the indicative:

  Los sábados si no **teníamos** nada más que hacer, íbamos al cine.
  On Saturdays, if we had nothing else to do, we used to go to the cinema.

- In reported speech an imperfect indicative is required:

  Nos dijo: 'Si me prometéis guardar el secreto os lo contaré.'
  Nos dijo que si **prometíamos** guardar el secreto nos lo contaría.
  He said that if we promised to keep the secret, he would tell us.

- You <u>never</u> get the present subjunctive after *si*. Students are advised to take careful note of this very useful general rule.

3. Subjunctive, indicative or infinitive? Check list ¿Subjuntivo, indicativo o infinitivo? Lista de chequeo

Use the following series of questions to work out whether a given sentence needs the subjunctive, the indicative or an infinitive.

a. Is the verb in question in a one-clause sentence? Yes → Use the indicative*:

Example: He eats his lunch in the canteen. *Come* **el almuerzo en la cafetería.**
No → go to b

b. If there is more than one clause, is the verb in question the principal/main verb of the sentence?
Yes → Use the Indicative[*]:

Example: *I shall be* **very pleased when he gets back home.** *Estaré muy contento . . .*
No → go to d

c. If there is an infinitive construction in the sentence, is the implied subject of the infinitive the same as the finite verb next to it?
Yes → Use an infinitive in Spanish:
Example: I want to leave the city right away. *Quiero salir . . .*

No → go to e

d. Does the verb of the main clause express emotion or make a value judgement?
Yes → Subjunctive needed in subordinate clause:

Example: **I am very sorry that you are ill.** **It is wonderful you are better.**
Siento mucho que te encuentres mal. *Es estupendo que estés bien.*

No → go to e

e. Taking the sentence as a whole, do we feel that the statement made by the verb of the subordinate clause (or the infinitive) is one of current fact, a statement of the kind that could be lifted from the sentence and seen as true when standing alone?
Yes → Use the indicative:

Examples: **It is true that** Spring has finally come.
Es cierto que por fin ha llegado la primavera.
I believe him to be very inconsiderate.
Creo que es muy desconsiderado.

No → Go to f

f. The verb of the subordinate clause (or the infinitive in question) will probably go in the subjunctive: the statement made will not have the status of fact and there will be some expression of doubt, uncertainty or an implication of futurity.

Examples: **It is not true <u>that Spring has just arrived.</u>**
No es cierto <u>que acabe de llegar la primavera.</u>
How happy we will be <u>when Spring comes.</u>
¡Qué felices seremos <u>cuando llegue la primavera!</u>
I will ask them to <u>bring sausages to the barbecue.</u>
Les pediré <u>que traigan salchichas a la barbacoa.</u>

* Exception: after *tal vez*, *quizá*, *quizás* and *acaso* the subjunctive is usually used. See Unit 17.

PART II

Teachers' guidelines

GUIDE FOR TEACHERS: SAMPLE UNIT

The purpose of this sample unit is to provide suggestions and ideas about how to exploit the different types of activities and materials contained in this book, highlighting their flexible nature and showing how the different sections in each unit can be used to complement each other. It will also provide a clearer insight into the language teaching methodology and language acquisition theories which inform this book.

The transfer value of the techniques and advice offered for this particular unit means that they can be applied to the rest of the book providing the individual tutor with guidance as to the most appropriate method to use according to the type of course and the needs of the students. This section should be read in conjunction with the Introduction, particularly the paragraphs which explain the different components of the book and their purpose.

Unidad 4 ¿Dónde está la oficina de correos?

Learning aims

Asking the way and giving directions
Locating people and places
Expressing obligation and necessity

The title of each unit gives an indication of the topic covered in the unit and often contains a key to the grammatical structure related to the topic. It is important to draw attention to it and to explain the learning aims of the unit in order to enable students to focus on the functions and structures they are going to be working with during the lesson. In this particular unit the importance of being able to ask for directions in the target language when visiting a Spanish-speaking country could also be emphasized.

Since Unit 4 introduces the use of *estar* to indicate location, you could manipulate the presentation of the unit to allow students to 'discover' *estar* and hypothesize on its uses. The introduction to the unit could be along these lines:

- Read the title aloud to indicate the pronunciation
- Ask students to hypothesize on the meaning of the title (they already know *dónde* and *oficina de Correos*) and the form *está*
- Revise uses of *ser* seen so far by asking students to produce key sentences representative of these uses (*¿cómo se dice* 'where are you from' / 'what's your sister like', etc.?)
- Write the students' responses on the board/OHP and then go from the practice to the theory by asking students to make a list of the instances they know of when the use of *ser* is necessary
- Alternatively begin the lesson by revising uses of *ser* before introducing *estar*
- Go to the grammar section at this point to look at the forms of *estar* or leave it till later

1. Por favor ¿dónde está la catedral? *Where's the cathedral, please?*

It is important to involve students at every stage of the lesson. Here you could read aloud the title of this activity and ask students what it means or, to maximize the students' use of the target language, you could give them a situation in which this sentence can be used and get the students to provide the answer ('if you are in a Spanish-speaking town and want to find out where the cathedral is, what would you ask?').

Read out the introduction to this activity and ask students to listen to you and try to guess what you are saying. Weaker or less confident students could also read the text. All activities have an introduction which explains the purpose of the exercise and gives a meaningful context to engage the students' interest and motivation in carrying out each task. They also provide a good source of real Spanish and can be exploited to develop reading-comprehension skills. Units 1 to 5 have an English version to help students in the early stages of their learning. Students should soon become familiarized with certain expressions and structures which appear regularly. There is no need to explain the more complicated language which may be used in some instructions.

Before listening to the tape, give students time to look at the map and familiarize themselves with the layout and the location of the places they are going to hear about. You may want them to read the vocabulary aids if there are any. Then play the tape and ask students to guess the meaning of the instructions given on the tape. Play the tape several times if necessary. You can help the understanding process by repeating the instructions and using gestures. It is important, however, to avoid frustration in the student who does not rise to the challenge; an alternative would be to familiarize the students with the expressions presented by doing Activity 2 '¿Izquierda o derecha?' first.

Move on to section (b) '¿Cómo se dice en español?' All units contain similar sections or a true/false exercise which are designed to highlight main structures and vocabulary. The stimulus is in English to maximize the use of the target language by the student. They also serve as early feedback for the tutor to monitor levels of understanding of the students before moving on to the next stage. This is a good moment to look at the vocabulary box and pinpoint certain grammatical features like the difference between *conocer* and *saber*, the use of *tú* and *usted* and to revise *al/del*. You can ask the students to hypothesize about the use of *saber/conocer*, go to the grammar section for corroboration/clarification and/or do Activity 8 '¿Conocer o saber?' However, you may think it more appropriate for your group of students to postpone this and use it later as reinforcement.

Get students to read the dialogues in pairs so that they get to practise orally the new structures and vocabulary in a controlled way. Elicit first which words they find difficult to pronounce and go over them until everybody is satisfied. Circulate amongst the pairs while they are reading the dialogues to monitor pronunciation and answer any queries. Give feedback to the whole class and give them another chance to practise difficult sounds/words if necessary. Do not expect perfect pronunciation at this stage and use frequent words of encouragement to reassure students that they are being understood. It is important that learners feel confident in their pronunciation in order to remove any chance of embarrassment which may jeopardize their motivation and sense of achievement.

2. ¿Izquierda o derecha?   *Left or right?*

Read the title and the instructions and ask students what they mean. Encourage students from the first day to ask about meaning, pronunciation, spelling, etc., in Spanish (*¿qué significa dibujo?*). Listen to the tape and continue with the activity. To practise all these expressions, you can make flash cards similar to the drawings in the book, or ask the students to make their own and practise in pairs (in this way they are more active and get to practise more).

To help students learn vocabulary and practise orally you can use a series of graded questions by first using alternatives (point to a flash card and ask: *¿a la izquierda o a la derecha?*) and then by giving a false stimulus which the students have to put right by using the appropriate expression (point to number 1, for example, and ask *¿todo seguido?* to elicit the answer: *No; a la derecha*).

3. ¿Sabes cómo se dice . . .?   *Do you know how to say . . .?*

Read the title and instructions and elicit meaning. The students can prepare this activity individually or in pairs and the answers can be checked in a plenary session. This is a revision exercise to be completed before moving on to the next stage, Activity 4, where students are asked to produce their own dialogues and put everything they have learned so far into practice.

4. Una visita a Oviedo   *A visit to Oviedo*

Read the title and instructions and elicit meaning. The students have now practised all the language

they need to prepare these role-plays, but before attempting this task it is a good idea to remind them of the point in the 'Recuerda' box and the use of *tú/usted* (they have to decide which one to use). They should also be encouraged to use a variety of expressions, to elaborate as much as possible and to make the role-plays as realistic as they can by using greetings and an appropriate farewell, as if they were in Oviedo. Boxes marked 'Recuerda' remind students of important vocabulary or structures they need for a particular activity. Boxes marked '¡Ojo!' alert students to usually new, tricky features of Spanish.

The information about Oviedo provided in the cultural note will help give authenticity to the task and this would be a good moment to read it using the techniques outlined above (guessing the meaning of new words and eliciting information from the tutor through Spanish). As an after-class activity, the students can be asked to visit the website and bring extra information to the next lesson. Alternatively, it can be read at the beginning of the class using the map at the beginning of the unit to pinpoint its location.

5. ¿Quién está dónde?   *Who's where?*

Read the title and instructions and elicit meaning. Read all the sentences for pronunciation purposes and then let students work out their meaning. To check that they have understood, give them the English version as the stimulus so they provide the Spanish (*¿cómo se dice en español* 'next to / A is next to B'?). Since these prepositions are difficult to remember, you could provide further practice with the use of two flash cards, each one illustrating a building – a theatre and a cathedral, for example. Place the cathedral behind the theatre and ask *¿Dónde está la catedral?* to elicit the answer *La catedral está detrás del teatro*. You can use graded questions as indicated above, and, to maximize their involvement and practice, ask students to make their own cards – drawing buildings, animals, etc. – and to practise in pairs. This option would give you the opportunity to circulate amongst the students and monitor their progress.

6. Rompecabezas: La calle Goya *Puzzle: Goya Street*

Before attempting this activity, it may be useful to do a quick vocabulary revision of buildings and places found in a town. The purpose of this activity is to provide aural practice, so it is important that the students listen to the instructions and negotiate meaning orally, avoiding the temptation to look at the written instructions when they do not understand. They can take it in turns to read out 2–3 instructions each. Check the answer by consulting the map in the 'Soluciones' section or by drawing a map on the board and asking the students to supply the names of the buildings.

If you think that extra practice is needed before attempting the next summative activity, you can reinforce the already learned structures with exercises from the 'Consolidación' section. In this instance turn to 'Consolidación 1' ('Sigues todo recto y . . .'). Devised as a reading-comprehension exercise, it can be used for listening practice by asking the students to concentrate on the map and follow the instructions read by the tutor. The expressions of obligation (*hay que* etc.) used in this activity are explained in the grammar, so you may consider it appropriate to consult the grammar as well. 'Consolidación 2' ('Verdadero o falso'), a reading-comprehension exercise, can also be done at this point.

7. No tiene pérdida. *You can't miss it.*

After making sure that the title and instructions have been understood, ask the students to prepare the role-plays in pairs or groups. Since this is an information-gap activity, each pair or group should, at this stage, prepare only part A or part B. Once they have prepared their part, they must find a partner who has prepared a different part in order to do the role play.

Before starting the preparation, look at the illustrations of *subir/bajar la calle*, etc., and make sure they are understood. If thought necessary at this point, the verb forms can be consulted in the grammar section. It will probably be useful to remind students of when to use *¿dónde está el/la . . .?* and *¿Hay un/una . . .?*

Encourage the students to use as many different expressions as possible and to make the role-plays as realistic as they can by using greetings and appropriate farewells and by the appropriate use of *tú/usted* (they may need reminding of when to use one or the other).

Finally, ask different pairs to enact the role-plays in front of the class. This should give you valuable feedback on their progress and the opportunity to act accordingly.

8. ¿Conocer o saber? *Is it* conocer *or* saber?

This exercise can be done in class as indicated earlier or left for homework. The grammar can be looked at first or, alternatively, students can be left to guess on the use of these two verbs and then to consult the grammar to see if they are right.

Comprensión auditiva

The exercises in the 'Comprensión auditiva' section of each unit have been devised with a language laboratory in mind. The passages and dialogues are often longer and more demanding than the ones used in the 'Presentación y prácticas' section, which are meant to be listened to in the classroom to introduce new vocabulary and structures. The 'Comprensión auditiva' section is meant to widen the linguistic experience of the learners by exposing them to new contexts in which to recognize the language presented and practised in the unit; it should be attempted after the 'Presentación y prácticas' section has been completed. The language laboratory provides the best environment as it gives each student freedom to carry out the tasks at their own pace and to be in control of their learning, thus avoiding frustration. It is advisable that a teacher is always present in these sessions to answer queries and monitor students' progress. If you have the opportunity to use a language laboratory, you may find the following recommendations useful.

As a pre-listening activity and revision exercise, students could speculate about some of the key vocabulary and expressions they would expect to find in the recording. Draw their attention to the vocabulary boxes and to the fact that these passages provide new contexts for the vocabulary and structures studied in the unit. Before starting listening, ask students to read the questions that accompany each activity so that they can focus on specific information.

Tell students to listen to each passage as many times as necessary, but not to expect to understand everything, just enough to complete the exercises. If a particular piece presents too much of a challenge, students can make use of the transcripts provided to help them overcome the difficulty. This, however, should be used as a last resort since it is important for learners to make an effort to develop listening-comprehension skills. The answers provided at the end of the unit can be checked in a plenary session or used individually for self-assessment.

This section can also be used to make students aware of phonetic aspects of the language and to practise pronunciation and intonation by using the passages and their transcripts for shadow reading. Other ways to exploit these resources include stopping the tape to repeat or transcribe the sentence and using visual stimulus for pair-work (in this unit, for example, the map can be used to improvise new dialogues).

Consolidación

The purpose of this section is to provide extra practice to consolidate the language encountered in the other sections, especially in the 'Presentación y prácticas,' and to develop writing and reading skills. Answers to most of the exercises are provided ('Soluciones' section), so it is ideal for homework. However, as already suggested, most exercises are equally suitable to be used in conjunction with the 'Presentación y prácticas' activities to provide on-the-spot reinforcement. When set as homework, it is important that the students understand the instructions clearly before leaving the classroom and that they have the opportunity to discuss with the tutor any difficulty they may encounter. A five-minute homework feedback session before starting a new unit may be all that is needed.

1. Sigues todo recto y . . . *Keep going straight and . . .*

Designed to provide practice in understanding directions, this activity can be used to reinforce particular structures during their presentation in class and/or as homework.

2. ¿Verdadero o falso? *True or false?*

True or false exercises test students' comprehension and often require them to re-write false statements. Students should be encouraged to write full sentences whenever possible.

3. ¡Oiga, por favor! *Excuse me, please!*

This piece of controlled writing can be done outside the classroom and then practised in class as a role-play. Alternatively, the teacher can read the part of the *peatón* and students can take it in turns to fill in the rest.

4. Completa con *ser* o *estar*. *Fill in the gaps with* ser *or* estar
and
6. ¿*Ser* o no *ser*? *To be or not to be?*

Each unit has a number of exercises which focus on specific grammar points. They can be done immediately after presenting the particular

379

grammar point or they can be left for homework. Before doing the above exercises, it is advisable to revise the uses of *ser* and *estar*. Ask students to consult the relevant grammar section beforehand. One exercise could be done in class with the tutor eliciting explanations of the students' choice of verb and the other set as homework for reinforcement.

5. La habitación de Sonia   *Sonia's room*

Like the other two reading-comprehension activities, this can be set as homework or interspersed with the activities in the 'Presentación y prácticas' section dealing with directions and prepositions of place. It can also provide extra aural/oral practice by having the statements read by the tutor or the students working in groups or pairs. You may also want to encourage students to describe their own room using this text as a model.

Gramática

The grammar section, situated at the end of each unit, explains specific grammar points encountered in the unit. A cross-referencing system helps find explanations spread over more than one unit. We have suggested different ways to use the grammar explanations; it is up to the individual tutor to decide when, how and how much of the explanations should be used. It is important, however, that students become familiar with this section as it is a useful tool for revision or independent study.

SOLUTIONS TO EXERCISES/ SOLUCIONES

Unidad 1

Consolidación

2a. i. Se llama Mark ii. Se apellida Crake iii. Es de Inglaterra / es inglés iv. Sí, habla castellano.

2b. i. ¿Cómo se llama usted? ii. ¿Cómo se apellida? iii. ¿De dónde es usted? iv. ¿Habla castellano? v. A qué se dedica? vi. Gracias

5. a iv, b vi, c i, d iii, e ii, f v

6a. i. Hola. ii. Buenas tardes. 6b. i. Hasta luego. ii. Adiós, hasta mañana.

7b. ¿Cómo se llama usted? / ¿Cómo se apellida? / ¿De dónde es usted? / ¿A qué se dedica? / ¿Habla inglés?

8. a. V b. F c. V d. F. e. V f. V g. F

Unidad 2

Presentación y prácticas

3a. i. c. ii. a. iii. a. iv. c. v. c. vi. b

Consolidación

1b. i. ¿Cuántos habitantes tiene España? ii. ¿Cuál es la capital de España? iii. ¿Cuál es el idioma oficial de España? iv. ¿Cuál es la religión predominante? v. ¿Cómo se llama la reina? vi. ¿Cuál es / Cómo se llama la moneda española?

4. tres y cuatro son siete; catorce y cuatro son dieciocho; ocho y siete son quince; diez y seis son dieciséis; diecisiete y tres son veinte; dieciocho y uno son diecinueve; once y dos son trece; doce y ocho son veinte; nueve y cinco son catorce.

Unidad 3

Presentación y prácticas

2c. Nuria vive en un PISO y Andrés en una CASA. En el piso de Nuria hay cuatro DORMITORIOS y en la casa de Andrés hay cinco. La casa de Andrés no tiene TERRAZA cerrada. La casa de Andrés tiene un JARDÍN pero el piso de Nuria no tiene JARDÍN. La casa de Andrés tiene DOS pisos.

Consolidación

3. a. V b. F c. F d. F e. V f. F.

5. a. Este chico se llama Martín. b. Estas chicas se llaman Ana y María. c. Esas son mis hermanas. d. Esos/aquellos son mis amigos John y Ann. e. Estos libros son de David. f. Esa/aquella chica tiene ojos verdes. g. Este CD es fantástico.

6. a. bajo; b. buenas; c. negros; d. pocas; e. grande; f. fea; g. divertidas; h. antiguos; i. muchos; j. delgado

7. (a–h) my elder brother; a small kitchen; the archaeological museum; the famous cathedral; a furnished flat; a very hard-working nurse; a welcoming hotel; an interesting collection of pictures.
(i–p) the industrial quarters; This room has uncomfortable beds; In the centre there are many tourist bars; not very welcoming rooms; The city has very pretty gardens; the big chimneys; the Portuguese doctors; the old cities.

8. (a–h) mis hermanos mayores; (unas) cocinas pequeñas; los museos arqueológicos; las famosas catedrales; (unos) pisos amueblados; (unas) enfermeras muy trabajadoras; (unos) hoteles acogedores; (unas) colecciones interesantes de pinturas
(i–p) el barrio industrial; Esta habitación tiene una cama incómoda; En el centro hay un bar turístico; una habitación poco acogedora; la ciudad tiene un jardín muy bonito; la chimenea grande; el médico portugués; la ciudad vieja.

Unidad 4

Presentación y prácticas

3. a. Por favor / Oiga, por favor. b. ¿Hay . . .?
c. ¿Dónde está el/la . . ./dónde están los/las . . .?
d. ¿Sabe(s) dónde está(n) el/la (los/las) . . .?
e. ¿Por dónde se va a . . .? f. ¿Está cerca/lejos?
g. ¿A qué distancia está?

6.

parque	piscina	farmacia	RENFE	cine

CALLE GOYA

supermercado	hotel	teatro	turismo	catedral

Consolidación

1. a. cafetería; b. boutique; c. cine; d. farmacia; e. frutería

2. a. F; b. F; c. V; d. V; e. F; f. F; g. F; h. V

3. Por favor / Oiga por favor. ¿La universidad está cerca? Estamos aquí, la universidad está allí. Así que tienes que ir todo seguido, la tercera a la izquierda, y entonces la segunda a la derecha. Umm, está un poco lejos . . . Soy inglés/inglesa, etc. ¿Es usted / eres español/a? Soy de . . . en el norte/sur, etc., de Inglaterra / Estados Unidos. Está a . . . kilómetros de Londres / Nueva York. Tiene . . . habitantes, es industrial/turística, tiene una catedral, etc. Están en Inglaterra, viven en . . . , tengo . . . hermanos/as de . . . años de edad, etc. Me llamo . . . , encantado/a, etc. Soy estudiante de . . . / Estudio en la universidad de . . . ¡Estupendo! La cerveza española es muy buena.

4. es; Es; está; está; es; son; es; es; es; es; Es; está; es

5. No hay plantas. La estantería está en la pared de la derecha. El equipo de música está en el segundo estante. La butaca está debajo de la estantería.

6. a. es, está; b. son, están; c. está; d. está, Es;
    e. son; f. eres, soy; g. está, está; h. son, somos;
    i. es, es; j. es, está

Unidad 5

Consolidación

2. a. cuánto; b. cuánta; c. cuántos; d. cuánta;
    e. cuánta; f. cuántas; g. cuánto; h. cuánto;
    i. cuántas; j. cuántos

3a. i. A Luis le gustan mucho los espinacas, pero
    a Anabel no le gustan nada. ii. A Luis y a
    Anabel les gusta mucho jugar al fútbol. iii. A
    Luis no le gustan mucho los gatos, y a Anabel
    no le gustan nada. iv. A Luis le gusta la
    comida china, pero a Anabel no le gusta. v. A
    Luis no le gusta estudiar español, pero a
    Anabel le gusta mucho. vi. A Luis le gusta
    bastante jugar al tenis, pero a ella no le gusta
    mucho. vii. A Luis y a Anabel no les gusta
    nada escuchar la música rock. viii. A Luis y a
    Anabel no les gustan los animales.

3b. i. ¿Te gustan los gatos? No, detesto los gatos,
    pero me gustan los perros. ii. ¿Te gusta la
    ensalada? Sí, me gusta mucho. iii. ¿Te gusta la
    comida mexicana? Sí, me gusta bastante.
    iv. ¿Te gusta la ópera? No, detesto la ópera,
    pero me gusta la música pop. v. ¿Te gustan los
    pasteles? No, detesto los pasteles, pero me
    gustan las galletas. vi. ¿Te gusta jugar al
    fútbol? No, detesto jugar al fútbol, pero me
    gusta jugar al tenis / el tenis. vii ¿Te gusta
    nadar? No, detesto nadar, pero me gusta
    esquiar.

4a. <u>Primera lista</u>: una botella de leche; medio kilo
    de naranjas españolas; un paquete de galletas
    de chocolate; 3 latas de atún de 150 gramos;
    cuatro yogures de fresa; 400 gramos de
    salchichas de cerdo. <u>Segunda lista</u>: dos
    botellas grandes de agua mineral sin gas; 150
    gramos de queso manchego; un cuarto de kilo
    de chorizo; un pan de molde pequeño cortado;

un litro de aceite de oliva español; un kilo de
tomates maduros

4b. i. ¿Algo más? ii. Lo siento. No me queda.
    iii. No me quedan. iv. Nada más. v. ¿Cuánto es
    todo? vi. ¿Me da . . .?

7. a. Between seven and eight in the morning.
    b. Toast and coffee with milk / white coffee.
    Cereal for the children. c. Spanish omelette, a
    filled roll or something sweet. d. Between two
    and three in the afternoon. e. Fish or meat
    with salad and chips, followed by fruit – an
    orange, a slice of melon or grapes.
    f. Spaniards like to go out for dinner on
    Sundays. g. In an unhurried manner, with
    their family or friends.

Unidad 6

Consolidación

1a. i. Es la una y veinte. ii. Son las dos en punto.
    iii. Son las once menos veinte. iv. Son las siete
    y cuarto. v. Son las seis y media. vi. Son las
    diez y cinco. vii. Son las diez menos cuarto.
    viii. Son las nueve menos diez.

1b. i. Por favor, ¿a qué hora llega el vuelo de
    Montevideo? El vuelo de Montivideo llega a
    las diez menos cuarto. ii. Por favor, ¿a qué
    hora cierran las tiendas? Las tiendas cierran a
    las ocho y cuarto. iii. Por favor, ¿a qué hora
    sale el autobús para la piscina? El autobús
    para la piscina sale a las once y cinco. iv. Por
    favor, ¿a qué hora abre el museo Frida
    Khalo? El museo Frida Khalo abre a las
    nueve en punto. v. Por favor, ¿a qué hora
    cierra la biblioteca? La biblioteca cierra a las
    siete menos veinticinco. vi. Por favor, ¿a qué
    hora abren los bancos? Los bancos abren
    a las cuatro menos cinco. vii. Por favor,
    ¿a qué hora llega el ferry de Santander? El
    ferry de Santander llega a las dos y
    veinticinco.

4.   a. Un viaje en metro cuesta cero noventa y cinco euros. (0,95) b. Un bono cuesta cinco euros. (5) c. En un bono hay diez viajes. (10) d. Un viaje en autobús cuesta noventa y cinco céntimos. (95) e. Un bonobus cuesta 5 euros, lo mismo que un bono de metro. f. Un Abono Transporte para el centro cuesta treinta y dos euros. (32) g. Un Abono joven cuesta veintidós cero cinco euros. (22,05) h. En un Abono hay viajes sin límite. i. No, sólo si tienes menos de dieciocho años. (18)

6.   a. nieva; b. hace frío; c. hay niebla; d. hace sol; e. hace frío; f. hace calor; g. llueve; h. hace viento

Unidad 7

Consolidación

1a.   i. me despierto; ii. escucho; iii. me levanto; iv. me levanto; v. me ducho; vi. me baño; vii. no me gusta; viii. desayuno; ix. leo; x. me peino; xi. me pongo; xii. nunca recuerdo / no recuerdo nunca; xiii. no tengo prisa; xiv. como; xv. vuelvo; xvi. estudio; xvii. veo/miro; xviii. salgo de copas / a tomar algo / voy a tomar una copa; xix. me acuesto / me voy a la cama; xx. me acuesto; xxi. no me encuentro / no me siento; xxii. me gusta

3.   a. salgo; b. solemos; c. se acuestan; d. duermo; e. te despiertas; f. depende; g. me reúno, salimos; h. prefieres, voy, juego; i. hago; j. me despierto, me duermo, suelo

4a.   i. F. Se levanta a eso de las ocho menos cuarto. ii. F. El jueves y los fines de semana no se levanta a las ocho. iii. V. iv. F. Va andando porque no vive muy lejos. v. V. vi. V. vii. F. Va al cine con frecuencia. viii. V. ix. V.

5.   b. empieza a; c. me acuerdo de; d. termino de; e. me reúno con; f. cuidamos del; g. se olvida de; h. depende del

Unidad 8

Presentación y prácticas

1.   a. Antes había menos tráfico, no había semáforos, se podía cruzar por cualquier sitio, la vida era más tranquila y había más tiempo para hacer cosas, no había televisión. b. Solíamos pasear, nos sentábamos en un bar, íbamos a bailar o al cine. c. Antes volvían a casa a las 10.30, ahora salen a las 10.30. d. Antes no existía el problema de las drogas, había menos crimen; ahora hay más dinero y comodidades; en general se vive mejor.

Consolidación

1a.   i. escribía/uso. ii. cocinaba/compra; iii. leíamos/tenemos; iv. iba/trabajo; v. tenías/tienes; vi. vivía/vive; vii. escuchaban/escuchan; viii. leíais/leéis

1b.   i. (nosotros) escribíamos/usamos; ii. (ustedes) cocinaban/compran; iii. (yo) leía/tengo; iv. (nosotros) íbamos/trabajamos; v. (vosotros) teníais/tenéis; vi. (ellos) vivían/viven; vii. (usted) escuchaba/escucha; viii. (tú) leías/lees

6a.   i. leía el periódico; ii. se duchaba; iii. hacía los deberes; iv. planchaba; v. veían la tele; vi. dormía; vii. escuchaba la radio; viii. navegaba por internet

6b.   i. planchaba; ii. dormía; iii. se duchaba; iv. leía el periódico; v. hacían los deberes; vi. veía la tele; vii. navegaba por internet; viii. escuchaba la radio

Unidad 9

Comprensión auditiva

1.   a. V; b. F, 22 euros; c. V; d. V; e. V

2.   a. V; b. V; c. V; d. F; e. V; f. F; g. V; h. V

Consolidación

1. a. iii; b. i; c. vii; d. v; e. ii; f. vi; g. iv
5b. pe |rió |di |co (4), mu |cha |cho (3), fá |cil (2),
di |fí |cil (3), com |pran (2), com |práis (2),
be |béis (2), in |glés (2), in |gle |sa (3),
in |gle |ses (3), Ra |món (2), ja |món (2),
na |ción (2), na |cio |nes (3), pa |ís (2),
pa |í |ses (3), ár |bol (2), ár |bo |les (3),
tra |ba |ja |do |ra (5), An |da |lu |cí |a (5),
far |ma |céu |ti |ca (5), ca |jón (2), ca |jo |nes
(3), ar |ma |rio (3), rá |pi |do (3), i |ma |gen
(3), i |má |ge |nes (4), po |li |cí |a (4), i |de |a
(3), far |ma |cia (3), ca |fe |te |rí |a (5), lá |piz
(2), lá |pi |ces (3), ne |ce |sa |rio (4), bien (1),
tam |bién (2), lim |pias (2), ca |os (2), es |tá
(2), es |ta (2), con |ti |nuo (3), Dios (1), a |diós
(2), pen |dien |te (3), fun |cio |na |rio (4),
Bél |gi |ca (3), ca |fé (2), an |ti |pá |ti |co (5).
9. A. ¿qué? C. ¿qué? D. ¿cuál? E. ¿cuál? E2
¿cuál? G. ¿qué? G2 ¿cuál?

Unidad 10

Presentación y prácticas

4a. Ofertas: i. Sólo hay que pagar la mitad. ii. Si
traes amigos te dan un bono de descuento para
la próxima visita.
b. ven; come; bebe; disfruta; prueba; come; paga;
ven; trae; gana
7. hungry; thirsty; sleepy; in a hurry; afraid; cold;
hot; lucky
8. b. calor; c. prisa; d. sed; e frío; f. suerte;
g. miedo; h. sueño; i. vergüenza; j. razón

Consolidación

1. 1. copa; 2. tenedor; 3. taza; 4. platos;
5. cuchara; 6. cuchillo; 7. vaso; 8. platillo;
9. cucharita; 10. cubiertos; 11. cuenco
4. **Carlos,** 21 años: flan, cerveza, jamón; **Felipe**,
20 años: arroz con leche, vino blanco, queso;
Laura, 19 años: helado de chocolate, café,

tortilla; **Marta**, 18 años: helado de fresa, agua
mineral, pollo
5. a, d, f, g.
7. a. léelo; b. visítalo; c. cómelas; d. bébelos;
e. disfrútala; f. saboréalos; g. aprovéchala;
h. tráelos; i. gánalo; j. contéstalas.

Unidad 11

Presentación y prácticas

2a. i F; ii G; iii D; iv N; v I; vi B; vii E; viii K;
ix J; x A; xi C; xii M; xiii L; xiv H

Consolidación

6. a. iremos; b. tendrás; c. comprará; d. llegarán;
e. haré; f. visitaréis; g. saldrá; h. dormiré;
i. alquilaremos; j. acabará
8. a. progressive worsening; b. Canaries; c. max.
temp. down / min. temp. up / wind showers;
d. Will start getting better but cloudy and
showers in Peninsula and Baleares; e. Showers
will affect Valencia; f. The Pyrenees

Unidad 12

Consolidación

1. a viii; b vi; c ii; d v; e iii; f vii; g x; h iv; i ix; j i
3a. i. verdad; ii. mentira; iii. mentira; iv. verdad;
v. mentira; vi. verdad; vii. verdad; viii. verdad
6. a. estoy nervioso/a; b. está preocupada; c. está
triste; d. está enfadado; e. está contenta;
f. están preocupados; g. está cansada; h. están
contentos

Unidad 13

Presentación y prácticas

6. a) habéis comprado / lo hemos comprado /
acabamos de comprarlo; b) habéis llamado /
hemos llamado / acabamos de llamarlo;
c) habéis comprado / la hemos comprado /

acabamos de comprarla; d) habéis regado /
las hemos regado / acabamos de regarlas;
e) habéis hecho / lo hemos hecho /
acabamos de hacerlo; f) habéis sacado / lo
hemos sacado / acabamos de sacarlo;
g) habéis recogido / lo hemos recogido /
acabamos de recogerlo; h) habéis
comprobado / la hemos comprobado /
acabamos de comprobarla

Consolidación

1a.   i. habéis estado; ii. he confirmado; iii. ha
dado; iv. te has levantado; v. habéis ido;
vi. ha tenido; vii. no he visto; viii. has
leído; ix. se ha puesto; x. ha llegado;
xi. has cometido; xii. se ha roto

1b.   i. **Has estado** alguna vez en Argentina?
ii. ¿Qué **han dicho**? iii. **He reservado** una
habitación. iv. No **ha hecho** nada. v. Laura
ha terminado su proyecto. vi. ¿Todavía/
aún no les **has escrito**? / ¿No les **has
escrito** todavía/aún? vii. ¿Quién **ha
dicho** eso? viii. **He visto** a María esta
mañana. ix. ¿**Habéis oído** las noticias?
x. Esta semana he ido al cine dos
veces.

3a./3b.   ¿Le has escrito una carta a Guillermo? Sí,
ya se la he escrito. / Lo siento, todavía no
se la he escrito. ¿Le has dicho a Carmen
que no puedo ir a su fiesta? Sí, ya se lo he
dicho. / Lo siento, todavía no se lo he
dicho. ¿Le has dado a Juan su regalo de
cumpleaños? Sí, ya se lo he dado. / Lo
siento, todavía no se lo he dado. ¿Les has
mandado a Ana y a Diego los
videojuegos? Sí, ya se los he mandado. /
Lo siento, todavía no se los he mandado.
¿Le has dado a Marta las entradas de
teatro? Sí, ya se las he dado. / Lo siento,
todavía no se las he dado. ¿Les has
devuelto la llave a los vecinos? Sí, ya se la
he devuelto. / Lo siento, todavía no se la
he devuelto.

4.   b. Sí, se lo he leído. No, no se lo he leído.
c. Sí, os lo he traído. No, no os lo he traído.
d. Sí, te lo he hecho. No, no te lo he hecho.
e. Sí, se lo he dado. No, no se lo he dado. f. Sí,
me la ha dejado. No, no me la ha dejado. g. Sí,
os lo he recargado. No, no os lo he recargado.
h. Sí, te lo he preparado. No, no te lo he
preparado.

5.   a. ¿Los bombones? Lo siento, me los he
comido. b. ¿Los deberes? No los he hecho.
c. ¿Antonio? ¿dónde? Ah, sí, ahora le veo.
d. ¿Tu monedero? Lo siento, creo que lo he
perdido. e. ¿Tus llaves? Lo siento pero no las
encuentro. f. ¿La foto? (Me) la he olvidado en
casa.

6.   b. Ni siquiera me ha mirado. c. El agua aún
está hirviendo. d. ¿No has terminado todavía?
e. Ya no visita a los abuelos. f. Ya se han ido.

7.   a. ¿Has hecho los deberes? Lo siento, no los
he hecho. b. ¿Qué has dicho? No he dicho
nada todavía. c. ¿No ha vuelto todavía? No,
no ha vuelto todavía. d. ¿Donde están las
llaves? Las he puesto en la mesa. e. Ha escrito
una carta excusándose. f. ¿Está abierta la
puerta? No, todavía no la he abierto. g. No he
visto nada. h. He visto todo lo que hay que
ver. i. Han roto todas las ventanas. j. Me temo
que todos los hámsters se han muerto.

Unidad 14

Consolidación

1.   En 1492 (descubrió), en 1875 (inventó), en
1914 (empezó), en 1939 (terminó), en 1969
(llegaron a ser, caminaron), en 1975 (murió),
en 1982 (ganó), y en 1986 (entró).

2.   entró; agarró; salió; telefoneó; llegó;
registraron; dieron

3a.   i. hicimos; ii. fuimos; iii. dio; iv. vi; v. fuisteis;
vi. hice; vii. vio; viii. fueron; ix. di; x. fue

4.   Ayer por la mañana, yo: d. me levanté g. me
sentí k. hice e. leí f. salí a. comimos c. le di
i. fuimos j. vimos h. volvimos b. escuchamos

5. a) Sí/No, nací en . . . b) Sí/No, me quedé en . . .
    c) Sí/no la vimos. d) Sí/No lo alquilamos.
    e) Sí/No lo dejé en . . . f) Sí/No la empecé
    en . . . g) Lo vimos . . . h) Se casaron. . . .

6. a. i. Ayer me levanté a las ocho, desayuné,
        me duché y salí de casa. ii. Cogí/tomé el
        (autobús número) 52 donde me encontré
        con un/a amigo/a. iii. Llegamos a la
        universidad a tiempo para la clase de las
        nueve. iv. Después de la clase trabajé dos
        horas en la biblioteca, entonces me tomé
        un café, leí un libro y comí a las doce y
        media. v. Por la tarde mandé un e-mail y
        volví a casa. vi. Después de la cena no
        hice mucho. vii. Vi la tele, llamé por
        teléfono a mi novio/a y me acosté / me fui
        a la cama a las doce. viii. Fue un día
        bastante aburrido.

    b. i. . . . se levantó, desayunó, se duchó,
        salió; ii. cogió/tomó, se encontró;
        iii. llegaron; iv. trabajó, (se) tomó, leyó,
        comió; v. mandó, volvió; vi. no hizo;
        vii. vio, llamó, se acostó / se fue a la
        cama; viii. fue

7. A. fuiste; B. fui, he visto; D. hemos recibido,
    me quedé, fui; E. has ido; F. visitamos,
    salimos, faltó

8. i. Me dijo que no   ii. Me preguntó si
    sabía qué hacer.   tenía veinte euros.
    iii. Le contesté que no   iv. Me aseguró que era
    lo sabía.   una película
                              excelente.

    v. Le pregunté si se   vi. Les dije que no
    encontraba mal.   tenía tiempo para
                              discusiones.

    vii. Les contesté que   viii. Nos preguntó
    en ese caso no quería   cuando nos íbamos de
    saber más.   vacaciones.

    ix. Me contestó que no   x. Nos aseguró que era
    le apetecía ir al cine.   el mejor tablao . . .

10. se hallaba, llegó, se enamoró, pudo, rompió,
    sacó, se vio, siguió, se cumplía, prometió,
    contestó, se regresó, se paró.

Unidad 15

Presentación y prácticas

1. i. F, no sonó; ii. F, no pudo desayunar; iii. V;
    iv. F, estuvo una hora; v. V; vi. F, comió con el
    colega de su jefe; vii. F, fue maravillosa;
    viii. F, no fue porque se olvidó.

Consolidación

1a. i. comieron; ii. compró; iii. escribimos;
    iv. gustaron; v. salí; vi. te despertaste;
    vii. escuchó; viii. bebisteis (LAm. bebieron);
    ix. volví; x. visitaron

1b. i. llegaron, pusimos; ii. dijeron; iii. nos
    quejamos; iv. vino, se murió; v. quise,
    hicieron; vi. hice, pude; vii. fue, se durmió;
    viii. Pidió, dimos; ix. hubo. x. fue,
    vimos

3a. i. había pensado; ii. habías jugado; iii. había
    bebido; iv. habíamos tenido; v. habíais (LAm.
    habían) venido; vi. habían pedido

3b. i. Me dijo que ayer había pasado un día
    horroroso y que todo le había salido mal.
    ii. Me dijo que habían venido a verme hoy.
    iii. Me dijo que se había ido de vacaciones
    unos días. iv. Me dijo que había vivido
    allí/aquí toda su vida. v. Me dijo que no
    le había gustado nada el viaje de fin de
    curso.

3c. i. salido; ii. organizado; iii. Ayer leí en el
    periódico que la huelga de camioneros había
    sido cancelada; iv. iniciado

3d. i. Charo, llamó Julia y dijo que ayer había
    pasado por casa de Susana y le había dado el
    libro. ii. Charo, llamó Raquel y dijo que había
    encontrado el disco que le habías pedido.
    iii. Charo, llamó Rosa y dijo que se había
    mudado de casa. iv. Charo, llamó Susana y
    dijo que no había podido conseguir entradas
    para el concierto.

4. a ii; b iv; c viii; d vi; e i; f v; g vii; h iii

Unidad 16

Consolidación

2. a iv; b v; c iii; d ii; e vi; f vii; g i
3a. terminen/buscarán; encuentren/ganarán; ganen/viajarán; viajen/hablarán; se casarán; se casen / tengan; tengan/tendrán
3b. terminemos/buscaremos; encontremos/ ganaremos; ganemos/viajaremos; viajemos/hablaremos; nos casaremos; nos casemos/tengamos; tengamos/ tendremos
3c. termine/buscará; encuentre/ganará; gane/viajará; viaje/hablará; se casará; se case/ tenga; tenga/tendrá
4a. i. alivie; ii. deje; iii. encuentres; iv. lleguen; v. consigan; vi. tenga;
b   i. Cuando seas . . . ii. Cuando le soliciten . . . iii. Cuando vaya . . . iv. Cuando terminen . . .

Unidad 17

Consolidación

3a. sea, gaste, use, tenga, se aparque, corra, sea, cueste.
4. canten despierten jueguen vayan huelan haga saquen llueva se resfríe saluden sonrían paseen haya tengan llamen.
7. a. Te permitiré ir / que vayas a condición de que me digas con quién vas. b. No te permitiremos gastar / que gastes todo tu dinero en fiestas. c. Te dejaremos ir / que vayas a la fiesta si prometes / a condición de que prometas volver antes de medianoche. d. No permiten que su hijo tenga un trabajo, aunque él tiene muchas ganas de trabajar. e. No encuentro ningún curso de español que me guste. f. La dirección del hotel no quiere que los clientes/huéspedes fumen en el comedor. g. La dirección pide que los clientes/huéspedes no lleven comida a las habitaciones.

Unidad 18

Presentación y prácticas

1. **Dueña**: tome, siga, gire, continúe, aparque.
    La Sra. García: toma, sigue, gira, continúa, aparca.
4a. i. vayas/ve; ii. tomes/toma; iii. llames/ llámame; iv. hagas; v. sal/entra; vi. sigas/ tuerza; vii. compres/cómprate; viii. págalo; ix. cuéntamelo; x. hables/háblame
4b. i. vaya/vaya; ii. tome/tome; iii. llame/ llámeme; iv. haga; v. salga/entre; vi. sigas/ tuerza; vii. compre/cómprese; viii. páguelo; ix. cuéntemelo; x. hable/hábleme

Consolidación

1. a. dedica; b. procura; c. combate; d. realiza; e. lee/detente; f. haz; g. esfuérzate; h. relájate/ concéntrate; i. procura; j. haz
3. **Curriculum Vitae**: 1. destaca/destaque/ destacad/destaquen; 2. sé/sea/sed/sean; 3. utiliza/utilice/utilizad/utilicen, no fotocopies / no fotocopie / no fotocopiéis / no fotocopien; 4. evita/evite/evitad/eviten; 5. sé, etc. **Carta de solicitud**: 1. sé, etc; 2. dirige/ dirija/dirigid/dirijan; 3. sé, etc; 4. limita/ limite/limitad/limiten; 5. presenta/presente/ presentad/presenten. **Entrevista de selección**: 1. prepárate/prepárese/ preparaos/prepárense, infórmate/ infórmese/informaos/infórmense; 2. cuida/ cuide/cuidad/cuiden; 3. llega/llegue/ llegad/lleguen; 4. lleva/lleve/llevad/ lleven; 5. escucha/escuche/escuchad/ escuchen, demuestra/demuestre/demostrad/ demuestren, responde/responda/responded/ respondan; **Pruebas de selección**: 1. acude/ acuda/acudid/acudan; 2. escucha/escuche/ escuchad/escuchen, lee/lea/leed/lean; 3. sé/sea/sed/sean, vístete/vístase/vestíos/ vístanse; 4. empieza/empiece/empezad/ empiecen.

Unidad 19

Consolidación

4. a. Se inauguró la biblioteca central de la Universidad. La biblioteca central de la Universidad fue inaugurada. b. Se han recuperado los 200 millones de pesetas desaparecidos el viernes. Los 200 millones de pesetas desaparecidos el viernes han sido recuperados. c. Se ha confirmado la participación de Pinochet en casos de tortura. La participación de Pinochet en casos de tortura ha sido confirmada. d. Se ha descubierto una estatua ibérica del siglo II a.C. Una estatua ibérica del siglo II a.C. ha sido descubierta. e. Se ha terminado la segunda fase del anexo al museo del Prado. La segunda fase del anexo al museo del Prado ha sido terminada. f. Se ha abierto la puerta al comercio internacional. La puerta al comercio internacional ha sido abierta.

5a. i. Juan es querido por todo el pueblo. ii. El campeón de boxeo fue vencido por Pedro. iii. El nuevo pabellón de la Expo fue construido por el arquitecto Bofill. iv. La carta fue enviada el mismo día. v. El ladrón fue detenido sin dificultad (por la policía). vi. La casa fue vendida en una semana. vii. Tras años de arduos trabajos, la aldea celta fue reconstruida por los arqueólogos con todo detalle. viii. El pinchazo fue reparado por el mecánico muy rápidamente.

5b. i. Representantes de la oposición municipal lamentaron las consecuencias. ii. Mandaron el paquete a la dirección incorrecta. iii. Más de seis millones de personas utilizaron las instalaciones aeroportuarias. iv. No existe ningún parte médico que confirme quién atendió al muchacho. v. Pueden visitar la iglesia entre las diez y las cuatro todos los días. vi. Llevaron a la niña al médico. vii. La policía recobró el cuadro.

5c. i. Se incluyeron todos los edificios en el catálogo de la revisión. ii. Se lamentó mucho el recorte presupuestario. iii. No se finalizaron las obras de mejora de carretera hasta el fin del mes. iv. Se sirve la cena a las diez. v. No se permite fumar en los restaurantes de Londres. vi. En el centro de urgencias al turista se le aplicaron cuatro puntos de sutura. vii. No se habla inglés en este hotel.

6a. i. A new museum will be opened in Bilbao. ii. Travellers' cheques are accepted. iii. The conference was held in Valencia. iv. Spanish is spoken in the Philippines. v. Twelve pictures were restored three years ago.

6b. i. Estaba arrodillado en la hierba. ii. El cuadro estaba colgado en la pared. iii. Después de unas semanas un cuadro fue colgado junto a la ventana. iv. La novela fue dedicada a un joven sacerdote que había conocido. v. El detenido fue sentenciado después de un juicio de seis semanas. vi. El prólogo fue escrito por un amigo a petición del autor. vii. El partido fue jugado el domingo pasado. viii. Los soldados que estaban alojados en el pueblo gastaron mucho dinero en los bares locales.

Unidad 20

Consolidación

1a. i. tuviera-compraría; ii. tuviera-viajaría; iii. pudiera-iría; iv. viajara-visitaría; v. visitara-vería; vi. viera-entendería

1b. i. tuvieras-comerías; ii. comieras-estarías; iii. estuvieras-tendrías; iv. tuvieras-estarías; v. estuvieras-comerías

1c. i. supiera-escribiría; ii. anduviéramos-estaríamos; iii. vieran-invitarían; iv. tuviera-podría; v. nevara-iríamos; vi. fuera-daría; vii. pudieran-irían; viii. lloviera-saldrían;

ix. hiciera-podríais; x. fueras - te bañarías;
xi. supiera-diría

3.   a. hiciera; b. pidieran; c. devolviéramos;
d. terminara; e. perdiéramos; f. pudiéramos;
g. hablara; h. recogiéramos; i. usaran;
j. salieran

4a.   i. Si tú eres mi adorable mujer, yo seré la
persona más feliz del mundo. ii. Si le solicitan
todas las grandes empresas ganará mucho
dinero. iii. Si voy a Correos compraré

sellos. iv. Si terminan su trabajo irán a
buscarnos.

4b.   i. Si tú fueras mi adorable mujer, yo sería la
persona más feliz del mundo. ii. Si le
solicitaran todas las grandes empresas ganaría
mucho dinero. iii. Si fuera a Correos
compraría sellos. iv. Si terminaran su trabajo
irían a buscarnos.

5.   a. llegas; b. tenga; c. necesitamos; d. llego;
e. estamos/estáis/están; f. haga

TRANSCRIPTS/ TRANSCRIPCIONES

Unidad 1

Presentación y prácticas

1a. Buenos días. Hola, buenos días. 2. Hola ¿qué tal? ¿Qué tal? 3. Buenas tardes. Hola, buenas tardes. 4. Hola, buenas noches. Buenas noches. 5. Adiós, buenas noches. Adiós, hasta mañana. 6. Hasta luego. Adiós.

Comprensión auditiva

1.

Me llamo Luis y soy el menor de ocho hermanos, así que como veréis vengo de una familia bastante numerosa lo cual ya no es muy común hoy en día en mi país.

Tengo siete hermanos. El mayor se llama Joaquín, es fontanero.

La hermana que viene a continuación, es ingeniera de telecomunicaciones, pero tiene una empresa propia.

Después viene Pedro que es psicólogo y trabaja de asistente social en el ayuntamiento del pueblo.

Luego está Irene que tiene 38 años, es maestra pero trabaja como dependienta en una tienda de ropa.

Felipe es economista y trabaja como empleado de banca.

A continuación viene Nieves que es traductora.

La hermana que me precede es Cristina. No tiene estudios así que trabaja en lo que puede.

Y yo, que ahora tengo 23 años, estudio Bellas Artes en la Universidad de Valencia.

3. María (**M**) se encuentra con Ricardo (**Ri**) en una reunión y le presenta a Rosario (**R**).

M. Mira Rosario, te presento a Ricardo.

R. Ah. ¿Cómo estás?

Ri. Muy bien, gracias y ¿tú?

R. Bien, gracias. Eres de México ¿no?

Ri. Sí, y ¿tú?

R. Yo también. ¿Conoces a Elena que también es de México?

Ri. Sí, ¡claro! Es mi esposa. Y ¿cómo la conoces?

R. Por un grupo de amigas peruanas.

Ri. ¡Qué chico es el mundo! ¿no?

Unidad 2

Comprensión auditiva

1. **Mensaje telefónico**

• Éste es el 2490965. No estoy en este momento, por favor deje su mensaje.

- ¡Hola! Soy María y soy amiga de Carmen. Trabajo con ella en Málaga y ahora estoy de vacaciones aquí en Madrid. Te llamo porque tengo un regalo de Carmen para ti. El teléfono del hotel es el 2588197. Adiós.

2. **Mi familia**

Rosa

Mira, ésta es la foto de mi familia. Aquí está mi papá. El es de cabello negro y rizado. Es de color moreno. Ésta es mi mamá. Ella tiene el cabello negro y lacio, es tan alta como mi papá, tiene piel morena y todos tenemos ojos castaños. Tengo 5 hermanos y una hermana que se llama Angélica. Tiene 16 años y estudia el bachillerato.

Cecilia

En mi familia somos 5. Están mi papá y mamá. Tengo una hermana de 20 años y un hermano de 26. Yo soy la mayor.

Mi hermano es alto, moreno, con pelo marrón, y mi hermana también es alta de pelo marrón, corto y muy extrovertida. Mis padres son muy amigables. Mi papá a veces es un poco serio y bueno, mi mamá está siempre contenta. Ella es muy bajita y papá es muy alto y gordo.

También tenemos en la casa una mascota y es un pajarito, se llama Trino, es un canario, canta muy bonito, es de color amarillo y es muy pequeño, solamente tiene un año.

Amanda

Mira, ésta es la foto de mi familia. Éste es mi papá, es bastante alto, delgado, tiene el pelo rubio, es muy serio, un poquito bravo. Mi mamá es morenita, un poco gordita, es bajita pero muy dulce y es muy comprensiva con nosotros.

Mi hermano es como mi mamá, es bastante moreno, y tiene el cabello lacio negro; tiene 27 años. Es muy alegre, hace muchas bromas. Mi hermana es como mi papá, es blanca, tiene el pelo rubio y largo, es baja y es muy brava.

–Y tú ¿cómo eres?

Yo soy como mi hermano, me gusta hacer bromas, divertirme y charlar con la gente.

Unidad 3

Presentación y prácticas

1 **¿Dónde viven?**

1b - i. En un piso ii. Vivo en un apartamento iii. En una casa adosada iv. En un chalet.

2a. **Nuria**

Pues yo vivo en el décimo piso de un edificio con vistas a la playa. Mi piso tiene una cocina, un salón–comedor, la habitación o el dormitorio de mi hermana, mi habitación y la de mi madre. También hay dos baños y un dormitorio pequeño para cuando vienen invitados. Luego hay una terraza cerrada junto a la cocina y un cuarto trastero para la lavadora, la secadora, armarios roperos y eso. Y tiene un pasillo bastante grande.

b. **Andrés**

Vivo en una casa bastante grande cerca del mar en Montevideo. Hay un jardín más bien grande y tiene un living muy espacioso y una sala de estar con una mesa para comer todos los días. Luego tiene cinco dormitorios, cuatro en el segundo piso y otro en el tercero. Y dos baños. También hay una cocina con un área con la lavadora y para guardar las cosas de la limpieza y un garaje.

7a. Hay muchos sitios interesantes. Por ejemplo la catedral, el teatro, el museo de arte contemporáneo, la universidad antigua, edificios modernos como Correos y el Banco de España que es un edificio muy interesante; la galería de pintura moderna, la plaza de toros, la Plaza Mayor también es muy bonita. Luego para la gente joven hay también bares y discotecas, cines, un parque con bares al aire libre . . . En fin, de todo.

9. Málaga es una ciudad muy bonita. Tiene varios edificios antiguos y modernos, una catedral muy famosa, muchas iglesias de varios estilos. Luego hay tres parques, muchos museos, bastantes discotecas y montones de bares. No es muy turística pero tiene mucha vida. Yo vivo en un barrio que es demasiado tranquilo pero bastante alegre y acogedor.

Comprensión auditiva

1. Colombia

a. Colombia está en América del Sur.
b. Limita al norte con el Mar Caribe que forma parte del Océano Atlántico. Al occidente está el Océano Pacífico.
c. Una mitad de Colombia es selva y la otra mitad tiene grandes montañas: la Cordillera de los Andes.
d. Bogotá es la capital y está a 2.600 metros de altura.
e. En Colombia no hay 4 estaciones como en Europa. Hay sólo dos: **invierno**, tiempo de lluvia, y **verano**, sin lluvia.
f. Pero la temperatura es casi igual todo el año.

2a. ¿Cómo es tu casa en Morelos, México?

Hay un jardín al aire libre con flores y plantas grandes en el centro de mi casa. Alrededor tiene un corredor con techo con más plantas y sillas mecedoras. Es como una sala para recibir a las visitas.
Es muy agradable y fresco.
Alrededor del corredor están las habitaciones y el comedor que tiene una ventana muy grande que da al patio de atrás de la casa donde hay un lavadero de piedra con un tanque de agua para lavar la ropa; allí también está la cocina que es un poco oscura. En la cocina tenemos una estufa de carbón.

2b. ¿Cómo es tu apartamento en Bogotá, Colombia?

Bueno, Eugenia, te voy a mostrar mi apartamento; éste es el vestíbulo, ésta es la sala, acá enseguida está el comedor y enseguida del comedor está la cocina; en la parte de atrás de la cocina, tenemos un patio pequeño para la ropa y un cuarto para la empleada del servicio con un baño; acá tenemos la biblioteca; éste es el cuarto de Humberto José, mi hijo, y éste es nuestro cuarto, pues es bastante grande y tiene su baño aparte; afuera en el vestíbulo tenemos otro baño para las visitas.

Unidad 4

Presentación y prácticas

2. **i** a la derecha. **ii** al otro lado de la plaza. **iii** a la izquierda. **iv** todo seguido. **v** al final de la calle.

Comprensión auditiva

Virginia Conde en la universidad

1. La Facultad de Filosofía y Letras
¿Dónde está la Facultad de Filosofía y Letras?
La Facultad de Filosofía y Letras está en la calle Primera, al lado izquierdo.
¿Cómo llego a la Facultad de Filosofía y Letras?
Mira el mapa. Tú estás en el punto **1**. Tomas la calle Primera todo recto, pasas el parque y un edificio grande de ladrillo a la izquierda. Hay un aparcamiento a la izquierda antes de la glorieta. Al fondo hay un edificio muy alto, negro y gris. Ésa es la Facultad de Filosofía y Letras. Allí hay departamentos de idiomas como alemán, catalán, chino, francés, español, japonés, etc., y también los

laboratorios de lenguas y el centro de material didáctico.

2. La Asociación de Estudiantes

¿Dónde está la Asociación de Estudiantes?

La Asociación de Estudiantes está al otro lado de la calle Primera.

¿Cómo llego a la Asociación de Estudiantes?

Mira el mapa. Tú estás en el punto **2** del mapa. Sales de la Facultad de Filosofía y Letras, atraviesas el aparcamiento, pasas por debajo del paso subterráneo de la calle Primera, sigues todo recto y la Asociación de Estudiantes está enfrente. Allí hay cafeterías, un bar, una papelería, una agencia de viajes, una oficina de seguros, un banco, etc.

3. El Polideportivo

¿Dónde está el Polideportivo?

El Polideportivo está en la calle Quince.

¿Cómo llego al Polideportivo?

Mira el mapa. Tú estás en el punto **3** del mapa. Sales de la Asociación de Estudiantes, sigues todo recto, pasas por debajo de la calle Primera. A la izquierda subes por las escaleras y sales a la calle Primera, sigues todo recto en la dirección opuesta a la Facultad de Filosofía y Letras.

Tomas la segunda calle a la derecha. Ésa es la calle Quince. Sigues todo recto casi hasta el final de la manzana. A mano derecha está la entrada al polideportivo. Allí hay canchas de tenis, de squash, zona de cricket, de atletismo, dos gimnasios, una piscina, etc. También dan clases de aeróbicos, aquaeróbicos, natación, yoga, etc. El teléfono es el 22 22 008.

Unidad 5

Comprensión auditiva

1. Un sudamericano en Barcelona

Aunque el salario mínimo en España es de 400 euros por mes, hay gente que vive con 300 euros básicamente compartiendo una casa, pero hay quienes necesitan 3.000 euros para vivir bien. Pero yo, soltero, extranjero trabajando como diseñador, gasto en comida 300 euros al mes,

desayunando y comiendo en casa, pero almorzando cerca de la oficina.

En alquiler gasto 420 euros con 70 céntimos; vivo en un estudio en el centro de Barcelona cerca del Arco del Triunfo.

En transporte son 180 euros con 30 céntimos; tomo el metro, algún que otro día tomo un taxi; que sale más económico que comprarse un coche pues además del coste de mantenimiento, hay que pagar parking.

En diversiones gasto como 120 euros con 2 céntimos; para ir al cine, ir a tomar una copa, ir a un museo, etc.

En electricidad gasto unos 36 euros con 6 céntimos, en teléfono 72 euros con 12 céntimos, y en agua 12 euros aproximádamente.

2. Lo que mejor produce España

La economía española es muy diversificada. La industria del turismo aporta la mayor fuente de ingresos. A mucha gente del norte de Europa le gusta ir de vacaciones a las costas de España. España también exporta una gran variedad de productos agrícolas a sus países vecinos de la Unión Europea. Entre los productos más importantes se encuentran frutas y verduras, el aceite de oliva, vinos de todas clases incluyendo cavas y jerez, y frutos secos como las almendras, las nueces, etc. Efectivamente es una de las huertas de Europa.

España tiene también una poderosa industria pesquera y conservera, y en la industria pesada produce coches tanto para el mercado interior como para la exportación.

Su industria editorial es bastante importante y tiene el monopolio de las revistas en el mercado latinoamericano.

Unidad 6

Comprensión auditiva

1. Los climas en el mundo

La diferencia de clima en el mundo depende de la situación geográfica.

En la zona templada del hemisferio norte es invierno en diciembre, enero y febrero, mientras que en la zona templada del hemisferio sur es verano en estos meses.

En cambio en la zona tropical, en el centro del globo terrestre, no existen las 4 estaciones. Gran parte del clima depende de la altura. Si una ciudad está a una altura de 2.600 metros es una ciudad con clima frío por las noches, pero si hace sol durante el día, hace un poco de calor, 10 a 15 grados de temperatura.

Si una ciudad está en la costa a la altura del nivel del mar es una ciudad, por lo general, con clima caliente durante el día y la noche.

Lo que sí hay en la zona tropical son las temporadas de lluvia y de sequía.

2. **Los mejores sitios para las vacaciones**

enero

El Caribe: es uno de los mejores sitios para ir de vacaciones en este mes. Allí hay playas lindísimas, un mar azul, música diferente, viajes a otras islas en catamarán. Hace sol, calor y no es muy costoso, especialmente después del primero de enero.

Si quieres hacer algo diferente como visitar grandes ciudades con sus museos, buenos restaurantes, y disfrutar la vida nocturna en café-conciertos, clubes o sólo pasear por las calles: hay que visitar Argentina, Brasil o Chile porque en este mes están en verano.

Francia, Italia o Suiza: en las montañas hay nieve, hace sol algunas veces y tienes la oportunidad de esquiar. Hace frío pero puedes beber un vino caliente que no sólo te calienta sino que te ayuda a esquiar mejor ya que las pequeñas y frecuentes caídas no las vas a sentir.

En el sur de la India: no llueve en este mes y no hace mucho calor tampoco.

Ir en un crucero por el río Nilo: hace sol pero no hace calor, esto es perfecto para visitar los templos.

Los sitios vacacionales del desierto de los Estados Unidos: allí hace buen tiempo y disfrutas viendo a los ricos y famosos.

julio y agosto

El Ártico: hace mucho frío pero puedes ver los osos polares y las ballenas cerca de la orilla del mar.

Nueva Zelanda, Australia, Argentina y Chile: hay mucha nieve, hace mucho frío; pero es el sitio de esquí para los esquiadores europeos que se deprimen sin poder esquiar.

Canadá: En las montañas hace un sol maravilloso, perfecto para pasear por un glaciar.

Serengueti: en África, hace mucho calor, no llueve ni hace viento, pero ves el grandioso espectáculo natural de la migración de un millón o más de animales salvajes en busca del pasto fresco del Masai Mara.

París y Roma: allí hace calor pero está tranquilo por el éxodo urbano al cerrarse la industria y el comercio en agosto.

Unidad 7

Comprensión auditiva

1. ¿Vas todos los días al gimnasio?

Esperanza: Tú, ¿qué haces durante la semana?

Pablo: Durante la semana, lo primero que hago es cuando me levanto, desayuno y entonces estudio un poco pero no mucho. Después suelo ir a comer y a clase por la tarde. Y ¿tú vas a clase por la tarde o por la mañana?

Esperanza: Yo también voy a clase por la tarde, pero primero por la mañana cuando me levanto lo primero que hago es lavarme y desayunar, después me lavo los dientes y voy al gimnasio a hacer deporte. Y a mediodía como y voy a clase. Y los fines de semana, ¿tú, qué haces?

Pablo: Los fines de semana, el sábado me suelo levantar bastante tarde porque el viernes salgo por la noche y cuando me levanto entonces como porque suele ser ya el mediodía. Tomo el café con los amigos y más tarde salgo por ahí de copas con ellos. Y a veces también voy al cine pero no siempre. Depende de lo que haya en el cine. Y ¿qué haces los fines de semana?

Esperanza: Los sábados por la mañana, suelo ayudar a mi madre y cuido de mi sobrino. Después de comer, estudio un poco y salgo por la noche. A veces voy al cine. Salgo con los amigos. Los domingos ¿qué tal?

Pablo: ¿Los domingos? Me vuelvo a levantar tarde . . . porque como el sábado por la noche salgo, pues estoy cansado. Como con la familia. Normalmente voy a casa de mi abuela y como con la familia todos juntos. Nos reunimos allí y después por la tarde, pues, salgo con mis primos a dar una vuelta por la ciudad a ver si hay algo interesante en el teatro o en el cine si no he ido el sábado. Y tú, ¿qué haces durante la semana? ¿Vas a algún gimnasio? ¿Vas todos los días al gimnasio?

Esperanza: No, voy dos o tres veces a la semana. Y voy a una piscina climatizada a nadar. A veces voy a la sauna y hago algunos ejercicios de aerobic.

2. **Un día en la vida de Manuel**

En un día normal me levanto a las 7 ó 7:30, desayuno en casa y salgo para el trabajo sobre las 8 u 8:15.

Si tengo tiempo, paso por el centro deportivo donde hago unas cuantas piscinas y me permito el lujo de una sesión de ejercicio. Esto me acaba de despertar y me pone a tono.

Por la mañana los martes, miércoles y jueves es cuando tengo la mayoría de mis clases; entre clase y clase, despacho un poco, hablo con los colegas y los alumnos pero la mayor parte de la administración, la hago por las tardes y los viernes cuando no tengo ninguna clase.

Normalmente almuerzo algo ligero en el campus. La cena, que suelo preparar yo mismo y tomar a solas en casa, es para mí la comida más importante del día acompañada las más veces con un buen vino español.

Después de cenar, suelo leer un poco, escuchar música, ver las noticias en la tele y si no tengo obligaciones personales, suelo acostarme temprano, a las 10 ó 10:30.

Gracias a la intensidad de mi vida profesional y sus múltiples satisfacciones, no padezco insomnio.

3. **¿Las rutinas de diferentes profesiones**

Elena

Bueno en un día normal me levanto a las 7:30, tomo desayuno con mi esposo, luego voy al colegio en carro y trabajo en el colegio hasta las doce y media. Trabajo con los niños, hacemos juegos, pintamos y, bueno, muchas cosas más.

Luego a la 1:30 almuerzo con mis amigas o con mi esposo también y . . . por la tarde leo o hago las labores de la casa y en la noche, ceno más o menos como a las 7:30 y luego veo la televisión o preparo las clases para el día siguiente.

Carmen

Pues yo me levanto a eso de las 3:00 de la tarde porque trabajo de noche; después de levantarme, desayuno, hago la limpieza de la casa, leo un poco, salgo a hacer la compra. A eso de las 7:30 de la tarde es la hora de la merienda para todo el mundo pero para mí es la hora de comer; entonces como y después de comer veo la tele hasta las 9:30 cuando salgo de casa para llegar al hospital a las 10 de la noche.

Normalmente tengo una hora de descanso para cenar y termino a las 7:30 cuando llega el turno de día, yo vuelvo a casa y me voy a la cama.

Sebastián

Bueno yo soy estudiante, estudio en la Facultad de Agricultura pero necesito dinero por eso también trabajo como limpiador de unas oficinas de un banco. Empiezo este trabajo a las 6:30 entonces tengo que levantarme a las 5:30 para salir de casa a las 6 y llegar a las oficinas del banco a las 6:20, 10 minutos antes de que abran. De esta forma trabajo de 6:30 a 9:00 para cuando llegue el personal que todo esté limpio y después de esto, me voy a casa y me baño y llega la hora de la comida, entonces como a las 2 y después me voy a la Facultad. Las clases en la Facultad son de 3 a 5.

Como la universidad está a una distancia muy corta, pues camino a casa, hago mi tarea, veo un poco la televisión y después me voy a dormir.

Marta

Me levanto a las siete de la mañana, desayuno y salgo a las 8:15, llego a la oficina, empiezo a revisar los planos. A partir de las 9:00 diseño y dibujo, a la 1:00 salgo a comer por una hora y regreso a dibujar. A las 6 me preparo para irme a casa: lavo los rapidógrafos y limpio los planos. Más o menos a las 8 ceno y platico con mi familia y más tarde me voy a la cama, leo un poco, y a eso de las 11 ya estoy para dormirme.

Unidad 8

Comprensión auditiva

Mis fines de semana en Melgar

Cuando era pequeña, mis padres compraron una casa en uno de estos sitios cálidos llamado Melgar. Para llegar a Melgar había que bajar la montaña. Estaba a unas dos horas de Bogotá. La casa era de construcción sencilla con espacios abiertos para mayor circulación de aire. Tenía un jardín grande con árboles frutales y una piscina. Había muchos pájaros de diferentes colores de día; y de noche, había murciélagos que volaban sobre la piscina, probablemente para beber el agua.

Casi todos los fines de semana, mi padre llegaba de trabajar a eso de las seis de la tarde y salíamos para Melgar. Parábamos a mitad de camino a saborear comida típica deliciosa. Y empezábamos a sentir calor y a oler el aroma de los platanales y del río. Tan pronto llegábamos, nos íbamos a nadar en la

piscina. ¡Qué agradable era nadar en la oscuridad y ver las estrellas!

Los sábados por lo general nos visitaban amigos, jugábamos, escuchábamos música, bailábamos y salíamos a caminar al pueblo. Los domingos era el día del asado. A mi padre le encantaba hacerlo. Por la tarde empezábamos a preparar el regreso a Bogotá. La subida de la montaña era muy lenta, había mucho tráfico. Muchos carros se recalentaban y tenían que parar. Cuando llegábamos a Bogotá y sentíamos el frío, siempre nos alegrábamos en pensar que podríamos volver a sentir calor en el fin de semana.

Unidad 9

Presentación y prácticas

2. La ropa

b. Lleva un vestido, un abrigo, zapatos, un sombrero y un bolso. a. Lleva un traje, zapatos, una corbata y una bufanda. d. Lleva una falda, un impermeable y botas. c. Lleva un traje de baño.

Comprensión auditiva

1. ¿Tiene ese plato en otro color?

María: Buenos días.

Dep.: Buenos días.

María: ¿Tiene ese plato que está en el escaparate en otros colores?

Dep: ¿Qué plato, por favor?

María: Sí mire. Ese de ahí, el azul que está al lado del abanico rojo.

Dep: Sí. Lo tenemos en azul y en rosa. En azul es muy bonito.

María: Tiene razón. Me gusta mucho. ¿Cuánto vale?

Dep: Vale 22 euros.

María: Es un poco caro. ¿Tiene otro más barato?

Dep: Sí. Este verde. Es más pequeño pero también es muy bonito. Sólo vale 19,40 euros.

María: Este me gusta mucho más. Me lo llevo.

Dep: Muy bien. ¿Lo envuelvo para regalo?

María: Sí gracias.

2. ¿Quiere probárselos?

Dep: Buenos días. ¿En qué puedo ayudarle?

Laura: Buenos días. En el escaparate hay unos pendientes que me gustan mucho.

Dep: Sí ¿cuáles son?

Laura: Esos de la izquierda. Están al lado del vaso de cerámica. Son amarillos.

Dep: Vale. Son éstos ¿verdad?

Laura: Sí, pero creo que son un poco grandes, y el color no me gusta mucho ahora. ¿Tiene otros?

Dep: Claro, tenemos éstos más pequeños en azul o en verde. Los azules valen 8,25 euros y los verdes un poco menos. ¿Son para usted? ¿Quiere probárselos?

Laura: No, son para mi hermana. Mañana es su cumpleaños. Los azules me gustan mucho. Sí, me los quedo.

Dep: Vale, los pongo en una caja bonita. A su hermana le van a gustar mucho.

Laura: Espero que sí. Valen 8,25 ¿no?

Dep: Sí. ¿Quiere pagar en caja?

Unidad 10

Comprensión auditiva

1. ¿Qué comes generalmente?

Lo que un mexicano come depende de la parte de México en la que vive y también depende de las costumbres de su familia. En el desayuno, se toma un jugo de frutas, una gelatina de leche o de agua, un licuado de leche con fruta, huevos revueltos con frijolitos a la mexicana y tortillas. Las personas que sólo toman un café al desayuno, almuerzan a eso de las 12, huevos con chilaquiles, que son como enchiladas en forma triangular. Las mujeres de los trabajadores de mano de obra llevan a sus maridos este tipo de almuerzo a sus trabajos. Las escuelas de niños terminan de 1.30 a 2.00 de la tarde; las oficinas paran labores de 3.00 a 6.00 para comer.

La comida se sirve a eso de las 3.00 de la tarde; ésta puede ser: para empezar una sopa de pasta con verduras, un guisado de puerco con frijoles, tortillas y salsa. Los frijoles son más usados para acompañar las comidas que el arroz o la papa. Por la noche aproximadamente a las 9.00, niños y adultos tomamos un vaso de leche con un pan de dulce que llamamos concha, o con cuernitos que son como croissants o con biscuets que son como escón de sal.

2. Enchiladas.

1. Cocina el pollo con sal al gusto, media cebolla y un diente de ajo en agua y después lo desmenuzas. 2. Para la salsa, asa los jitomates y los chiles en la parrilla o bien hiérvelos o úsalos en crudo. Luego lícualos o muélelos con un diente de ajo, un cuarto de cebolla y un poco de agua. Fríe esta salsa en aceite y agrégale sal. 3. Las tortillas se pueden comprar o, si prefieres, házlas con harina de maíz, agua y sal. 4. Puedes freír ligeramente las tortillas en una sartén, de modo que queden suaves y calientes, o bien las puedes calentar en un comal, sin aceite. Un comal es una especie de sartén de fondo plano que no tiene borde. Una vez calientita, la tortilla está lista para preparar la enchilada. 5. Pon el pollo desmenuzado en la tortilla, la enrollas y la colocas una junto a otra en un molde refractario. 6. Cubre las enchiladas con la salsa y déjalas en el horno por unos diez minutos a 180 grados centígrados. 7. Para servir lleva a la mesa tres tazones: uno con queso rayado, otro con cebolla picada o en rodajas y el otro con crema. Así cada quien se sirve a su gusto lo que quiera ponerle a sus enchiladas.

Unidad 11

Comprensión auditiva

1. La feria de Cali

Manuel: Hola, ¿Germán?

Germán: Sí, con él. ¿Dónde estás?

Manuel: Estoy en la feria de Cali. Aquí en la Avenida Colombia, estoy viendo la cabalgata . . . hay caballos de todas las clases y mujeres muy hermosas, en dos horas habrá una corrida de toros y me gustaría que vinieras. ¿Qué tal si nos encontramos en la plaza de toros junto a la taquilla principal?

Germán: Bueno, haré lo posible.

Manuel: Y luego podemos caminar desde la plaza de toros al estadio, donde habrá un concierto de salsa.

Germán: ¡Eso suena divertido!

Manuel: Bueno, pues yo estaré aquí enfrente del Banco del Comercio hasta las dos y después me iré a la plaza de toros. Allá te espero.

Germán: Bien y ¡gracias!

2. El día de la Independencia de México

¡Qué bien que estás aquí, pues hoy 15 de septiembre es la víspera de la celebración de la independencia aquí en México!

Te voy a contar cómo la celebramos en el Zócalo de la Ciudad de México. Hoy por la noche el Presidente de la República y mucha gente se reunirá en la Plaza Mayor, que es otro nombre con el que se conoce al Zócalo capitalino. Allí se venderá comida típica. Algunos artistas cantarán y bailarán acompañados por los mariachis.

A eso de las once de la noche, el Presidente se dirigirá a la multitud desde el palco presidencial y gritará: ¡Viva México! ¡Viva la Independencia! ¡Viva Hidalgo! ¡Viva Morelos! ¡Vivan los héroes de la Independencia! Entonces, se encenderán los juegos pirotécnicos y los fuegos artificiales iluminarán la noche durante casi una hora. Hidalgo y Morelos fueron sacerdotes criollos. Es decir, sus padres eran españoles pero nacieron en esta tierra que en aquel entonces no se llamaba México sino la Nueva España. Ellos, junto con otros criollos, organizaron el movimiento de Independencia.

Esta tradición se mantiene incluso fuera del país. Los mexicanos se reúnen la noche del 15 de septiembre para comer, bailar y cantar, y alguien se ofrece a dar el grito.

En este momento la gente está preparando comida típica en sus propias casas para el consumo familiar o para vender en la plaza. Muchos hombres y niños están preparando sus disfraces de chinacos, que fueron los soldados que lucharon por la Independencia. El desfile de mañana será principalmente militar, pero también habrá carros alegóricos decorados para presentar algún tema de la historia o del folklor mexicano. Por ahora, como es temprano todavía, los mariachis probablemente están descansando, porque la noche que les espera es larga.

3. El Inti Raymi

La fiesta del Inti Raymi, que significa Pascua del Sol, se celebrará el 24 de junio en la ciudad del Cuzco, la ciudad de los incas. Esta fiesta es para dar gracias al dios Sol por la cosecha y se realiza con una ceremonia. Habrá mucha gente y la gente verá la ceremonia sentada o parada a lo largo de la fortaleza de Sacsayhuaman. Ellos esperarán a los actores cantando o escuchando la música, tocada por una banda. La ceremonia se hará en quechua, el idioma de los incas. La ceremonia empezará con diferentes bailes y cantos. Después la persona que representa al Inca (rey) ofrecerá una oveja al dios Sol. Sus ayudantes sacrificarán la oveja y su sangre correrá por unos canales especiales que existen desde la época de los incas. Finalmente habrá más bailes y la gente bailará y tomará mucha chicha de jora, la bebida de los incas.

Unidad 12

Comprensión auditiva

1. ¿Cómo te sientes?

a. Estoy muy contento. Aquí están todos mis amigos de Cali y esta noche vamos a bailar merengue. Imagínate hace tanto que no hablo español y estar entre amigos es ¡fabuloso!

b. Me apena no ir a verte hoy pero me siento muy cansada, estoy un poco deprimida. No sé qué me pasa; tengo mucho que leer para mi investigación y quizá estoy trabajando demasiado y no tengo suficiente tiempo para todo.

c. **Gloria:** !Qué delgada estás! ¡Qué suerte! ¡Qué estás haciendo? ¿Dieta?

Marlen: No, estoy caminando media hora todos los días y voy al gimnasio.

d. Estoy muy agradecida por la invitación a comer. Va a ser divertido volver a ver a Ana y a Roberto.

2. Consultorio de problemas

Soy Juán Sebastián. Quiero que me aconseje, Doctora Samper:

Estoy estudiando inglés en Cambridge; mis padres me han enviado desde Colombia. Pero el curso no está muy bien planeado. Hay muchos hablantes de español y como me siento deprimido y triste, pues paso mucho tiempo con mis amigos colombianos; vamos a bailar, charlamos, nos divertimos todas las noches, pero el inglés, aunque hacemos el esfuerzo de hablar entre nosotros en inglés, no está dando muy buenos resultados. . .

Buen amigo colombiano:

¿Cuál es su objetivo al venir a Inglaterra? ¿Cree que es importante el inglés para su futuro? Si su respuesta es sí, debe conseguir un folleto de cursos para adultos. Allí encontrará clases para aprender cerámica, pintura, natación, etc., y conocerá gente inglesa. También es necesario escuchar la radio y ver la televisión. ¡Buena suerte! Doctora Samper

Unidad 13

Comprensión auditiva

1. Un trabajo a los quince años

Alejandro Gómez es un muchacho de 15 años. El vive con su familia en las afueras de Bogotá, en una casa que ellos han construido con ladrillo y teja. El padre trabaja como celador en una fábrica y su madre cuida de sus dos hermanos pequeños.

Alejandro tiene dos hermanas más: una de 13 y la otra de 11. El dinero que gana el padre no es suficiente para mantener a la familia. Así que los hijos grandes tienen que trabajar en algo.

Hoy Alejandro se ha levantado a las 5 de la mañana. Ha desayunado una taza de agua de panela con un pan. Después de desayunar, ha cogido su bolsa plástica grande, dos platos y un cuchillo. Ha caminado dos kilómetros para tomar el bus que va al mercado. En el mercado la gente compra al por mayor para vender en las tiendas de los barrios o en las calles principales de la ciudad. Alejandro ha comprado cinco piñas grandes, diez aguacates y diez mangos a buen precio.

Después ha ido al centro de Bogotá. Allí en un parque se ha parado y ha sacado sus platos, el cuchillo, y las piñas. Las ha partido en rodajas. Se ha parado cerca del semáforo en una calle donde hay mucho tráfico para vender la fruta. Como a las once de la mañana, la gente le compra especialmente las rodajas de piña. Hoy ha vendido casi toda la fruta. Regresa a casa y da parte del dinero a su madre. Hoy le ha ido mejor que ayer.

Unidad 14

Comprensión auditiva

1. Ruidos en la noche

Me llamo Begoña y voy a contaros algo que ocurrió anoche mientras dormía. Estaba soñando plácidamente con angelitos cuando de pronto oí un ruido extraño cerca de mí. No sabía qué era pero lo oía cada vez más cerca. Sin pensarlo, me levanté corriendo y encendí todas las luces; no había nada raro. Me quedé escuchando sin moverme por si el ruido volvía a suceder pero no, todo era normal. Así que volví a la cama e intenté conciliar el sueño de nuevo. Pero era imposible; ese extraño ruido estaba en mi cabeza y no me dejaba en paz. Al final me levanté, me tomé un vaso de leche y puse el gato de patitas en la calle (por si era él quien hacía el ruido). No oí nada más. Me fui a la cama de nuevo y continué mis sueños de tal modo que ni siquiera oí el despertador a las siete.

2. *El Guernica*

El Centro de Arte Reina Sofía de Madrid exhibe principalmente pintura y escultura española del siglo XX. La estrella del museo es, sin duda, *el Guernica*, de Picasso. Pablo Picasso fue un artista excepcional. Nació en Málaga en 1881. Estudió Bellas Artes en Barcelona y en Madrid. En 1904 se fue a París, donde formó el movimiento cubista. El pintor murió en Mougins (Francia) en 1973. Su obra más conocida es *el Guernica*. Picasso pintó esta obra en 1938, por encargo del gobierno de la República española y representa el bombardeo de Guernica en un día de mercado por los aviones alemanes de la Legión Cóndor, con la autorización del general Franco. En los años cuarenta, Picasso depositó el cuadro en el Museo de Arte Moderno de Nueva York, pero pidió su traslado a España con la llegada de la democracia. Esta temporada el visitante del Reina Sofía puede contemplar el cuadro sin el cristal de seguridad. Según los expertos, esto permite descubrir con mayor precisión los detalles del mural. Ahora varias cámaras de video vigilantes y un cordón de seguridad protegen el cuadro más famoso de nuestro tiempo.

Unidad 15

Comprensión auditiva

1. La sirenita

José, el pescador y nuestro protagonista, se levantaba todos los días antes del amanecer para ir a pescar en su pequeña barca. Un día sintió que había algo en las redes y le estaba arrastrando, y al tratar de sacar las redes del agua vio que había pescado una sirena. Al verla se desmayó y cuando recuperó el sentido la sirena había desaparecido.

Aquella visión lo afectó tanto que al llegar al pueblo comenzó a contar lo acontecido a todos los vecinos y a su amigo Manolo. Nadie lo creyó y dijeron que era loco. Sólo Manolo prestó un poco de atención a su historia pero le dijo que muy probablemente lo había soñado. Sin embargo José insistía en que sí que había visto a una sirena y que no era fruto de su imaginación.

Desde entonces José vivía obsesionado con la esperanza de volver a encontrarla y pasaba horas sentado en su barca detrás de una isla que está cerca de la costa y es donde la había visto en aquella ocasión.

Después de una semanas, cuando José ya comenzaba a convencerse de que Manolo tenía razón y lo había soñado, vio una cola de pez que se movía fuera del agua. Se puso de pie y no salía de su asombro al ver que la cabeza de aquel 'pez' tenía cara de mujer y se estaba acercando a la barca. Ella le sonrió y José sintió que su vida tendría otro sentido desde aquel instante.

A partir de ese día José sólo vivía para encontrarse con ella cada amanecer, y al regresar al pueblo le contaba a Manolo lo feliz que era. Con el tiempo José estaba tan enamorado que no hablaba de otra cosa y ya todos lo llamaban José el de la sirenita. Pensaban que su locura no tenía remedio y se burlaban de él. Pero a José no le importaba.

2. **Informe sobre la ciudad de Curitiva**

Ayer en la mañana llegó un empleado público del gobierno muy entusiasmado con su visita a Curitiva, Brasil y por la tarde dio una conferencia sobre su viaje. Dijo que era un sitio muy seguro, limpio, diferente al resto de las ciudades en Brasil. Le preguntamos qué había pasado en esa ciudad y quién había producido ese cambio. Pues dijo que todo se debía a su alcalde, Jaime Lerner, un hombre con entusiasmo, ideas novedosas y especialmente con un deseo de ser un transformador. Dijo que este señor tenía 58 años, era arquitecto con especialización en planificación y había trabajado para el gobierno por más de 20 años; él había sido alcalde por 4 períodos, el último de los cuales había debido terminar a finales de 1994. Jaime Lerner pensaba que era importante la estética de la ciudad.

Pero le daba más importancia a solucionar los problemas sociales y del medio ambiente. Por ejemplo él había convertido los colectivos viejos en salones de clases que íban a los barrios marginados a educar a la gente, en oficios como peluquería, mecanografía, plomería, mecánica. Que había organizado concursos de juguetes hechos de desechos para enseñar a los ciudadanos a separar y reciclar la basura; que hoy el programa de reciclaje incluía las escuelas y casi todos los barrios marginales. Los había entusiasmado ofreciéndoles vales para el colectivo o mercado, según la cantidad del material recolectado. Que había construido una red de calles para facilitar la conexión entre barrios. Que había creado hostales en sitios estratégicos para albergar y educar a chicos de la calle. Que había organizado el tráfico con micros express hacia el centro de la ciudad; como consecuencia la gente no usaba el auto particular tanto como antes. Que había creado la calle de 24 horas con almacenes, restaurantes, tiendas de libros y ropa de segunda, floristerías, cafés, almacenes de discos y todo tipo de sitios que a la gente le gustaba curiosear; que había aumentado los parques y sitios de recreación. Él dijo que al principio algunos se habían opuesto a sus ideas pero después habían empezado a colaborar. Curitiva se había convertido en una de las ciudades más cívicas de América y más conscientes del cuidado del medio ambiente. Se había convertido en el 'paraíso' para sus habitantes. Hoy Curitiva era un gran centro de atracción al que llegaban planificadores y administradores públicos.

Luz Angela Castaño

Unidad 16

Comprensión auditiva

1. Los socios de la Asociación Latinoamericana (1)

(voz 1) Y para completar nuestra transmisión radiofónica, damos la bienvenida a la portavoz de la Asociación Latinoamericana, Mercedes Sánchez.

(voz 2) Buenas tardes, aquí estamos reunidos para anunciar la programación provisional de actividades para los próximos tres meses.

La fiesta de San Pedro se celebrará cuando encontremos un recinto adecuado para el número de asistentes. Será una fiesta de traje típico y todos deben venir vestidos de acuerdo a la ocasión si no tendrán que someterse a una 'sesión de maquillaje' (hombres incluidos).

El 21 de mayo cuando nos reunamos, conoceremos al nuevo presidente de la Organización de Países Latinoamericanos, quien nos hablará sobre el concejo que ha sido formado recientemente. El señor González, dueño del Club Latino, muy amablemente nos dejó usar su establecimiento, pero la comida correrá por nuestra cuenta. Así que cuando decidan venir también, decidan qué plato de su país van a preparar.

Habrá una caminata cuando llegue el verano. Por favor necesitamos sugerencias. El sitio debe cumplir algunos requisitos: el trayecto no debe ser más de 8 kilómetros y no debe estar en la parte alta de la montaña porque habrá niños.

Y la última actividad será hacer un asado en un parque cuando encontremos al cocinero. ¿Algún voluntario?

Tan pronto recibamos sus opiniones sobre estos planes, finalizaremos los detalles y les informaremos sobre la programación definitiva de los eventos de este verano.

Gracias por su atención.

Unidad 17

Presentación y prácticas

1. **Tu pareja ideal**

a. Yo personalmente deseo que mi pareja sea simpático y tenga sentido del humor. No es necesario que me atraiga físicamente ni que sea rico, pero quiero que sea fiel y que no me engañe.

b. Ya sabes que soy muy deportista, pues es necesario que a mi pareja le gusten los deportes. También quiero que no fume y que no tome drogas, porque para mí la salud es importantísima. ¡Ojalá que tenga también un buen trabajo y un buen sueldo!

Comprensión auditiva

1. Los miembros de la Asociación Latinoamericana

i. No estoy de acuerdo que sea de disfraces. Mi marido detesta disfrazarse.

ii. ¡Qué buena idea que haya una fiesta en el día de San Pedro! Espero que haya música de todos los países también; quiero que los colombianos bailemos una cumbia; ¡con velas prendidas y flores en la cabeza!

iii. ¡Qué bien que tengamos un visitante de tanta importancia! Iré y llevaré un ajiaco de pollo.

iv. No sé por qué se les ha ocurrido invitar al presidente de la organización de Países Latinoamericanos, él no tiene nada nuevo que informarme que yo no sepa ya; ¡una pérdida de tiempo!

v. Podríamos ir a darle la vuelta a la laguna que abastece de agua a nuestra ciudad. Tiene una pared a su alrededor que la hace segura para los niños y el camino es ancho.

vi. A la caminata es mejor que no vayan los niños; así podremos escoger un trayecto más interesante y largo. Es muy posible que los niños tampoco lo disfruten; ellos prefieren el parque, jugar pero ¡no caminar!

vii. Es conveniente que haya más de un cocinero porque si le pasa algo, nos quedamos sin asado. Yo sugiero que tengamos más de uno. Yo me ofrezco como ayudante.

viii. ¡Qué bien! Pero busquemos un cocinero con experiencia porque eso sí debe tener mucha experiencia. Así él se encargará de todo lo de la comida cuando nosotros estemos jugando o charlando sin preocuparnos de nada. !Muy buena idea!

Unidad 18

Comprensión auditiva

1. La primera vez en avión

'Tu vuelo saldrá a las 7:15 de la mañana. Llega al aeropuerto a las 5:15 de la mañana, ve a Aerolíneas Británicas y allí da tu pasaporte, tu pasaje y tus maletas. Ellos te darán tu tarjeta de embarque. Si necesitas cambiar dinero, hazlo antes de ir al control de pasaportes. Comprueba en las pantallas el número de la puerta de salida y dirígete hacia ella. No te entretengas mirando vitrinas o viendo la televisión como lo hice yo porque te arriesgas a perder el vuelo como me pasó a mí en una ocasión.

No olvides guardar el pasaporte y el pasaje en el bolso. Una vez una chica perdió su pasaje porque lo había puesto en una revista y ¡botó la revista en el basurero cuando la terminó de leer!

Para subir al avión, muestra tu pasaporte y tu tarjeta de embarque. Entra en el avión y ponte cómoda. Disfruta de la vista o ten una revista o libro a mano para que la leas durante el vuelo.

Escucha las instrucciones de la azafata, toma líquido pero no consumas alcohol. Cuando llegues a tu destino, no dejes nada en el avión y recoge tus maletas de la plataforma que corresponde a tu vuelo.

Como no habrás comprado nada para declarar en la aduana, pasa por la puerta *NADA PARA DECLARAR* que por lo general es verde.

Cuando salgas del aeropuerto, ten cuidado al cruzar las calles porque el tráfico circula por el otro lado. Mira a cada lado de las calles antes de cruzar. ¡Que te diviertas y que tengas unas buenas vacaciones!

2. La campaña contra las pintadas habilita lugares para hacer 'graffitis'

El Herald de Aragón, 28 de octubre de 1988

La campaña contra las pintadas habilita lugares para hacer «graffitis»

El Ayuntamiento de Calatayud ha iniciado la segunda fase de su campaña contra las pintadas. Tras finalizar la limpieza en calles y plazas de las pintadas que las afeaban, se ha iniciado una campaña de concienciación, complementada con la habilitación de lugares donde los amantes de realizar «graffitis» puedan hacerlo.

En este sentido se van a distribuir 5.000 folletos dirigidos a los adultos y otros tantos para la población joven, todos bajo el lema «Calatayud, ciudad limpia de pintadas». Ambos folletos se abren con una carta del alcalde, Fernando Martín, en la que insta a mantener una imagen adecuada de la ciudad. El tríptico destinado a los jóvenes ilustra con un cómic la necesidad de que los artistas usen los lugares habilitados para realizar «graffitis»: los alrededores de la ciudad deportiva y los muros del convento de Carmelitas.

Unidad 19

Comprensión auditiva

1. Planes para un encuentro

La suerte está echada. Luz Angela no puede venir a Inglaterra pero sí puede ir a París. No podemos dejar pasar esta oportunidad de volvernos a ver después de tantos años. La idea es la siguiente:

Tú volarías a París a las 9:35 de la mañana del sábado 19 de septiembre; es el único vuelo. ¡Tú, pobrecita tendrías que levantarte a las 4 de la mañana!

Yo me iría en tren y llegaría más o menos a las 10 de la mañana. No he reservado el pasaje todavía. Y Luz Angela viajaría en el tren desde Suiza el sábado por la mañana.

Alguien me ha comentado sobre un hotelito en el Barrio Latino. Que sería lo ideal. Pediríamos una habitación para tres personas. Nos costaría más o menos 360 euros; tendría que tener baño.

No desayunaríamos en el hotel, iríamos a un café sobre el Sena donde podríamos disfrutar de un buen desayuno charlando y viendo a la gente pasar. Al mediodía podríamos ir a Montmartre para que nos dibuje un caricaturista; ¡qué locura! Luego, al atardecer iríamos en barco por el Sena, etc. ¿Qué opinas?

Yo sugeriría que nos encontráramos en la Catedral de Notre Dame, que parece estar cerca del hotel;

enfrente y en la esquina hay una cafetería donde nos podríamos sentar a esperar. La hora la decidiríamos más tarde.

Trataré de llamarte mañana por la noche. Besos Rosario

2. El oso polar, en peligro

El País, 13 de noviembre de 1988

El oso polar, en peligro

La organización ecologista Greenpeace denunció ayer, con ocasión de la Conferencia del Cambio Climático que comienza en Buenos Aires (Argentina), que la especie del oso polar puede ser la primera víctima del cambio climático a causa del calentamiento del Océano Glacial Artico y la fusión y retirada del hielo marino.

Según las investigaciones de Greenpeace, el Artico occidental se está calentando «al menos el doble de rápido que el resto del Planeta».

El Centro Nanswen de Medición Ambiental noruego ha encontrado una disminución del 4% de la extensión del hielo y una reducción del 5,8% en la superficie real del Artico entre 1978 y 1994, según informa Europa Press.

Greenpeace ha recordado que los osos polares se alimentan casi exclusivamente de focas oceladas que cazan en el límite de las cortezas de hielo.

Por ello, dice la organización ecologista, la retirada del hielo marino provocará que los osos se queden atrapados en la costa o cerca de ella en verano y otoño, rompiéndose de esta manera la cadena alimenticia.

Unidad 20

Presentación y prácticas

6. Hola Lucía. ¿Qué tal? Te agradezco mucho que cuidaras de mi gato y de las plantas durante mis vacaciones y siento mucho que tuvieras que marcharte de prisa y corriendo, pero la familia es lo primero. ¿Cómo está tu hermano? Angel me pidió que te dijera que aquí todos esperamos que salga bien de la operación. Alicia lamenta que no pudieras ir a la fiesta y me pidió que te diera recuerdos de su parte. Yo siento de verdad que no nos viéramos en esta ocasión pero si me dan permiso en el trabajo iré a verte el próximo fin de semana. Hasta entonces cuídate.

Comprensión auditiva

1. En la agencia de viajes

Transcript given in Unit 18.

2. ¿Qué te dijo?

a. ¿Qué te dijo tu amiga inglesa cuando le anunciaste que te venías para Inglaterra?

Me dijo que me trajera ropa de invierno, que tomara un seguro de viaje, que viviera en las residencias de la universidad al principio para que hiciera amigos, que tomara cursos como de cerámica, natación, arte, y que estuviera ocupada para que no echara de menos a mi familia.

b. ¿Qué te dijo tu amigo cuando te vio?

¿Me dijo que caminara todos los días 30 minutos, que hiciera deporte, que comiera fruta en la mañana, que bebiera mucho líquido especialmente agua, que planeara mi tiempo mejor, que lo que hiciera cada día fuera para alcanzar mis objetivos y que no me distrajera haciendo cosas que no había planeado.

c. ¿Qué te sugirió tu profesora?

Me sugirió que los primeros quince minutos del día los dedicara a pensar positivamente y me dijera a mí misma frases positivas como: 'me va bien en los exámenes', 'me concentro fácilmente', etc. Que cada dificultad la tomara como un reto y no como un obstáculo. Que me tranquilizara al recibir el examen y respirara lentamente unas diez veces. Y que recordara que el objetivo del examen es que yo evalúe cuánto sé y me dé cuenta en qué estoy fallando.

Un rayo mata a un equipo de fútbol en el Congo.

El País, 29 de octubre de 1988

Un rayo mata a un equipo de fútbol en el Congo

KINSHASA.— Los once jugadores del Bena Tshadi, un equipo de fútbol de la República Popular de El Congo, murieron durante un partido el pasado fin de semana alcanzados por un rayo que, asombrosamente, no afectó en absoluto a los jugadores del equipo contrario, que resultaron ilesos, según publicó ayer el diario congoleño *L'Avenir.*

Los jugadores, cuyas edades oscilaban entre los 20 y los 35 años, disputaban en ese momento el partido, que registraba un empate a uno. Según el periódico, que a su vez cita a la Agencia de Prensa de El Congo, los futbolistas locales no sufrieron daño alguno. Una treintena de personas han sufrido quemaduras por los efectos de los rayos durante los partidos de este fin de semana en El Congo. El pasado domingo, la caída de un rayo obligó a suspender el partido de Liga que enfrentaba en Sudáfrica al Africa Swalows con el Cosmos.

Dos jugadores fueron hospitalizados y otros siete tuvieron que ser atendidos debido a diversas conmociones producidas por el fenómeno.

Los dirigentes y simpatizantes del equipo afectado han *responsabilizado* a la brujería del trágico suceso.

Las poblaciones rurales africanas culpan muy a menudo a la brujería y a la llamada magia negra de muchos de los males causados por fenómenos naturales o enfermedades incurables y algunos equipos de fútbol contratan a hechiceros para que influyan con sus oficios en el resultado de los partidos.

PART III

Reference tools and study aids

Student guide to grammar terms

Active voice: the term 'active voice' refers to sentences or verbs where the subject performs the action of the verb. *Juan come chocolate.* (See also: Passive voice.)

Adjective: traditionally a word that gives information about a noun or pronoun. In Spanish, adjectives have to agree with the word they refer to in both gender (feminine/masculine) and number (singular/plural). *Las casas **viejas**.*

Adverb: the main function of an adverb is to modify a verb (anda **lentamente**), an adjective (un paseo **especialmente** lento) or another adverb (***muy*** *lentamente*). Many adverbs in Spanish are formed by adding *-mente* to the feminine form of an adjective: *tranquilo/a – tranquilamente.*

Auxiliary verb: a verb that supports a main verb. English has several auxiliary verbs which are used mainly to form compound tenses and moods. In Spanish, the auxiliary verb *haber* is used with a main verb to form the perfect tenses (*he venido, había venido*). Similarly *ser* is used to form the passive (*la ventana fue abierta* – the window was opened) and *estar* to form the present continuous (*estoy leyendo un libro* – I am reading a book).

Cardinal number: a number that denotes quantity (1, 2, 6, 9).

Comparison: adjectives and adverbs can be used to compare two items. In Spanish, the comparative is formed with *más que* ('more than' / '-er'), *menos que* ('less than') and *tan como* ('as . . . as'). (See also: Superlative.)

Conjunction: a word such as *y, pero, aunque* which joins two parts of a sentence. *Fuimos a Roma **y** a París. Iremos a verlo, **aunque** no queremos hacerlo.*

Definite article: in English the definite article is 'the'. In Spanish, the definite articles have to agree with the noun they accompany or refer to in number and gender, hence there are four forms, *el, la, los, las*. (See also: Indefinite article.)

Demonstrative adjective: 'this', 'that', 'these', 'those'. In Spanish, demonstrative adjectives have to agree in gender and number with the noun to which they refer. *Estos periódicos. Aquellas lámparas.*

Direct object pronoun: see Object pronoun.

Finite verb: the finite forms of the verb are the ones that show person, number, tense and mood. Non-finite forms do not show any of these – they do not change; they are the present and past participles and the infinitive.

Gerund: see Present participle.

Imperative: a verb form used to express commands, orders, etc. (*¡Espera! ¡Cierra la puerta!*)

Impersonal verb: in a wide sense, a verb used with 'it' as its subject, e.g. it rains, it appears (*llueve, parece*).

Indefinite article: the indefinite article in English is 'a'/'an'. In Spanish the indefinite article (*un, una, unos, unas*) has to agree with the noun it accompanies in gender and number. (See: Definite article.)

Indicative mood: a set of tenses used to talk factually about the present, the past and the future. (See: Subjunctive mood.)

Indirect object pronoun: see Object pronoun.

Infinitive: the basic form of the verb. English infinitives are usually preceded by 'to'. Spanish infinitives end in *-ar, -er, -ir.* This is the form under which a verb appears in the dictionary (*comprar, beber, vivir*).

Irregular verb: a verb that deviates from the standard pattern.

Modifier: a modifier is normally a word which affects the meaning of another. Adjectives and adverbs are often referred to as modifiers.

Noun: in traditional grammar a noun is the name of an object, person, place, etc. In Spanish, nouns are either feminine or masculine, and singular or plural.

Object: the object of a sentence can be direct or indirect. The direct object is the person or thing directly affected by the action of the verb in a sentence. The indirect object is the recipient of the action. Typically the indirect object is animate (i.e.

a person or living thing). *María entrega **el regalo*** (direct object) *a **su abuela*** (indirect object) – Mary hands the present to her grandmother.

Object pronoun: a word that replaces a noun or noun phrase which is the object of a sentence. In Spanish, they have to agree in gender and number with the noun they replace. There are two types of object pronouns, direct and indirect. A direct object pronoun receives the action of a verb; an indirect object pronoun tells to whom or for whom the action is done.

Ordinal number: a number that denotes position in a series (first, second, etc.). In Spanish they have to agree in number and gender with the nouns to which they refer. They usually go in front of the noun. *El **segundo** piso.*

Passive voice: the passive voice refers to sentences where the subject receives the action of the verb ('the cat was bitten by the dog'). It is much less common in Spanish than in English. (See: Active voice.)

Past participle: traditionally in English the past participle is formed by adding '-ed' to the base of the verb ('walked', 'stopped') and it is used with the auxiliary verb 'have' to form the perfect and pluperfect tenses ('he has walked', 'we had stopped'). In Spanish, it ends in *-ado* (*-ar* verbs) or *-ido* (*-er* and *-ir* verbs). It can function as an adjective and then it agrees in number and gender with the noun.

Person of the verb: the person of the verb shows you who or what is performing the action of the verb – I, you, he, etc. In English, the indication comes from the subject pronoun. In Spanish, it comes primarily from the verb ending. Compare: 'you eat' with '*comes*'.

Possessive adjective and pronoun: an adjective or pronoun that shows ownership (my, mine, your, yours, etc.; in Spanish, *mi, el mío, tu, el tuyo, su, el suyo*, etc.). They have to agree with the noun to which they refer or which they replace.

Preposition: words like 'at', 'in', 'on', 'for', 'through', 'until', 'close to', 'as far as', etc. They relate two parts of a sentence, often expressing a relationship of time or place. There are many types. In Spanish, they do not change in number or gender (*con mi madre*, *de mis hermanos*).

Prepositional pronoun: a pronoun preceded by a preposition ('by you', 'with him', etc.). In Spanish, they are the same as the subject pronouns in all persons except the first and second (*mí*, *ti*).

Present participle: traditionally the form of the verb ending in '-ing' ('talking') in English and *-ando* or *-iendo* in Spanish.

Pronoun: a word that replaces a noun or noun phrase ('I', 'he', 'them', etc.). There are several types. (See also: Object pronouns, Prepositional pronouns, Reflexive pronouns, Relative pronouns and Subject pronouns.)

Radical-changing verb: a verb in which the vowel in the last syllable of the stem changes when the stress falls on it. (*Poder* – *puedo*, *puedes*, *puede*, *podemos*, *podéis*, *pueden*)

Reflexive pronoun: pronouns like 'myself', 'yourself', etc. In Spanish, they are used with reflexive verbs. (See: Reflexive verb.)

Reflexive verb: a verb whose action is received by the subject ('to wash oneself'). There are many reflexive verbs in Spanish, which are always used with reflexive pronouns to complete their meaning, e.g. *llamarse*.

Regular verb: a verb that follows a standard pattern.

Relative pronoun: a relative pronoun introduces a clause that refers back to and modifies the noun or noun phrase (or antecedent) that precedes it. They are 'who(m)', 'which' and 'that' (*que*, *quien*, *cual* in Spanish). *Los libros que compré*.

Stem or root of a verb: what remains of the infinitive after removing the '-ar', '-er', '-ir' (*escrib* – *ir*).

Subject: the subject represents the person (who) or thing (what) that performs the action of the verb, or about which something is said. *Juan come una pera. El hombre es alto*.

Subject pronoun: a subject pronoun replaces a noun or noun phrase which is the subject of a sentence. In Spanish, they are often omitted, but can be used for emphasis, contrast or clarification. Subject pronouns can be masculine or feminine, singular or plural.

Subjunctive mood: a set of tenses used primarily to describe statements that are seen as uncertain, as expressions of wishes, evaluations and personal feelings. The subjunctive hardly exists in English but is used widely in Spanish. (See: Indicative mood.)

Subordinate clause: a subordinate clause expands on what is said in the main clause of a sentence. It is usually introduced by a subordinating conjunction or relative pronoun, and depends on the rest of the sentence (or main clause) to complete its meaning. It cannot stand as a sentence on its own.

Subordinating conjunction: a subordinating conjunction introduces a subordinate clause and joins it to a main clause. There are many types ('although', 'because', 'since', 'whereas', 'when', etc.). *Vino a vernos para que conociéramos a su mujer*.

Superlative: the superlative form of an adjective or adverb is used to express the highest degree of the quality or attribute expressed by them (*el mejor*, *la más alta*, *lo más eficazmente*, etc.).

Tense: the form of a verb that shows when a state or action happens (in the past, present, future).

Verb: a word that describes an action or state.

SPANISH VERBS

The following pages list models for regular verbs (A) and radical-changing verbs (B), as well as the majority of irregular and non-standard verb forms (C) to be found in *Camino al español*. The Spanish/English and English/Spanish vocabulary lists identify all radical-changing, and irregular or non-standard verbs.

Contents

A – regular verbs

The present tense
The future tense
The conditional tense
The imperfect tense
The compound tenses – the perfect
The compound tenses – the pluperfect
The preterite tense
The present subjunctive
The imperfect subjunctive
The imperative
The gerund
Past participles

B – Radical-changing verbs

The present tense
The preterite
The present subjunctive
The gerund

C – Other irregular or non-standard forms

The present tense
The future tense
The conditional tense
The imperfect tense
The preterite tense
The present subjunctive
The imperfect subjunctive
The imperative
The gerund
Past participles

A – Regular verbs

The present tense

(escuchar)	(comprender)	(vivir)
escucho	comprendo	vivo
escuchas	comprendes	vives
escucha	comprende	vive
escuchamos	comprendemos	vivimos
escucháis	comprendéis	vivís
escuchan	comprenden	viven

The future tense

(escuchar)	(comprender)	(vivir)
escucharé	comprenderé	viviré
escucharás	comprenderás	vivirás
escuchará	comprenderá	vivirá
escucharemos	comprenderemos	viviremos
escucharéis	comprenderéis	viviréis
escucharán	comprenderán	vivirán

The conditional tense

(escuchar)	(comprender)	(vivir)
escucharía	comprendería	viviría
escucharías	comprenderías	vivirías
escucharía	comprendería	viviría
escucharíamos	comprenderíamos	viviríamos
escucharíais	comprenderías	vivirías
escucharían	comprenderían	vivirían

The imperfect tense

(escuchar)	(comprender)	(vivir)
escuchaba	comprendía	vivía
escuchabas	comprendías	vivías
escuchaba	comprendía	vivía
escuchábamos	comprendíamos	vivíamos
escuchabais	comprendíais	vivíais
escuchaban	comprendían	vivían

The compound tenses – the perfect

Present of *haber* + past participle

(haber)	(escuchar)	(comprender)	(vivir)
he	escuchado	comprendido	vivido
has	escuchado	comprendido	vivido
ha	escuchado	comprendido	vivido
hemos	escuchado	comprendido	vivido
habéis	escuchado	comprendido	vivido
han	escuchado	comprendido	vivido

The compound tenses – the pluperfect

Imperfect of *haber* + Past Participle

(haber)	(escuchar)	(comprender)	(vivir)
había	escuchado	comprendido	vivido
habías	escuchado	comprendido	vivido
había	escuchado	comprendido	vivido
habíamos	escuchado	comprendido	vivido
habíais	escuchado	comprendido	vivido
habían	escuchado	comprendido	vivido

The preterite tense

(escuchar)	(comprender)	(vivir)
escuché	comprendí	viví
escuchaste	comprendiste	viviste
escuchó	comprendió	vivió
escuchamos	comprendimos	vivimos
escuchasteis	comprendisteis	vivisteis
escucharon	comprendieron	vivieron

The present subjunctive

(escuchar)	(comprender)	(vivir)
escuche	comprenda	viva
escuches	comprendas	vivas
escuche	comprenda	viva
escuchemos	comprendamos	vivamos
escuchéis	comprendáis	viváis
escuchen	comprendan	vivan

The imperfect subjunctive

(escuchar)

escuchara	or	escuchase
escucharas	or	escuchases
escuchara	or	escuchase
escucháramos	or	escuchásemos
escucharais	or	escuchaseis
escucharan	or	escuchasen

(comprender)

comprendiera	or	comprendiese
comprendieras	or	comprendieses
comprendiera	or	comprendiese
comprendiéramos	or	comprendiésemos
comprendierais	or	comprendieseis
comprendieran	or	comprendiesen

(vivir)

viviera	or	viviese
vivieras	or	vivieses
viviera	or	viviese
viviéramos	or	viviésemos
vivierais	or	vivieseis
vivieran	or	viviesen

The imperative

Affirmative

(escuchar)	*(comprender)*	*(vivir)*
escucha (tú)	comprende (tú)	vive (tú)
escuchad	comprended	vivid
(vosotros/as)	(vosotros/as)	(vosotros/as)
escuche (Vd.)	comprenda (Vd.)	viva (Vd.)
escuchen (Vds.)	comprendan (Vds.)	vivan (Vds.)

Negative

no escuches (tú)	no comprendas (tú)	no vivas (tú)
no escuchéis (vosotros/as)	no comprendáis (vosotros/as)	no viváis (vosotros/as)
no escuche (Vd.)	no comprenda (Vd.)	no viva (Vd.)
no escuchen (Vds.)	no comprendan (Vds.)	no vivan (Vds.)

The gerund

(escuchar)	*(comprender)*	*(vivir)*
escuchando	comprendiendo	viviendo

Past participles

(escuchar)	*(comprender)*	*(vivir)*
escuchado	comprendido	vivido

B – Radical-changing verbs

The present tense

(recordar)	*(poder)*	*(entender)*
recuerdo	puedo	entiendo
recuerdas	puedes	entiendes
recuerda	puede	entiende
recordamos	podemos	entendemos
recordáis	podéis	entendéis
recuerdan	pueden	entienden

(dormir)	*(pedir)*	*(sentir)*
duermo	pido	siento
duermes	pides	sientes
duerme	pide	siente
dormimos	pedimos	sentimos
dormís	pedís	sentís
duermen	piden	sienten

The preterite

(dormir)	*(pedir)*	*(sentir)*
dormí	pedí	sentí
dormiste	pediste	sentiste
durmió	pidió	sintió
dormimos	pedimos	sentimos
dormisteis	pedisteis	sentisteis
durmieron	pidieron	sintieron

The present subjunctive

(recordar)	(poder)	(entender)
recuerde	pueda	entienda
recuerdes	puedas	entiendas
recuerde	pueda	entienda
recordemos	podamos	entendamos
recordéis	podáis	entendáis
recuerden	puedan	entiendan

(dormir)	(pedir)	(sentir)
duerma	pida	sienta
duermas	pidas	sientas
duerma	pida	sienta
durmamos	pidamos	sintamos
durmáis	pidáis	sintáis
duerman	pidan	sientan

The gerund

(dormir)	(pedir)	(sentir)
durmiendo	pidiendo	sintiendo

C – Other irregular or non-standard forms

The present tense

(caer) caigo, caes, cae, caemos, caéis, caen.

(coger) cojo, coges, coge, cogemos, cogéis, cogen.

(conocer) conozco, conoces, conoce, conocemos, conocéis, conocen.

(dar) doy, das, da, damos, dais, dan.

(decir)* digo, dices, dice, decimos, decís, dicen.

(estar) estoy, estás, está, estamos, estáis, están.

(hacer) hago, haces, hace, hacemos, hacéis, hacen.

(ir) voy, vas, va, vamos, vais, van.

(jugar) juego, juegas, juega, jugamos, jugáis, juegan.

(oir) oigo, oyes, oye, oímos, oís, oyen.

(saber) sé, sabes, sabe, sabemos, sabéis, saben.

(seguir)* sigo, sigues, sigue, seguimos, seguís, siguen.

(ser) soy, eres, es, somos, sois, son.

(tener)* tengo, tienes, tiene, tenemos, tenéis, tienen.

(torcer)* tuerzo, tuerces, tuerce, torcemos, torcéis, tuercen.

(traer) traigo, traes, trae, traemos, traéis, traen.

(venir)* vengo, vienes, viene, venimos, venís, vienen.

* Radical-changing verbs.

The future tense

(decir) diré, dirás, dirá, diremos, diréis, dirán.

(hacer) haré, harás, hará, haremos, haréis, harán.

(poder) podré, podrás, podrá, podremos, podréis, podrán.

(poner) pondré, pondrás, pondrá, pondremos, pondréis, pondrán.

(querer) querré, querrás, querrá, querremos, querréis, querrán.

(saber) sabré, sabrás, sabrá, sabremos, sabréis, sabrán.

(tener) tendré, tendrás, tendrá, tendremos, tendréis, tendrán.

(valer) valdré, valdrás, valdrá, valdremos, valdréis, valdrán.

(venir) vendré, vendrás, vendrá, vendremos, vendréis, vendrán.

The conditional tense

(As for the future)

(decir) diría, dirías, diría, diríamos, diríais, dirían.

(hacer) haría, harías, haría, haríamos, haríais, harían.

(poder) podría, podrías, podría, podríamos, podríais, podrían.

(poner) pondría, pondrías, pondría, pondríamos, pondríais, pondrían.

(querer) querría, querrías, querría, querríamos, querríais, querrían.

(saber) sabría, sabrías, sabría, sabríamos, sabríais, sabrían.

(tener) **tendría, tendrías, tendría, tendríamos,
tendríais, tendrían.**

(valer) **valdría, valdrías, valdría, valdríamos,
valdríais, valdrían.**

(venir) **vendría, vendrías, vendría, vendríamos,
vendríais, vendrían.**

The imperfect tense

(ir) **iba, ibas, iba, íbamos, ibais, iban.**

(ser) **era, eras, era, éramos, erais, eran.**

(ver) **veía, veías, veía, veíamos, veíais, veían.**

The preterite tense

(amenazar) **amenacé,** amenazaste, amenazó,
amenazamos, amenazasteis, amenazaron.

(andar) **anduve, anduviste, anduvo, anduvimos,
anduvisteis, anduvieron.**

(caer) caí, caíste, **cayó,** caímos, caísteis,
cayeron.

(creer) creí, creíste, **creyó,** creímos, creísteis,
creyeron.

(dar) **di, diste, dio, dimos, disteis, dieron.**

(decir) **dije, dijiste, dijo, dijimos, dijisteis, dijeron.**

(estar) **estuve, estuviste, estuvo, estuvimos,
estuvisteis, estuvieron.**

(haber) **hube, hubiste, hubo, hubimos, hubisteis,
hubieron.**

(hacer) **hice, hiciste, hizo, hicimos, hicisteis,
hicieron.**

(ir) **fui, fuiste, fue, fuimos, fuisteis, fueron.**

(llegar) **llegué,** llegaste, llegó, llegamos, llegasteis,
llegaron.

(oír) **oí,** oíste, **oyó,** oímos, **oísteis, oyeron.**

(poder) **pude, pudiste, pudo, pudimos, pudisteis,
pudieron.**

(poner) **puse, pusiste, puso, pusimos, pusisteis,
pusieron.**

(querer) **quise, quisiste, quiso, quisimos, quisisteis,
quisieron.**

(saber) **supe, supiste, supo, supimos, supisteis,
supieron.**

(sacar) **saqué,** sacaste, sacó, sacamos, sacasteis,
sacaron.

(ser) **fui, fuiste, fue, fuimos, fuisteis, fueron.**

(tener) **tuve, tuviste, tuvo, tuvimos, tuvisteis,
tuvieron.**

(traer) **traje, trajiste, trajo, trajimos, trajisteis,
trajeron.**

(venir) **vine, viniste, vino, vinimos, vinisteis,
vinieron.**

(ver) **vi, viste, vio, vimos, visteis, vieron.**

The present subjunctive

(amenazar) **amenace, amenaces, amenace,
amenacemos, amenacéis, amenacen.**

(conocer) **conozca, conozcas, conozca,
conozcamos, conozcáis, conozcan.**

(dar) **dé, des, dé, demos, deis, den.**

(decir) **diga, digas, diga, digamos, digáis, digan.**

(haber) **haya, hayas, haya, hayamos, hayáis,
hayan.**

(hacer) **haga, hagas, haga, hagamos, hagáis,
hagan.**

(ir) **vaya, vayas, vaya, vayamos, vayáis, vayan.**

(llegar) **llegue, llegues, llegue, lleguemos,
lleguéis, lleguen.**

(oír) **oiga, oigas, oiga, oigamos, oigáis, oigan.**

(parecer) **parezca, parezcas, parezca, parezcamos,
parezcáis, parezcan.**

(poner) **ponga, pongas, ponga, pongamos,
pongáis, pongan.**

(saber) **sepa, sepas, sepa, sepamos, sepáis, sepan.**

(sacar) **saque, saques, saque, saquemos, saquéis,
saquen.**

(salir) **salga, salgas, salga, salgamos, salgáis,
salgan.**

(ser) **sea, seas, sea, seamos, seáis, sean.**

(tener) **tenga, tengas, tenga, tengamos, tengáis,
tengan.**

(traer) **traiga, traigas, traiga, traigamos, traigáis,**
  traigan.

(venir) **venga, vengas, venga, vengamos, vengáis,**
  vengan.

The imperfect subjunctive

(andar) **anduviera, anduvieras, anduviera,**
  anduviéramos, anduvierais, anduvieran.

(creer) **creyera, creyeras, creyera, creyéramos,**
  creyerais, creyeran.

(dar) **diera, dieras, diera, diéramos, dierais,**
  dieran.

(estar) **estuviera, estuvieras, estuviera,**
  estuviéramos, estuvierais, estuvieran.

(haber) **hubiera, hubieras, hubiera, hubiéramos,**
  hubierais, hubieran.

(hacer) **hiciera, hicieras, hiciera, hiciéramos,**
  hicierais, hicieran.

(ir) **fuera, fueras, fuera, fuéramos, fuerais,**
  fueran.

(oír) **oyera, oyeras, oyera, oyéramos, oyerais,**
  oyeran.

(poder) **pudiera, pudieras, pudiera, pudiéramos,**
  pudierais, pudieran.

(poner) **pusiera, pusieras, pusiera, pusiéramos,**
  pusierais, pusieran.

(querer) **quisiera, quisieras, quisiera, quisiéramos,**
  quisierais, quisieran.

(saber) **supiera, supieras, supiera, supiéramos,**
  supierais, supieran.

(ser) **fuera, fueras, fuera, fuéramos, fuerais,**
  fueran.

(tener) **tuviera, tuvieras, tuviera, tuviéramos,**
  tuvierais, tuvieran.

(venir) **viniera, vinieras, viniera, viniéramos,**
  vinierais, vinieran.

(ver) **viera, vieras, viera, viéramos, vierais,**
  vieran.

The imperative

Affirmative

(decir)	**di** (tú)	decid* (vosotros/as)
(hacer)	**haz** (tú)	haced* (vosotros/as)
(ir)	**ve** (tú)	id* (vosotros/as)
(oír)	**oye** (tú)	oíd* (vosotros/as)
(poner)	**pon** (tú)	poned* (vosotros/as)
(salir)	**sal** (tú)	salid* (vosotros/as)
(tener)	**ten** (tú)	tened* (vosotros/as)
(venir)	**ven** (tú)	venid* (vosotros/as)
(dar)	**dé**** (Vd.)	**den**** (Vds.)
(decir)	**diga**** (Vd.)	**digan**** (Vds.)
(hacer)	**haga**** (Vd.)	**hagan**** (Vds.)

* All the familiar plural forms are regular.
** The affirmative forms of the polite imperative
are the same as those of the *Vd.* and *Vds.* persons of
the present subjunctive.

Negative

(decir) no **digas**[†] (tú)	no **digáis**[†] (vosotros/as)
(hacer) no **haga**[†] (Vd.)	no **hagan**[†] (Vds.)
(ir) no **vaya**[†] (Vd.)	no **vayan**[†] (Vds.)

[†] The negative forms of the familiar and the polite
imperatives are the same as those of the
corresponding forms of the present subjunctive - *tú,
vosotros/as, Vd.* or *Vds.*

The gerund

(caer)	(huir)	(oír)	(leer)	(traer)
cayendo	huyendo	oyendo	leyendo	trayendo

Past participles

(abrir)	(cubrir)	(decir)	(escribir)	(hacer)
abierto	**cubierto**	**dicho**	**escrito**	**hecho**
(poner)	(resolver)	(romper)	(ver)	(volver)
puesto	**resuelto**	**roto**	**visto**	**vuelto**

Guidelines for Spanish–English and English–Spanish vocabulary

The words in this, and the English–Spanish list, are to help students with the first TEN units of *Camino al español*. It is suggested that they should use a dictionary for vocabulary questions relating to the remainder of the course.

<u>Nouns</u> ending in -*a* are to be understood as feminine, and those ending in -*o* masculine, unless there are indications to the contrary. The gender for other nouns is specified.

<u>Adjectives</u> ending -o in the masculine, -a in the feminine are listed thus: *rojo/a*. Adjectives with no gender change are followed by the abbreviation 'a'.

<u>Verbs</u> are always listed in the infinitive form. Details of regular, radical-changing and other irregular or non-standard verb forms listed here can be found in the verb table(s).

Alphabetical order is followed throughout, but *ch*, *ll* and *ñ* are treated as separate letters of the alphabet.

Further information may be found by referring to the Index of grammar, topics and functions and thence to explanations within the units of *Camino al español*.

Abbreviations

irr. = irregular verb (see verb tables)
r.c. = radical-changing verb (see verb tables)

f = feminine	m = masculine
s = singular	pl = plural
(a) = adjective	(LAm) = Latin American
Sp = Spanish	

A

abanico	fan
abierto/a	open
abogado/a	lawyer
abrazo	embrace (un abrazo de – love from)
abril	April
abrir	to open
abuelo/a	grandfather/grandmother

abulense	from Ávila	americano/a	American
aburrido/a	bored, boring	amigo/a	friend
acabar	to finish	amueblado/a	furnished
aceite (m)	olive oil	anfitrión/a	host/hostess
aceituna	olive	anillo	ring
acento	accent	animal (m)	animal
acoger	to welcome	antepasado	ancestor
acompañar	accompany	antes (de)	before
acordarse (de)	to remember (r.c., *see* recordar)	antiguo/a	old
acostarse	to go to bed (r.c., *see* recordar)	antipático/a	unpleasant
actividad (f)	activity	anuncio	advertisement, notice
actor (m)	actor	año	year
actriz (f)	actress	aparcar	to park (irr., *see* sacar)
acudir	to come to, call on	aparecer	to appear (irr., *see* conocer)
adiós	goodbye	apartamento	flat, apartment
adivinar	to guess	apellidarse	to have as a surname
aduana	customs	apellido	surname
adulterado/a	adulterated	apetecer	to fancy
afeitarse	to shave	aprender	to learn
afirmativo/a	affirmative	aprovechar	to take advantage of
afueras (pl)	outskirts	apuntar	to note down, make a note
agosto	August	aquí	here
agregar	to add	araña	spider
agua	water	árbol (m)	tree
ahumado/a	smoked	armario	wardrobe, cupboard
ajo	garlic	arquitecto/a	architect
al (a + el)	to the	arquitectónico/a	architectural
albaricoque (m)	apricot	arreglar	to mend, arrange
alcohol (m)	alcohol	arreglarse	to get ready
alegre (a)	jolly	arroz (m)	rice
alemán (m)	German (language)	asado	roast
alergia	allergy	asado/a	roast
alérgico/a a	allergic to	ascensor (m)	lift, elevator
alfombra	carpet	así	like this, in this way, thus
algo	something	asignatura	(academic) subject
alimentación (f)	food	atención (f)	attention
alimento	food	atender	to pay attention to
almendra	almond	atravesar	to cross (r.c., *see* entender)
almorzar	to have lunch (r.c., *see* recordar)	atún (m)	tuna fish
alojamiento	accommodation	auditivo/a	listening
alquilar	to hire	aunque	although
alquiler (m)	hire	autobús (m)	bus
alrededor (de)	around	autonomía	autonomy, autonomous region
allí	there		of Spain

averiguar — to find out
avión (m) — plane
ayudar — to help
ayuntamiento — town hall
azúcar (f m) — sugar
azul (a) — blue
azul marino (a) (invariable) — navy blue

B

bacón (m) — bacon
bailar — to dance
baile (m) — dance
bajo/a — short, low
balcón (m) — balcony
baloncesto — basketball
ballena — whale
baño — bath
baño completo — en-suite bathroom
barato/a — cheap
barra (de pan) — baguette
barril (m) — barrel
barrio — town district
bastante — quite, rather, quite a lot
bastar — to be enough
batir — to beat, whisk
beber — to drink
bebida — drink
biblioteca — library
bicicleta — bicycle
bien — well
blanco/a — white
blusa — blouse
bocadillo — roll, snack
bol (m) — bowl
bolsa — bag
bono — voucher
botella — bottle
brasa — hot coal (a la brasa – chargrilled)
broma — joke, trick
bueno/a — good
bullicioso/a — noisy, busy
butaca — small armchair

C

cabello — hair
cada — each
café (m) — coffee
cafetería — cafeteria
caja — cash desk
cajón (m) — drawer
calamar (m) — squid
calentar — to heat (r.c., see entender)
caliente — hot
calor (m) — heat (tener calor – to be hot)
callarse — to shut up, be quiet
calle (f) — street
cama — bed
camarero/a — waiter/waitress
camión (m) — lorry
camisa — shirt
campesino/a — peasant
cangrejo — crab
cantante (m f) — singer
caramelo — sweet
carne (f) — meat, flesh
carnívoro/a — carnivorous, meat-eating
caro/a — expensive
carrera — university course, career
cartero — postman
casa — house
casarse con — to marry someone
castaño/a — brown
cebolla — onion
cenar — to have supper/dinner
cerca (de) — near, close (to)
cerdo — pig, pork
cereales (m) — cereals
cereza — cherry
cerrar — to close (r.c., see entender)
cerveza — beer
cierto/a — certain
cine (m) — cinema
ciudad (f) — city
claro/a — light
cliente (m f) — customer
clientela — customers
clima (m) — climate

cocido/a	cooked	contenedor (m)	container
cocina	kitchen, cooking, cooker	contener	to contain (irr., r.c., *see* tener)
cocinar	to cook	contestar	to reply
cóctel	cocktail	copa	drink, glass
código	code	cordero	lamb
coger	to catch	correcto/a	correct
cola	queue	corregir	to correct (irr., r.c., *see* pedir)
colectivo	bus	cortar	to cut
colega (m f)	colleague	cortés (a)	courteous
colegio	secondary school	corto/a	short
colegio mayor	hall of residence	costar	to cost (r.c., *see* recordar)
coliflor (f)	cauliflower	costumbre (f)	custom, habit
columna	column	cotilla (a)	gossipy, nosy
comedor (m)	dining room	crédito (m)	credit
comenzar	to begin (r.c., *see* entender)	creer	to believe, think
comer	to eat	creyente	believer
comestibles (m pl)	groceries	crimen (m)	crime
comida	food, meal	crudo/a	raw
como	since, because, as	cuadro	picture
cómo	how?	cuánto	how much?
cómodo/a	comfortable	cuarto	quarter, room
compañero/a	partner, fellow team	cuarto/a	fourth
	member / student	cuatro	four
complemento	complement	cubierto	place setting
comportamiento	behaviour	cuchara	spoon
comportarse	to behave	cucharilla	tea/coffee spoon
compra	shopping (ir de compras – to	cuchillo	knife
	go shopping)	cuenco	bowl
comprensión (f)	comprehension,	cuenta	bill
	understanding	cuidado	care (tener cuidado – to be
comprobar	check		careful)
común (a)	common	cuidar (de)	to take care (of)
con	with	cultural	cultural
conducir	to drive (irr., *see* conocer)	cumpleaños (m)	birthday
confesar	to confess (r.c., *see* entender)	cumplir	to complete (cumplir años – to
confianza	confidence		have a birthday)
conjunto	group, collection, set	cuñado/a	brother-/sister-in-law
conmemorar	commemorate	curiosidad (f)	curiosity
conocer	to know (irr.)	curso	course, academic year
conocimiento	knowledge	champán (m)	champagne
consolidación (f)	consolidation, reinforcement	champiñon (m)	mushroom
constar de	to consist of	chaqueta	jacket
construcción (f)	construction, building	charlar	to chat
contar	to tell, count (r.c., *see* recordar)	chico/a	boy, girl

421

chile (m)	chili, hot pepper	día (m)	day
chimenea	chimney	diálogo	dialogue
chocolate (m)	chocolate	diario/a	daily
chuleta	chop, cutlet	dibujar	to draw, sketch
		dibujo	drawing, sketch
D		diciembre	December
dar	to give (irr.)	diente (m)	tooth
de	of, from	dieta	diet
debajo (de)	underneath	diferencia	difference
decidir	to decide	dinero	money
decir	to say, tell (irr., r.c., *see* pedir)	dirección (f)	address
defender	to defend (r.c., *see* entender)	directo/a	direct
degradación (f)	degradation	disfrutar de	enjoy
dejar	to leave, allow	distinto/a (a)	different (from)
del (de + el)	from the, of the	divertirse	to have fun (r.c., *see* sentir)
delante (de)	in front (of)	doble (a)	double
delgado/a	thin	docena	dozen
delincuencia	delinquency, crime	doler	to hurt (r.c., *see* poder)
delincuente (m f)	delinquent, offender, criminal	domicilio	home address
demasiado/a	too much	domingo	Sunday
dentista (m f)	dentist	dormir	to sleep (r.c.)
depender de	to depend on	dormirse	to fall asleep (r.c., *see* dormir)
dependiente/a	shop assistant	droga	drug
deporte (m)	sport	ducharse	to have a shower
deprimido/a	depressed	dueño/a	owner, proprietress
derecho/a	right	dulce (a)	sweet, soft
desarrollar	to develop	duración (f)	duration
desarrollo	development	durante	during, whilst
desastre (m)	disaster		
desayunar	to have breakfast	**E**	
desayuno	breakfast	económico/a	economical, cheap
descubrir	to discover, to uncover	economista (m f)	economist
descuento	discount	edad (f)	age
desde	from	ejemplo	example
desear	to want, desire	el	the (m s)
desmenuzar	to crumble	elegir	to choose (irr., r.c., *see* coger *and* pedir)
despedida	farewell, good-bye		
despedir(se)	to say goodbye (r.c., *see* pedir)	ella	she
despertar(se)	to wake up (r.c., *see* entender)	ellos/as	they
después (de)	afterwards, after	empezar	to begin (r.c., *see* entender)
desventaja	disadvantage	empleado/a	employee
detrás (de)	behind	empresa (f)	firm, business
devolver	to give back (r.c., *see* poder)	en	in, on, at

encantar	to love something, to like very much	esperar	to wait, hope, expect
encender	to switch on, to light (r.c., *see* entender)	espinacas (pl)	spinach
		esquiar	to ski
encerrarse	to lock oneself away	esquina	corner
encima (de)	on top (of)	estación (f)	station, season
encontrar	to find, meet (r.c., *see* recordar)	estadounidense	from the United States
		estante (m)	book shelf
encuesta	enquiry, survey	estantería	book case
enchilado/a	with chilis	estar	to be (irr.)
enero	January	este/a/os/as	this/these (demonstrative adjective)
enfadar	to annoy		
enfermero/a	nurse	éste/a/os/as	this one / those (demonstrative pronouns)
enfrente (de)	opposite		
enrollar	to roll up	estilo	style
ensalada	salad	estorbar	to get in the way
ensaladilla rusa	Russian salad	estrecho/a	narrow, tight
entrante (m)	first course	estudiante (m f)	student
entrar (en)	to enter, go/come in	estudiar	to study
entre	between	etapa	stage
entrenamiento	training	euro	Euro
entrevista	interview	Europa	Europe
entrevistar	to interview	evitar	to avoid
entristecer	to sadden	expresión (f)	expression
enumerar	to list		
envolver	to wrap	**F**	
época	epoque, season, time	falda	skirt
equipaje (m)	luggage	familia	family
equipo de música	sound system	familiar (a)	familial
equivaler	to be the same as	familiar (m/f)	family member
equivocado/a	mistaken	famoso/a	famous
error (m)	mistake	farmacia	chemist's, drugstore
escena	scene	favor (m)	favour (por favor – please)
escribir	to write	favorito/a	favourite
escuchar	to listen to	febrero	February
espacio	space	fecha	date
España	Spain	feo/a	ugly
español (m)	Spanish (the language)	ficha	record card
español/a	Spanish	filete (m)	steak, fillet
espárragos	asparagus	filosofía	philosophy
especial (a)	special	final (m)	end
espejo	mirror	física	physics
espera	wait (sala de espera – waiting room)	físico	appearance
		flan (m)	crème caramel
esperanza	hope	fontanero	plumber

forma	form
foto(grafía)	photograph
fotógrafo/a	photographer
frase (f)	phrase, sentence
freír	fry (r.c., *see* pedir)
fresa	strawberry
fresco/a	fresh, cool
frijol (m)	(LAm) bean
frío (m)	cold (tener frío – to be cold)
frío/a	cold
frito/a	fried
fruta	fruit
fuente (f)	fountain, spring, dish
fuera (de)	outside
fumar	to smoke
funcionario/a	civil servant
fundido/a	melted

G

gafas (pl)	glasses
galleta	biscuit, cookie
gamba	shrimp
gana	wish (tener ganas de – to feel like)
ganar	to win, earn
garaje (m)	garage
gas (m)	gas (con gas = fizzy)
gastar	to spend
gastos (pl)	expenses
gato	cat
gelatina	gelatin, jelly
gemelo/a	twin
general (m)	general
general (a)	general
género	gender
gente (f)	people
geografía	geography
gerente (m f)	manager
gigante (m)	giant
gordo/a	fat
grabación (f)	recording
gracias (pl)	thanks
granadino/a	from Granada
grande (m)	big, large

granja	farm
griego/a	Greek
grupo	group
guapo/a	attractive
guepardo	cheetah
guisado	stew, casserole
gustar	to like
gusto	pleasure (con mucho gusto – with great pleasure)

H

habitación (f)	room, bedroom
habitante (m)	inhabitant
hablar	to speak
hacer	to do, make (irr.)
hambre (f)	hunger (tener hambre – to be hungry)
harina	flour
hasta	until (hasta luego – see you soon)
hay	there is/are (*see* haber)
helado	ice-cream
helado/a	frozen, freezing
hermanastro/a	stepbrother/sister
hermano/a	brother/sister
hervido/a	boiled
hervir	to boil (r.c., *see* sentir)
hijo/a	son/daughter
hoja	leaf, page
hola	hello
horno	oven (al horno – baked, roasted)
hoy	today
huerta	orchard, vegetable garden
huevo	egg

I

idea (f)	idea
idioma (m)	language
imperativo	imperative
impersonal (a)	impersonal
incluir	to include (irr.)
información (f)	information
informe (m)	report
infusión de manzanilla (f)	chamomile tea

ingeniero/a	engineer
inglés (m)	English (the language)
inglés/inglesa	English
ingrediente (m)	ingredient
insomnio	insomnia
instrucción (f)	instruction
inteligente (a)	intelligent
interior	interior (ropa interior – underwear)
introducir	to introduce (*see* conocer)
invierno	winter
invitado/a	guest
ir	to go (irr.)
irregular (a)	irregular
iva (m)	VAT
izquierdo/a	left

J

jamón (m)	ham
jardín (m)	garden
jarra	jug, pitcher
jefe (m)	boss, leader
jueves (m)	Thursday
jugar	to play (irr.)
jugo	(LAm) juice
julio	July
junio	June
junto a	next to
junto/a	together
juvenil (a)	young

L

la	the (f s)
la	it, her (f, direct object pronoun)
lacón (m)	ham
lado	side (al lado de – beside)
lana	wool
largo/a	long
las	the (f pl)
las	them (f pl, direct object pronoun)
lata	tin
lavadora	washing machine
le	to him/her/it/you (indirect object pronoun)

leche (f)	milk
lechuga	lettuce
leer	to read
legumbre (f)	pulse, vegetable
lejos (de)	far (from)
lenteja	lentil
lentillas (pl)	contact lenses
león (m)	lion
les	to them/you (indirect object pronoun)
licor (m)	liqueur, liquor, licor
licuar	to liquidize
líquido	liquid
liso/a	smooth
lista	list
lo	it/him (direct object pronoun)
lomo	pork loin
los	them/you (m pl) direct object pronoun)
lotería	lottery
luchar	struggle
luego	then, next
lugar (m)	place
lunes (m)	Monday
llama	flame
llamar	to call
llamarse	to be called
llave (f)	key
llegar	to arrive
llevar	to carry, wear, contain
llover	to rain (r.c., *see* poder)
lluvia	rain

M

madrileño/a	from Madrid
maestro/a	(primary school) teacher
maíz (m)	maize, corn
malagueño/a	from Málaga
mancha	stain, spot
mantequilla	butter
manzana	apple
mapa (m)	map
margarina	margarine
marrón (a)	brown

martes (m)	Tuesday	miembro	member
marzo	March	mientras	while, whilst
más	more	miércoles (m)	Wednesday
matrimonio	married couple	mineral (a)	mineral
mayo	May	minuto	minute
mayonesa	mayonnaise, mayo	mirar	to look at
mayor (a)	greater, bigger / greatest (comparative/superlative of grande)	mismo/a	same
		mitad (f)	half
		moda	fashion
mayoría	majority	modelo	model
me	me (direct and indirect object pronouns)	mojarse	to get wet
		molestar	to bother
mediano/a	medium	montaña	mountain
medianoche (f)	midnight	montones (de) (m pl)	lots (of)
medio/a	half (las tres y media – half past three)	morder	to bite (r.c., see poder)
		morir	to die (r.c., see dormir)
mediodía (m)	midday	mostrar	to show (r.c., see recordar)
medir	to measure (r.c., see pedir)	moto(cicleta) (f)	motor bike
mejicano/a	Mexican	mucho/a	much, a lot of
mejor (a)	better/best (comparative/ superlative of bueno)	muebles (m pl)	furniture
		mundo	world (todo el mundo – everyone)
mencionar	to mention		
mendigar	to beg	museo	museum
mendigo/a	beggar	música	music
menor (a)	less, smaller / smallest (comparative/superlative of pequeño)	muy	very
menos	less	**N**	
mensaje (m)	message	nacionalidad (f)	nationality
mentir	to lie (r.c., see sentir)	nada	nothing (no tengo nada – I have nothing)
mentira	lie		
menú (m)	menu	nadar	to swim
merendar	to have an afternoon snack (r.c., see entender)	nadie	no one
		naranja	orange
merluza	hake	natación (f)	swimming
mermelada	jam, marmalade	natural (a)	natural
mero	grouper (fish)	necesitar	to need
mes (m)	month	negocios	(hombre de negocios – business man)
mesa	table		
mexicano/a	Mexican	negro/a	black
mi	my (possessive adjective)	nervioso/a	nervous
mí	me (prepositional pronoun)	nevar	to snow (r.c., see entender)
micro express	express bus	nevera	refrigerator
miedo	fear (tener miedo – to be afraid)	nicaragüense/a	from Nicaragua

niebla	mist
nieto/a	grandson/granddaughter
ninguno/a (ningún)	none
niñez (f)	childhood
no	no
Noche Buena	Christmas Eve
Noche Vieja	New Year's Eve
nombre (m)	name
nos	us (direct and indirect object pronoun)
noticias (pl)	news
novela rosa	romantic novel
noveno/a	ninth
noviembre (m)	November
novio/a	boyfriend/girlfriend, groom/bride
nuestro/a	our (possessive adjective)
nuez (m)	walnut
nunca	never

O

obediente (a)	obedient
obtener	obtain (irr., r.c., see tener)
octavo/a	eighth
octubre	October
odiar	to hate
odio	hate
odioso/a	hateful
oferta	offer
oír	to hear (irr.)
oliva	olive
olvidar	to forget
oportunidad (f)	opportunity
optimista (a)	optimistic
orden (m)	order
ordenador (m)	computer
orégano	oregano
oro	gold
os	you ((pl) direct and indirect object pronoun 'fam. form')
oscuro/a	dark
oso	bear
otoño	autumn

otro/a	other (otra vez – again)
oveja	sheep

P

padecer	to suffer (irr., see conocer)
paella	Spanish rice dish
pagar	to pay (see llegar)
país (m)	country
paisaje (m)	landscape
palabra	word
pan (m)	bread
pantalón (m)	trousers
papa	(LAm) potato
papel (m)	paper
para	for, in order to
parabrisas (m)	windscreen
parada	stop (parada de autobús – bus stop)
paraguas (m s)	umbrella
parar	to stop
parasol (m)	parasol
parecer	to appear, seem
parecido/a (a)	similar to
pariente (m f)	relative
parque (m)	park
parrilla	grill (a la parrilla – grilled, barbecued)
parte (f)	part
pasar	to pass, spend (time), go in
pasear	to go for a walk
pasillo	corridor, passage
pasivo/a	passive
patata	potato
pavo	turkey
peca	freckle
pechuga	(chicken) breast
pedir	to ask for something (r.c.)
peinarse	to do one's hair
peluche (m)	soft toy
pena	sadness, pity (¡Qué pena! – What a shame!)
pendientes (m pl)	earrings
pensar	to think (r.c., see entender)

pensión (f)	guest house (pensión completa – full board)	precio	price
		preferencia	preference
perder	to lose (r.c., *see* entender)	preferir	to prefer (r.c., *see* sentir)
pero	but	pregunta	question
perro	dog	preocupar	to worry
persona	person	preposición (f)	preposition
personaje (m f)	character, important person	presentación (f)	presentation, introduction
personal (a)	personal	presentar	introduce
pescado	fish	presente (a)	present
pie (m)	foot (al pie de – at the foot of)	prestar	to lend (prestar atención – to pay attention)
piedra	stone		
piel (f)	skin, leather	primavera	spring
pimienta	pepper (pimienta negra – black pepper)	primero/a	first
		primo/a	cousin
pimiento	pepper, capsicum	prisa	hurry (tener mucha prisa – to be in a great hurry)
pintura	painting		
piña	pineapple	probador (m)	changing room
piso	floor, flat/apartment	probar	to prove, taste, try
plancha	griddle (a la plancha – grilled)	probarse	to try on
planear	to plan	problema (m)	problem
planeta (m)	planet	profesión (f)	job
plata	silver	profesor/a	teacher
plátano	banana	pronombre (m)	pronoun
platillo	saucer (platillo volante – flying saucer)	pronto	soon
		proponer	to propose (irr., *see* poner)
plato	plate, dish, course	propuesta	proposal
playa	beach	próximo/a	next
plaza	square	prueba	proof
plural (a)	plural	puerco	pig
población (f)	population, town	punto	full stop (a las seis en punto – at six sharp)
pobreza	poverty		
poco	(adverb) little		
poco/a	little		
pocos/as	few	**Q**	
poder	to be able (r.c.)	que	that
policía (m f)	police officer	quedar	to remain
pollo	chicken	quedar con	to arrange to meet
poner	to place, put (irr.)	quedarse	to stay
por	by, through, because of	quedarse con	to keep, to take
postre (m)	dessert, pudding	querer	to love, want (r.c.)
práctica	practice	queso	cheese
practicar	to practise	química	chemistry
prado	meadow, field	químico/a	chemist
preceder	precede	quitar	to remove, take away

R

radiador (m)	radiator
rallar	to grate
rascacielos (m)	sky scraper
rato	while (short period of time)
razón (f)	reason (tener razón – to be right)
realizar	to carry out
rebaja	sale, price reduction
recalentar	to overheat
receta	recipe
recibir	to receive
recto	straight on
recuerdo	memory, souvenir
referirse (a)	to refer to (r.c., see sentir)
refresco	soft drink
regalo	present
región (f)	region
regular (a)	regular, so-so
reírse	to laugh (irr., r.c., see pedir)
reloj (m)	watch, clock
rellenito/a	plump
repasar	to revise
repetir	to repeat (r.c., see pedir)
reportero/a	reporter
representar	to act
reproducir	to reproduce (irr., see conocer)
responsable (a)	responsible
respuesta	reply
restaurante (m)	restaurant
reunión (f)	meeting
reunirse (con)	to meet up with
revista	magazine
revuelto	sautéed with egg (huevos revueltos – scrambled eggs)
rey (m)	king (Reyes – 6 January)
rizado/a	curly
rodeado/a	surrounded
rojo/a	red
romano/a	Roman
rompecabezas (m s)	puzzle
ropa	clothes, clothing
rosa (a) (invariable)	pink
rosa	rose
rosado	pink (rosado – rosé wine)
rubio/a	fair-haired
ruido	noise
ruidoso/a	noisy
rutina	routine

S

sábado	Saturday
saber	to know (irr.)
sabor (m)	taste
saborear	to savour, enjoy
sabroso/a	tasty
sacar	to take out (sacar un billete – to get a ticket)
saco	(LAm) jacket
sal (f)	salt
salchicha	sausage
salir (de)	to leave (irr.)
salón (m)	sitting room
salsa	sauce
salud (f)	health
saludar	to greet
saludo	greeting
se	oneself, himself, herself, themselves (reflexive pronoun)
se(p)tiembre (m)	September
secadora	spin drier
secretario/a	secretary
sed (f)	thirst (tener sed – to be thirsty)
seguir	to follow (r.c., see pedir)
según	according to
segundo/a	second
seis	six
selva	forest
sello	stamp
semana	week
sensato/a	sensible
sensible (a)	sensitive
sentir	to regret (r.c.)
sentirse	to feel (r.c.)
señalar	to point out
señor/a	gentleman/lady
séptimo/a	seventh

sequía	dry season, drought	sus	his, her, its, your, their ((pl) possessive adjective)
ser	to be (irr.)		
serio/a	serious		
serrano/a	jamón serrano – cured ham	**T**	
servicio	service (servicios – toilets/bathroom)	talla	size (clothes)
		también	also
servilleta	napkin, serviette	tan	so (tan grande – so big)
servir	to serve (r.c., *see* pedir)	tanto/a	so much/many
sexto/a	sixth	tapa	snack
si	if	tardar (en hacer algo)	to take time (in doing something)
sí	yes		
siempre	always	tarde (a)	late
siglo	century	tarde (f)	afternoon, early evening
significado	meaning	tarea	task
significar	to mean	tarjeta	card (tarjeta postal – post card)
siguiente (a)	following	taza	cup
sillón (m)	armchair	te	yourself, you ((s) direct and indirect object pronouns)
simpático/a	pleasant		
sin	without	té (m)	tea
singular (a)	singular	teatro	theatre
situar	to site, locate	tele (f)	telly
socialismo	socialism	teléfono	telephone
socialista (m f)	socialist, a socialist	televisión (f)	television
soleado/a	sunny	tenedor (m)	fork
soler	to usually (do something) (suele fumar – he usually smokes) (r.c., *see* poder)	tener	to have (irr.)
		tener ganas de	to feel like
		tenis (m)	tennis
sólo	only	terminar	to end
solo/a	alone	ternera (f)	veal, beef
soltero/a	unmarried	terraza	terrace, balcony
solución (f)	solution	texto	text
sonar	to sound (r.c., *see* recordar)	ti	you (prepositional pronoun)
soñar	to dream (r.c., *see* recordar)	tiempo	weather, time (¿Qué tiempo hace? – What's the weather like?)
sopa	soup		
su	his, her, its, your, their ((s) possessive adjective)		
		tímido/a	shy, timid
subrayar	to underline	tinta	ink
subterráneo	underground	tinto	red wine
sucio/a	dirty	tío/a	uncle/aunt
suegro/a	father-/mother-in-law	típico/a	typical
sueño	dream, sleep (tener sueño – to be sleepy)	tocar	to touch, play (piano), correspond (te toca a ti – it's your turn)
sufrimiento	suffering	todo/a	all, every
supermercado	supermarket	tomar	to take, drink

tomate (m)	tomato	variado/a	varied
torre (f)	tower	varios (pl)	various
tortilla	omelette (Sp), tortilla (LAm)	vasco/a	Basque (a la vasca – style of cooking)
trabajador/a	hard-working		
trabajar	to work	vaso	glass
traductor/a	translator	vegetal (m)	vegetable
traer	to bring (irr., *see* caer)	vegetariano/a	vegetarian
traje (m)	suit	vender	to sell
tratar de	to try to	venir	to come (irr., r.c., *see* sentir)
travieso/a	naughty	ventaja	advantage
tren (m)	train	ver	to see (irr.)
tres	three	verano	summer
trucha	trout	verbo	verb
tu	your ((s) possessive adjective)	verdad (f)	truth (¿verdad? – really?)
turismo	tourism	verde (a)	green
turista (m f)	tourist	verdura	greenery
turno	turn	verduras (pl)	greens, vegetables
tus	your ((pl) possessive adjective)	vergüenza	embarrassment (tener vergüenza – to be shy)

U

ubicación (f)	location, position	verter	to pour (r.c., *see* entender)
unidad (f)	unit, unity	vestirse	to get dressed (r.c., *see* pedir)
unir	join, unite	vez (f)	occasion (muchas veces – often)
universidad (f)	university	viajero/a	traveller
una (un)	a ((s) indefinite article)	vidrio	glass
uno/a	one	viernes (m)	Friday
usar	to use	vinagreta	vinaigrette
usted	(formal) you ((s) subject and prepositional pronouns)	vino	wine
		visita (f)	visit, guest
ustedes	(formal) you ((pl) subject and prepositional pronouns)	visitar	to visit
		vista	view
utensilio	utensil, tool	vivienda	dwelling
utilizar	to use	vivir	to live
uva	grape	vocabulario	vocabulary
		volar	to fly (r.c., *see* recordar)
		volver	to return, go back (r.c., *see* poder)

V

vacación	holiday (usually pl)	**Y**	
vago/a	lazy	yo	I (subject pronoun)
vainilla	vanilla		
vajilla	crockery, dishes	**Z**	
vale	ticket	zanahoria	carrot
valer	to be worth (irr.)	zapatero	cobbler
vapor	steam	zapato	shoe
vaqueros (pl)	jeans	zumo	juice

VOCABULARY LIST: ENGLISH–SPANISH

Fuller information on Spanish words which appear here can be found in the Spanish–English vocabulary list.

A

about	sobre
accent	acento
according to	según
add up	sumar
address	dirección
advantage	ventaja
affectionate	cariñoso/a
after	después (de)
afternoon	tarde
agree	estar de acuerdo
air	aire
airport	aeropuerto
all	todo/a
almost	casi
alphabet	alfabeto
already	ya
always	siempre
another	otro/a
answer	respuesta
April	abril
arrive	llegar
ask a question	hacer una pregunta
ask for	pedir
attractive	atractivo/a
August	agosto
aunt	tía
Autumn	otoño

B

bad	malo/a
bank	banco
bathroom	cuarto de baño
be	ser, estar
be able	poder
be called	llamarse, apellidarse
beat	batir
because	porque

beef	ternera	coat	abrigo
beer	cerveza	cold (to be)	tener frío
before	antes (de)	come	venir
begin	comenzar, empezar	common	común
between	entre	compare	comparar
bill	cuenta	complete	completo/a
bird	pájaro	consonants	consonantes
biscuit	galleta	continue	continuar, seguir
black	negro/a	contrary	contrario/a
blouse	blusa	conversation	conversación
boil	hervir	cook	cocinero/a
book shop	librería	cook	cocinar
bookcase	estantería	correct	correcto/a
bottle	botella	correct	corregir
boy	chico, muchacho, niño	cost	costar
boyfriend	novio	count	contar
bread	pan	country	país
bring	traer	cousin	primo/a
brother	hermano	cross	atravesar
business	empresa, negocio	cup	taza
butter	mantequilla	customs	aduana, costumbres
buy	comprar		

C

calendar	calendario	**D**	
called (to be)	llamarse	darkness	oscuridad
car	coche	date	fecha
car park	aparcamiento	daughter	hija
card	tarjeta	day	día
carry	llevar	December	diciembre
cat	gato	defend	defender
centre	centro	describe	describir
change	cambiar, cambio	die	morir
chat	charlar	differences	diferencias
cheese	queso	disadvantage	desventaja, inconveniente
choose	elegir	discover	descubrir
chop	chuleta	do	hacer
city	ciudad	doctor	médico
class	clase	dog	perro
clear	claro/a	dream	sueño
close	cerrar	dream	soñar
closed	cerrado/a	drink	beber
		dwelling	vivienda

E

early	temprano
eat	comer
egg	huevo
eight	ocho
eighteen	dieciocho
eighth	octavo/a
eighty	ochenta
elder, eldest	mayor
eleven	once
England	Inglaterra
enjoy oneself	divertirse
European	europeo/a
evening	tarde
every	cada
everybody	todos, todo el mundo
example	ejemplo
extrovert	extrovertido/a
eye	ojo

F

fairly	bastante
fall	caída
fall	caer
fall asleep	dormirse
false	falso/a
family	familia
fast	rápido/a
father-in-law	suegro
February	febrero
fifteen	quince
fifth	quinto/a
fifty	cincuenta
film	película
find	encontrar
find out	averiguar, descubrir
finish	terminar
firstprimero/a,	primero (adv.)
fish	pescado
five	cinco
five hundred	quinientos/as

flat	piso
floor	piso
fly	volar
follow	seguir
following	siguiente
forget	olvidar(se)
fork	tenedor
forty	cuarenta
four	cuatro
fourteen	catorce
fourth	cuarto/a
France	Francia
French	francés/francesa
frequently	muchas veces
Friday	viernes
fruit	fruta
fruit juice	zumo
fry	freír

G

garage	garaje
garlic	ajo
geography	geografía
German	alemán/alemana
Germany	Alemania
get dressed	vestirse
get up	levantarse
gift	regalo
girl	chica, muchacha, niña
girlfriend	novia
give	dar
give back	devolver
glass	vaso, copa
glasses	gafas
go for a walk	dar un paseo
go in	entrar (en)
go to bed	acostarse
good	bueno/a
good bye	despedida, adiós
granddaughter	nieta
grandfather	abuelo

grandmother	abuela	hungry (to be)	tener hambre
grandparents	abuelos	hurt	doler
grandson	nieto	husband	marido, esposo
grapes	uvas		
Greece	Grecia		
Greek	griego/a	**I**	
greet	saludar	I	yo
greeting	saludo	information	información
guest	invitado/a	intelligent	inteligente
		interview	entrevista, entrevistar
		introduce	presentar
H			
hair	cabello, pelo	**J**	
ham	jamón	January	enero
hard-working	trabajador/a	job	profesión
hate	odio	joke	broma
hate	odiar	jolly	alegre
have	tener, haber	journey	viaje
have fun	divertirse	July	julio
have lunch	almorzar	June	junio
have supper	cenar		
have to (do something)	tener que (hacer algo), deber	**K**	
he	él	knife	cuchillo
healthy	sano/a	know	conocer, saber
hear	oír		
heat	calentar		
height	estatura	**L**	
hello	hola	languages	idiomas, lenguas
help	ayudar, ayuda	last	último/a
history	historia	last night	anoche
holidays	vacaciones	late	tarde
hope	esperar, esperanza	laugh	reírse
horse	caballo	lazy	vago/a
host	anfitrión/a	leave	dejar, salir (de)
hot	caliente	letter	carta
hot (to be)	tener calor	lettuce	lechuga
hotel	hotel	library	biblioteca
house	casa	lie	mentira
how?	¿cómo?	lie	mentir
how much	cuánto/a	light	encender, luz
hundred	cien, ciento		

like	gustar	**N**	
list	lista	names	nombres
listen	escuchar	nationality	nacionalidad
literature	literatura	need	necesitar
little	pequeño/a, poco (adv.)	neighbour	vecino/a
live	vivir	never	nunca
look	mirar	newspaper	diario, periódico
look after	cuidar (de)	night	noche
look at	mirar	nine	nueve
look for	buscar	nineteen	diecinueve
looks	físico	ninety	noventa
lose	perder	ninth	noveno/a
love	querer, amor	nobody	nadie
love to	besos a, un abrazo a	nosy	cotilla
lucky (to be)	tener suerte	nought	cero
luggage	equipaje	noun	nombre
lunch	comida, almuerzo	November	noviembre
		now	ahora
		number	número

M

make	hacer
man	hombre
many	muchos/as
map	mapa
March	marzo
married	casado/a
marry	casarse con
May	mayo
meet	encontrar, reunirse (con)
mention	mencionar
menu	menú
message	mensaje, recado
midday	mediodía
midnight	medianoche
milk	leche
million	millón
Monday	lunes
month	mes
morning	mañana
mother	madre
mother-in-law	suegra
music	música

O

obtain	obtener
October	octubre
office	oficina
often	muchas veces, a menudo
oil	aceite
old	viejo/a
older, oldest	mayor
on top of	encima de
one	uno/a
open	abierto/a
open	abrir
order	mandar, pedir
origin	origen
oven	horno

P

pairs	parejas
parents	padres
participants	participantes

partner	pareja, compañero/a
past	pasado/a
past	pasado
personal	personal
photograph	foto, fotografía
photographer	fotógrafo/a
physical appearance	físico
pick up	recoger
pictures	dibujos
play	obra de teatro
play	jugar
play (instrument)	tocar
please	por favor
plumber	fontanero/a
Poland	Polonia
police station	comisaría de policía
policeman	policía
post office	Correos
potatoes	patatas
pour	verter
prefer	preferir
pretty	bonito/a
produce	producir
put	poner

Q

questions	preguntas
quite	bastante

R

rain	llover
rarely	pocas veces
read	leer
receive	recibir
regret	sentir(se)
relate	relacionar
relations	parientes, familiares
remember	acordarse (de), recordar
remind	recordar
repeat	repetir

reply	respuesta, responder, contestar
report	informe
restaurant	restaurante
return	volver, regresar; devolver (give back)
return (ticket)	de ida y vuelta
right (to be)	tener razón
road	calle, carretera, autopista
room	habitación

S

safe	caja de seguridad
same	mismo/a
Saturday	sábado
say	decir
say goodbye	despedir(se)
scarf	bufanda
sea level	nivel del mar
season	estación
second	segundo/a
see	ver
sell	vender
send	enviar
sensible	sensato/a
sensitive	sensible
September	se(p)tiembre
serious	serio/a
serve	servir
seven	siete
seventeen	diecisiete
seventh	séptimo/a
seventy	setenta
several	varios/as
share	compartir
she	ella
shirt	camisa
shoe	zapato
short	corto/a
show	mostrar
shower	ducha
shower	duchar(se)
shy (to be)	tener vergüenza

similar	parecido/a, similar	studies	estudios
since	desde	study	estudiar
sing	cantar	subject	asignatura
sister	hermana	sugar	azúcar
six	seis	suit	traje
sixteen	dieciséis	sum	suma
sixth	sexto/a	summer	verano
sixty	sesenta	sunbathe	tomar el sol
skirt	falda	Sunday	domingo
sleep	dormir	supper	cena
sleepy (to be)	tener sueño	surname	apellido
slow	lento/a	survey	encuesta
slowly	despacio	sweet	dulce
smell	oler	swim	nadar
smile	sonreír	swimming	natación
smoke	fumar	swimming costume	traje de baño
smoking (compartment)	fumador		
snow	nieve		
snow	nevar	**T**	
soap	jabón	take	llevar
some	alguno/a	take off	quitarse
someone	alguien	take out	sacar
sometimes	a veces, de vez en cuando	take time (doing something)	tardar en (hacer algo)
son	hijo	tea	té
soon	pronto	telephone	teléfono
sound	sonido	telephone	telefonear
sound	sonar	telephone call	llamada
soup	sopa	tell	contar
souvenir	recuerdo	ten	diez
Spanish	español/a	tennis	tenis
speak	hablar	tenth	décimo/a
spell	escribir, deletrear	terrible	terrible
spend	gastar	that	ese, esa / aquel, aquella
spoon	cuchara	their	su/s
spring	primavera	then	después, luego, entonces
stepbrother	hermanastro		
stepfather	padrastro	they	ellos/as
stepmother	madrastra	think	pensar
stepsister	hermanastra	third	tercero/a
still	todavía	thirsty (to be)	tener sed
stir	remover	thirteen	trece
stop	dejar, parar, parada	thirty	treinta
storm	tormenta	this	este, esta

thousand	mil
three	tres
Thursday	jueves
time	hora, tiempo, vez
timid	tímido/a
tired	cansado/a
title	título
today	hoy
together	junto/a
tomorrow	mañana
too (much)	demasiado/a
towel	toalla
town council	ayuntamiento
train	tren
translate	traducir
tree	árbol
trousers	pantalones
true	verdadero/a
Tuesday	martes
turn	torcer
twelve	doce
twenty	veinte
twenty-eight	veintiocho
twenty-five	veinticinco
twenty-four	veinticuatro
twenty-nine	veintinueve
twenty-one	veintiuno
twenty-seven	veintisiete
twenty-six	veintiséis
twenty-three	veintitrés
twenty-two	veintidós
two	dos
type	tipo
typical	típico/a

U

uncle	tío
uncomfortable	incómodo/a
under	bajo, debajo (de)
understand	comprender, entender
understanding	comprensivo/a
unit	unidad

university	universidad
until	hasta
use	usar, utilizar

V

vegetables	vegetales, legumbres
very	muy
visit	visitar, visita
vocabulary	vocabulario

W

wait	esperar
wake up	despertar(se)
walk	caminar, andar
want	querer
wash	lavar(se)
we	nosotros/as
wear	llevar
Wednesday	miércoles
week	semana
weight	peso
welcome	acoger
what	¿qué?, lo que
when?	¿cuándo?
which one?	¿cuál?
white	blanco/a
who	quien, que
who?	¿quién?
why?	¿por qué?
wife	esposa, mujer
wine	vino
winter	invierno
with	con
with me, with you	conmigo, contigo
woman	mujer
words	palabras
work out	adivinar, deducir
world	mundo
worse	peor
write	escribir
wrong (to be)	(estar) equivocado/a

Y

year	años
yesterday	ayer
you	tú, Vd., vosotros/as, Vds.
young	joven

younger, youngest	menor
your	tu/s, su/s, vuestro/a, vuestros/ vuestras

Z

zone	zona

INDEX OF GRAMMAR, TOPICS AND FUNCTIONS